eine
rossgmain
ssisi
Berg Athos
Katharinenkloster
The Western Wall
Mekka
Berg Kailash
Benares
Arunachala
Shikoku
Atomic Mirror

PILGERREISEN

WEGE ZUM SELBST

EGYPT AIR
الله

Jennifer Westwood

Pilgerreisen

Wege zum Selbst

Urania

Cheflektorat Pip Morgan
Lektorat Katherine Pate
Projekt-Designer Lucy Guenot
Projekt-Betreuung Helena Petre
Illustrationen Ann Savage and James Mealing
Bildbeschaffung Elly Beintema
Produktion Susan Walby and Lyn Kirby
Leitung Joss Pearson and Patrick Nugent

1. Auflage 2002
ISBN 3-908653-39-8

Aus dem Englischen übersetzt von Wulfing von Rohr

Einband: Christian Stalter, Freiburg im Breisgau, unter Verwendung von Illustrationen aus dem Innenteil des Buches.
Satz: Fotosatz Reinhard Amann, Aichstetten
Druck und Bindung: Printer Trento, Italien

Danksagung der Autorin
Dank bin ich für die außergewöhnliche Unterstützung schuldig, die ich von Gaia Books erhalten habe, vor allem von Pip Morgan, Lucy Guenot, Katherine Pate und Helena Petre. Sie waren freundschaftlich, geduldig, tolerant, intuitiv und effizient – mehr als ein Autor verlangen oder erwarten könnte.

Unsere Koautoren waren eine Inspiration. Ich danke ihnen für ihre Beiträge. Besonderer Dank an Marion Bowman und Tristan Gray Hulse, die mir beide ihre Zeit großzügig geschenkt haben. Weitere, denen ich Dank schulde, sind David Benham, Rev. Phillip MacFayden, Roger Shaljean und Mrs. Jean Tsushima. Barbara Littlewood kam als wertvolle Freundin und Dolmetscherin mit auf Pilgerreisen; Jonathan Westwood Chandler, Stephen Brearley, Sharon Fulcher und Sophia Kingshill erhielten mein Leben aufrecht, und mein Mann Brian Chandler trug sowohl auf materielle Weise wie durch konstruktive Kritik bei. Sie wissen, was dieses Buch ihnen schuldet.

✠

Dieses Buch ist meinen
Landsfrauen gewidmet,
Margery Kempe (geb. 1364) und
Mother Juliana (1342–ca. 1416),
von denen eine ging und die andere blieb.

✠

Danksagungen
Der Verlag dankt folgenden Personen: Patrick Harpur, für die Orientierung; Hazel Bell für das Register; Anne Brabyn; Centre Christian Bookshop, Stroud; Jenny und Owen Dixon für die Design-Beratung; Pomme Van Drie; Ingrid Evjen; Gloucestershire Libraries; Claire Hutchings; Mother Meera UK Network; Dana Mynárová; National Poetry Library London; Erik Ness; Francesca Ovington; Deborah Pate; Ben Petre; Stroud Bookshop; Václav Tíchávsky; für die Beiträge zum 2. Teil: George Ballentyne; Beryl Dhanjal; Fiona Eadie; Joanna Godfrey-Wood; Sue Harper; Tara Holmes von der *Universe Catholic Weekly*; Chris Hooker; Steve Hurrell; Louise Jones; Kajetan Kasinski; Sophia Kingshill; Graeme Lang; Jola Malin; Keith Mitchell; Richard Newton; Veronica Ross; Matt Wallis.

Mitwirkende

Teil I enthält persönliche Berichte von Pilgerfahrten und heiligen Reisen der folgenden Koautoren:

Gÿlnar R. Baltanova lehrt Philosophie an der Universität von Kazan in Russland. Sie war 1991 unter den ersten Pilgern aus der früheren UdSSR, denen der Besuch in Mekka gestattet wurde.
Mekka S. 22–23

Marion Bowman unterrichtet Religionsstudien am Bath College für Higher Education, England.
Glastonbury S. 42–43
Sainte Anne de Beaupré S. 142 143

Professor Donald Cosentino ist Professor für Afrikanisches und Karibisches Volkstum an der University of California, Los Angeles, und Herausgeber des *African Arts*-Magazins.
Sodo S. 130–131
Plaine du Nord S. 196–197

Charles Fletcher kümmert sich um Volksgesundheit auf der Gemeindeebene. Er leitet Wilderness Spirit Adventures, eine Firma, die Fahrten an entlegene und heilige Orte in den Usa durchführt.
Chaco Canyon S. 118-119

Tristan Gray Hulse ist Herausgeber von *Source – The Holy Wells Journal* und ein Experte über heilige Brunnen.
Saint Winifred's Well S. 186–187
Noxal-Pontivy S. 209
Lourdes S. 210–211

James Harpur ist Schriftsteller und Dichter. er ist Autor von *Atlas of Sacred Places, A Vision of Comets* und *The Monk's Dream.*
Croagh Patrick S. 90–91

Roger Houdson ist Verfasser von *Sacred India* und *Retreat.* Er ist Direktor von *Open Gate Journeys* und führt Reisen an heilige Orte und Orte der Kraft durch.
Benares S. 34–35
Berg Athos S. 62 63
Katherinen-Kloster S. 122–123
Klagemauer S. 162–163
Arunchale S. 178–179

Satish Kumar ist Herausgeber von *Resurgence,* einem internationalen Magazin zum Themenkreis Ökologie und spirituelles Denken. Er ist Autor von *No Destination.*
Canterbury S. 27–27

Walter Lombaert lebt und arbeitet in der Oikoten-Gemeinschaft in Belgien, die für junge Menschen, die besonderer Hilfe bedürfen, alternative Lern- und Lebenswege entwickelt.
Santiago de Compostela S. 70–71

Nicholas Mann ist Verfasser von *The Isle of Avalon* und Koautor von *Giants of Gaia.* er lebt in Neu Mexico.
Tanz der Hopi S. 196–197

Almut Martini ist Ärztin, Homöopathin und Akupunkteurin. Sie leitet das Seminarzentrum *Haus der Begegnung* in Bay Pyrmont, Deutschland.
Externsteine S. 154–155

Colin McIntyre ist Journalistin und war früher *Company Comander* der *Lovat Scouts.* Er ist Autor von Monuments of War.
Kriegsgräber an der Sommer S. 174–175

Pamela Meidel organisiert den „Atomic Mirror" aus ihrem Heim in Kalifornien; sie arbeitet mit Schriftstellern, Künstlern und Filmemachern, um eine atomfreie Welt zu schaffen
Atomic Mirror S. 98–99

Mike Nicholson ist ein Illustrator. Seine Arbeiten wurden in mehreren englischen Zeitungen veröffentlicht, u. a. in *The Times* und *The Guardian.*
Assisi S. 146–147

Dr. James Preston ist Professor für Anthropologie und hat den Lehrstuhl für Religiöse Studien an der State University of New York inne; er spezialisiert sich auf katholische Bräuche und Heiligtümer.
Kateri Tekawitha S. 54–55

Dr. Ian Reader ist Forscher am Nordischen Institut für Asiatische Studien in Dänemark. Er gilt als Experte über japanische Wallfahrten.
Shikoku S. 82 83

Dr. Maya Sutton lebt in Neu Mexiko. Sie organisiert Reisen an heilige Orte und hilft Menschen, ihre eigenen Pilgerfahrten zu planen.
Unsere Liebe Frau von Guadalupe S. 134–135
Rocamadour s. 210–211
Chimayó S. 214–215

Patricia Stoat arbeitet als Kommunikationsberaterin und hat japanische und asiatische Geschichte studiert.
Berg Kailash S. 78–79

Nigel Watts ist ein preisgekrönter britischer Schriftsteller und lehrt kreatives Schreiben. Zu seinen Büchern zählen *Life Game, Billy Bayswater* und *Twenty Twenty.*
Mutter Meera S. 110–111

Inhalt

Vorwort
von Martin Palmer

Wenn Sie eine Pilgerfahrt unternehmen, riskieren Sie etwas. Sie lassen sich nicht nur auf einige körperliche Beschwernisse ein, die in diesem einzigartigen Buch im ersten Teil erwähnt werden. Sie riskieren, dass Sie nicht als derselbe Mensch zurückkehren, der losgegangen war. Es handelt sich um die Gefahr, dass alles, was sie bislang geglaubt haben zu wissen und zu verstehen, fortgeblasen wird. In manchen der vorgelegten Pilgerberichte kann man deutlich heraushören, wie die Menschen davon betroffen waren.

Es gibt aber eine zweite Gefahr: Das Risiko, dass sie von großer Freude überrascht werden. Dass Sie, wenn Sie sich physisch und metaphysisch auf die Pilgerreise begeben, Menschen begegnen, Orte kennen lernen, Gedanken, Gefühle, Visionen und Ereignisse erleben, die Sie weit über das hinaus führen, was Sie sich bis jetzt vorgestellt haben.

Ich sage all das, weil Sie ihre Reise vielleicht als Tourist beginnen, der sich Sehenswürdigkeiten anschauen mochte. Aber nur dann, wenn Sie dazu bereit sind, sich auf die tieferen Gefahren von Risiken oder Freude einzulassen, werden Sie zu einem echten Pilger. Und das hängt von einem grundlegenden Gemütszustand ab, der von T. S. Eliot in seinem Gedicht Little Gidding wunderschön ausgedrückt wird:

> „Du bist nicht hier, um zu prüfen, dich weiterzubilden,
> Neugier zu befriedigen oder Bericht zu geben.
> Du bist hier, um dort zu knien, wo Gebete wirkten …"

Ich bin selbst auf vielen Pilgerfahrten an vielen Orten der Welt und in vielen verschiedenen Traditionen gewesen, und doch kann ich an den Fingern einer Hand abzählen, wie viele dieser Fahrten zu wahren Pilgerreisen wurden. Das sind solche, die verwandeln. Ich besuchte zum Beispiel regelmäßig Assisi als Vorbereitung auf die Pilgerreisen und Projekte, die 1986 viele Weltreligionen zugunsten einer ökologischen Lebensweise zusammenführten. Aber nur einmal wurde aus meinen Besuchen wirklich eine Pilgerfahrt. Mein Leben war damals im Umbruch und emotional aufgewühlt, und ich wollte vor dem besonderen Altar des hl. Franziskus beten. Als ich in die große Basilika eintrat, sah ich ein Altartuch mit den Worten: „Der du sündigst, sündige nicht mehr – um meinetwillen." Ich bin nicht mehr zum Altar des hl. Franziskus gekommen. Das brauchte ich nicht mehr. Und obwohl ich gegen jene Worte ankämpfte, veränderten sie mein Leben.

Später einmal wanderte ich auf den Pfaden der alten keltischen Heiligen in Nevern in Südwales. Ich sollte auf eines der wenigen übrig gebliebenen Pilgerkreuze achten, das in einen kleineren Felsen am Wegesrand eingemeißelt war. Als ich den angegebenen Ort erreicht hatte, suchte ich in guter Antiquitätensammlermanier dieses Kreuz, aber ohne Erfolg. Ich ging auf und ab, suchte, aber fand nichts. Als ich gerade fortgehen wollte, sah ich einen Kniestein, der nahe an den Felsrand gesetzt worden war, mit zwei Vertiefungen darin, die von den Knien ungezählter Pilger stammten, die hier gebetet hatten. Ich kniete mich hin, um mich ihnen anzuschließen, und schaute nach oben zum Himmel. Nun sah ich das Kreuz, in den lebendigen Felsen gehauen, so deutlich wie nur irgend möglich!

Von Freude überrascht: So würde ich die Wirkung dieses ungewöhnlichen Buches beschreiben. Ich habe viele Bücher über Reisen und Pilgerfahrten gelesen oder in der Hand gehabt, aber noch kein so ausgezeichnetes wie dieses gefunden. Denn es verbindet Weisheit mit Erfahrung; es bietet Nähe zu sehr weitläufigen Themen und macht die gelebte Wirklichkeit der heiligen Reise lebendig. Es erinnert uns alle daran, dass bereits die Umwelt, in der wir uns bewegen, heilig ist, im tiefsten Sinne ein heiliges Land. Dieses Buch weiß darum, dass solche Reisen etwas kosten, dass sie riskant und unvorhersehbar sind.

Wahre Pilgerfahrten verändern das Leben. Im Mittelalter unternahm einer meiner Vorfahren eine Pilgerreise ins Heilige Land Palästina und kam mit einem Palmblatt als Zeugnis seiner Fahrt zurück. Die Erfahrung verwandelte ihn so sehr, dass er als ein „Palmer" bekannt wurde – als einer, der das Palmblatt als Zeugnis seiner Pilgerschaft trug. Daher stammt mein Nachname. Das Echo dieser einen Pilgerreise hallt bis zum heutigen Tage nach.

Ich hatte jedoch eine Sorge in Bezug auf dieses Buch. Seite um Seite offenbart es Orte ungewöhnlicher Kraft und Ehrfurcht. Orte, an denen sich Himmel und Erde berühren und dabei die Wirklichkeit verändern. Orte, die den Menschen nahe ans Antlitz Gottes ziehen, gleich, wie man Gott versteht oder glaubt. Und doch werden nur wenige unter uns mehr als eine Hand voll dieser Pilgerfahrten unternehmen können. Die meisten Leser werden vielleicht nie auch nur eine machen. Heißt das, dass Pilgerschaft unmöglich ist? Nein! Pilgerschaft, die heilige Reise, ist möglich, ohne auf der Straße nach Benares, Taishan, Jerusalem oder Mekka zu wandern. Eine alte islamische Geschichte möge das illustrieren.

Es gab einmal einen Mann namens Fazlun. Er hat sein ganzes Leben lang gespart, um einmal mit seinen Freunden nach Mekka zu pilgern. Schließlich war der große Tag gekommen. In der Nacht zuvor war jedoch das Haus seiner Nachbarn niedergebrannt. Fazlun musste sich um sie kümmern und sagte seinen Freunden deshalb, sie sollten sich schon auf den Weg machen und er würde sie in Mekka treffen. Am nächsten Tag war er fast abmarschbereit, als ein Fremder in der Stadt überfallen wurde und völlig mittellos und verzweifelt zurückblieb. Fazlun nahm ihn bei sich auf und kümmerte sich um ihn. Dann wurde eine alte Frau in seiner Straße krank, die Fazlun um Hilfe bat, da sie keine Familie mehr hatte. Bald war all sein Geld aufgebraucht und auch soviel Zeit vergangen, dass er nicht mehr nach Mekka reisen konnte.

Als seine Freunde zurückkamen, fragte er sie, wie die Pilgerfahrt gewesen war und was sie erlebt hatten. Seine Freunde wunderten sich über seine Fragen und sagten: „Es war wundervoll, aber das weißt du doch. Du warst doch da, und erhieltest den Ehrenplatz!“ Gott hatte Fazluns Pilgerschaft des Mitgefühls und der Großherzigkeit geehrt. Fazlun hatte die Pilgerreise der Liebe und des Glaubens gemacht.

Diese innere Reise, von der in diesem Buch so oft gesprochen wird, ist letztlich die wahre heilige Reise. Viele Jahre hindurch hatte ich eine besondere Hingabe an die chinesische Göttin des Mitgefühls, Kwan Yin. Ich war häufig nach China gereist und hatte mich mehrfach bemüht, ihren heiligen Berg Pu To aufzusuchen, auf einer Insel im Meer östlich des chinesischen Festlands. Und doch bin ich nie dorthin gekommen. Ich erkenne jetzt, dass ich wahrscheinlich nie dorthin gelangen werde. So, wie Sie und ich vielleicht nie die meisten der wunderbaren und ehrbaren Plätze besuchen werden, die in diesem Buch beschrieben werden. Wie macht das Sinn? Meine Antwort stammt vom chinesischen buddhistischen Meister des 16. Jahrhunderts, Han Shan Te Ch´ing. Um zu verstehen, was er meint, setzen Sie einfach den Begriff ein, der für Sie das Göttliche am besten zum Ausdruck bringt, und verwenden Sie den Pilgerort, der Sie am meisten anzieht. Dann treten Sie in die Welt mit einer neuen Erkenntnis ein. Er sagte: „Du musst nicht ins Ostmeer fahren, um Kwan Yin zu treffen. Pu To ist in deinem Geist.“

Eine Reise des Glaubens
Pilger aus Angladesh nehmen auf ihrer Rückkehr von einem muslimischen Gebetstreffen fröhlich die Gefahren der Fahrt auf dem überfüllten Zug im Kauf

Martin Palmer ist Direktor von ICOREC (Internationale Beratungsstelle über Religion, Erziehung und Kultur), Manchester, sowie religiöser Berater für den WWF UK (World Wildlife Fund, Vereinigtes Königreich) und Leiter des Sacred-Land-Projektes, das sich der Erneuerung heiliger Landschaften in Großbritannien widmet.

Einführung

Als ich zum ersten Mal gebeten wurde, Teil I dieses Buches zu schreiben, zögerte ich. Ich war daran gewöhnt, über antike Orte aus der Sicht von Mythen und Legenden zu schreiben, nicht im Hinblick auf einen heiligen Gebrauch heutzutage. Ich dachte, ich hätte über Pilgerschaft nichts zu sagen. Für mich als Autorin schien nur zu sprechen, dass ich viel Zeit damit verbrachte hatte, Kraftorte aufzusuchen – Tempel, Heiligtümer, Kirchen, Steinkreise, aufgestellte Felsen und Gräber.

Jeder Mensch hat zwei Reisen in diesem Leben zu machen. Die äußere Reise mit ihren verschiedenen Ereignissen und den Meilensteinen von Jugend, Ehe, mittlerem Alter und Senilität. Es gibt auch eine innere Reise, eine spirituelle Odyssee, die eine eigene, geheime Geschichte hat.

W. R. Inge,
More Lay Thoughts of a Dean, 1931

Das Wesen von Pilgerschaft bietet nicht die Möglichkeit, so zu schreiben wie über Folklore: sich vom Thema und Material distanziert und die eigenen Kommentare so frei wie möglich von subjektiven Deutungen zu halten. Anders zu schreiben schien mir, als ob man sich zu sehr exponierte. Aber, wie manche anderen Autoren feststellten, die zu diesem Buch beigetragen haben, Pilgerschaft wird erst dann zu einer Offenbarung, wenn man beginnt, von innen nach außen zu schauen, nicht umgekehrt.

Am Ende war es eine Frage des Vertrauens. Ich hatte früher schon mit Pip Morgan, dem Cheflektor von Gaia Books, gearbeitet und ihm völlig zu vertrauen gelernt. Wir entschlossen uns, den gesamten Schreibprozess selbst als eine Pilgerreise zu betrachten. Obwohl die Recherchen viel früher anfingen, begann ich im Mai während einer Pilgerfahrt nach Saintes-Maries-de-la-Mer in der Camargue zu schreiben und beendete innerhalb weniger Tage nach der Rückkehr dorthin zur großen Oktober-Pilgerfahrt nach Saintes-Maries-Jacobé-et-Salomé die Arbeit.

Zwischendurch gab es weitere Pilgerreisen, eine zauberhafte in die Höhle von Sainte-Baume in der Provence, in einem stillen Urwald, wo Maria Magdalena dreißig Jahre lang als Einsiedlerin gelebt haben soll, nur von ihrem Haar bekleidet. An Pilgerfahrten teilzunehmen und die Berichte anderer Pilger zu lesen brachte viele Themen auf. Viele der Berichte waren vom menschlichen Standpunkt aus schmerzlich, andere rührten an meine eigene Weltanschauung. Ich gehöre keiner Glaubensgemeinschaft an und war überrascht, wie sehr mich die Entdeckung eigener Überzeugungen aufwühlte.

Jüdischer Legende nach ist der Felsen von Jerusalem (jetzt unter dem Felsendom) der Grundstein der Welt. König David stieß darauf, als er den Tempel baute, und der Grundstein warnte ihn, ihn nicht zu bewegen. Er sagte, dass die Welt einmal begann, durch das Loch, das er verdeckte, in die Wasser unter der Erde zu gleiten – in das Chaos der Präexistenz. Nur der Grundstein, der das Loch verstopfte, verhinderte, dass die ganze Welt ins Chaos rutschte. Diese Legende hat viele Bedeutungen: Einerseits scheint sie von Religion allgemein zu handeln, dann vom Judentum, schließlich auch von der Art und Weise, wie der menschliche Geist funktioniert. Sicher sind die Turbulenzen, die entstehen, wenn man verborgene Glaubensüberzeugungen entdeckt, wie ein Chaos, das emporsteigt, wenn dieser Grundstein aufgehoben wird. Meine Pilgerschaft ist nicht glatt verlaufen, und ich erwarte auch nicht, dass Ihre glatt verläuft: Das, meine ich, ist jedoch von großem Nutzen.

Ziele und Methoden

Pilgerschaft gibt es auf vielfältige Weise. Und obwohl Historiker, Theologen, Anthropologen, Soziologen und Geographen dem Thema in den vergangenen Jahren viel Arbeit gewidmet haben, scheint es doch noch kein klares Bild vom „Wald" der Pilgerschaft zu geben. Ich bin ganz zufrieden damit, Ihnen die Schönheit und Einzigartigkeit einiger Bäume in diesem „Wald" zu zeigen.

Im Teil I geht es um allgemeine Aspekte von Pilgerschaft. Das Material stammt von Anthropologen und anderen, die in den letzten 40 Jahren publiziert haben, hauptsächlich auf dem Feld der Weltreligionen, die meistens eine lange Reihe von Pilgern aufweisen, die ihre Erfahrungen bezeugt haben. Nicht alle erwähnten Pilgerorte sind immer auch jenen offen, die nicht Mitglied der betreffenden Religion sind. Im

Die spirituelle Suche
Indem sich buddhistische Möche von der materiellen Welt abwenden, machen sie sich frei, sich der spirituellen Welt zu stellen. Der Buddha bezeichnete Pilgerschaft als einen bedeutenden Akt im Leben eines Buddhisten – als ersten Schritt auf dem Weg zur Erleuchtung.

Allgemeinen habe ich jedoch solche Heiligtümer in diesem Buch behandelt, die auch Mitgliedern anderer Glaubensrichtungen offen stehen, anstatt solche aus Stammes- und ekstatischen Religionen, deren Rituale normalerweise nicht öffentlich sind.

Falls Sie sich einer Pilgerfahrt außerhalb Ihrer Gemeinschaft anschließen (oder sie auch nur anschauen) wollen, denken Sie bitte daran, dass Wallfahrten an örtliche Heiligtümer oft eher eine private Sache der jeweiligen Gemeinschaft sind. Eine portugiesische *Romaria* zum Beispiel ist vielleicht nur für ein einziges Dorf, das seine/n Dorfheilige/n feiert und der Brennpunkt der Identität des Dorfes ist. Direkt gesagt: Die Leute aus dem Dorf wollen Sie womöglich gar nicht dabei haben.

Allgemeiner gesprochen, werden Besucher, die in Massen auftreten, die Heiligtümer physisch beschädigen. Kleinere antike Denkmäler und kleinere Landschaftsplätze wie heilige Brunnen und Wegkreuze und Gräber vertragen oft noch nicht einmal kleinere Besucherzahlen. Ich schließe mich jedoch nicht der elitären Meinung an, dass der Öffentlichkeit schlechthin der Zutritt verwehrt werden sollte. Wir müssen Kompromisse finden, und deshalb bitte ich Sie, sich in jeder heiligen Landschaft (auch wenn sie nicht mehr so erscheint) mit Ehrfurcht so zu verhalten, wie es der japanische Dichter Issa (1763-1827) über den Berg Kamji schrieb, den heiligen Shinto-Hügel im inneren Bereich des Ise-Schreines:

„Kamji Yama.
Mein Kopf verneigt sich
wie von selbst.“

Da die Pilgerschaft ihrem Wesen nach eher am Rande der organisierten Religionen steht, könnte mancher eher orthodox eingestellte Leser Anstoß an manchen Praktiken nehmen, die in diesem Buch beschrieben werden. Ihnen möchte ich versichern, dass in keinem Fall beabsichtigt ist, Menschen zu verstören.

EINSTELLUNGEN UND ENTDECKUNGEN

1994 wurde in der Kathedrale von Worcester der Körper eines Pilgers aus dem 15. Jahrhundert gefunden, in einer groben Robe und mit Pilgerstab. Mich hat die Entdeckung seiner sterblichen Überreste mehr berührt als heutige Pilger, so wie Erinnerungsstücke an mittelalterliche Wallfahrten – Amulette, Weihwasserfläschchen und Pilgerabzeichen – anziehender erscheinen als die meisten modernen Wallfahrtssouvenirs. Das ist wohl auch so aufgrund meiner britischen Erziehung, die mehr Wert auf traditionelle und konservative Werte legt.

Es ist leicht, sich über Wallfahrten lustig zu machen. Heilige Orte sind überall in der Welt in künstlerischer Hinsicht mittelmäßiger und kitschiger, als ein westlicher Ästhet es verdauen kann. Die hl. Bernadette rief aus, als sie die Figur der Mutter Gottes in der Grotte von Lourdes sah: „Mein Gott, wie sie sie entstellen.“ Aber was bedeutet schon „Geschmack“ in diesem Zusammenhang? Die Statue in Lourdes mag keine große Kunst sein, wie aber könnten menschliche Hände die transzendente Schönheit von Bernadettes Vision darstellen? Die Schöpfer der bedeutendsten religiösen Kunst können uns nicht mehr als einen Schatten der Gottheit geben – und das gilt auch für die Höhlenmaler von Lascaux und Altamira und die Steinmetze der Kykladen-Gottheiten des antiken Griechenland mit ihrem „archaischen Lächeln“. Als Hilfsmittel, um den Geist auf Gott auszurichten, ist die sentimentalste Abbildung des Heiligsten Herzens vielleicht genauso wirksam wie eine Skulptur von Michelangelo.

Wenn wir die Andenkenläden sehen, welche die Straßen zum Heiligtum von Lourdes säumen, sollten wir die Rosenkränze, Medaillons, T-Shirts, Statuen und Bilder im Lichte der Funktion sehen, der sie dienen werden: als Gaben der Liebe, als Zeichen religiöser Hingabe und Zugehörigkeit. Häufig werden die Dinge, welche Wallfahrer kaufen, zu Hause zum Mittelpunkt von Altären und erinnern an die Pilgerreise und stellen sogar in manchen Fällen (wie beim

Wallfahrerinnen
Der japanische Pilger nach Shikoku (links), die drei Frauen beim felsigen Aufstieg auf den heiligen Berg Croagh Patrick in Irland (oben) und der tibetische Pilger mit seiner Bettelschale (S. 14) befinden sich auf einer äußeren Wanderschaft, die sie auf eine tieferen Ebene zu spirituel-ler Bewusstheit führen kann.

Weihwasser aus Lourdes) den Transfer der Kraft des besuchten Ortes ins eigene Heim dar.

Vermeintlich über der Wallfahrt zu stehen weitet sich allzu leicht dahin aus, andere Glaubensauffassungen abzutun. Vielleicht haben Sie von der „Wunder-Aubergine“ gelesen, die von Zahid und Farida Kassam entdeckt wurde und Tausende Muslime zu einem schlichten Haus in Leicester geführt hat (*The Guardian*, 28. 3. 1990). Die Geschichte dahinter war, dass die Kassams, als sie die Aubergine aufschnitten, das arabische Schriftmuster *Yal-Allah* sahen, „Allah ist überall“. Immerhin gibt es eine Überlieferung, die bis auf die griechische Antike zurückgeht, dass die Namen von Göttern in Pflanzen aufscheinen. Es handelt sich meiner Ansicht nach nicht um Aberglauben, als Frau Kassam sagte: „Das ist ein Wunder. Es ist einer einfachen Familie geschehen, und deshalb bin ich sehr stolz darauf. Allah vergisst nie einen.“

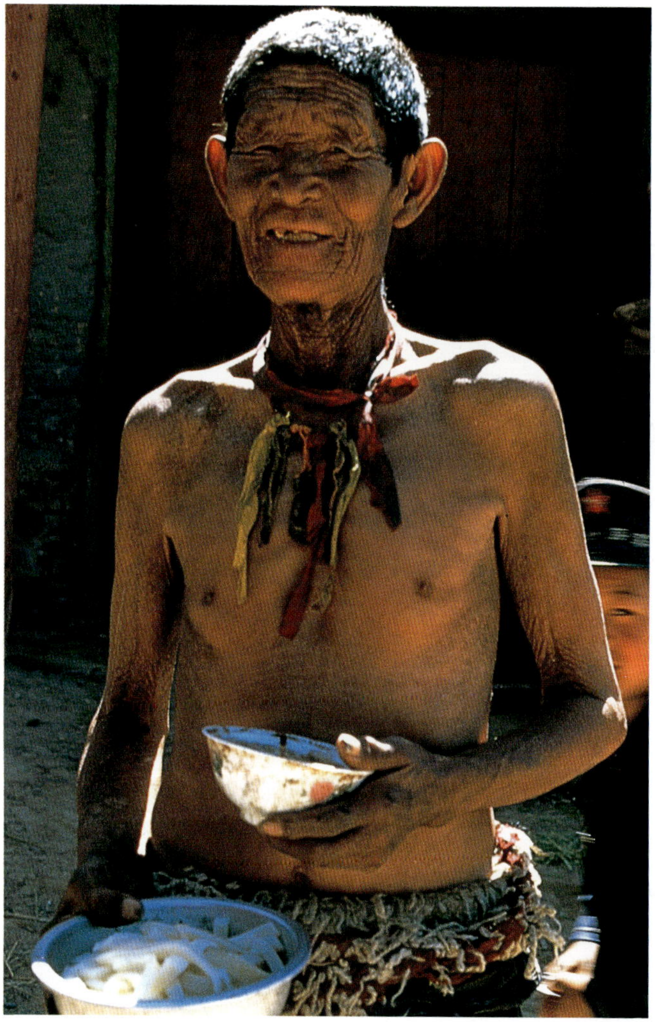

Diese fromme und menschliche Bemerkung ist wie ein Echo des Glaubens im Zentrum jeder Pilgerfahrt: Die direkte Kommunikation zwischen dem Individuum und Gott ist möglich.

Wir müssen lernen, mit der Tatsache umzugehen, dass die Heiligkeit jedes Kraftortes oft auf einer Kette von Überlegungen aufbaut, die wir in einem anderen Zusammenhang nicht akzeptieren würden. Vielleicht haben Sie davon gelesen, dass Bildnisse der Jungfrau von Loreto auf historischen Erstflügen mitgeführt wurden, so bei Lindberghs Atlantiküberquerung in der „Spirit of St. Louis“ 1927 und bei der Apollo-9-Raummission 1969. Deshalb, weil Papst Benedikt XIV. 1920 die Jungfrau von Loreto zur Schutzheiligen der Luftfahrt erklärte. Nicht allgemein bekannt ist die Verbindung zwischen der Jungfrau von Loreto und der Luftfahrt, die auf den Ursprung zurückgeht, dass die *Sancta Casa,* die jetzt von einer Marmorbasilika umschlossen ist, überhaupt zum Wallfahrtsort wurde. Der Tradition zufolge war die *Sancta Casa* das Haus der Jungfrau Maria in Nazareth, das am 10. Mai 1291 von Engeln erst nach Tersatto nahe Fiume und am 2. Dezember 1295 nach Loreto gebracht wurde. Dort ereigneten sich Wunder, und 1507 bestätigte Papst Julius II. das „Heilige Haus“ als Wallfahrtsort.

Diese Geschichte, wie das Gebäude nach Loreto gelangte, die um 1472 zum ersten Mal aufgezeichnet wurde, wurde von Papst Julius mit dem Prädikat *ut pie creditur et fama,* „wie fromm geglaubt und überliefert wird“, versehen. Er hat es also offen gelassen, ob es sich dabei um eine fromme Vorstellung handelt oder nicht. Das ändert jedoch nichts an der Tatsache, dass die Verbindung zwischen der Jungfrau von Loreto und der Luftfahrt darauf beruht, dass fliegende Engel das Haus transportiert haben sollen, gemäß dem magischen Grundsatz, dass „Gleiches Gleiches hervorruft“. Wir denken heute nicht mehr so – sollten wir deshalb vielleicht sagen, dass das Heilige Haus von Loreto einfach ein Symbol ist und dass weder die Jungfrau noch das Haus Kräfte wirken? Warum aber kämen Pilger dann nach Loreto? Warum führen

Luftfahrer dann nicht geweihte Medaillons von Guadalupe oder Lourdes mit sich? Heiligtümer überall in der Welt werfen ähnliche Fragen auf: Wir alle müssen die Bedeutung der jeweiligen Wallfahrtsorte mit unserem eigenen Glauben in Einklang bringen.

ZEICHEN AM HORIZONT

Für mich bedeuten die Begriffe „Pilgerschaft", „Wallfahrt" und „heilige Reise" dasselbe. Ich verwende auch den Begriff Gott, anstatt drumherum zu reden und Gott als „das göttliche Prinzip" zu bezeichnen. Es sind die Worte, die für Wallfahrt und Gottheit in meiner Kultur üblich sind, und so benutze ich natürlich den Wortschatz des Christentums, um Religion zu beschreiben.

Das sagt nichts aus über meinen persönlichen Glauben, und Sie als LeserIn sollten jene Begriffe geistig einsetzen, die Ihnen nahe liegen. Jeder, der Sorge hat, dass das Wort „Gott" notwendigerweise eine männliche Gestalt meint, sollte Texte der Mutter Juliana von Norwich lesen (um 1393). Die mittelalterliche Mystikerin verwendet in ihren „Offenbarungen göttlicher Liebe" das Wort „Mutter", wenn sie über Christus spricht! Falls ich irgendeinen Glauben mit großer Überzeugung hege, ist es ungefähr dieser.

Islamische Autoren schreiben von einer Gruppe von Gottessuchern als *Salik* oder Wanderer, die Gott auf dem aktiven Weg der Entsagung und des Gebetes führt. Ihre Reise beginnt damit, die „Zeichen am Horizont" lesen zu lernen, also eine Wachheit für die Wirkungen der Handlungen Gottes in der Welt zu entwickeln. „O Gott," schrieb der ägyptische Mystiker Dhu ʼl-Nun im 9. Jahrhundert, „ich horche niemals auf die Stimmen der wilden Tiere oder auf das Rauschen der Bäume, auf das Plätschern des Wassers oder die Lieder der Vögel, auf das Pfeifen des Windes oder das Rollen des Donners, aber ich spüre in ihnen ein Zeugnis Deiner Einheit … O Gott, ich erkenne Dich im Beweis Deines Werkes und dem Zeugnis Deiner Handlungen … "

Einmal habe ich buchstäblich ein „Zeichen am Horizont" erlebt. Es war im Finger-See-Distrikt im Staat New York, – ich fuhr gerade nach Norden. Plötzlich bemerkte ich etwas wie ein großes schwarzes Geschreibsel, das mit einem schwarzen Fleck begann und sich allmählich über den ganzen Himmel ausbreitete, als ob jemand seine Unterschrift abgab. Es war wie bei Belsazars Fest (Bibel, Daniel 5), und ich war wie gefesselt. Natürlich waren es nur Wildgänse, die im Winter nach Süden flogen. Ich hatte ihren Zug vorher noch nie gesehen, aber jetzt dachte ich darüber nach, was Dhuʼl-Nun mit „Zeugnis Deiner Handlungen" meinte.

Ich bin weder von dieser Welt
noch von der nächsten …
Ich habe gesehen,
dass die beiden Welten eins sind:
Eine suche ich, Eine kenne ich, Eine sehe ich,
Eine rufe ich …
Falls ich in dieser Welt je einen Augenblick
mit Dir erlange,
werde ich auf beide Welten treten,
werde ich immerdar im Triumph tanzen.

Jalaladin Rumi (1207-1273)

Es steckt mehr dahinter als der schlichte Gedanke, dass die „Natur" eine wunderbare Sache ist und irgendjemand sie gemacht haben muss. Während Theologen im Laufe der Zeiten sich mit der Frage herumschlugen, ob Gott immanent sei (also im Universum enthalten) oder aber transzendent (also völlig davon getrennt), ist das Volkserleben des Göttlichen nicht weit entfernt von der Erfahrung des Hindu-Mystikers, der Einheit erlebt, indem er zum inneren Kern vordringt, indem er (sich als) *Atman* erfährt, das seinem Glauben nach überall in der Schöpfung gleichermaßen existiert.

In Mythen und Folklore gibt es ein immer wiederkehrendes Thema der „universellen Sympathie", dass alle Dinge miteinander in Resonanz stehen und dass ein Schmerz, der in einem Teil des Universums erlebt wird, auch im Rest erfahren wird. Das nimmt oft die Form einer universellen Klage über den Tod Gottes an – den griechischen Pan, den nordischen Baldur, sogar Christus. Die orthodoxe christliche Auffassung, dass bei der Kreuzigung die Sonne verdunkelt wurde und der Vorhang des Tempels zerriss (Lk 23,45) entspricht dem Volksglauben, dass die ganze Welt weinte. Und um die Tränen auszugleichen, tanzt die Sonne am Ostermorgen vor Freude über die Auferstehung, und in der Christnacht kniet das Vieh voller Ehrfurcht im Stall, die Bienen summen in ihrem Korb und der heilige Dornbusch in Glastonbury erblüht.

Diese Traditionen sagen aus: Wirke auf einen Teil ein, dann wirst du auf das Ganze einwirken. Alle Dinge sind eins. Es ist heutzutage beinahe schon ein Gemeinplatz, dass die Physiker zum selben Schluss gelangt sind: Die gesamte Schöpfung ist untereinander verknüpft. Ich schließe mich dem an.

Teil I

Die Pilgerreise

I *Sehnsucht*

KAPITEL I

Die größten regelmäßigen Versammlungen menschlicher Wesen auf dieser Erde sind die von Pilgern. Sie kommen zu Zehntausenden zur Heiligen Woche in Rom, zum Passah-Fest nach Jerusalem, und in Mekka versammeln sich jedes Jahr mehr als eine Million Gläubige aus allen Teilen der islamischen Welt. Die Kumbha Mela, die alle zwölf Jahre an einer Flussmündung bei Allahabad in Indien gefeiert wird, zieht über zehn Millionen Menschen an.

Warum kommen sie in so großer Zahl? Was ist es, was sie suchen? Warum spüren Menschen in allen Zeiten und überall dasselbe Bedürfnis, sich auf den

Weg zu machen, sich sozusagen wie von einem Sprungbrett aus ihrem normalen Leben und der vertrauten Umwelt herauszukatapultieren, um eine Reise in das Unbekannte anzutreten? Die Antwort scheint zu sein, dass – gleich, welchem Glauben sie angehören, gleich, wohin sie ihre Schritte richten, und gleich, was der unmittelbare Anlass zur Pilgerreise sein mag – alle Wallfahrten im Grunde der dem Menschen innewohnenden Sehnsucht entspringen, dem Göttlichen zu begegnen. Dieses Verlangen besteht aus dem Wunsch, der Gottheit an ihrem eigenen, besonderen Ort Ehrerbietung zu erweisen und aus der Hoffnung, sie zu überzeugen, das individuelle Gebet zu erhören.

Angesichts von Konflikt, Leid und Tod fragen alle spirituellen Sucher und versuchen alle Religionen eine Antwort auf dieselbe fundamentale, unmögliche Frage: warum? Wir alle sind, vom Augenblick der Geburt an bis zum Moment unseres Todes, mit dieser Suche nach Sinn beschäftigt. Die Wallfahrt an einen besonderen Ort, wo das Göttliche ins Weltliche hineinragt, verspricht uns Hilfe und Trost in dieser Welt sowie eine Begegnung mit der lebendigen Gottheit.

Der Ort

Für Hindu-Mystiker und Sufis befindet sich der heilige Ort in ihnen selbst: Die Pilgerschaft ist eine Reise ohne körperliche Fortbewegung, vielmehr eine persönliche Suche in Körper und Geist. Für andere Menschen mag der heilige Ort eine physische Existenz besitzen, aber die Reise dorthin ist eher symbolisch, wenn zum Beispiel christliche Pilger auf den Fußbodenlabyrinthen der Kathedralen gehen, die man „Pfad nach Jerusalem" nennt.

Noch nicht einmal alle realen Wallfahrten kennen ein geographisches Ziel. Der Begriff „Pilger" stammt aus dem Lateinischen: *peregrinus*, was einen Wanderer oder Fremden bezeichnet, und frühe Christen empfanden die Pilgerschaft als die Suche nach einem Ort des Exils. Der Eremit St. Meriasek, der im 6. Jahrhundert in Cornwall landete, rief aus: „Jesus sei Dank, in ein fremdes Land bin ich gekommen ... " Pilger lösten sich von ihren Wurzeln und entschieden sich, an jedem Ort als Fremde zu leben. Sie tauschten die flüchtige Gefährtenschaft dieser Welt ein für die immer währende Gemeinschaft der Seligen im Himmel.

Der Gedanke einer Wallfahrt als einer Reise ohne ein festes Ziel wird in einem Text aus dem 9. Jahrhundert dargestellt, der *Reise von St. Bréanainn* (Brendan). Dieser phantastische Bericht beschreibt eine Seereise eines irischen Heiligen aus dem 6. Jahrhundert, der zusammen mit 14 Mönchen in einem Boot, das von Ochsenhäuten bedeckt war, westwärts segelte und ihr Schicksal in die Hände Gottes legte. Nach sieben Jahren kamen sie endlich zu einer wundersamen Insel, die Land der Verheißung genannt wurde. Danach segelten sie wieder nach Hause. Nicht alle Mönche von St. Bréanainn überlebten das Abenteuer. Dieser Text beruht teilweise auf den mythischen Fahrten in die Anderwelt, die irische Helden wie Maol Dúin (Maeldun) und andere sie machten, und das Land der Verheißung ist eine Methapher für den Tod.

Obwohl Bréanainns Reise im Wesentlichen Phantasie ist, finden wir darin auch ein Echo der tatsächlichen Praxis irischer Mönche, wie jener drei – Dubslane, Machbethu und Maelinmun –, die 891 in Cornwall landeten und an den Hof König Alfreds des Großen gingen, nachdem sie sich in einem Boot aus Flechtwerk und mit Häuten bespannt, jedoch ohne Ruder und Steuer, von Irland aus abgestoßen fühlten, „weil sie sich aus Liebe zu Gott ersehnten, in fremden Ländern zu sein, gleich wo". So wanderten auch die europäischen *Palmer* (Palmblattträger) von Ort zu Ort, und die japanischen Pilger von Edo wandern von einem Schrein zum anderen während einer Pilgerschaft, die ihr ganzes Leben andauert. Pilgerschaft ist eine Metapher für das Leben selbst geworden, für die Reise, die wir im Moment der Geburt beginnen, für den Weg in die Anderwelt, in die Himmelsstadt.

Aber die meisten Pilger unternehmen reale, sinnvolle Reisen. Sie verlassen ihr normales Leben vorübergehend, um, oft mit großen Härten, an einen bestimmten Ort zu reisen. Obwohl all diese Plätze ihren Ruf als heilige Orte aus unterschiedlichen Gründen erworben haben, scheinen sie alle den Wallfahrern die Möglichkeit zu bieten, gerade hier eine nähere Berührung mit dem Göttlichen zu erfahren. Das rührt häufig aus dem tief sitzenden Glauben, dass eine Gottheit oder ein/e Heilige/r an dem Punkt, an dem sie gelebt hat, den sie besucht hat oder wo sie erschienen ist, ewig zugänglich ist. Obwohl die Gläubigen in jeder Kirche zur Heiligen Jungfrau um Hilfe bitten können, glauben sie, dass sie ihre Gebete dort eher erhört, wo sie sich auf Erden gezeigt hat, wie in Fátima, Lourdes und Guadalupe.

Besonders heilig sind Pilgern jene Plätze, die zu Lebzeiten der Propheten und Heiligen diesen bekannt waren. Die frühen Christen suchten das Heilige Land auf und die Landschaften, in denen sich Christi Leben und Passion ereigneten. Genauso werden Hindu-Pilger von Orten angezogen, an denen menschliche Heilige oder Avatare, die vom Himmel herabgestiegen waren, lebten. Die vier heiligsten buddhistischen Wallfahrtsorte in Indien haben direkten Bezug zum Leben des Buddhas.

Besonders kraftvoll ist der Ort, an dem der Heilige oder die Gottheit einen dauerhaften Fußabdruck hinterlassen hat. In der römischen Kirche, die unter mittelalterlichen Wallfahrern als die *Palmalle* bekannt war, konnten sie im Marmor den Abdruck Christi sehen, als er dem hl. Petrus vor dessen Hinrichtung erschienen war. Ein anderer heiliger Fußabdruck hat Sri Pada auf Sri Lanka zu einem noch universelleren Wallfahrtsort gemacht, als es selbst Jerusalem ist. Auf dem Gipfel gibt es dort einen Fußabdruck, der Buddhisten als der Buddhas gilt, Hindus als der des Gottes Shiva, Christen als der des hl. Thomas, Apostel Indiens, und Muslimen gilt der Abdruck als der des ersten Menschen Adam.

Pilger suchen auch gerne Schreine verstorbener Heiliger auf. Der jüdische Text *Das Leben der Propheten* von ca. 50 n. Chr. nennt die Orte zahlreicher Gräber jüdischer Heiliger. Der „Pilger von Bordeaux", dessen *Tagebuch* von 333 n. Chr. stammt, ist die früheste uns bekannte Schilderung einer Wallfahrt ins Heilige Land. Er suchte mehr Orte auf, die mit dem Alten Testament zu tun haben als solche, die in Verbindung mit dem Neuen Testament stehen. Wahrscheinlich entwickelten sich christliche Pilgerreisen aus der jüdischen Praxis, die Gräber von Propheten und Heiligen aufzusuchen. Die jüdischen Anhänger Jesu, die ihn als „einen Propheten mächtig in Tat und Wort" betrachteten, werden es als ganz natürlich angesehen haben, sein Grab als eine Stätte zu erhalten, zu der sie pilgern konnten. Auch im Islam werden die Gräber von Heiligen als Schreine bewahrt, wo man sie um Wunder anfleht.

Allein in meiner kleinen Hütte,
ohne einen Menschen als Gefährten,
ist mir die Pilgerfahrt lieb gewesen,
bevor ich dem Tod begegnete.

IRISCHER EINSIEDLER, 8./9. JAHRHUNDERT

Mittelalterliche christliche Pilger sowie auch einige Christen heute betrachten die Gräber von Heiligen und die in ihnen enthaltenen Reliquien als so identisch mit der lebendigen Gegenwart des Heiligen, dass der Pilger allein durch die Berührung damit spirituellen Nutzen erhält. Die Praxis, nahe dem Schrein zu schlafen (was man Inkubation nennt), besonders an „Heilgräbern", geht auf die Ansicht zurück, dass die sterblichen Überreste des Heiligen eine Art Ausstrahlung

MEKKA

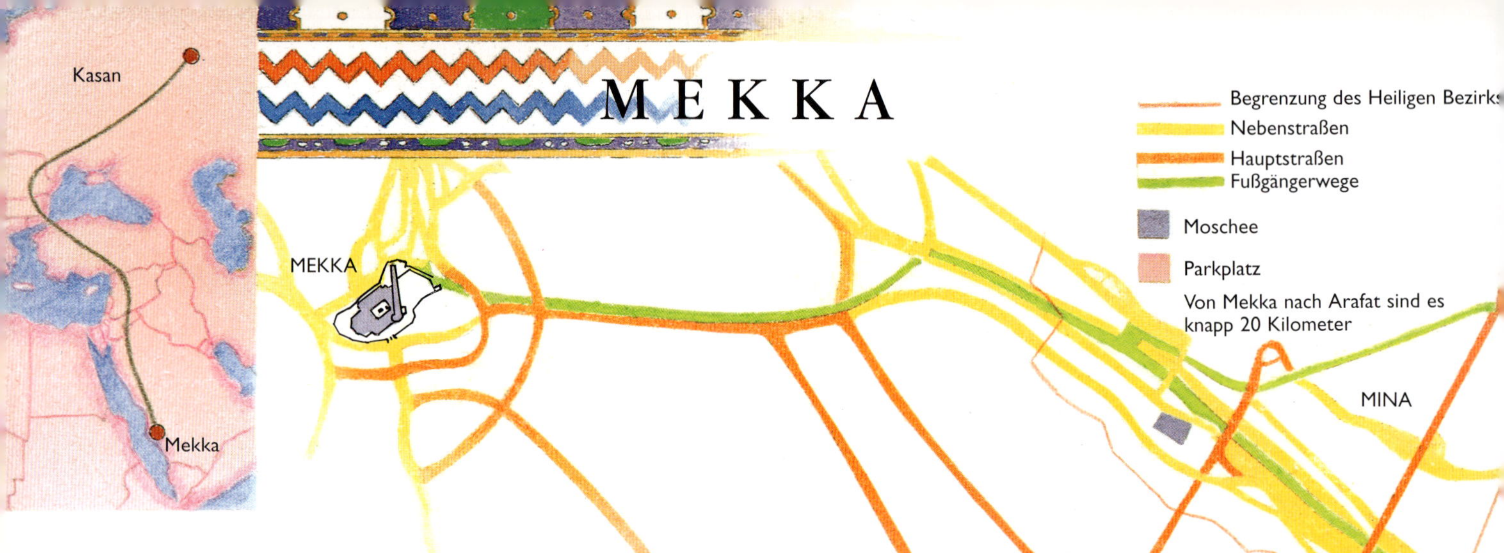

In einem einzigen Glauben sich vereinen

Ich hatte schon viel über die Hadsch (muslimische Wallfahrt) gelesen, über ihre Riten, Pflichten und Verbote. Wegen des Mangels an Information über die sehr wenigen Menschen, die aus der atheistischen UdSSR nach Mekka gepilgert waren, hatte ich jedoch einige falsche Vorstellungen. Eine war, dass die Wallfahrt für Frauen verboten war. Niemals hätte ich es mir träumen lassen, dass ich die Hadsch sogar gleich zwei Mal würde ausführen können: zuerst die richtige Hadsch mit meinem Vater 1993 und dann die Umrah („kleine Wallfahrt") mit meiner Mutter 1995.

Die zweite Pilgerfahrt war sowohl die interessantere Reise wie, aus muslimischer Sicht, die fruchtbarere. Wir führten sie während des Fastenmonats Ramadan aus, und unser Imam sagte uns, dass die Umrah während des Ramadans der Pilgerschaft zusammen mit dem Propheten Mohammed gleichkommt. Wir reisten von Kasan aus mit dem Bus, eine Fahrt von mehr als neun Tagen ohne Unterbrechung, während wir fasteten. Wir durchquerten das westliche Russland, die Ukraine, Rumänien, Bulgarien, die Türkei, Syrien, Jordanien und Teile Saudi Arabiens, ohne die Annehmlichkeit längerer Aufenthalte, Hotels oder heißer Mahlzeiten.

Die erste Gruppe von Pilgern (nur Männer) war 1992 von Tatarstan nach Mekka gefahren. Im folgenden Jahr hatten sich mein Vater und ich einer Gruppe von 170 Pilgern aus Tatarstan und einigen anderen Republiken der früheren UdSSR angeschlossen. Für uns war alles neu. Wir waren unter dem Banner eines Staatsatheismus aufgewachsen und lebten in einer säkularen Gesellschaft, wo es keine Unterschiede in der Lebensweise zwischen Männern und Frauen gab. Wir waren daran gewöhnt, unabhängig zu sein und die Freiheit zu haben, eigene Entscheidungen zu treffen.

So wurde die Hadsch für die meisten von uns zu einem wahren Kulturschock. Es war unsere erste Erfahrung einer umfassenden islamischen Lebensführung, und viele von uns waren darauf nicht vorbereitet. Ein Beispiel dafür: Obwohl es auch abweichende Ansichten gibt, bestehen die meisten heutigen islamischen Gelehrten darauf, dass Frauen bei der Hadsch entweder von ihrem Mann oder einem nahen männlichen Verwandten begleitet werden müssen, wie Vater, Bruder oder Sohn. Für russische Frauen erwies sich das als sehr schwierig: Viele sind Singles, und da die Reise kostspielig ist, können es sich nur wenige Familien leisten, mehr als ein Mitglied auf die Pilgerfahrt zu senden.

Diese Regel hat gute Gründe: Die Hadsch ist körperlich sehr anstrengend. Zum Beispiel dürfen Frauen zum schwarzen Stein kommen und ihn küssen, aber in der überfüllten Moschee ist es oft physisch unmöglich für Frauen, es auch zu tun. Weiterhin werden manche Rituale nur von Männern ausgeführt. Die Talbiya (heilige Gebetsformel) muss laut gesprochen werden, Frauen dürfen aber in der Gegenwart fremder Männer nicht sprechen. Als wir losfuhren, waren wir überrascht, dass doch fast die Hälfte der Gruppe Frauen waren. Wir waren noch überraschter zu erfahren, dass Frauen die Hälfte aller Pilger der Hadsch ausmachen. Wir waren auch darüber erstaunt, so viele junge Menschen zu sehen, da die Hadsch allgemein eher von älteren ausgeführt wird.

Die Hadsch beginnt mit dem Eintritt in die *Ihram* (rituelle Reinheit), was eine spirituelle und eine materielle Seite hat. Für Frauen bedeutet das, ein langes weißes Kleid und einen Kopfschleier zu tragen. Nichts darf die weiblichen Formen betonen:

Rituale des Hadsch (Wallfahrt)
Bevor sie in Mekka ankommen, waschen sich die Pilger und kleiden sich weiß, um im Stand von Ihram (Reinheit) einzutreten. In Mekka besuchen sie zuerst die heilige Moschee und waschen sich erneut, bevor sie eintreten. Dort umkreisen sie die Kaaba sieben Mal gegen den Uhrzeigersinn und küssen den schwarzen Stein. Dann trinken sie am Brunnen von Zamzam Wasser, bevor sie sieben Mal zwischen den Hügeln von Safa und Marwa hin- und herwandern. Am Berg Arafat, wo Mohammed seine letzte Predigt gehalten hat, beten sie bis zum Sonnenuntergang. Am folgenden Tag feiern sie mit einem Tieropfer bei Mina das Fest Eid-ul-Adha (Ende der Wallfahrt) und werfen Steine auf Pfeiler als symbolische Ablehnung des Bösen. Schließlich kehren sie nach Mekka zurück, um noch einmal die Kaaba zu umrunden.

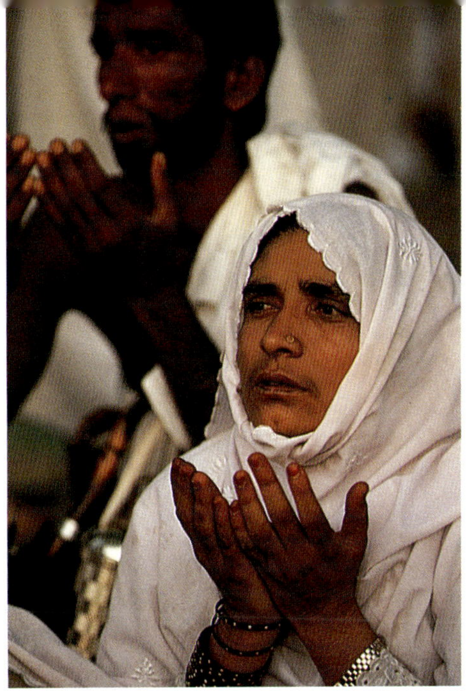

Ein heiliges Privileg
Der Koran sagt, dass es die Pflicht aller Muslime ist, nach Mekka zu gehen, wenn sie es sich leisten können. Pilger auf der Haj betrachten sich als privilegiert und beten für ihre weniger begünstigten Freunde und Verwandten, die sie nicht begleiten konnten.

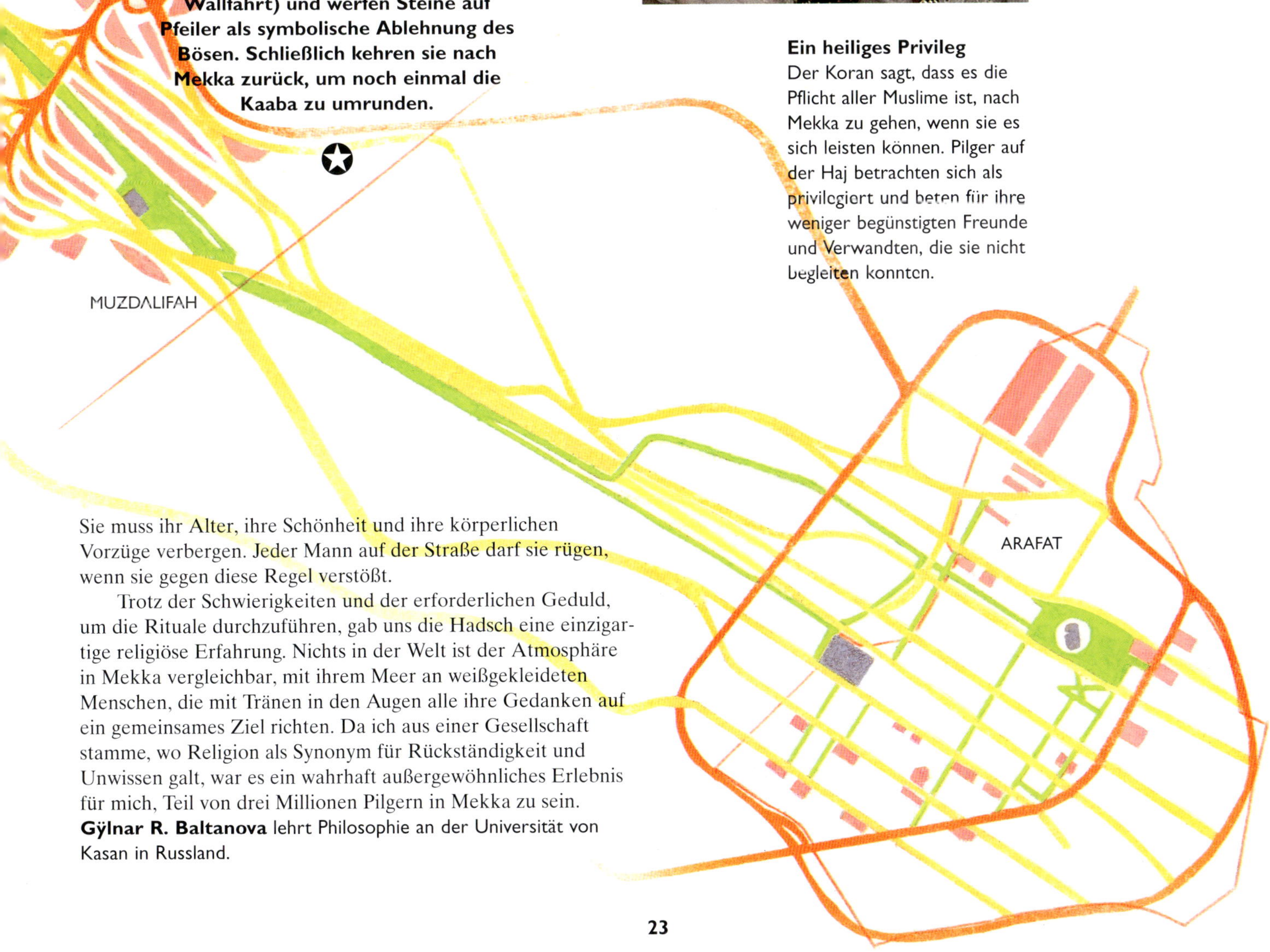

Sie muss ihr Alter, ihre Schönheit und ihre körperlichen Vorzüge verbergen. Jeder Mann auf der Straße darf sie rügen, wenn sie gegen diese Regel verstößt.

Trotz der Schwierigkeiten und der erforderlichen Geduld, um die Rituale durchzuführen, gab uns die Hadsch eine einzigartige religiöse Erfahrung. Nichts in der Welt ist der Atmosphäre in Mekka vergleichbar, mit ihrem Meer an weißgekleideten Menschen, die mit Tränen in den Augen alle ihre Gedanken auf ein gemeinsames Ziel richten. Da ich aus einer Gesellschaft stamme, wo Religion als Synonym für Rückständigkeit und Unwissen galt, war es ein wahrhaft außergewöhnliches Erlebnis für mich, Teil von drei Millionen Pilgern in Mekka zu sein.

Gÿlnar R. Baltanova lehrt Philosophie an der Universität von Kasan in Russland.

haben, die umso wirksamer ist, je länger man ihr ausgesetzt ist. Obwohl Buddha selbst Wallfahrten keineswegs unterstützte, wurden seine Reliquien nach seinem Tode verteilt und in Denkmälern bewahrt, die man Stupas nennt. Diese Stupas wurden (und sind) jedoch Ziel von Pilgerreisen geworden. Außerhalb Indiens ist der bekannteste buddhistische Pilgerort der „Zahn-Tempel" bei Kandy auf Sri Lanka. In einer inneren Kammer wird einer von Buddhas Zähnen auf einer goldenen Lotosblüte aufbewahrt, die ihrerseits von neun goldenen Kästchen umhüllt wird.

„... siehe, ich sah einen Mann in Lumpen, der an einem bestimmten Platz stand, mit seinem Gesicht von seinem eigenen Haus (abgewandt) und einer großen Last auf seinem Rücken. Ich sah, wie er in Weinen ausbrach: Was soll ich tun, um errettet zu werden. Ich sah auch, dass er hierhin und dorthin blickte, als ob er fortlaufen wollte, und doch blieb er still stehen. Er konnte sich nicht entscheiden. Ich blickte dann und sah einen Mann, der Apostel heißt, der zu ihm kam und fragte: Siehst du das Licht dort hinten? Er sagte: Ich glaube, dass ich es sehe. Dann sagte der Apostel: Bewahre dieses Licht in deinem Auge. So sah ich in meinem Traum, dass der Mann zu laufen begann."

John Bunyan, Des Pilgers Wanderschaft, Teil I (1678)

Das Ziel einer Pilgerreise wird oft als ein geographischer Ort benannt, der Wallfahrer anzieht, weil sie glauben, dass er ihrer Ehrerbietung wert sei, weil dort eine göttliche Erscheinung stattgefunden hat oder ein/e Heilige/r mit diesem Platz besonders verbunden ist. Das heißt also, dass Menschen einem heiligen Ort erst seine Heiligkeit verleihen. Aber ist es möglich, dass manche Orte an sich heilig sind, gleich, was sie Menschen bedeuten mögen? Manche Kulturen gehen davon aus. Pilgerorte sind oft Plätze von besonderer Naturschönheit. Dabei spielt vermutlich weniger die Bewunderung für ein Meisterwerk der Schöpferkraft eine Rolle als die menschliche Neigung, in bestimmten geographischen Merkmalen bestimmte Symbole zu sehen. Manche Orte, besonders Berge, Höhlen, Flüsse und Quellen, sind von alters her als Wohnstätten von Göttern betrachtet worden oder als Orte, an denen sich die Welt der Götter und die der Menschen treffen. Der Platz selbst wurde (und wird) als heilig angesehen, gleich, welche Menschengeschichte sich dort in den Zeiten abgespielt haben mag.

Manchmal wird ein solcher Glaube in mythologischen Darstellungen formalisiert. Nach der alten Hindu-Tradition liegt Devabhumi, das Land der Götter, im Himalaya. Selbst die Bergnamen verkünden das: Nanda Devi, die Göttin Nanda; Chomo Lhari, die Göttin des Heiligen Berges; Chomo Lungma, die Muttergöttin des Landes (das ist der tibetische Name für den Mount Everest!). In der hinduistischen und in der buddhistischen Mythologie steht in der

Mitte der Erde ein Berg, um den sich Sonne, Mond und die Sterne drehen. Dieser Berg ist der mythische Berg Meru, von dem die Hindus annehmen, er sei der irdische Berg Kailash in Tibet. Hier befindet sich Svarga, der Himmel des Gottes Indra, ein Paradies der Seligen, die hier auf ihre nächste Wiedergeburt auf der Erde warten.

Der Glaube an die Heiligkeit, die manchen Orten innewohnt, veranlasste die römischen Bauern, die Geister der Erde anzurufen, bevor sie unbebautes Land kultivierten. Andere Römer weihten bestimmte Orte dem *Genius Loci* oder dem namenlosen Geist des Ortes und hielten das für Wanderer auf Tafeln fest. In der Ära der Wikinger verehrten die Isländer die Geister des Landes, die Landvættir, die das Land hüteten und hegten, bevor die ersten Siedler aus Norwegen eintrafen. Auch heute noch fällt es schwer, nicht zu glauben, dass manche Orte (besonders Wüsten) von *Numen* erfüllt sind, einer Art überfließender göttlicher Energie, die uns dort umfängt.

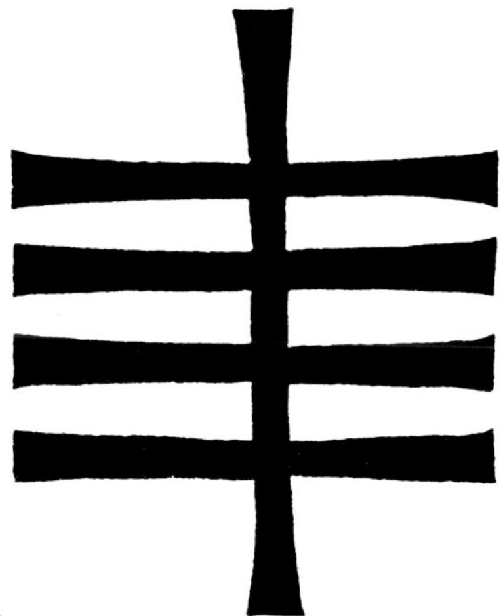

Die Pilgerreise der Seele
Dieses orientalische Symbol stellt die Fahrt der Seele durch das Leben dar. Sie muss durch vier Welten klettern, bevor sie gereinigt wird und von der Dunkelheit ins Licht gelangt.

Wegen des weltweit verbreiteten Glaubens an heilige Orte, die aus sich selbst heraus Kraftplätze sind, bleiben manche Orte „Aufladestationen“, auch wenn die vorherrschende Religion sich ändert. In Mekka, wo es die längste ungebrochene Tradition von Pilgerfahrten der Welt gibt, suchten frühere Wallfahrer den geheimnisvollen schwarzen Stein auf, der in der Kaaba geborgen ist, lange bevor Mohammed die Wallfahrt nach Mekka zu einem der fünf Pfeiler des Islams machte.

Der heilige Ort ist ein Teil der Sehnsucht.

DAS GEBET

Kinder, die etwas nicht verstehen oder Probleme haben, laufen zu ihren Eltern. Erwachsene laufen meistens zu „Gott“. Nicht umsonst gebraucht die Mythologie die Sprache der Elternschaft: Alfödr (Allvater), Jaganmata (Mutter der Welt). Wir wissen, dass das Leben eine harte und ungewisse Straße ist, dass wir stolpern, aber auch, dass „er“ oder „sie“ da oben ist. Pilgerfahrten setzen die Reise durch das Leben in Szene. Bei konventionellen Wallfahrten ist es so, dass ein physisch sichtbares Heiligtum oder ein anderer irdischer Ort, der einen

Eine Wanderung auf dem Pilgerweg

Es entspricht einer alten Tradition, dass du auf eine Pilgerfahrt gehen solltest, wenn du fünfzig bist. Deiner Familie und deinem Beruf hast du genug Zuwendung gegeben. Nun ist es an der Zeit, sich deiner Seele, deinem Geist, deiner Phantasie, deiner Göttlichkeit und deiner Kreativität zuzuwenden. Von jetzt an sollte alles, was du tust, im Dienste des Geistes stehen. 1986 machte ich mich also auf eine Pilgerreise zu den heiligen Orten Großbritanniens. Ich wollte von meinem Heim in Devon nach Glastonbury, Canterbury, Walsingham, Lindisfarne und Iona wandern. Ich wollte viele heilige Plätze entlang des Weges aufsuchen und dann im Westen des Landes zurückkehren.

Ich gab eine kleine Anzeige in *Resurgence* auf: Könnten Leser mir ein Bett für eine Nacht an Orten entlang des Pilgerwegs anbieten? Die Resonanz war überwältigend. Als ich loswanderte, hatte ich ein Gastangebot an fast allen Orten, wo ich hinkommen würde. Jeden Tag marschierte ich gut 30 Kilometer, von 9 Uhr früh, und ich kam zwischen 16 und 18 Uhr an. Ich startete mit einem kleinen Rucksack, einer Garnitur Kleidung zum Wechseln und dem Paar polnischer Schuhe, das ich anhatte. Ich nahm kein Buch mit, kein Tagebuch, keine Kamera und kein Geld.

Am zwölften Tag begann ich den Weg an der Kathedrale von Salisbury, folgte einer alten römischen Straße und gelangte nach Winchester. Auf dem Pilgerweg nach Canterbury wanderte ich auf demselben Pfad, den Tausende von Pilgern zuvor beschritten hatten. Ich spürte, dass ich in der Gesellschaft jener Menschen war, die mir vorangegangen waren. Als ich in ihre Fußstapfen trat, fühlte ich, dass ich mit ihrer Hingabe, ihrer Reinheit und ihrem Sinn für Göttlichkeit verbunden war.

Der Pilgerweg
Dieser vorgeschichtlichen Route quer durch Südengland sind Pilger zu den heiligen Reliquien in Canterbury gefolgt, seit die Kathedrale im 6. Jahrhundert gegründet wurde.

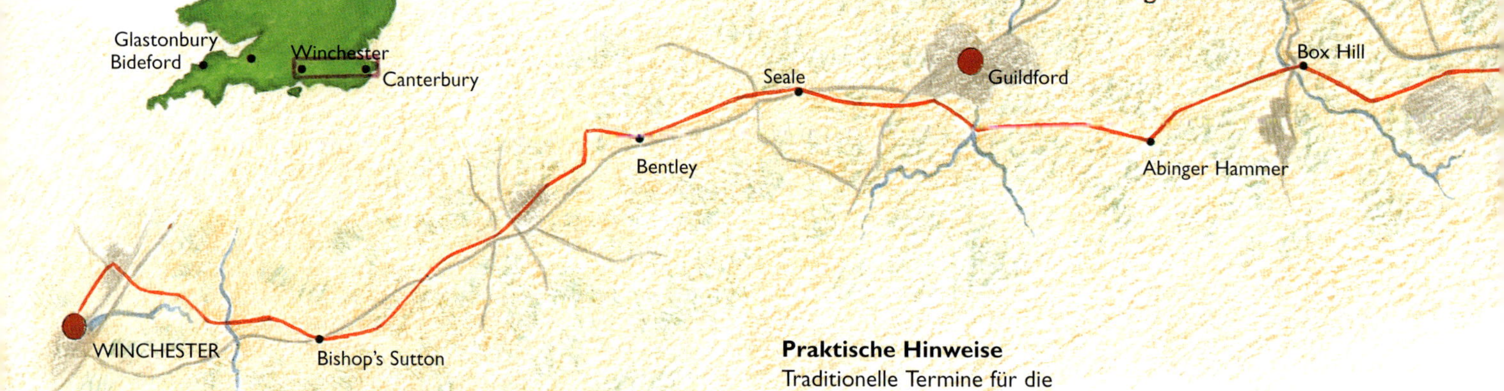

Praktische Hinweise
Traditionelle Termine für die Wallfahrt zum Grab des hl. Thomas Becket sind der Tag seiner Märtyrerschaft (29. Dezember) und das Fest der Verklärung (7. Juli). Pilger treten in die Stadt durch das Westtor der Stadtmauer ein und gehen durch die engen Straßen zur Kapelle.

Die Schönheit des Pilgerwegs ist selbst schon erfrischend. Großteils folgt er dem Verlauf der North Downs. Und obwohl Surrey und Kent voller Ballungsräume, Siedlungen und Autostraßen sind, konnte ich in den Wäldern der North Downs der Welt entfliehen. Ab und zu musste ich Straßen und Autobahnen überqueren, die voller Lastwagen und schneller Autos waren. Ich war verwundert, die Verrücktheit von all dem wahrzunehmen. Zwischen der Geschwindigkeit meiner beiden Beine und der des motorisierten Verkehrs lagen Welten. Ich war glücklich festzustellen, dass für einen Pilger langsam immer schön ist.

Angesichts der Besessenheit unserer Gesellschaft durch die Geschwindigkeit, war ich davon beeindruckt, wie dieser alte Pilgerweg von über 150 Kilometern Länge erhalten wird. Er ist nicht überall genau dort, wo er im Mittelalter war, weil das industrielle Wachstum ihn verschlungen hat. So wurde glücklicherweise ein neuer Fußweg durch die North Downs geschaffen, der bis nach Canterbury führt. Er ist deutlich markiert und gut begehbar, und ich bin darauf einer Reihe von Menschen begegnet.

Nach dreißig Tagen der Reinigungs-Wanderung betrat ich die heilige Stadt Canterbury. Der erste Blick auf die herrliche Kathedrale erfüllte mich mit Freude und Entzücken. Ich spürte, wie der Geist von Canterbury in mich einfloss. Ich genoss es unter den Christen, ohne selbst ein „Christ" zu sein. Ich ging zu einem Bezirk, der für das stille Gebet und die Meditation bestimmt ist, wo Pilger eine Kerze anzünden. In dieser dunklen Ecke der Kathedrale, die nur von den vielen Kerzen erhellt wird, entzündete auch ich eine Kerze und sprach ein Friedensgebet. Nachdem mir Kanonikus Brett den Segen gegeben hatte, führte er mich zur Kapelle des hl. Thomas Becket. Ein Schwert, das über dem Altar hing, sprach von Macht und Leid. Die Geschichte, die Kanonikus Brett mir von Beckets Märtyrerschaft erzählte, ließ meine Zweifel und Vorbehalte verschwinden und meine Sorgen um mein Heim und weltliche Verantwortung geringer werden.

Satish Kumar ist Redakteur des Magazins *Resurgence* und der gute Geist hinter zahlreichen ökologischen und spirituellen Unternehmungen.

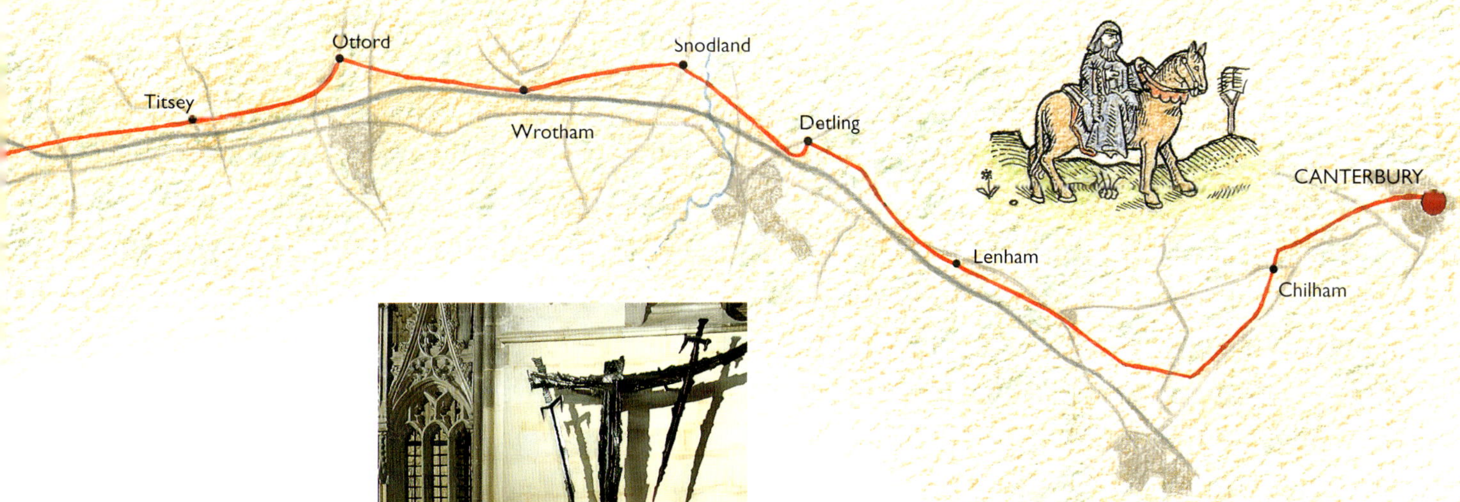

Kapelle des hl. Thomas Becket
Pilger beten am Grab des Heiligen in dieser Kapelle, wo er am 29. Dezember 1170 mit einem Schwert erschlagen wurde, das von Rittern von König Heinrich II. geschmiedet worden war.

gewissen Ruf der Heiligkeit erworben hat, einen spirituellen Magnetismus ausübt, der Pilger auf ihrer Suche nach dem Göttlichen an einen fixierten geographischen Ort zieht.

Was wir von unserem Gott erbitten, kann etwas ganz Handfestes sein, was wir dringend wünschen: Kinder, Heilung, gesellschaftliche Anerkennung, sogar materieller Gewinn. Menschen sehnen sich nach persönlichen Wundern, nach etwas, was die Schiiten im Iran *Kiramat* nennen, bescheidene Wunder, die ein Problem lösen. An iranischen Heiligengräbern der Abkömmlinge der Imame, die man *Imamzadeh* nennt, bittet eine junge Frau vielleicht darum, dass unansehnliche Haare über dem Mund verschwinden mögen, eine andere um einen Ehemann, eine Frischverheiratete um einen Sohn, eine Schwangere um eine leichte Geburt. Hindus in Bengalen erbitten göttliche Hilfe, um Kahlköpfigkeit zu kurieren, eine Prüfung zu bestehen, ein Geschäft vor dem Zusammenbruch zu bewahren. Pilger nach Sodo auf Haiti möchten vielleicht eine bestimmte Arbeitsstelle oder wollen beruflichen Aufstieg. König Heinrich VII. von England pilgerte nach Walsingham, um darum zu beten, vor den Nachstellungen seiner Feinde bewahrt zu werden. In Indien bezahlt ein Jaina-Geschäftsmann vielleicht alle Ausgaben einer örtlichen Pilgerreise, um sowohl an moralischer Statur zu gewinnen (um der Sünde der Befriedigung über Besitztümer zu entgehen) als an einem soliden finanziellen Ruf (indem er die Fähigkeit demonstriert, dass er viel ausgeben kann).

Chaucers Gemischtwarenladen von Heiligen und Sündern auf der Straße nach Canterbury ist für alle von uns eine Lektion, nicht allzu sicher in unserem Urteil darüber zu sein, wer aus welchem Grund eine Wallfahrt macht. Es scheint keine Grenze für die Art von Wünschen zu geben, die das menschliche Herz der Gottheit offenbart. In Culiacán, der Drogenhauptstadt im nördlichen Mexico, suchen die Drogenhändler das Grab eines toten Banditen namens Jesús Malverde auf, der 1909 an einem Baum erhängt wurde. Obwohl die Kirche das nicht anerkennt, gibt es einen Festtag für ihn, den 3. Mai, wenn sich eine große Menge an seinem Schrein versammelt, der von Dutzenden von Kerzen beleuchtet wird. Die Drogenhändler zeigen sich sehr großzügig (manche sagen allerdings, dass sie nur ihr Geld waschen). Diese „Geschäftsleute" und Multimillionäre fühlen sich als fromme, praktizierende Katholiken eines ländlichen Mexiko voller Volksheiliger, Visionen und Wunder. Sie tragen Malverde-Skapuliere und bitten ihn angeblich um eine reiche Ernte für die Kokain- und Marihuana-Bauern in der Sierra Madre und um den Segen, bevor sie ihre Drogen auf die Reise in die USA schicken. Ihre Killer bitten ihn angeblich um Segen für ihre Kugeln. Gewöhnliche Menschen hier sind nicht nur dankbar für Arbeit beim Anbau und Transport der Ernte (der Drogen), sondern auch für Krankenhäuser, Waisenhäuser und Schulen, die von den Drogenbaronen finanziert werden, sowie für das Jesús-Malverde-Bestattungsinstitut, das den Armen von Culiacán eine kostenlose Beerdigung bietet. Auch sie kommen, um Malverde zu danken, der (angeblich) wie Robin Hood die Reichen ausraubte, um den Armen zu geben. Wer kann entscheiden, wessen Gebete Gott erhört?

Es ist natürlich einfacher, Sympathien mit den Verzweifelten zu haben, die aufgrund schwerer Krankheiten einen Pilgerort aufsuchen. Sie kommen, um an der allgemeinen Heiligkeit des Ortes teilzuhaben und dadurch zu gesunden oder um besondere Heilwasser, Heilerde, Heilkräuter oder die heilende Ausstrahlung von den Reliquien verstorbener Heiliger zu erhalten. Hindus wenden sich an Baba Taraknath, die Ortsgottheit von Tarakeshwar in Westbengalen, im Glauben, dass er unter anderem Husten, Durchfall, Geschlechtskrankheiten, Tuberkulose und Lepra heilt. Die populärsten christlichen Wallfahrtsorte heutzutage sind solche, die einen besonderen Ruf für Wunderheilungen besitzen. Denken wir an die Wunder von Lourdes in den Pyrenäen, wo 1858 die Mutter Gottes dem französischen Bauernmädchen Bernadette Soubirous erschien. Die Merkmale von Lourdes – eine Offenbarung des Göttlichen, verbunden mit einer heiligen Quelle, an der laufend Heilwunder stattfinden – finden sich auch an anderen christlichen Wallfahrtsorten, wozu auch Sainte-Anne-de-Beaupré in Quebec gehört, ein bedeutender Schrein der neuen Welt.

Unter den Armen und in ärmeren Ländern ist die Suche nach Heilung vielleicht das drängendste Motiv für Pilgerfahrten, das alle religiösen Grenzen überschreitet. In Indien, dem Land der vielen Religionen, führt die Sehnsucht nach Wunderheilung dazu, dass Gläubige einer Religion zu Heiligtümern einer anderen pilgern. Besonders beliebt sind Schreine der Hindu-Muttergöttin, der Pirs (Sufi-Meister), der Heiligen des Islams, der Sikh-Gurus und Marien-Schreine der römisch-katholischen Kirche. Hindus, Muslime und Sikhs bitten um mentale Gesundheit in Badaun, an dem Begräbnisort zweier islamischer Heiliger, Sayyed Hasan (Bare Sakar) und Shah Vilayat (Chhote Sarkar). Ajmer in Rajasthan, das Medina Asiens, wird auch von Hindus aufgesucht. Viele suchen Heilung für Unheilbares, ungeachtet ihres Glaubens, am Schrein Unserer Lieben Frau der Gesundheit in Velankanni in Tamil Nadu.

Die Verehrer Brahmans fragen:
Was ist der Ursprung dieses Universums?
Woher kommen wir?
Durch welche Kraft leben wir?
Wo finden wir Frieden?

UPANISCHADEN

Wie der Christ in John Bunyans *Des Pilgers Wanderschaft* sind manche Wallfahrer mehr um ihre Seele besorgt. Mittelalterliche Pilger trugen auf ihrer Reise die Furcht vor der Hölle mit sich und die verzweifelte Hoffnung, dass ihre Wallfahrt, weil sie hart und lang war, ihre Sünden sühnen würde. Die Doktrin des Fegefeuers als Station auf dem Weg in den Himmel, in dem Sünden abgebüßt werden konnten, sowie der Glaube, dass die Aufenthaltsdauer im Fegefeuer durch eigene Verdienste oder solche von Verwandten verkürzt werden könnte, führte dazu, dass die Kirche den Wallfahrern Sündenvergebung bzw. eine Verkürzung ihrer Zeit im Fegefeuer versprach, wenn sie sich auf die Pilgerfahrt begäben. Es gibt einen Pilgerführer zu heiligen Stadt Rom aus dem 14. Jahrhundert, der angibt, um wie viele Jahre der Aufenthalt im Fegefeuer verkürzt werden kann: St. Thomas bei Madras in Indien 14000 Jahre; bei St. Lorenz 7000 Jahre; Kirche des Heiligen Kruzifixes 250 Jahre Vergebung jeden Sonntag und Mittwoch, 100 Jahre an anderen Tagen. Den Kreuzfahrern, im wesentlichen kämpfende Pilger, wurde sofortige Erlösung versprochen, wenn sie im Kampf um die Befreiung der heiligen Orte im Heiligen Land durch die „Ungläubigen" getötet würden.

Auch Hindupilger betrachten die Geißelung und Beherrschung des Körpers als eine Möglichkeit, Verdienst zu erwerben. Eine der anstrengendsten Wallfahrten ist die Ganges-Pilgerreise zwischen Gangotri, Kedarnath und Badrinath, drei Wallfahrtsorten an den drei Quellflüssen des Ganges, die Bhagirathi, Mandakini und Alaknanda heißen. Diese Wallfahrt findet jedes Jahr im Mai, Juni und Juli statt, erstreckt sich über 1000 Kilometer, wovon die größte Strecke unter schwierigsten Bedingungen zu Fuß zurückgelegt wird. Buddhisten wie Hindus glauben, dass Verdienste aus einer Pilgerfahrt zu einem besseren nächsten Leben führen und schließlich, wenn genug Verdienst angesammelt worden ist, zur Befreiung aus dem Kreislauf der Wiedergeburten.

Manchmal beruht der Wille zur Pilgerreise auf dem Wunsch, eine Verpflichtung zu erfüllen. Der Islam hält alle dazu fähigen Muslime an, Mekka mindestens einmal im Leben aufzusuchen. Auf andere Weise obligatorisch waren Wallfahrten, die Kirche oder Staat im Mittelalter in Europa zur Buße oder als Strafe auferlegten. Verurteilte Verbrecher wurden auf Bußwallfahrten nach Santiago de Compostela geschickt. Andere wurden dazu verdammt, von Heiligtum zu Heiligtum zu wandern, bis ihre eisernen Ketten zerschlissen waren. Die Erfüllung eines Gelübdes gehört ebenfalls in die Gruppe von Wallfahrten, die aus Verpflichtung unternommen werden. Im Spätmittelalter beauftragte der Engländer Roger von Wansford seine Testamentsvollstrecker, jemanden auf eine Wallfahrt zu schicken, die er selbst gelobt hatte, als er in Lebensgefahr stak und von den Meereswellen zwischen Irland und Norwegen fast umgekommen wäre.

Für manche beginnt die heilige Reise mit dem Wunsch, an einem Ritualkreis teilzuhaben, der sich durch die Jahreszeiten zieht. Die Pilgerfahrten des Alten Testaments gehören dazu, als alle hebräischen Männer zum Tempel nach Jerusalem kommen sollten. Oder es geht um einen Lebenskreis wie bei den Hindus, für die eine ausgedehnte Pilgerreise den Beginn eines neuen Lebensstadiums markiert. Kinder erhalten an Wallfahrtsorten ihre erste feste Nahrung oder ihren ersten Haarschnitt. Die erste Verrichtung von Jungvermählten ist oft, eine Wallfahrt zu unternehmen. Die Alten und Kranken versammeln sich an Heiligengräbern im Glauben, dass der Tod an einem Wallfahrtsort sie vom Zyklus der Wiedergeburt erlösen wird. Es kommt auch durchaus vor, dass Alte an Orten wie Puri oder Allahabad die rituelle Selbsttötung vornehmen. Der heilige Raum, erfüllt mit der Gegenwart des Göttlichen, ist der gesegnete und sichere Ort, um einen Neubeginn zu machen.

Die Pilgerreise ist wie ein immer fließender Strom, an dessen Ufern Muslime jederzeit ihr Antlitz vom Staub der Bürde und des Leidens, von Beschmutzung und Krankheit abwaschen können.

AYATOLLAH AL-UDHMA KHAMENEI
ÜBER DIE HADSCH

Altar für Jesús Malverde
Kerzen brennen an diesem Schrein des inoffiziellen Schutzheiligen der Drogenhändler in Culiacán in Mexiko. Der Kopf der Gipsbüste ist nach der Tradition der mexikanischen Volkskunst blau bemalt.

Dieses Motiv überlappt sich mit dem initiatorischen: eine heilige Reise, um eine Art der Selbstverwandlung zu bewirken. Der Muslim, der sich auf den Weg nach Mekka begibt, kommt mit einer neuen moralischen Autorität nach Hause und mit einem neuen gesellschaftlichen Rang und wird in Zukunft *Hadschdschi* genannt als Namenszusatz. Die Umgestaltung des Selbst oder seine Erweckung für das Göttliche ist vermutlich das Hauptmotiv für New-Age-Pilgerreisen.

Der weltberühmte Musiker Yehudi Menuhin hat diesen Grabspruch für das 20. Jahrhundert hinterlassen: „Ich meine, es hat die größten Hoffnungen erweckt, welche die Menschheit je gehegt hat, und es hat alle Illusionen und Ideale restlos zerstört.“ Dem stimmen sicher viele zu. Als das vielleicht gewalttätigste und zerstörerischste Jahrhundert, das verzeichnet ist, hat es in der westlichen Welt auch die Schwächung der organisierten Religion erlebt und einen wachsenden Zynismus in Bezug auf menschliche Verantwortlichkeit und Bereitschaft, Rechenschaft abzulegen, sowie die Lösung gesellschaftlicher und familiärer Bindungen. Unser überliefertes Netz der Unterstützung ist geschwächt oder verschwunden. Vielleicht hat sich das Individuum zu keiner anderen Zeit in der Geschichte so wahrhaft einsam gefühlt.

Wir schrecken auch vor dem wahren Preis zurück, den die technologische Explosion auf dem Planeten uns und unseren Nacherben für den Rest ihres Lebens kostet. Wo unsere Vorfahren einen inneren Adel des Menschen wahrnahmen und ihn deshalb in die Mitte der Schöpfung setzten, schämen wir uns unserer Art, da nur der Mensch schändlich handelt.

Diese moderne westliche Krankheit der Entfremdung von uns selbst und untereinander und vom Rest der Schöpfung bringt jedoch ihre eigene Heilung hervor. Spirituelle Krieger erheben sich, sie lernen aus den Strategien der Vergangenheit, wie man mit Verzweiflung und Selbstverachtung umgehen kann (auch mittelalterliche Mönche litten darunter), und aus ihnen entwickeln sich neue. Eine dieser alten-neuen Strategien ist die spirituelle Reise.

Was er in Wahrheit ist, der Schöpfer, Bewahrer und Geliebter ist, kann ich nicht sagen, denn bis ich nicht ganz mit ihm vereinigt bin, habe ich keine volle Ruhe. Er ist wahrer Frieden. Es ist sein Wille, dass wir ihn erkennen sollen, und es ist seine Freude, wenn wir in ihm ruhen. Nichts weniger als das wird uns zufrieden machen.

Mutter Julian von Norwich
(1342-ca.1416)

Die Reise

Viele Sucher sehen ihren Versuch, eine ideale Lebensform zu finden, am besten in einer Reise verwirklicht. Manche schließen sich Wallfahrten der Weltreligionen an, um Gemeinschaft zu erleben, eine spirituelle Solidarität. Das bringt Zehntausende junger Erwachsener aus allen christlichen Konfessionen auf eine Pilgerfahrt des Vertrauens nach Taizé in Frankreich, um zeitweise an der Lebensform einer monastischen Gemeinschaft teilzunehmen. Als der Erzbischof von Canterbury, George Carey, 1992 Tausende junger Anglikaner 1992 dorthin führte, sagte er: „Ich bin nach Taizé gekommen, weil dies ein Ort der Großmutes und der Versöhnung ist.“

Andere entwerfen ihre eigene heilige Reise: Versöhnung war ebenfalls der Zweck der Pilgerfahrt von Angehörigen verschiedener Glaubensrichtungen, die 1995 als Atomspiegel-Wallfahrt von den Atomorten der USA nach Hiroshima führte. Eine Pilgerreise an einen Ort, der persönliche Bedeutung besitzt, ist genauso eine Wallfahrt wie die an einen offiziell anerkannten Platz, wenn der Wunsch zu reisen stark ist und die Erfahrung spirituell erhebend. Eine Erinnerungsreise – die lang ersehnte Fahrt an einen fernen Ort, an dem ein lieber Mensch begraben ist, sei es auf einem Kirchfriedhof oder einer anderen Ruhestätte im eigenen Land, sei es auf dem Schlachtfeld eines fremden Landes – ist gleichfalls eine Wallfahrt. Solche Reisen stellen die Suche nach einem Ideal dar, etwas, was der einzelne Pilger hoch schätzt.

Wir sind die Erben einer langen und vielschichtigen Tradition, in der das Sakrale und das Profane ineinander verschlungen sind. Nicht der geringste Impuls für viele Pilger im Mittelalter war schlichte Wanderlust, weil eine Wallfahrt die einzige Gelegenheit bot, Dorf oder Stadt zu verlassen und die Wunderwelt dort draußen zu sehen, in der Sicherheit der Gemeinschaft mit anderen Reisenden, auf einer wohl bekannten Route und mit einiger Hoffnung auf eine Unterkunft in bestehenden Pilgerherbergen.

Organisierte Wallfahrten nach Santiago de Compostela oder an das Grab von Thomas Becket in Canterbury boten zumindest alle mentalen Vorteile einer Gruppenreise, wenn auch vielleicht nicht allen körperlichen Komfort.

Vor allem für Frauen war dies eine Chance zur großen Flucht, denn sie konnten ohne ihre Männer zu eskortierten Pilgerreisen aufbrechen, wie die ekstatische Margery Kempe, die 1364 geboren wurde, Frau eines Bürgers von King's Lynn in Norfolk und Mutter von 14 Kindern. Ihre Pilgerfahrten nach Jerusalem und Deutschland gaben ihr die Möglichkeit, ihre Rolle als Frau und Mutter vorübergehend abzulegen und sich als Globetrotterin zu geben, während sie ihre persönliche Reise zum Göttlichen verfolgte. Ihre Erlebnisse mit all ihren Prüfungen und Problemen sind in ihrer spirituellen Biografie niedergeschrieben, *The Book of Margery Kempe*, der ersten Autobiografie, die je auf Englisch geschrieben wurde.

Wir finden es vielleicht schwierig, im modernen Massentourismus irgendeine Innerlichkeit festzustellen, und bedauern die Kommerzialisierung heiliger Orte und von Wallfahrten allgemein. Jedoch sind nur wenige Pilgertraditionen der Welt ganz frei von touristischen Elementen. Mittelalterliche Wallfahrer kamen nach Rom auch, um Sehenswürdigkeiten zu besichtigen – nicht nur der Gräber der Apostel und der Kirchen wegen, sondern auch der antiken römischen Kunstschätze und den Spuren eines großen, verschwundenen Imperiums halber. Sie wurden von Jerusalem nicht nur durch dessen spirituelle Kraft angezogen, weil sich hier die Geschichte Jesu und der Christen abgespielt hatte (die spirituelle Bedeutung der Stadt für Muslime wurde ignoriert), sondern auch, weil sie eine Reise „zum Land jenseits des Meeres" machten, der Höhepunkt von Reise und Abenteuer.

Im Heiligen Land konnten sich Pilger direkt auf ihre geheiligte Geschichte einlassen, indem sie in den Fußstapfen biblischer Gestalten wandelten. Als der deutsche Wallfahrer Theoderich zwischen 1171 und 1173 diese Pilgerreise unternahm, wurde ihm eine Grotte unter der Kirche Unserer Lieben Frau von Nazareth gezeigt, in der die Verkündigung durch den Erzengel Gabriel stattgefunden haben soll, und in derselben Kirche auch noch der Grabort des hl. Joseph und genau jener Platz, an dem Maria aus dem Schoße ihrer Mutter geboren wurde. In Nazareth sah er einen Springbrunnen, der aus dem Maul eines Marmorlöwen kam, aus dem das Jesuskind oft Wasser geholt und es seiner Mutter

Wahrer Segen

Als Gott den Menschen schuf,
stand neben ihm ein Glas, das seine Segnungen enthielt.
Lasst uns, sagte er, es in alles hineingießen,
was wir können. Lasst die Reichtümer der Welt,
die verstreut liegen, in eine Lebensspanne kommen.

So machte sich zuerst die Stärke auf den Weg,
dann floss Schönheit aus, dann Weisheit, Ehre, Freude:
Als fast alles aus dem Glas geflossen war,
hielt Gott inne und stellte fest, dass nur noch Frieden
auf dessen Boden lag.

Wenn ich, sagte er, meiner Kreatur auch
dieses Juwel übergäbe, dann würde er meine Gaben
anbeten und nicht mich. Er würde in der Natur
Frieden finden, und nicht in Gottes Natur:
Damit wären beide Verlierer.

Lasst ihn alles andere haben, aber es mit immer
wiederkehrender Unruhe des Herzens:
Lasst ihn reich und sorgenvoll sein, damit er –
wenn Güte ihn dorthin nicht leiten sollte – ihn doch
zumindest die Sorgen an meine Brust werfen würden.

George Herbert (1593-1633)

B E N A R E S

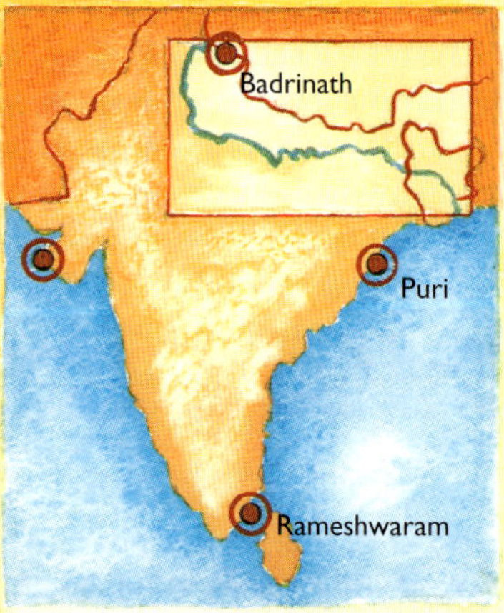

Die vier Dhamas
Seit vielen Generationen haben Hindus eine Rundreise zu den vier Dhamas (Wohnstätten der Götter) unternommen. Diese sind Rameshwaram im Süden, Badrinath im Norden, Puri im Osten und Dwarka im Westen.

Stadt des Lichtes

Stadt des Lichtes, Stadt der Toten, der Wald der Seligkeit, die Nie-Verlassene, die Stadt des Schiva – nennen Sie sie, wie Sie wollen, sie trägt all diese Namen: Benares muss eine der verrücktesten, heiligsten und bezauberndsten Städte auf der Erde sein. Jeder Kniff, den es gibt, wird von den Rikscha-Wallahs, den Bootsleuten, den Herumhängenden, angewandt, um noch einen Narren von seinem Geld zu trennen. Der Angriff ist andauernd und hört nur dann auf, wenn man in einem eigenen Boot auf den Ganges flieht.

Man treibt den Ganges herunter, durch die Stadt der Götter, das Licht fällt auf die Tempel, die Paläste, das Wasser, in einem schimmernden Dunst. Das gesamte Flussufer nimmt eine träumerische Stimmung an: Büffel baden im Wasser, ein Mann meditiert am Ufer, ein Sadhu mit Stab und Wasserkanne geht vorbei, Kinder spielen zwischen den Verbrennungsfeuern Fangen. Die Ghats: Riesige Steintreppen führen hinunter zum Wasser, das in der Nachmittagssonne rosa und golden glänzt. Die Wäscher benutzen die Ghats, um ihres Tages Arbeit dort zu trocknen – Meter um Meter blauer und leuchtend gelber Saris erstrecken sich bis hinunter ans Ufer. Gerade neben der zum Trocknen ausgelegten Wäsche schaut eine Gruppe von Menschen, die alle weiß gekleidet sind, wie der Körper eines Verwandten in den Flammen eines großen Feuers prasselt und sich auflöst. Irgendwo läuten Glocken, Feuerwerkskörper sausen durch die Luft. Über uns kreisen zwei Geier.

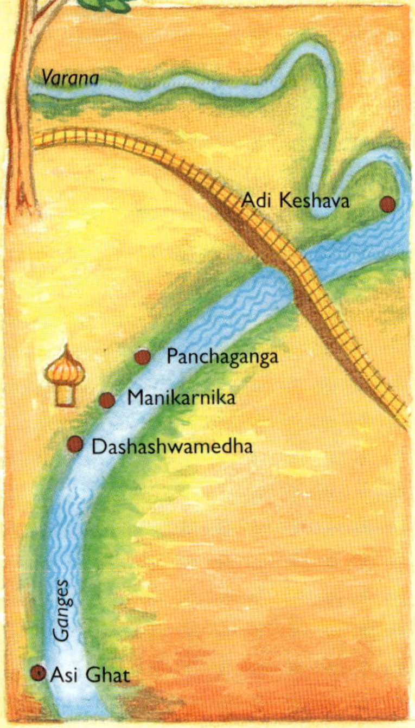

Das Panchathiri Yatra
Eine der beliebtesten Pilgerwege am Ufer des Ganges führt zu fünf (pancha) Flussübergängen (thirti): Asi, Dashashwamedha, Adi Keshava, Panchaganga und Manikarnika. Trotz eines erstaunlichen Mangels an Hygiene werden die Wasser des Ganges als Elixier des Lebens angesehen: Baden, besonders bei Dashashwamedha, bringt dem Lebenden Reinigung; während die Verbrennung, besonders am Ghat von Manikarnika, den Toten Erlösung verheißt.

Praktische Hinweise
Die beste Zeit für eine Pilgerreise nach Benares ist von Oktober bis November, während des Ramlila-Festes und des Festes für die Göttin Durga. Es ist besonders glückverheißend, zu dieser Zeit ein Bad im Ganges zu nehmen. Seien Sie darauf gefasst, hart verhandeln zu müssen, wenn sie ein Boot mieten wollen, um den Sonnenuntergang auf dem Wasser zu erleben. Pilger, die den unverwässerten Zauber von Benares suchen, sollten sich in einer der kleinen Lodges an den Gassen von Vishwanatha nahe den Ghats einmieten.

Hindus aus der ganzen Welt kommen nach Benares, um dort zu sterben. Es ist ihr Heiligstes, wo der Seele eine rasche Rückkehr in die himmlischen Gefilde garantiert wird. Benares ist „älter als die Geschichte", sagte Mark Twain, nachdem er die Stadt besucht hatte, „älter als Tradition, sogar älter als Legenden". Seit mehr als 3000 Jahren ist diese Stadt im Herzen einer ungebrochenen spirituellen Tradition. Ich als Christ kam nicht, um dort zu sterben, sondern um über meine eigene Sterblichkeit nachzusinnen. Ich habe nie das Prinzip vergessen, dass der mystische Philosoph Gurdjieff betonte, nämlich dass die Bewusstheit über unser eigenes, unvermeidliches Ende die machtvollste spirituelle Lektion darstellt, die wir lernen können. Benares gibt einem diese Lektion mehr als andere Orte.

Ein halbes Dutzend Feuer brennen Tag und Nacht entlang dem Wasser, und eine Vielzahl von Leichen, die in gelben und goldenen Tüchern auf Bambustragen liegt, warten nahebei darauf, an die Reihe zu kommen. Die Familienmitglieder sitzen auf den Stufen der Ghats weiter oben und betrachten still die Vorgänge. Ich sitze bei ihnen, in einer fast gelassenen Atmosphäre. Niemand vergießt eine Träne, denn zu trauern würde Unglück für die Toten bedeuten, und jeder hier weiß, dass das Jenseits ein besserer Ort ist als das Leben, das wir auf Erden teilen.

Einmal stieß ich auf eine Prozession von Bläsern und Trommlern, die eine blumenbedeckte Bahre zum Wasser hinuntertrugen. Vor dem Feuer hielten sie an, und zwei junge Männer sprangen vor die Leiche, die noch auf den Schultern der Träger ruhte. Sie begannen einen wilden Tanz mit sexuellen Anklängen, wobei ein Mann den Mann, der andere die Frau spielte. Sie umtanzten sich immer wieder, die Musiker trommelten sie in eine Ekstase. Jeder lachte und klatschte dazu, und die Tänzer forderten mich auf, mich ihnen anzuschließen. Ich hatte niemals an einer solchen Beerdigung teilgenommen und wich peinlich berührt zurück. Später, zu spät, wünschte ich, ich hätte diesen Verbrennungstanz mitgetanzt.

Rauch steigt von den Verbrennungsstätten am *Ghat* (befestigtes Flussufer) auf. Die Feuer werden von den *Doms*, den Wächtern der Ghats, beaufsichtigt.

Roger Housden ist Schriftsteller, Fotograf und der Autor von *Travels through Sacred India* und *Retreat*. Er ist Direktor der Firma Open-Gate-Reisen, die Gruppen auf spirituelle Reisen zu Orten der Kraft führt.

gebracht haben soll. Solche Orte, von denen sicher viele nicht authentisch sind, gaben dem Besuch Farbe und Unmittelbarkeit des Nacherlebens historischer Vorstellungen, und sie dienten dazu, den Glauben zu stärken – da die Bibel damit ja als „wahr" bewiesen wurde.

Damit wurde es dem Pilger also möglich, die Zeit „aufzuheben" und vor allem auch am Leiden Jesu teilzuhaben, indem er auf der Via Dolorosa wanderte, auf dem Weg zum Kreuz. Solche antiken Wallfahrtsorte funktionierten ähnlich wie neu geschaffene, auch wenn diese durch moderne Technologien sehr viel mehr auffallen. Wohl organisierte „Pilgerorte" wie Schlachtfelder des Bürgerkriegs in den USA, zum Beispiel Bull Run in Virgina; Licht- und Klangspiele wie in Europa oder dem Nahen Osten, zum Beispiel in Karnak in Ägypten; oder die Aufführung antiker Dramen in einem Amphitheater, das dafür extra gebaut worden war, zum Beispiel in Epidauros in Griechenland, bewirken für manche dasselbe wie die alten Orte der Kraft. Indem die Aufmerksamkeit durch Licht und Klang gefesselt wird, in einem Erlebnis, das die Emotionen lenkt, entsteht ein Erleben, als ob man sich wirklich in der jeweils dargestellten Zeit befände. Während Heilige und Mystiker die Leiden Christi geistig so unmittelbar nachvollzogen, dass sie Stigmata erhielten, brauchten andere Hilfen, um die Sinne direkter zu stimulieren. (Deshalb wird die Via Dolorosa an vielen Wallfahrtsorten symbolisch dargestellt.)

Ein Mann wollte einmal nach Jerusalem gehen, und da er den Weg nicht kannte, fragte er einen anderen. Der Weg ist lang, sagte dieser, und voller Gefahren. Außerdem gibt es zahlreiche Straßen, die dorthin zu führen scheinen, aber jeden Tag werden Menschen getötet und ausgeraubt, und sie haben ihr Ziel nie erreicht. Der Pilger antwortete: Mir macht es nichts aus, viele Gefahren bestehen zu müssen, solange ich mein Ziel erreiche. Der andere gab zurück: Ich werde dich auf den rechten Weg stellen. Halte deinen Geist immer auf Jerusalem ausgerichtet. Wenn du diesen Weg einschlägst, wirst du den Ort, den du ersehnst, erreichen.

Walter Hilton (gest. 1395),
Die Leiter zur Vervollkommnung

Heute wird normaler Tourismus oft als Pilgerfahrt verkauft. Dann ist das keine einfache Besichtigungsreise mehr, die man unternimmt, sondern sie wird zu einer „Pilgerfahrt" an berühmte Orte der Antike, in eine atemberaubende Landschaft oder zum Haus eines berühmten Künstlers. Die Marketingleute des Tourismus haben dabei einen Zipfel der Wahrheit erhascht: Der Anthropologe Alan Morini hat geschrieben, dass der Begriff der „Pilgerfahrt" überall dort verwendet werden kann, „wo sich Reisen und irgendeine Verkörperung eines Ideals treffen". Oft gibt es keinen großen Unterschied mehr zwischen einer heiligen

Wallfahrt an einen anerkannten Pilgerort und „säkularen Pilgerreisen“ zu einer modernen Ikone, wie zum Beispiel dem Haus des ersten Präsidenten der USA, George Washington, in Mount Vernon, oder nach Graceland, dem „Schrein“ des Musikphänomens Elvis Presley.

Die verschiedenen Weisen, Pilgerfahrten aufzufassen und auszuführen, bieten uns eine Arbeitsgrundlage, wenn wir Absicht und Ziel unserer eigenen heiligen Reise überlegen. Wir müssen auf unserer spirituellen Suche nicht allein sein: Wir können uns auf eine historisch begründete Verfahrensweise einlassen. In den Fußstapfen verehrter Ahnen voranzuschreiten ist ein Vorgehen, das modernen Tourismus mit Wallfahrten lebendigen Glaubens und mit mündlich überlieferten Wanderungen verbindet und versöhnt, wie zum Beispiel die Reise australischer Ureinwohner entlang den „Liederlinien“, wobei die Reise keine Erinnerung an die Vergangenheit, sondern ein schöpferischer mythischer Akt wird.

Wenn man dieser alten Tradition folgt, dann inszeniert der Pilger keine Mythen darüber, wie die Dinge entstanden sind, sondern hat Anteil am Akt der Schöpfung selbst. Und diese Teilhabe daran, eine neue spirituelle Welt zu schaffen, ist vielleicht der Grund dafür, dass wir zwar einerseits hören, dass die formalen Religionen an Gewicht verlieren, die Beteiligung an Wallfahrten jedoch zunimmt. 1993, als das Fest des hl. Jakob auf einen Sonntag fiel und ein heiliges Jahr für Santiago de Compostela ausgerufen wurde, wanderten 99436 Wallfahrer die ganze Strecke des Jakobsweges von fast 1000 Kilometern, den alten Pilgerweg nach Compostela. Und doch war diese Wallfahrt am Ende des 19. Jahrhunderts praktisch eingeschlafen; die Wegweiser und die Pilgerherbergen waren fast verschwunden. Erst in den 60er-Jahren des letzten Jahrhunderts wurde der Weg wiederhergestellt.

Im Grunde suchen alle Pilger nach einem Zugang über einen bedeutsamen Ort zu einem spirituellen Reservoir, das in der Vergangenheit gefüllt wurde und sich ständig erneuert. Denn der Pilger nimmt nicht nur, sondern er gibt auch. Er nimmt spirituelle Nahrung auf und gleichzeitig, durch seinen Glaubensakt der Wallfahrt an einen bestimmten Ort, erneuert er die niemals versiegende Quelle dort. Ein Pilger zu sein bedeutet nicht, einen individuellen Akt der Hingabe durchzuführen, sondern sich am Dialog der Menschheit mit der Gottheit zu beteiligen: nicht zeitgebunden, sondern ewig.

Rituelle Vorbereitung
Bei einer Wallfahrt lässt sich weltliche Zeit von der geistlichen trennen, indem man andere Kleidung trägt oder bestimmte Rituale ausführt. Für diesen marokkanischen Muslim ist das Scheren des Kopfhaars Teil der Vorbereitung auf die Pilgerreise.

II *Vorbereitung*

KAPITEL 2

„Die Götter schienen meine Seele besessen und sie von innen nach außen gekehrt zu haben, Bilder vom Weg schienen mich aus jeder Ecke einzuladen, es war mir also gar nicht möglich, müßig zu Hause zu bleiben. Schon als ich mich vorbereitete, meine zerrissenen Hosen flickte, einen neuen Riemen an meinen Hut nähte und Moxa auf meine Beine gab, um sie zu stärken, träumte ich vom Vollmond, der über den Inseln von Matsushima aufging." Das schrieb Matsuo Basho, der japanische Dichter und Wanderer, im 17. Jahrhundert. Auch Ihre Pilgerfahrt hat nun begonnen. Sie haben Ihren Blick auf den Ort gerichtet, zu dem Sie wollen. Sie haben sich geistig darauf vorbereitet: Lassen Sie nun Ihre Füße dem Geiste folgen.

Die praktischen Vorbereitungen auf Ihre spirituelle Reise sind genauso Teil Ihrer Pilgerfahrt wie die Reise selbst. Wenn Sie sich für ein Ziel entschieden haben, ist es an der Zeit, sich um die praktischen Seiten zu kümmern: Wann reisen Sie, fahren Sie allein oder mit anderen, wie lange wird die Reise dauern und wie viel wird sie kosten? Vielleicht wollen Sie auch spirituelle Vorbereitungen treffen, wie es vielleicht in Ihrem Glauben üblich ist, oder auf ganz persönliche Weise. In diesem Planungs- und Vorbereitungsstadium gibt es viele Dinge zu bedenken.

Wann?

Wann werden Sie aufbrechen? Es gibt traditionelle Wallfahrtszeiten, die oft vom Klima bestimmt sind. Chaucers Wallfahrer nach Canterbury ritten auf der Straße von London im April aus; auch Basho wurde im April vom „Pilgerfieber" gepackt. Hindus gelangen heute noch zwischen Mai und Oktober in Badrinath hoch im Himalaya an, weil die Strecke sonst tief verschneit ist. Neben anderen Überlegungen werden Sie vermutlich ein für Sie angenehmes Wetter in Rechnung stellen.

Wenn Sie einer der großen Weltreligionen angehören, wollen Sie vielleicht an einer der großen Feiern des religiösen Kalenders teilnehmen, weil sich Ihre Gemeinschaft dann nicht nur an einem besonderen heiligen Ort, sondern auch zu einer speziellen heiligen Zeit versammelt. Für Sikhs ist dieser Ort der Goldene Tempel in Amritsar, und die Zeit ist Vaisakhi, der Neujahrstag im Pundschab am 13. April. Für Hindus, die Vithoba verehren, ist der Ort Pandharpur am „strahlenden Elften", dem Vithoba-Tag. Das ist der elfte Mondtag der zunehmenden Hälfte des Monats Asadha. (Der Termin variiert bei Mondkalendern bekanntlich gegenüber dem römischen Kalender!) Nehmen wir an, Sie sind christlich und möchten nach Walsingham in England wallfahren. Ein Protestant will sich vielleicht der anglikanischen nationalen Wallfahrt am 27. Mai anschließen, ein Katholik wird den 8. September, Mariä Geburt, wählen und die katholische Wallfahrt, die mit einer Messe in der früheren Slipper-Kapelle beginnt.

Jene, die einem anderen oder keinem Glauben angehören, werden ihren Besuch an einem heiligen Ort vermutlich so legen, dass er mit einem Fest oder einem traditionellen Anlass zusammenfällt. Ortsansässige zum Beispiel und geschichtlich Interessierte werden Walsingham eher im späten Januar oder frühen Februar aufsuchen, wenn Schnee die Wälder bedeckt, in Erinnerung daran, dass diese „Marienkerzen" (schneebedeckte Nadelzweige) benutzt wurden, um englische Kirchen zur Feier der Gottesmutter am 3. Februar zu schmücken.

Das „Wann?" Ihrer heiligen Fahrt hängt von mehr ab als von den Flugverbindungen.

Wie?

Dann gibt es das „Wie?". Im Lauf der Zeiten haben sich Pilger aller Konfessionen entschieden, gemeinsam mit anderen Wallfahrern zu reisen. Als der Engländer Sir Richard Torkington sich am 20. März 1517 auf den Weg nach Jerusalem begab, reiste er zunächst nach Venedig. Dort fand er einen „Patron", einen Kurier, der sich darauf spezialisiert hatte, Wallfahrer über das Meer nach Palästina zu fahren. Obwohl sich das Schiff nicht an die geplante Route hielt, warfen sie schließlich in Jaffa Anker, von wo aus der Hüter des Klosters vom Berge Zion sie weiter nach Jerusalem brachte. Sie sahen Sehenswürdigkeiten, wie heutige Pilger auch: „Wir gingen zum Haus, in dem Maria Magdalena ihre Sünden vergeben wurden." Am letzten Julitag waren alle Pilger wieder beisammen und brachen von Jaffa zur Heimreise auf. Diese Art begleiteter Fahrt wurde durch die Herrschaft der Türken und Sarazenen notwendig, die christlichen Besuchern manchmal Schwierigkeiten bereiteten. Selbst heute noch gibt es Reisen in Teile der Welt, bei denen es unklug wäre, allein zu reisen.

Wenn der April mit seinen Regenschauern

Wie bei anderen Auslandsreisen gibt es Sehenswürdigkeiten und Erfahrungen, die man ohne Reiseleiter verpassen würde. Es gibt religiöse Bräuche, bei denen man sich falsch verhalten könnte. Das beschäftigt manche Wallfahrer sogar zu Hause: In Indien vertrauen sich Hindus oft Führern an, die ihnen nicht nur Speise und Unterkunft besorgen, sondern sie auch bei den Riten anleiten.

Vielleicht können sie sich nicht mit der Vorstellung einer eskortierten Wallfahrt anfreunden. Es liegt aber vor allem daran, wie Sie betrachten, was Sie tun. Denken Sie sich als Teilnehmer/in einer zeitlosen Tradition von Gefährtenschaft bei einem spirituellen Abenteuer. Sie werden gute und schlechte Zeiten teilen, Aufregung und Langeweile, Bequemlichkeit und Härten, Offenbarungen und Zweifel. Nicht zuletzt wird Ihre Gemeinschaftserfahrung darin bestehen, zusammen zu essen, was sogar im Alltag seine eigene Bedeutung genießt und was in vielen Religionen als ein gemeinschaftliches Opferfest zelebriert wird. In diesem Lichte gesehen, wird das schmierigste Café zur Gralsburg.

Wer entschlossen ist, als Einzelgänger/in loszuziehen, wird einen Reiseführer lesen. Auch dabei befindet man sich in guter heiliger Tradition: Ein Pilger aus Bordeaux gab im Jahre 333 für andere Wallfahrer einen Plan der Wege nach Jerusalem heraus. Etwa 1498 erschien eine Broschüre mit alternativen Wegen, die auch Wechselkurse angab, Hinweise auf Pilgerschiffe in Venedig und welche Kräuter und Gewürze, Töpfe und Geschirr man mitführen sollte. Dieser mittelalterliche Reiseführer weist den Pilger an, wie er in Jaffa ein Maultier mieten und welche frischen Lebensmittel er für einen Abstecher nach Jericho kaufen sollte. Er nennt sogar griechische und türkische Vokabeln. Kein Wunder, dass mehr als nur eine Ausgabe dieses Führers erschien.

Falls Sie in eine Kultur reisen, deren Religion Sie nicht teilen, besorgen Sie sich einen Reiseführer, der genaue Informationen darüber gibt, was zu beachten ist, wenn man

Warte nicht darauf, bereit zu sein.

Alles, was du für diese Reise brauchst, ist jetzt schon da.

K. BRADFORD BROWN,
POINT COUNTER POINT (1988)

die Trockenheit des Märzes bis zu den Wurzeln durchdrungen hat, dann sehnt sich das Volk, auf Pilgerfahrt zu gehen.

GEOFFREY CHAUCER,
CANTERBURY-GESCHICHTEN, 14. JAHRHUNDERT

Ein spiritueller Magnet

„Glastonbury – Altes Eiland von Avalon!“ so steht es auf dem Ortsschild. Ein Ausdruck, der Ort und Legende, Tatsache und Glaube, Gegenwart und Vergangenheit einfängt, die diesen Platz durchströmen. Ein Frau sagte mir: „Jeden Tag wird in Glastonbury ein neuer Mythos kreiert.“ Glastonbury gilt als ein spiritueller Magnet für ganz unterschiedliche Pilger und existiert in vielen verschiedenen Facetten gleichzeitig. Seit Jahrhunderten werden Menschen angezogen, die verschiedene Traditionen und Weltanschauungen mitbringen, die nun aufeinander wirken. Es liegt am Einzelnen selbst, zu entdecken, welches Glastonbury für ihn „real“ ist.

Das christliche Glastonbury wird von den Traditionen geprägt, die der Stadt den Titel „Krippe des englischen Christentums“ eingebracht haben. Der Legende zufolge landete Joseph von Arimathäa, der Jesu Grab bereitgestellt hatte und manchen als Onkel Jesu gilt, wo er eine einfache Kirche zu Ehren der Jungfrau Maria baute. Damals war Glastonbury noch am Meer. Manche glauben auch, dass Joseph, der Händler war, das Gebiet schon zuvor aufgesucht hatte und seinen Neffen bei einer solchen Reise mitgebracht haben könnte. Diese Idee fährt fort, die Vorstellungskraft zu beschäftigen, wie es von William Blake in seinem Gedicht *Jerusalem* so eloquent zum Ausdruck gelangt:

„Und wanderten jene Füße in alten Zeiten über Englands grüne Hügel? Und wurde das heilige Lamm Gottes auf Englands friedlichen Wiesen gesehen?“

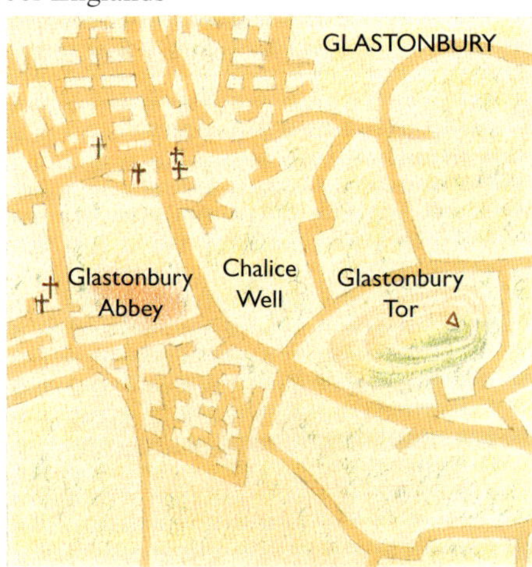

Josephs Stab, den er bei seiner Ankunft in die Erde stieß, erblühte zum berühmten Dornbusch von Glastonbury, dessen Blüten sowohl im Frühling wie zu Weihnacht aufgehen. Angeblich brachte er noch eine andere, weit heiligere Reliquie mit – den Gral. Während sich der Kult um Joseph entfaltete und romantische Geschichten rund um König Artus sich verbreiteten, wurde der Gral entweder als das Gefäß beschrieben, in dem Joseph das Blut Christi nach der Kreuzigung aufgefangen hatte, als zwei Kännchen, die mit Jesu Blut und Schweiß gefüllt waren, oder als der Kelch, der beim Abendmahl benutzt wurde.

Unauflösbar sind mit dem Gral Geschichten von König Artus und seinen Rittern der Tafelrunde verknüpft. Nach seinem letzten Kampf wurde Artus der Überlieferung zufolge nach Avalon gebracht, um dort zu gesunden, wo er – so glauben manche – geblieben ist als der einstige und künftige König, der in der Stunde großer Not zurückkehren wird. Die „Entdeckung“ der Leichname von König Artus und seiner Gemahlin auf dem Grund der Abtei im 12. Jahrhundert schien eine Bestätigung für die Gleichsetzung von Glastonbury mit Avalon und Artus gemäß der volkstümlichen Tradition zu liefern.

Die Abtei wurde über der St.-Josephs-Kirche errichtet, ein Ort, der mit den Worten eines mittelalterlichen Dichters „die heiligste Erde Englands“ ist. Nachdem Dominikaner-Mönche im Verlauf der Auflösung der Klöster im 16. Jahrhundert gezwungen wurden, die Abtei zu verlassen, verfiel sie. Heute wird sie als Ort der Geschichte verwaltet. Während der jährlichen Wallfahrt im Juni, wenn bis zu 14000 Pilger kommen, gewinnt die Abtei etwas von ihrer ursprünglichen Funktion und Atmosphäre – wenn auch nicht Herrlichkeit – zurück.

Viele zeitgenössische Pilger fühlen sich von vorchristlichen Verbindungen Glastonburys angezogen. Manche behaupten, dass die Abtei auf einem antiken Platz liegt, an dem die Göttin angebetet wurde, und sie betrachten die Wälle entlang den Seiten des Tors als ein komplexes rituelles dreidimensionales Labyrinth, das womöglich von prähistorischen Völkern geschaffen wurde. Für andere liegt die Bedeutung von Glastonbury in seiner angeblichen Verbindung zu alten Druiden. Demnach soll es wie eine Art Universitätszentrum für künftige Druiden aus ganz Europa gewesen sein. Glastonbury wird heute auch als das „Epizentrum des New Age“ bezeichnet, als ein Ort, an dem sich Erdlinien verbinden und wo ein bzw. das Herzchakra des Planeten Erde liege. Menschen kommen dorthin, um sich selbst zu finden. König Artus wird oft angerufen, um wieder aufzuerstehen und Menschen bei ihrer spirituellen Suche zu helfen, „eine neue Ära des New Age, einen Neuanfang, eine neue Phase der Evolution der Welt anzuführen“.

Marion Bowman unterrichtet Religionsstudien am Bath College of Higher Education, England.

Der Tor (Felsturm, Felsenhügel) und die Abtei
Der Tor, mit einem Kirchturm aus dem 14. Jahrhundert auf seinem Gipfel, erhebt sich inmitten einer flachen Ebene am Rande der Stadt. Die Stätte der Abteiruine in der Stadtmitte (ganz links) wird von Pilgern vieler Glaubensrichtungen als heilig angesehen.

Praktische Hinweise
Die kleine Stadt Glastonbury liegt in Somerset, im südwestlichen England. Die jährliche Wallfahrt findet Ende Juni oder Anfang Juli statt. Tausende anglikanischer, katholischer und orthodoxer Pilger kommen zur Abtei, um zu beten und erhoben und geheilt zu werden. Nichtchristliche Feiern finden das ganze Jahr hindurch statt, vor allem zur Sommer- und Wintersonnenwende (21. Juni und 21. Dezember) und zum Frühlingsfest Beltane (1. Mai).

heilige Orte besucht. Das geflügelte Wort, „in Rom verhalte dich so wie die Römer" mag nicht ausreichen. Sie müssen wissen, wie Sie sich als Ausländer richtig verhalten. Das ist übrigens nicht nur für „Ungläubige" ein Thema. Eine Hindufrau aus England, die ein Gelübde erfüllen wollte, nach Benares zu pilgern, bat ihren Vater, die notwendigen Vorbereitungen zu treffen. „Er schrieb an Verwandte in Indien, die einen Priester einer der Tempel um Anleitung baten. Mein Sohn und meine Tochter begleiteten mich, und als wir ankamen, war es der Priester, der uns am Bahnhof abholte und uns zur Unterkunft brachte. Er diente uns als Führer durch die Stadt und stellte sicher, dass die religiösen Handlungen so korrekt ausgeführt wurden, dass meine Wallfahrt erfolgreich sein würde."

Die Reise organisieren

Sie haben sich jetzt also entschieden, wie Sie reisen möchten. Falls Sie sich einer Gruppe anschließen, wird die meiste Logistik für Sie erledigt. Falls Sie selbstständig reisen, müssen Sie über Etliches nachdenken, auch über sich selbst. Sind Sie ein ängstlicher Reisender (vielleicht nennen Sie das „organisiert"), der Listen anlegt, probepackt, zu früh am Flughafen auftaucht? Daran wollen Sie vielleicht etwas arbeiten, denn eine „heilige" Reise werden Sie nicht so stark kontrollieren können. Sie treten nämlich in einen ganz anderen Raum und eine ganz andere Zeit ein, sie treten ein ins Ungewisse und Unbekannte: Gerade das ist ja das Wesen und der Zweck Ihrer Wallfahrt.

Oder gehören Sie zu den Menschen, die immer unvorbereitet sind (vielleicht ist das für Sie „spontan")? Wenn Sie sich auf die Reise der Seele begeben, entscheiden Sie sich dafür, keinem eine Last zu sein, weder Ihrem Land noch einer anderen Person. Das bedeutet auch:

- legal zu reisen (Pass, vielleicht Visum)
- autonom zu sein (Geld, Auslandswährung, Reiseschecks, Kreditkarte, Krankenversicherung)
- versorgt zu sein (notwendige Medikamente, Impfungen).

Diese Dinge sind keine weltlichen Störungen, die sich zwischen Sie und Ihre Pilgerreise stellen, sondern das ist Teil Ihrer Reise. Sie sind bei der Erledigung dieser Dinge bereits auf Ihrer Fahrt!"

„Ich hatte den Wunsch, die Orte zu sehen, wo unser Herr geboren wurde und starb. Und während ich das spürte, sprach unser Herr zu mir und sagte mir, ich sollte nach Rom, Jerusalem und an den Schrein des hl. Jakob fahren. Das war zwei Jahre, bevor ich ging, denn ich wollte zwar, konnte es mir aber nicht leisten." Worte der Margery Kempe, einer englischen Wallfahrerin des 15. Jahrhunderts, die nicht lesen und schreiben konnte und ihre Geschichte einem Priester diktierte. Vielleicht fühlen Sie sich zu Ihrer Reise aufgerufen wie Margery, aber können Sie es sich leisten? Muslime warten üblicherweise mit der Hadsch, bis sie sie unternehmen können, ohne dass dadurch ihre Familie zu kurz kommt. Pilger aus anderen Kulturen schieben aus denselben Gründen ihre Reisen oft auf. Besonders Auslandsreisen kosten meistens mehr, als man sich vorher ausrechnet, und es gehört zur Natur von Pilgerfahrten, dass sie Überraschungen mit sich bringen, dass sie einen auf Umwege führen, die man nicht eingeplant, und Herausforderungen in den Weg stellen, die man nicht erwartet hatte. Dann wird man vielleicht traurig, weil man sich das Budget nicht richtig überlegt hatte.

Nochmals Margery: „Als die Zeit für mich kam, die heiligen Orte zu besuchen, bat ich den Gemeindepfarrer, eine Ankündigung von der Kanzel zu machen: Jeder, der meinte, dass ich oder mein Mann ihm etwas schuldete, solle vor meiner Abreise zu mir kommen, damit ich die Dinge regeln konnte – und das tat ich auch." In ähnlicher Weise wollen Sie sich vielleicht vor Ihrer Abfahrt darum kümmern, Ihre Angelegenheiten zufriedenstellend zu regeln. Im Mittelalter war das notwendiger als heute, weil man damals leicht ein ganzes Jahr unterwegs war und man keineswegs sicher sein konnte, wieder heil zurückzukehren. Doch auch heute ist ein zumindest symbolisches Reinen-Tisch-Machen, ein Loslassen weltlicher Verpflichtungen, ein Markstein zwischen der weltlichen und der geistlichen Zeit.

Packen

Pilger vieler Glaubensrichtungen markieren die Trennung zwischen säkularer und sakraler Zeit, indem sie ein Ritualgewand anziehen. Damit wird ein Zeichen gesetzt, dass diese Menschen vorübergehend abgesondert sind, dass sie zwar vielleicht auf denselben Straßen wie andere reisen, aber nach einem anderen inneren Rhythmus. Der Stab und der Rucksack sind zwar heute nicht mehr die Erkennungsmerkmale christlicher Wallfahrer. Aber heute noch wird ein englischer Muslim auf dem Weg nach Mekka zwei weiße Betttücher einpacken, um daraus ein weißes Baumwollgewand zu machen, das der Vorschrift nach nicht genäht ist und die Gleichheit aller Pilger symbolisiert. Eines wird um den Unterkörper gewunden, das andere über den Oberkörper geworfen. Eine Frau wird ein sauberes, einfaches, langes Kleid und einen weißen Schal, der ihren Kopf bedeckt, mitnehmen. Am Flughafen werden sie vor dem Abflug rituelle Waschungen vornehmen und in speziell bereit gestellten Räumen ihre Pilgerkleidung anlegen. Das tun sie für den Fall, dass ihr Flugzeug über Mekka fliegt, bevor sie landen, denn den Regeln nach wird ihre Pilgerreise nur gültig, wenn sie im Zustand ritueller Reinheit nach Mekka gelangen. (Pilger, die das übersehen, werden vom Piloten in diesem Fall vorgewarnt, damit sie sich im Flugzeug waschen und umziehen können.)

Eine geführte Reise
Dieser örtliche Reiseleiter zeigt Pilgern den Weg zum Gipfel des Berges Kailash und bietet Anleitung für die richtige Durchführung heiliger religiöser Riten.

Der gesunde Menschenverstand gebietet, dass man wie alle andere Reisenden passende Kleidung packt, die dem Klima des besuchten Landes oder Ortes entspricht, dass man bequemes und festes Schuhwerk und von allem genug, aber nicht zu viel dabei hat. Denken Sie daran, sich der entsprechenden örtlichen Sitte respektvoll zu kleiden.

Kleidung sendet alle möglichen Botschaften aus und ist demzufolge überall eine heikle Sache. Häufig beobachtet man, dass Menschen ziemlich trotzig werden können, wenn man sie bittet, sich angemessen zu kleiden, zum Beispiel in Restaurants. Ein Pilger kann es sich nicht leisten, eine solche enge Einstellung mit ins Gepäck zu nehmen. Falls Sie aus einer Gesellschaft kommen, in der man fast alles (oder nichts) in der Öffentlichkeit tragen kann, bereiten Sie sich darauf vor, Ihre Meinung über angemessene Kleidung zu ändern. Außer auf Wanderungen in unberührter Natur kommen Shorts nicht gut an. Selbst für Männer, vor allem in Kombination mit bloßem Oberkörper, werden sie weithin als unhöflicher Aufzug angesehen.

In zahlreichen Religionen, auch den traditionelleren christlichen Konfessionen, wird erwartet, dass vor allem Frauen auch Oberarme und Beine bedeckt halten. Frauen auf Reisen in islamischen Ländern sollten auf extrem gedeckte und allgemein zurückhaltende Kleidung achten. Im Iran müssen Frauen in der Öffentlichkeit immer einen Haarschleier tragen. An manchen muslimischen Schreinen müssen Frauen körperlange, sie ganz verhüllende Gewänder tragen. Meistens können Sie am Eingang ein solches Gewand ausleihen.

Vergessen Sie nicht die Kopfbedeckung. Vor allem junge Amerikaner müssen gelegentlich daran erinnert werden, dass Baseballkappen, die man auf dem Kopf lässt, in europäischen Kirchen als respektlos angesehen werden. Umgekehrt wird es an vielen christlichen Heiligtümern weltweit als Zeichen der Ehrerbietung betrachtet, dass Frauen ihren Kopf mit einem

Die Marien des Meeres

Das Paradox von Menschen, die ständig unterwegs sind und sich dann auf eine Pilgerreise begeben, bringt uns nach Les Saintes-Maries-de-la-Mer, einem Landstrich der Lagunen und Salzwassermarschen, der Schimmel und schwarzen Stiere, Flamingos und Mücken. Die Presse nennt es die „Zigeuner-Wallfahrt". Und es stimmt auch: Zigeuner kommen von überall in Europa in unglaublicher Zahl: Wohnwagen füllen die Parkplätze, Männer mit Handys, Mädchen mit orange leuchtenden Leggings, Musiker, die in Restaurants aufspielen und Kassetten anbieten.

Zigeuner sind jedoch nur eine Hälfte. Der 25. Mai ist das Fest der drei Marien: Magdalena, Jacobé und Salomé, die drei ersten Zeugen der Auferstehung, nach denen dieser Ort benannt wurde. Nach provenzalischer Überlieferung wurden diese drei treu-gläubigen Frauen in Palästina im Jahre 45 in ein ruderloses Boot gesetzt, zusammen mit ihrer schwarzen Dienerin Sara und einigen anderen Heiligen. Eines Tages landete ihr Boot in der Camargue. Die Heiligen gingen an Land, darunter Maria Magdalena, ihre Schwester Martha und ihr Bruder Lazarus, um die Provence zu bekehren. Die älteren Maria Salomé und Maria Jacobé blieben mit Sara am Ort der Anladung und bauten sich einen Andachtsraum. Hier wurden sie auch begraben, hierher kamen Pilger, hier wurde später die Kirche errichtet.

Am 24. Mai, am Vorabend des Festes, kommen wir um 15 Uhr zur Kirche, um die „Descente des chasses" zu sehen. Diese *chasses* sind bemalte Reliquienbehältnisse mit Reliquien der Marien, die vom „Guten König René" der Provence 1488 entdeckt wurden. Bald ist die Kirche überfüllt. Ein ständiger Strom von Zigeunern kommt den Gang hinunter zur Krypta, um einer kleinen Statue mit nussbraunem Gesicht Ehrerbietung zu erweisen, der heiligen Sara, ihrer Schutzpatronin.

Bevor die Reliquien aus einer höher gelegenen Kapelle heruntergelangen – was der Ankunft der heiligen Frauen unter uns entspricht –, bittet uns der Bischof, keine Aufnahmen zu machen, aber Blitzlichter blitzen trotzdem auf und Fernsehkameras laufen. Die Reliquienbehälter werden nach und nach heruntergelassen, und bei jedem Zwischenstopp werden Blumen in Cellophan an den Seilen befestigt. Zigeuner reichen mit ihren Kerzen hinauf, und ihre Hände berühren die wundertätigen Kästen. Morgen um 15 Uhr werden sie wieder auf ihren Horst hinaufgelangen. Aber jetzt wird Sara zum Meer getragen.

Am nächsten Tag führt eine Missa Solemnis die Marien auf dieselbe Reise. Von der Schwingung der Messe aufgeladen, kämpfen wir uns aus der überfüllten Kirche und eilen an den Strand. Wir stellen uns neben ein verlassenes Fischerboot. Der Bischof und der Gemeindepfarrer steigen dort nun hinein. „Wird es in See stechen?" fragen wir die Fischer. „Um Himmels willen, nein", sagen sie. (Touristen!) Ein halbes Dutzend *Hüter* der berühmten Pferde der Camargue markieren die Grenze der Prozession ans Meer.

Die Reise ans Meer
Die Hüter auf ihren Schimmeln begleiten die Heiligen Maria Jacobé und Salomé bei der Prozession.

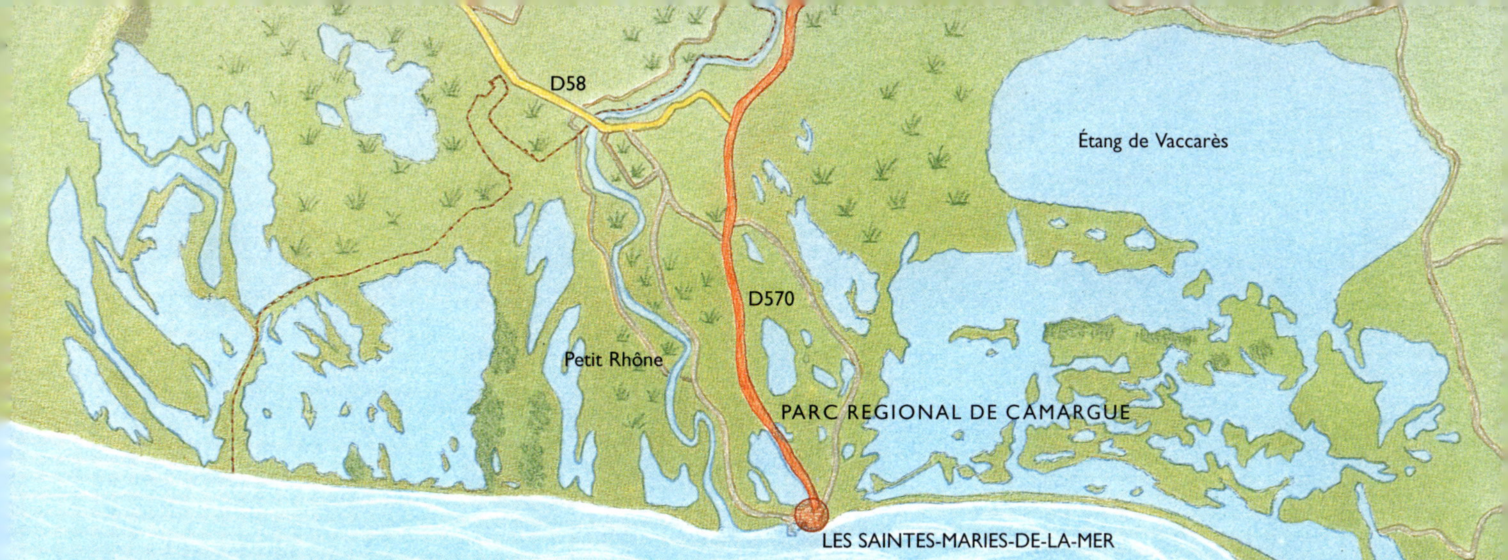

Der Urlaubsort Les Saintes-Maries-de-la-Mer ist am Zipfel der Camargue in Südfrankreich, etwa eine Autostunde von Marseille entfernt.

Praktische Hinweise
Es gibt zwei Wallfahrten im Jahr. Der *Pélérinage des Saintes Maries* am 24. und 25. Mai folgt ein Volksfest am 26. Mai zu Ehren des Ersten Wächters, Marquis de Braoncelli. Die *Grande Pélérinage des Saintes Maries Jacobé et Salomé* findet am letzten Sonntag im Oktober statt. Daran nehmen auch die Zigeuner teil, jedoch ohne Prozession für ihre Schutzheilige Sara.

Nun kommen die Marien im kleinen blauen Boot, in dem sie normalerweise in der Kirche sitzen, unter Votivtafeln mit Dank für erhorte Gebete und Wunder, die sich ereignet haben. Sie sehen wie ernste kleine Personen aus, ungewöhnlich ähnlich den Königinnen Maria und Anna von England. Wir schließen uns der Masse an, um ihre hauchdünnen Mäntel zu berühren. Leute aus der Camargue, Zigeuner und von der Begeisterung angesteckte Touristen reichen diese Berührung an Gefährten weiter und segnen sich und andere mit dem Meereswasser, das durch die Gegenwart der Heiligen geweiht wurde.

Wir stehen im Meer am Gestade, neben einem Pferd, das aufstampft, während hinter ihm die Wellen hereinkommen. Sein Reiter achtet auf unsere nackten Füße – hier schaut jeder auf die Pilger. Ich habe gehört, dass die Segnungen der Heiligen Menschen aus der Provence und den Zigeunern vorbehalten seien. Vielleicht in anderen Jahren, aber sicher nicht in diesem: Denn diese Menschen fangen uns mit ihrer eigenen offenherzigen Spiritualität genauso ein. Es ist so natürlich wie das Atmen, in der Kirche die Arme hochzuheben und mit ihnen wieder und wieder zu singen: „*O Saintes de Provence, nous vous tendons des bras, venez …*"

Wir würden zerbersten, wenn wir nicht in ihre Rufe in der Kirche, in den Straßen einstimmen würden: „*Vive les Saintes Maries, vive Sainte Sara!*" Sie sind es, derentwillen ich – gegen alle Erwartung und trotz meines Kirchganggewandes – hier neben den Pferden bis zur Hüfte im Meer stehe.

Jennifer Westwood ist Expertin für Orte der Kraft und spirituelle Plätze und englische Folklore sowie Autorin von *Atlas of Mysterious Places* und *Albion*.

Schleier bedecken, wie das in anderen Religionen auch üblich ist.

Vielleicht weisen Menschen Sie darauf hin, wenn Sie die Grenzen des dort gültigen Anstands überschreiten – aber wollen Sie es so weit kommen lassen? Wenn wir die geistigen Auffassungen anderer Glaubensrichtungen von Ehrerbietung zu respektieren bereit sind, werden wir uns rechtzeitig um angemessene Kleidung und rechtes Verhalten kümmern. (Verkleiden Sie sich jedoch auch nicht als Lawrence von Arabien, das würde als ungehörig gelten.)

AN ANDERE DENKEN

Vergessen Sie in der Aufregung der Vorbereitungen nicht, an die zu denken, die zurückbleiben. Wenn Ihr Ziel sich an einem Ort befindet, den sie für entlegen und fremdartig halten, hegen sie vielleicht unbegründete Ängste. Versuchen Sie, diese Sorgen zu besänftigen, indem Sie viel Information mit ihnen austauschen. Wenn Sie einmal unterwegs sind, lassen Sie öfter etwas von sich hören, obwohl das vielleicht nicht immer einfach ist.

Wir können Verbindung auch halten, indem wir uns die alte Tradition eines Reisetagebuchs wieder beleben. Nikulas, der Abt der Klosters von Munkathera auf Island, der 1154 ins Heilige Land aufbrach, schrieb seine Eindrücke von Landschaften und Menschen auf dem Weg nieder. Senden Sie ab und zu eine Kopie ihrer Eintragungen nach Hause. Jemand in ihrer Familie macht dann vielleicht Fotokopien und schickt sie unter Freunden und Bekannten herum. Auf diese Weise bewahren Sie Ihre Erinnerungen, während sie noch frisch sind, und Ihre Lieben sind sozusagen mit auf der Reise, fast bei jedem Schritt.

Denken Sie auch an all die unbekannten Seelen, denen Sie begegnen. Zu den nützlichen Dingen, die man ruhig „mitschleppen“ kann, zählen kleine Geschenke, um Dankbarkeit und Zuneigung auszudrücken. In Kulturen, wo Fotokameras nicht sehr verbreitet sind, sind Sofortbilder mit ei-

Gib mir meine Schale der Ruhe,
meinen Wanderstab des Glaubens,
meine Schrift der Freude,
meine unsterbliche Nahrung,
meine Flasche der Erlösung:
Mein Gewand der Herrlichkeit,
meiner Hoffnungen wahres Maß -
und so werde ich mich auf
die Wallfahrt begeben.

SIR WALTER RALEIGH,
DIE PILGERSCHAFT (1604)

nem exotischen Fremden (mit Ihnen!) ein sehr geschätztes kleines Geschenk. Sie müssen sich aber vorher überlegen, welche Gaben annehmbar und zollfrei einzuführen sind und ob Fotos in manchen Gegenden vielleicht tabu sind.

Sich um sich selbst kümmern

Vielleicht wollen Sie es Basho nachtun und Artemisia-Blätter über Ihren Beinen abbrennen, um sie zu stärken, aber wenn Sie eine beträchtliche Distanz zu Fuß zurücklegen möchten und nicht ans Wandern gewöhnt sind, sollten Sie vorher Kondition aufbauen. Falls Sie barfuß marschieren wollen, wie mittelalterliche Pilger vor Ihnen, erinnern Sie sich daran, dass Sie oft auf metallisch-heißen Straßen gehen, und nicht auf den damals üblichen Feldwegen. Denken Sie auch daran, dass deren Füße oft schon abgehärtet und von Hornhaut überzogen waren, weil sie auch sonst barfuß gingen oder nur schlecht passende Schuhe trugen. Fragen Sie bei Menschen, die lange Wanderungen hinter sich haben, um Rat.

Schließlich geht es um Ihr inneres Selbst. Unsere Religionen tragen uns die eine oder andere spirituelle Vorbereitung auf. Dazu gehört vielleicht Fasten oder Reinigungsrituale, sexuelle Enthaltsamkeit, das Erlernen besonderer Wallfahrtsgebete oder -lieder oder heilige Texte zu studieren. Es kann sein, dass wir die Umwelt besser als je zuvor behandeln sollen. Muslime müssen ihre Reinheit unter anderem dadurch aufrecht erhalten, dass sie während der Hadsch nichts Unrechtes oder Unfreundliches tun, dass sie keine Pflanze entwurzeln oder beschädigen und dass sie Tiere und Insekten weder töten noch verletzen.

Wenn du spürst, dass er dich zu dieser Arbeit ruft, erhebe dein Herz zu Gott. Eine bloße Absicht, die sich auf Gott richtet, genügt dabei schon. Wenn du deine Absicht in einem Wort zusammenfassen möchtest, um dich leichter daran zu erinnern, wähle ein kurzes Wort. Je kürzer, desto besser – ein Wort wie Gott oder Liebe. Und festige dieses Wort in deinem Herzen, dass es allzeit dort bleiben möge. Es wird dein Schild und dein Speer sein, in Frieden und Krieg gleichermaßen. Mit diesem Wort wirst du die Wolke und die Dunkelheit über dir zerhämmern.

Die Wolke des Nicht-Wissens, anonym, 14. Jahrhundert

Sowohl Angehörige organisierter Religionen wie spirituelle Abenteurer bereiten sich vielleicht durch Meditation vor. Aus der christlichen Tradition stammt diese Definition: „Meditation ist die gezielte Reflexion über eine Wahrheit oder einen Text der Schrift. Sie hat einen dreifachen Zweck: den Geist zu unterrichten, den Willen zu bewegen und das Herz für das Gebet zu erwärmen." Das Herz für das Gebet zu erwärmen – das ist keine schlechte Vorbereitung für jede Art von spiritueller Reise.

III Aufbruch

KAPITEL 3

Der Augenblick ist gekommen. Sie sind mental und physisch vorbereitet, Ihre Sachen sind gepackt, Sie haben die Reisebillets besorgt und die Reiseführer studiert.

Aber sind Sie wirklich bereit? Westliche Prediger und Dichter haben seit Generationen die „Pilgerschaft“ als eine Metapher für die Lebensreise zu Tod und Ewigkeit gebraucht. Deshalb schrieb Bunyan: „Er war noch nicht weit von seiner Tür entfernt, als seine Frau und Kinder weinten und riefen, er möge doch zurückkehren; aber der Mann steckte seine Finger in die Ohren und rannte davon und schrie: Leben! Leben! Ewiges Leben! Er blickte sich nicht einmal um.“

Keiner schlägt Ihnen vor, dass Sie eine solche rücksichtslose Haltung in Ihrem Leben einnähmen oder die römische Matrone Paula nachahmten, die 382 ins Heilige Land aufbrach und nicht darauf achtete, wie ihr kleiner Sohn auf Mitleid erregende Weise an der Küste stand und seine Arme ausstreckte und wie ihre ältere Tochter mit stillen Tränen ihre Mutter anflehte zu bleiben, bis sie verheiratet sei. Pilgerschaft ist eine Reise auf etwas zu, keine Flucht von etwas fort! Und doch ist genau das der Punkt, an dem der Pilger seine bzw. ihre Sicherheitsdecke ablegen muss, das Netz alltäglicher Beschäftigungen und die Menschen, die uns helfen, dass wir uns sicher fühlen und kompetent und auf vertrautem Gelände.

Pilgerschaft ist an sich bereits eine Art von Initiation. Das gesamte menschliche Leben hat mit Übergängen in und von Raum, Zeit und gesellschaftlichen Umständen zu tun. Manche dieser Übergänge – besonders Heirat und Tod – werden von besonderen Riten begleitet. Das gilt sowohl für das Judentum, das Christentum, den Islam wie für die griechischen und römischen Religionen und jene von Stammesgesellschaften.

Der Anthropologe Arnold von Gennep teilte Übergangsriten in drei Gruppen ein. In der ersten Phase lösen sich Menschen aus ihrer bisherigen gesellschaftlichen Situation, in der zweiten führen sie ein marginales Leben, getrennt vom Normalen, und in der dritten Phase finden sie entweder zu ihrer früheren Situation zurück oder sie schaffen sich eine neue. Das beschreibt die Pilgerfahrt. Der Muslim auf der Hadsch trennt sich von seinem bisherigen Leben, indem er in den Stand der rituellen Reinheit (*Ihram*) eintritt, während der Wallfahrt führt er ein Leben außerhalb des normalen, und dann kehrt er in einen neuen Zustand des gehobenen Status in seiner Gemeinschaft zurück, mit dem respektvollen Titel Hadschdschi.

Hier zwischen den Schatten
in einem einsamen Land
sind wir mit Fremden als eine Schar Pilger unterwegs;
durch Gefahren und voller Sorgen niedergedrückt,
werden wir noch dazu immer wieder ausgestoßen –
aber wir schauen nach einer Stadt,
die oben im Himmel gebaut ist.

„Suche nach einer Stadt", Hymne von W. Oliver Cooper
(1185-1963)

Die Schwelle überschreiten

Alle heiligen Reisen, große oder kleine, sind Riten des Übergangs. Die zweite Phase wird nach einem lateinischen Wort oft Schwellenphase genannt. Eine Schwelle ist etwas, was außen und innen trennt und verhindert, dass Wasser oder Schlamm in Haus dringt. Manchmal wurde eine Schwelle sogar zum Tabu, also als verboten erklärt. Die Menschen, die den Philister-Gott Dagon anbeteten, achteten darauf, nicht auf die Schwelle seines Tempels zu treten. Das findet ein fernes Echo im Brauch von Pilgern des 19. Jahrhunderts in Syrien, die sorgfältig Acht gaben, beim Besuch von Heiligengräbern oder Moscheen nicht auf die jeweilige Schwelle zu treten. Nach Marco Polo, einem Weltreisenden des 13. Jahrhunderts, der den wunderbaren Palast des Kublai Khan in Peking besuchte, durften Besucher nicht auf dessen Schwelle treten, wofür Wachen auf beiden Seiten sorgten.

In alten Zeiten wurde der Bau der Schwelle von einem Ritual begleitet, manchmal auch von Opfern und dem Vergraben des Opfers unter der Schwelle als Geisterschutz des Hauses. Über römische Schwellen herrschte ein Götterpaar, Limentius und Lima. In Indien ist die Schwelle der Sitz der Göttin Lakshmi. Überall in der Welt wurden Türschwellen von Statuen irgendwelcher Monster gehütet: geflügelte Stiere in Mesopotamien, Sphingen in Ägypten und Drachen in China. Noch heute hängen über Eingängen Amulette und andere heilige Schutzobjekte. Nordeuropäer bringen gern ein Hufeisen an der äußeren Eingangstür an. Obwohl es jetzt als Glücksbringer gilt, war es ursprünglich ein magisches Objekt, um Hexen fern zu halten. Orthodoxe Juden befestigen immer noch die *Mezuzah*, ein kleines Kästchen mit religiösen Texten, an ihren Türen.

Diese Überzeugungen drücken eine psychologische Wahrheit aus. Die Schwelle eines Hauses markiert einen Übergang von einer Welt in eine andere – von der familiären, vertrauten Welt hinaus in das Unbekannte, vom sicheren Griff an den Rocksaum der Mutter zur schüchtern ausgestreckten Hand, die ein potenziell feindseliger Fremder hält. Wir vollziehen solche Übergänge mehrfach täglich, ohne es zu bemerken, aber Kinder merken das sehr wohl, zum Beispiel an ihrem ersten Kindergarten- oder Schultag.

Die Mutter, die ihrem Kind morgens an der Tür einen Abschiedskuss gibt, bemerkt diesen Übergang, indem sie ihn mit einer Schutzmagie markiert wie in alten Zeiten, eben mit dem Abschiedskuss. Die Braut im Westen wird von ihrem Mann über die Schwelle getragen und macht damit dieselbe Erfahrung wir römische Bräute früher und chinesische Bräute heute, wobei darauf geachtet wird, dass ihre Füße nicht die Schwelle berühren, wenn sie zum ersten Mal in das Haus ihres Mannes gelangt.

Wenn wir die Schwelle eines Tempels überschreiten, gehen wir nicht nur vom Bekannten ins Unbekannte, sondern wir treten auch aus dem Profanen ins Sakrale ein. Wenn wir unsere eigene Schwelle überschreiten, wenn wir zur Pilgerfahrt ausziehen, vollziehen wir denselben Übergang. Mit den Worten von van Gennep: „Die Schwelle zu überschreiten bedeutet, sich mit einer neuen Welt zu verbinden."

Wahrnehmen

Der Schritt, der uns über die Schwelle auf den Weg der Wallfahrt hinausführt, ist von großer Bedeutung. Wir wissen nicht, wohin uns der Weg führen wird. Wir wissen nicht, zu wem wir durch die heilige Reise werden.

So verlangt dieser erste Schritt die gebotene Aufmerksamkeit. Die meisten organisierten Pilgerreisen beginnen mit einem Anfangsritual am Vorabend der Wallfahrt oder am Tage selbst. Dieses Ritual bezeichnet auf förmliche Weise den Moment, in dem wir aus der Alltagszeit in die heilige Zeit schreiten. Eine römisch-katholische Wallfahrt beginnt vielleicht mit einem Hochamt, bei dem sich die Pilger spirituell stärken, indem sie am Heiligen Abendmahl teilnehmen. Hindus, bei denen Pilgerfahrten oft asketische Übungen und Lebensformen verlangen, werden vor ihrer Abreise Ganesha Opfer darbringen, dem Gott der Anfänge und überwundenen Schwierigkeiten. Falls Ihre Pilgerfahrt nur kurz dauert oder überhaupt keine Reise ist, gibt es umso mehr Anlass, ihren Beginn zu markieren.

Der Stoff für solche Marksteine umgibt uns überall. Meine Pilgerwoche nach Les Saintes-Maries-da-la-Mer in der Camargue im Mai 1966 habe ich mit einem Besuch des St. Walstan-Brunnens in Bawburgh, Norfolk, eröffnet. Walston, der hier 1016 im Zuge wundersamer Ereignisse begraben worden sein soll, war einst der Schutzpatron der Landarbeiter und Wasser aus seinem Brunnen wurde am Ort verwendet, um kranke Tiere zu heilen, bis weit ins 19. Jahrhundert hinein. Normalerweise schließe ich mich der jährlichen Prozession an den Brunnen am Sonntag an, nach dem 30. Mai. Zu jener Zeit würde ich 1966 schon in der Camargue sein, so besuchte ich meinen Ortsheiligen, den ich nicht vernachlässigen wollte, vorher – obwohl manche Historiker in ihm mehr eine mythische denn eine geschichtliche Person sehen.

Andere Markierungshilfen für meine Pilgerreisen sind Gebete am Schrein der Einsiedlerin Julian von Norwich gewesen oder am Grab von John Bunyan auf dem Nonkonformisten-Friedhof in Bunhill Fields, London, weil

Pusan auf dem Weg
Befahre die Wege, Pusan,
und halte Angst von dir fern,
o Kind des Ungezäumten. Bleibe bei uns,
O Gott, gehe vor uns her.

Führe uns von unseren Verfolgern fort;
mache unsere Wege angenehm
und leicht zu befahren.
Finde für uns hier, Pusan, die Kraft des Verstehens.

Führe uns zu saftigen Weiden,
lass kein plötzliches Fieber uns überfallen.
Finde für uns hier, Pusan,
die Kraft des Verstehens.

Gebrauche deine Kräfte,
gib mit vollen Händen und reichlich,
gib eifrig und fülle deinen Bauch.
Finde für uns hier, Pusan, die Kraft des Verstehens.

Wir werfen Pusan nichts vor,
sondern singen sein Lob in wohlgesetzten Hymnen ...

Aus „Pusan auf dem Weg", einer Hymne an den Lenker des Sonnenwagens, der über Straßen und Reisen regierte; aus der Rigweda (ca. 1200-900 v. Chr.)

KATERI TEKAKWITHA

Die Schreine der Einfachheit

Nordamerika ist für Pilgerheiligtümer nicht gerade sehr bekannt. Und doch findet man hier manche der interessantesten und populärsten Pilgerorte der Welt. Millionen reisen jedes Jahr zu Unserer Lieben Frau von Guadalupe in Mexico City, nach Sainte-Anne-de-Beaupré nahe Quebec City und zur St.-Josephs-Kapelle in Montreal. In den Vereinigten Staaten gibt es über hundert Schreine, von denen manche mehrere Hunderttausende von Pilgern im Jahr anziehen. Viele dieser Heiligtümer haben mit ethnisch bestimmten Sitten und besonderen religiösen Orden zu tun, und darunter sind nur wenige den Ureinwohnern Amerikas geweiht wie St. John Neumann, Mutter Cabrini oder den nordamerikanischen Märtyrern. Die drei Heiligtümer, die mit dem Leben der seligen Kateri Tekakwitha verbunden sind, sind in Nordamerika einzigartig, weil sie über die Grenzen von Kanada und den Vereinigten Staaten hinausreichen.

Als ich mit einem Bus voller Pilger losfuhr, um die Schreine zu besuchen, hoffte ich, etwas von der langsam bekannt werdenden Geschichte dieser indianischen jungen Frau zu erfahren, einer gläubigen Konvertitin zum katholischen Glauben, die auch unter dem Namen „Lilie des Mohawks“ bekannt ist. Auriesville im Bundesstaat New York war der erste Schrein, den wir besuchten, wo 1656 die selige Kateri als Tochter eines Mohawk-Vaters und einer Algonquin-Mutter geboren wurde.

Als sie vier Jahre alt war, fielen ihre Eltern einer Pockenepidemie zum Opfer, während sie mit tiefen Pockennarben und fast blind überlebte. Der Schrein von Auriesville steht auf einem Hügel, der auf den Mohawk-Fluss blickt. Hier wurden mehrere Jesuiten während ihrer Missionarstätigkeit getötet. Heute kommen Tausende von Wallfahrern wie wir aus Interesse an den Jesuiten-Märtyrern und ihrer berühmten Konvertitin hierher.

Wir fuhren dann zum zweiten Ort der Pilgerfahrt nach Fonda im Bundesstaat New York. Hier, einige Kilometer weiter oben am Mohawk-Fluss, erlebte die selige Kateri ihre erste tiefe Begegnung mit dem Christentum. Sie widersetzte sich dem Druck ihres Onkels, zu heiraten, ließ sich Tekakwitha (wie sie damals hieß) taufen und erhielt den neuen Namen Kateri (Katharina). Der hölzerne Schrein in Fonda wird vom Volk der Mohawk wegen seiner Schlichtkeit sehr geschätzt.

Pilger besuchen das Indianer-Museum unterhalb der Kirche, steigen auf den Hügel mit Blick auf den Mohawk-Fluss und besichtigen die Ausgrabungen, welche die Umrisse des ursprünglichen Dorfes zeigen. Es gibt dort einen kleinen Bach, von dem man glaubt, dass Kateri dort getauft wurde. Wallfahrer können heiliges Wasser kaufen oder geheiligte Erde von diesem stillen Ort mitnehmen.

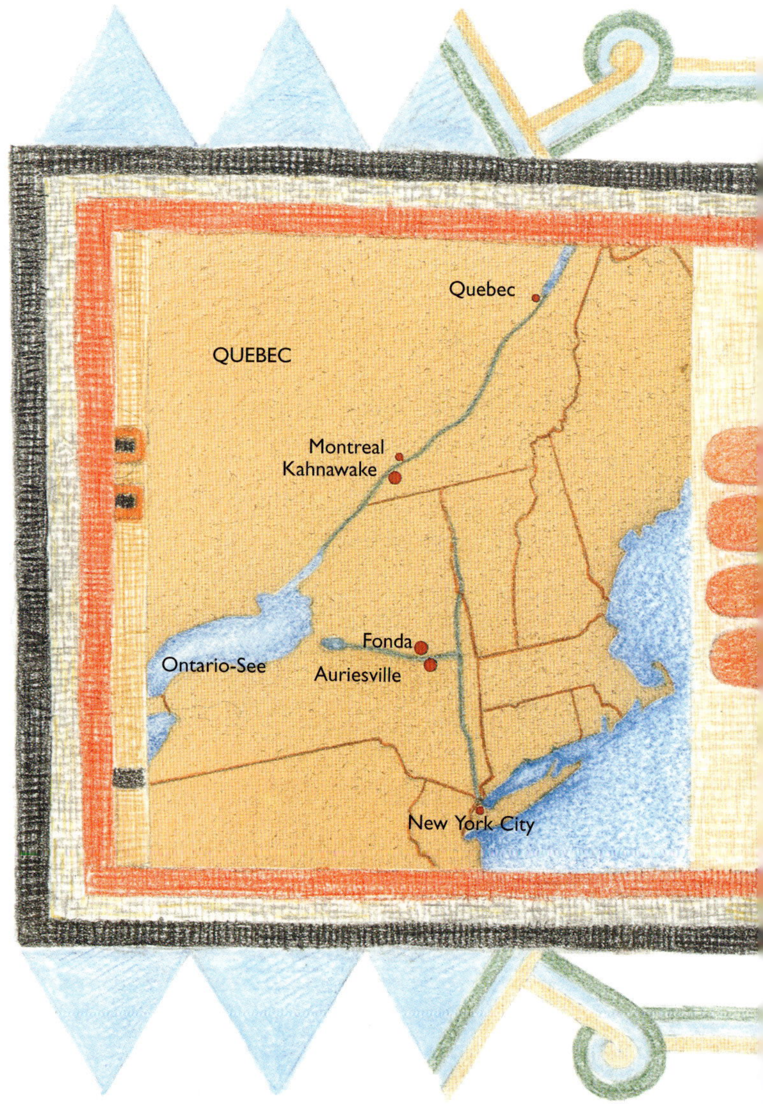

Die Reise nach Kahnawake, dem Mohawk-Reservat nahe Montreal, ist eines der bewegendsten Ereignisse der Wallfahrt. 1676 floh die selige Kateri hierher in die gerade gegründete Jesuiten-Mission, um der Verfolgung durch nicht-christliche Mohawks zu entgehen. Ihre sterblichen Überreste werden in der St.-Franzis-Xaver-Mission am Ufer des St.-Lorenz-Stroms aufbewahrt. Pilger haben das deutliche Gefühl, als ob sie mehrere Hunderte von Jahren in die Vergangenheit zurückgegangen wären. Der Schrein ist umso bemerkenswerter, weil er weltweit der einzige wichtigere Wallfahrtsort ist, der sich auf einem Indianerreservat befindet.

Die selige Kateri lebte drei Jahre lang ein hingebungsvolles und frommes Leben, bevor sie im zarten Alter von 24 Jah-

Praktische Hinweise
Die Wintermonate sind extrem kalt, und es gibt viel Schnee. Die besten Besuchsmonate sind Mai und Juni, bevor es zu feucht wird.

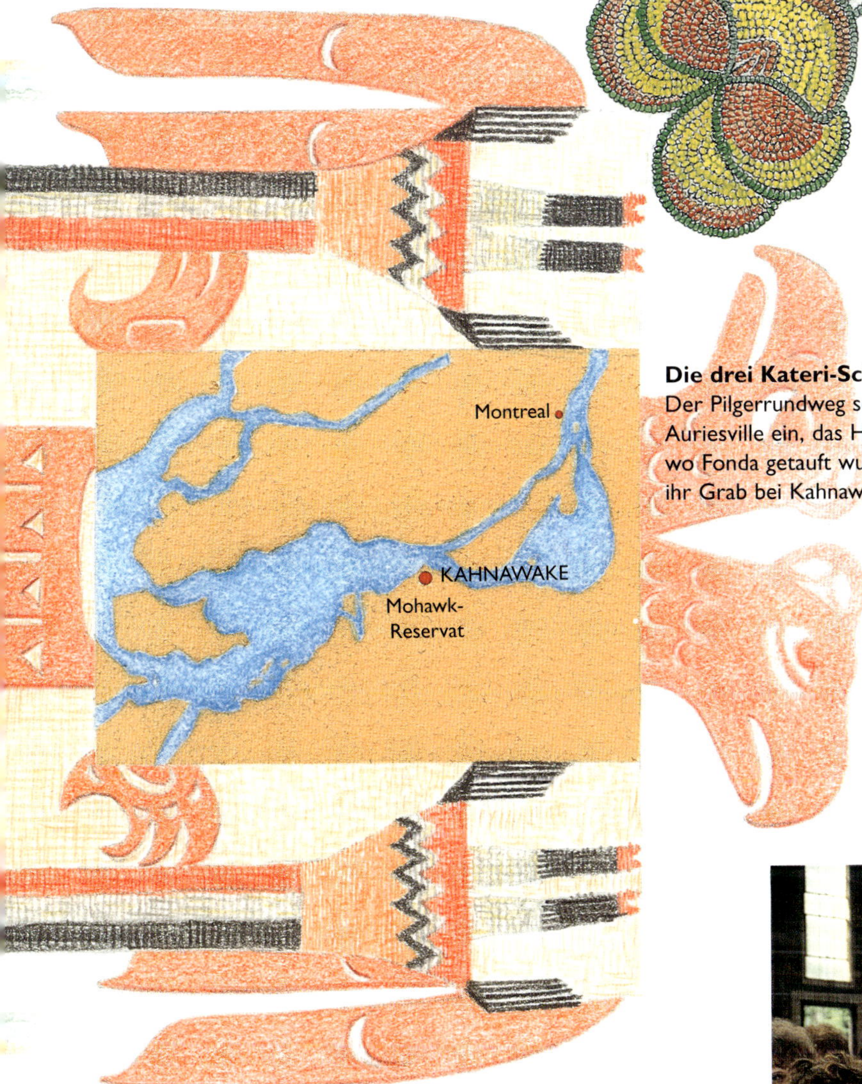

Die drei Kateri-Schreine
Der Pilgerrundweg schließt Auriesville ein, das Heiligtum, wo Fonda getauft wurde, und ihr Grab bei Kahnawake.

Der Auriesville-Schrein
Tausende von Pilgern besuchen jedes Jahr dieses Heiligtum am Geburtsort der seligen Kateri Tekakwitha.

ren starb. In den Worten der Kirche lebte sie ein „beispielgebendes Leben“, nahm strenge Bußübungen auf sich, um eine Gemeinschaft indianischer Nonnen zu begründen, und legte das Gelübde andauernder Jungfräulichkeit ab. Es heißt, dass ihr Gesicht bei ihrem Tod zu strahlen begann und sich viele Wunder ereigneten. Heute kommen Pilger aus aller Welt, um an dem Ort zu beten, an dem die Selige ihre letzten Jahre verlebte.

Dr. James Preston ist Professor für Anthropologie und hat den Lehrstuhl für Religiöse Studien an der State University von New York in Oneonta inne. Er hat sich auf katholische Bräuche und Pilgerheiligtümer spezialisiert.

beide Orte persönliche Bedeutung für mich besitzen. Es braucht aber weder Schreine noch Gräber, weder Kirchen noch Tempel oder Moscheen, um diesen Augenblick der Hingabe und des Aufbruchs zu bezeichnen. Auch in der Stille des eigenen Heims, in Ihrem Garten als einem Symbol des Paradieses, mit einer Musik, einem Gedicht, einem Gebet oder einigen Minuten stiller Meditation ist es gut möglich, die Pilgerreise zu beginnen. Es geht um den Akt der bewussten Wahrnehmung, die den Weg eröffnet.

Loslassen und neu festhalten

Die förmliche Eröffnung einer Pilgerfahrt hilft dem Wallfahrer, auf normale Weise wahrzunehmen: Sie weckt uns auf, macht uns darauf aufmerksam, was jetzt geschieht, verändert unsere Einstellung. Wieder geben uns die frühen Römer ein Bild dafür. Sie waren im Wesentlichen Leute des Landes und Bauern und sahen die Welt von einer Kraft des Göttlichen erfüllt, die in die Natur ausströmte. Diese Kraft war in den Naturgeistern verkörpert, die in der Landschaft

Gott über mir, Gott unter mir, Gott vor mir.

wohnten. Jede Quelle, jeder See, Hügel, Tal, Felsen und Baum hatten ihre Hüter sowie manchmal auch die kaum personifizierten Götter, die das menschliche Leben beherrschten.

Den frühen Römern war der heimische Herd ein zentraler Ort, an dem der *Pater familias*, der Vater der Familie, wie ein Priester agierte und den Haushalt und die Landwirtschaft bei spiritueller Gesundheit erhielt. Dieser Herd trug den Namen *Focus*. Wir sprechen oft davon, fokussiert zu sein, sind uns aber der historischen und psychologischen Bedeutung des Begriffs meist nicht bewusst: Das Feuer war in archaischen Zeiten buchstäblich die Mitte der Behausung. Vor den Tagen der Kaiser standen Herdriten im Zentrum römischer Anbetung. Nicht von ungefähr hat die Göttin des Herdes, Vesta, als eine der wenigen die gesamte römische Epoche überlebt und konnte sich gegen Eindringlinge aus der griechischen Mythologie und aus östlichen Mysterienkulten behaupten.

Je weiter sich ein Römer von seinem Herd entfernte, desto größer wurde sein psychisches Ausgeliefertsein. Sein Fortschreiten vom heimischen Herd führte ihn nicht nur allmählich aus der Schutzsphäre Vestas, sondern auch aus jener der Laren und Penaten, den Haushaltsgeistern, heraus. Wenn er sich erst einmal jenseits von Limentius und Lima an der Schwelle befand, war er auch außerhalb des Schutzes von Janus, dem doppelgesichtigen Gott, der sowohl nach innen und nach außen blickte, sowohl nach vorn wie nach hinten. Zuletzt passierte er Terminus, den Grenzgott, der von einem großen Markstein an der Grenze des Besitzes symbolisiert wurde. Jedes Jahr am 23. Februar (einst der „terminale“, also letzte Tag des Jahres) trafen sich römische Nachbarn an den Grenzsteinen ihres Landes. Gemeinsam schmückten sie den Stein mit Blumen und sprengten Opferblut darauf, sie luden die Kraft symbolisch wieder auf, die ein weiteres Jahr ihr Land beschützen sollte, und festigten ihre Eintracht.

Wenn er sich einmal jenseits des Terminus befand, war der Römer außerhalb seines vertrauten Schutzsystems, er war in einem Schwellenland, das er als von fremden Göttern erfüllt ansah, die sich um anderer Leute Interessen kümmerten, nicht um seine. Er würde versuchen, freundliche Beziehungen zu diesen Ortsgottheiten aufzunehmen, indem er ihnen kleine Altäre errichtete, selbst wenn er diese – weil er die jeweiligen Namen nicht kannte – dem *Genius loci*, dem Geist des Ortes, weihen musste. Je weiter er sich von seinem Herd entfernte, desto weniger war er „fokussiert“, desto bewusster wurde ihm, dass die Welt voller Gefahren und voller Wunder war.

Ich auf deinem Pfad, o Gott,
Du, o Gott, in meinen Schritten

Carmina Gadelica
(Gälischer Zauberspruch)

Erwachen

Lösung vom Vertrauten verbunden mit wacher Aufmerksamkeit zeigen die Beschreibungen der Reisen des japanischen Dichters Basho auf beispielhafte Weise. Im Frühling 1698 setzte Basho, von einem Freund begleitet, die ersten Schritte aus Fukagawa heraus, am Rande von Edo (das alte Tokio), entlang der alten Oshukaido-Route zur entlegenen Provinz Oshu. Er wandte sich landeinwärts, erreichte das Heiligtum der *Yamabushi*, der Eremiten-Priester der nördlichen Berge, und verbrachte eine Woche bei ihnen, bevor er in der Sommerhitze zweieinhalb Monate nach Süden wanderte auf dem Hokurikudo, der Straße, die an die westliche Küste Japans nach Ogaki führte.

Das war eine Pilgerreise im westlichen Sinn, denn er hatte ein konkretes Ziel: die Eremiten. Aber mehr als das war es eine Reise der Selbsterforschung. Basho löste sich von der irdischen Welt, bevor er losging. Er verkaufte sein Haus, als ob er nicht erwartete, zurückzukehren, nicht nur aufgrund seiner eigenen Gebrechlichkeit oder den körperlichen Gefahren der Reise. Der ferne Norden war in der japanischen Vorstellung jener Zeit etwas geheimnisvoll anderes als die zivilisierte Welt von Edo. Für Basho stellte er das unauslotbare Mysterium des Universums dar. Er reiste auf der „Engen Straße“ in den „Tiefen Norden“, während er gleichzeitig durch sein eigenes Leben wanderte. Er suchte eine Vision der Ewigkeit im Alltag.

Die Pilgerkarawane bricht nach Mekka auf

Es ist die Klugheit der Karawane, dass am Anfang eines langen Weges der erste Abschnitt ein kurzes Stück Reise ist. Mit hastig am Wegesrand eingesammelten Stöcken wird ein Feuer entzündet, um die Speisen zu kochen. In den frühen Abendstunden geht es fröhlich zu mit Trommelschlag und sanfter Flötenmusik, und in den Zelten über uns singen die Perser mit arkadischer Süße ein frommes Lied. In allen Pilgerunterkünften brennen Kerzen in Papierlaternen, aber das Camp ist doch müde, und bald ruhen alle. Die Hajis legen sich bis zu den Schüssen, die den Morgen begrüßen, in ihren Gewändern schlafen und stehen dann abrupt auf, um loszumarschieren, allzeit bereit, da sie nicht wissen, wann sie die Schüsse hören. Um halb fünf Uhr früh ertönten die Warnschüsse für den zweiten Reiseabschnitt.

C. M. Doughty,
Reisen in Arabia Deserta (1888)

Basho sah auch solche Dinge seiner Betrachtung als würdig an, die jeder normale Tourist gern sehen würde. In den sechs Monaten auf der Pilgerschaft – er erreichte Ogaki im Herbst – besuchte er nicht nur Tempel und Altäre, sondern auch Orte, die frühere Dichter inspiriert hatten, historische Denkmäler und örtliche „Wunder“. Indem er von seinem Pilgerweg abwich, um berühmte Plätze aufzusuchen, scheint sich Basho mit der japanischen Vergangenheit verbunden zu haben, um so seine eigene kulturelle Identität zu klären. Jedoch strebte er zum alten Monument von Tsubo-no-Ishibumi nicht leidenschaftlicher, als er nach einer besonderen Iris-Art suchte, die in den Hügeln von Asaka als *Katsumi* bekannt ist: „Ich ging von Teich zu Teich und fragte jeden Menschen am Weg, wo ich diese Blume denn finden könnte, aber seltsamerweise hatte keiner je davon gehört, und die Sonne ging unter, bevor ich sie finden konnte.“ Vielleicht bedeutete es einen Trost, dass Basho, als er am 4. Mai die Stadt Sendau zu einer Zeit erreichte, in der es Sitte war, frische Irisblätter auf das Dach zu werfen und um Gesundheit zu bitten, vom Maler Kaemon ein Paar Sandalen als Geschenk mit tiefblauen Schnürsenkeln erhielt, auf die dieser geschrieben hatte: „Es sieht so aus, als ob die Iris auf meinen Füßen erblüht wären.“

Bild von der Hadsch
Der Bericht von der Wallfahrt nach Mekka wird in Bildern auf der Hauswand dargestellt und bezeugt den neuen Status des Besitzers, ein Hadschdschi zu sein. Ein Boot stellt die Überfahrt dar, gleich, wie die Pilger wirklich gereist sind. Die meisten Künstler lassen, da sie keine eigene Erfahrung von Seereisen besitzen, ihrer Phantasie bei der Darstellung der Boote freien Lauf.

„Die enge Straße in den tiefen Norden“ von Basho gilt vielen als Grundlagentext für Pilger. Aber Bashos Art der Wanderung hat wenig mit den Wallfahrten der vorherrschenden Religionen zu tun, mit ihren definierten Zielen und Hoffnungen auf spezifische Vorteile, wie die Verkürzung des Aufenthaltes im Fegefeuer für Christen. Der heilige Imam Reza versprach schiitischen Pilgern nach Mesched im Iran: „Wer die Wallfahrt an mein Grab durchführt, dem werde ich zu drei wichtigen Zeiten (im Jenseits) mit meiner Gegenwart beistehen: Wenn Gutes und Schlechtes rechts und links getrennt werden, an der Brücke von Sirát und beim Abwägen der Verdienste.“

Wir können von Basho lernen, die Welt mit dem nichtfokussierten, aber alles-sehenden Auge zu erblicken und alles zur Sache unserer Pilgerreise zu machen. Während seines Aufenthalts in dem kleinen Haus in Fukagawa, das ihm 1680 gegeben worden war, hatte Basho Zen-Meditation geübt. Er behauptete oft, mit einem Fuß in der Anderwelt zu stehen und mit einem in dieser: Das bedeutete, dass er noch keine

Erleuchtung erlangt hatte. Und doch gelangte er zu einer Wahrheit, die er so zusammenfasste: „Gleich, was wir in irgendeinem Augenblick tun: Wir dürfen nie vergessen, dass es eine Wirkung ausübt auf unser ewiges Selbst, das Poesie ist."

Er strebte nach diesem „ewigen Selbst" durch Pilgerfahrten. Auch anderen Pilgern mag die Reise selbst mehr Einsichten vermitteln als das Ziel. Ob wir uns auf dem Weg nach Compostela befinden oder auf einer Reise zu den Steinkreisen, und selbst bei einem festgelegten Tagesablauf und wenigen Pausen zwischendurch können wir unsere Tagesplanung doch geistig ablegen, uns von dieser Bürde befreien und einfach wach da sein. Wir können uns öffnen in Bereitschaft, wir können auf unsere Zeit der Offenbarung warten – auf das Erleben eines Göttlichen, auf Erleuchtung oder etwas anderes – das sich uns eben nicht auf einer Bergspitze oder in einer Höhle zeigt, wie früheren Pilgern, sondern am Wegesrand, in Kieseln oder Blumen. Auch wir können blaue Schnürsenkel tragen. Mut aufbringen.

Auf den Schiebetüren oder direkt über dem Haupteingang von fast jedem Haus befinden sich längliche weiße Papiere, auf denen Schriftzeichen stehen. Die weißen Papiere sind heilige Texte oder Zaubersprüche … Man sieht fast überall Formeln der großen Nichiren-Sekte, den berühmten Text Namu-myo-ho-ren-ge-kyo … Jeder Pilger, der dieser Sekte angehört, hat das Recht, an jeder beliebigen Tür zu klopfen, die diese Formnel trägt, und um Almosen oder Speise zu bitten.

Lafcadio Hearn,
Einblick in ein fremdes Japan (1894)

Basho berichtet nicht etwa nur von mystischen Erlebnissen: „Meine knochigen Schultern sind lahm, weil ich eine so schwere Last zu tragen hatte"; ein Gasthaus „war ein dreckiger Platz … gegen Mitternacht kam ein Sturm auf und zwischen dem Lärm des Donners, dem Regen, der in die Stube drang, und den Angriffen der Mücken und Flöhe konnte ich kein Auge zumachen.

Von Flöhen und Läusen gebissen, schlief ich in einem Bett.
Ein Pferd urinierte die ganze Zeit
Nahe bei meinem Kopfkissen."

„Wer echte Tapferkeit erleben will, lass ihn hierher kommen", beginnt Bunyans Hymne über den Pilger. Tapferkeit wird sicher von jedem benötigt, der sich auf eine körperlich anstrengende Reise begibt oder sich ungewohnten Umständen aussetzt: Einsamkeit für die, die sonst gesellig sind; Bedrängnis durch Menschenmassen für jene, die sonst allein leben. Von den ersten Phasen der Reise an werden manche Pilger damit zurechtkommen müssen, dass es körperliche Unbequemlichkeiten und seelische Unsicherheit gibt.

Jene, die sich für die Straße der Wanderer entschlossen haben, stellen bald fest, wie schwer dieser Weg sein kann. Satish Kumar schreibt von seiner Wanderung durch das südliche England nach Canterbury: „Warum, warum nur mangelt es den Beinen eines Pilgers an Kraft? In Indien war es mein Geburtsrecht zu gehen. Jeden Tag vom Alter von fünf Jahren an ging ich mit meiner Mutter täglich zu unserer kleine Parzelle. Im Alter von neun bis achtzehn Jahren war ich ein Wandermönch des Jaina-Ordens. Und damals bin fast um die ganze Welt gewandert. Seither hatte ich mich aber als Haushälter niedergelassen und das Wandern aufgegeben."

Eine Öffnung des Auges, eine Offenbarung, kann nie auch in noch so vielen Worten beschrieben werden. Wir erfahren die innere Wirklichkeit in Form eines „Aha-Erlebnisses", einer plötzlichen Einsicht in unser eigenes Sein.

John Sanford, The Kingdom Within (Das innere Reich) (1987)

Indem er sowohl an seine eigene Ausdauer und an seine spirituelle Tradition appellierte, marschierte er dennoch weiter. „Ich wusste, dass Wandern nicht nur ein Mittel war, um irgendwohin zu gelangen, sondern einen Wert an sich besaß, eine Form von Meditation sein konnte, ein Lebenszustand. Daraus sammelte ich Stärke und ging weiter."

Wallfahrer, die zum Altar des hl. Giles pilgern, in einer Krypta unter der Abtei, die halb in Ruinen auf einem Hügel in der Provence liegt, lassen ihre Wanderstäbe hinter der Absperrung seines Grabes, vermutlich mit einem gerechtfertigten Gefühl der Befriedigung, dass sie es bis hierher geschafft haben und als Danksagung fur die Vollendung ihrer Reise. Solche Anblicke können andere inspirieren, wenn die Schmerzen sich zu melden beginnen.

Andere, die sich entschieden haben mit dem Bus zu einem Schrein zu kommen oder in der Bequemlichkeit eines Autos eine mythische Reise von einem Kraftort zu einem anderen nachzuvollziehen, brauchen eine andere Art des Mutes. Bevor sie überhaupt losfahren, fangen sie vermutlich bereits an, daran zu zweifeln, ob ihre Reise denn „echt" ist, und zu denken, dass sie in der Welt der Pilger zweitklassige Bürger seien. Sie erhalten wenig Unterstützung von anderen, die fixe Ideen haben, was eine spirituelle Unternehmung sei

Der Garten der Mutter Gottes

, Der Berg Athos bildet einen Landfinger, der östlich von Thessaloniki im nördlichen Griechenland in das Meer hinausragt. Seit 2000 Jahren wird die Halbinsel als heiliges Land der Jungfrau Maria verehrt. Zwanzig Klöster der verschiedenen orthodoxen Glaubensrichtungen – die griechische, russische, serbische und bulgarische – sind an ihrer Küste und in ihren wilden Bergen verstreut. Etwa 1500 Mönche leben hier heutzutage – Frauen und „bartlosen Jungen" ist seit Jahrhunderten der Zutritt zum heiligen Berg verboten.

Mit den notwendigen Papieren in der Hand betrat ich die Fähre im kleinen Hafen an der Grenze nach Athos, ein Name, der allgemein die gesamte Halbinsel meint. Wir tuckerten eine gute Stunde entlang der Athos-Küste und kamen dabei an Klöstern mit Zwiebeltürmen und massiven Steinwällen vorbei. Das Boot voller griechischer Pilger warf schließlich in Daphni Anker. Wir machten uns nach Karies auf den Weg, dem Verwaltungszentrum des heiligen Berges, und waren danach auf uns allein gestellt.

Das einzige Transportmittel auf der Halbinsel ist ein alter Bus, der von Karies aus über die Hügel zum Iviron-Kloster an der Nordküste rattert. Am besten ist man in Athos zu Fuß unterwegs, entlang der Pilgerpfaden, die ihren Weg von einem Kloster zum anderen nehmen. Deshalb war ich hierher gekommen – um meinen Körper in der klaren Luft und in der natürlichen Umgebung des heiligen Berges zu bewegen, um mich den zahllosen Pilgern anzuschließen, die diese Wege durch die Jahrhunderte gewandert sind. Sie hatten durch ihre Wanderung eine aktive Kommunion mit der Welt über sich erstrebt.

Ich hatte die Erlaubnis, zwei Wochen lang zu bleiben. Ich wanderte den ganzen Tag hindurch und kam am späten Nachmittag an den Toren eines Klosters an. Dabei wurde ich meistens vom Gästemeister mit einem Glas Ouzo begrüßt. Oft kletterte oder kroch ich über Felsenpfade, die gefährlich über tiefen Schieferabgründen hingen, die sich in die strahlenden Wasser unten warfen, oder durch Wälder, wo sich der Weg verlor und ich im Kreise herumwanderte, oder Felsenklippen hinauf, wo ringsherum nur Himmel war, ein weiter Baldachin von Blau, durch Garben weißen und silbrigen Lichtes hindurch.

Wenn ich abends ein Kloster erreichte, war ich immer wieder überrascht, wie wenig Nahrung ich mochte. Eine Schale Suppe und ein Stück Brot füllten mich bis zum nächsten Morgen, an dem ich wieder eine Scheibe Brot und dünnen schwarzen Kaffee zu mir nahm. Ich aß nie zu Mittag, und doch vibrierte mein Körper mit einer lebendigen Energie, die ich seither nur selten wieder erlebt habe.

Eines Morgens, auf einem Pfad über dem Meer, erkannte ich plötzlich, was das war: Ich wurde genährt, regelrecht angefüllt durch Wind und Wasser, die harte Erde und die Strahlen des griechischen Lichts und durch die Schwingungen der Zehntausenden von Mönchen, die ihr Leben in diesem Land in innigem Gebet verbracht hatten.

Roger Housden ist Autor und Fotograf; er hat *Travels through Sacred India* und *Retreat* veröffentlicht. Er ist Direktor von Open Gate Journeys, die Gruppen auf spirituelle Reisen zu heiligen Orten führen.

Praktische Hinweise
Die Grenze zwischen dem Festland und der Athos-Halbinsel verhindert den Zugang über Land. Die einzige Zufahrt ist mit dem Schiff nach Daphni. Besucher sollten sich die entsprechende Zutrittserlaubnis im Büro des Patriarchen in Thessaloniki beschaffen. Der Aufenthalt ist für vier Tage erlaubt, obwohl auch eine Verlängerung möglich ist. Jedes Kloster hat einen Gastmeister, der sich um Besucher und Pilger kümmert. Übernachtung und Verpflegung sind frei. Kameras sind erlaubt, Tonbandgeräte und Videokameras nicht. Die jährliche Prozession zum Berg Athos beginnt beim Megistis-Lavra-Kloster am 18. August. Die Pilger verbringen die Nacht zuvor in einer Bergzuflucht und stehen um fünf Uhr früh auf, um singend zum Gipfel zur Festtagsliturgie am 19. August zu wandern.

Das Dochiariou-Kloster
Dieses Kloster aus dem 11. Jahrhundert ist eines von 20 Klöstern, die von den Wäldern und Bergen der Halbinsel des Berges Athos umschlossen werden.

und was nicht. Dieses Kreuz der Ideen anderer müssen wir aber nicht auf uns nehmen.

Obwohl bei einer Wallfahrt Beschwernisse und Nutzen in einem traditionellen Zusammenhang stehen, ist die Vorstellung von „no pain, no gain" (etwa: Ohne Fleiß kein Preis; d. Ü.) eine kulturbedingte Einstellung, die vor allem im Christentum Leiden in eine Gleichung mit Erlösung setzt. In anderen Kulturen weiß man zwar, dass Pilgerfahrten oft Härten wie Hunger, Mangel an Schlaf und so fort mit sich bringen, aber man glaubt nicht, dass diese Härten an sich bereits Faktoren der Erlösung seien. Sie dienen der geistigen Wachheit und dem Ausbruch aus Denkgewohnheiten (wie beim Training der französischen Fremdenlegion), aber nicht mehr.

Drei junge Kleriker aus Irland begaben sich auf die Pilgerfahrt. Sie nahmen keine anderen Vorräte mit auf See als drei Kuchen. Einer sagte: Ich nehme die kleine Katze mit. Als sie vom Ufer abgestoßen waren, sagten sie: In Christus Namen, lasst uns unsere Ruder fortwerfen und uns ganz der Barmherzigkeit unseres Herrn überlassen! Das taten sie. Nicht lange danach kamen sie zu einer wunderschönen Insel. Die kleine Katze sprang davon und fing ihnen einen richtigen Lachs. O Gott, sagten sie, unsere Pilgerreise ist jetzt keine Wallfahrt mehr. Sechs Wochen lang enthielten sie sich jeder Nahrung, bis eine Botschaft von Christus kam, dass für sie etwas auf dem Altar läge – ein halber Weizenkuchen für jeden und ein Stück Fisch.

Das Buch von Lismore (1890), übersetzt von *Whitley Stokes*

Solange der Pilger wach wird und wach bleibt – und das erfordert Übung –, müssen Wallfahrten nicht nur aus Leid und Mückenstichen bestehen. Basho, der schon kränkelte, als er aufbrach, litt in der Tat, aber nicht um im Leiden irgendeine Tugend zu suchen. Bei Gelegenheit badete er in heißen Quellen, und wenn es zu beschwerlich wurde, lieh er sich ein Pferd aus. Seine Wanderung die Enge Straße hinauf war keine Bußübung, sondern diente der Erweckung seines ewigen Selbst.

Falls sich Selbstzweifel melden, können wir uns durch gute historische Vorbilder für symbolische Reisen helfen lassen. Im China vor dem Kommunismus gab es „Berg-Gesellschaften", um die Reise zum Großen Berg T'ai Shan zu machen. Es gab zweierlei solcher Gesellschaften: wandernde und stationäre. Beide sammelten jeden Monat von ihren Mitgliedern eine bestimmte Summe Geldes ein. Bald nach dem Neujahrstag machten sich Mitglieder der wandernden Gesellschaft auf den Weg, während Mitglieder der stationären ein Fest feierten, bei dem auch ein Papier-„Berg" verehrt und auch sonst alles beachtet wurde, was bei der Reise zum realen Berg zu beachten war.

Obwohl die stationären Gesellschaften manchmal herablassend als „Sitz- und Fettwerde-Gesellschaften" abqualifiziert wurden, wegen der entsprechenden Feste, dienten solche symbolischen Reisen doch dazu, dass Menschen, die die

„wirkliche" Wallfahrt nicht unternehmen konnten, nicht unter spirituellem Entzug litten. Das mag auch ein Grund dafür gewesen sein, dass in mittelalterlichen Kathedralen Labyrinthe im Boden eingelassen wurden, die unter dem Namen „Weg nach Jerusalem" bekannt wurden. Sie boten Wallfahrern eine Gelegenheit, dort ihre eigene Seelenreise zu unternehmen.

Wenn wir die Pilgerfahrt tierisch ernst nähmen, würden wir die spirituellen Einsichten verpassen, die in der Mitte von Lebenslust aufscheinen können. Die Gartenlabyrinthe, die es früher überall in England gab, dienten – wie manche ernsthaft erklärten – dazu, dass Menschen als Bußübung auf Knien durch sie hindurch rutschten. Ihre Namen jedoch – Schafhirtenrennen, Burg von Troja, Troy Town – und ihre Lage oft nahe an Festplätzen legt eher nahe, dass man sie als Spielplatz benutzte. Labyrinth-Rennen heute führen oft zu einer Euphorie, die, wie Athleten wissen, Momente unglaublicher Klarheit mit sich bringen. Jeff Sward, Gründer des Caerdroia-Projekts in Essex 1980, der sich der Erforschung von Labyrinthen gewidmet hat, spricht im Zusammenhang mit solchen Läufen von der „intensiven Konzentration, die nötig ist, um nicht vom Weg abzukommen", und vom „momentanen Blitz der Offenbarung, wenn man plötzlich in der Mitte ankommt".

Was den Füßen eines Pilgers geschieht, ist sicher wichtig. Aber wichtiger ist, was im Kopf und im Herzen passiert. Pilgerschaft hat zu tun mit Bereitschaft und Vertrauen: Bereitschaft, dass wir uns, und sei es auch noch so kurz, dem Göttlichen in der Welt um uns herum öffnen, und Vertrauen, dass der „Blitz der Offenbarung" kommen wird. Wir wissen nicht, welche Gestalt er annehmen oder wann er kommt wird – aber er wird kommen.

Umrundung
Tibetische Pilger haben seit Generationen auf dem Weg rund um den Berg Kailash herum einem Weg ohne Anfang und Ende, die Freude spiritueller Erneuerung erfahren.

IV *Der heilige Pfad*

KAPITEL 4

Sie sind auf dem Weg, buchstäblich oder metaphorisch. Körper und Geist richten sich auf Ihre Reise außerhalb der Normalität ein. Hoffentlich sind Sie hellwach und bewusst, selbst wenn Sie gerade bequem sitzen. Falls Sie fliegen, richten Sie Ihre Aufmerksamkeit ganz auf den Start und die Landung, und lassen Sie sich nicht von den Strategien des Kabinenpersonals oder anderen Passagieren beirren, die von diesen gefährlichsten Momenten jedes Fluges ablenken wollen. Dies ist Ihr Leben: Leben Sie es!

Bei Pilgerschaft geht es darum, alles zu empfangen, was geschieht, als Teil der Erfahrung, Schwellen zu überschreiten. Selbst bei einem Tagesausflug kann man Verstand und Geist ausdehnen auf eine Weise, dass ein neuer Mensch nach Hause kommt. Falls Sie in einem fremden Land unterwegs sind, dann versäumen Sie irgendetwas, wenn Sie nicht zeitweise halb berauscht sind vom Sehen, Riechen, Hören, Schmecken, Fühlen und von spiritueller Erhebung. Nicht Leiden lässt einen wahren Pilger vorwärtsschreiten, sondern freudige Erwartung.

Im Sommer 1983 machte ein Westler zum dritten Mal innerhalb von fünf Jahren die ganze Wallfahrt von Alandi nach Pandharpur in Indien zu Fuß mit. Indische Wallfahrer zeigten sich erfreut darüber, dass Menschen aus dem Westen daran teilnahmen, sorgten sich jedoch, ob diese aufgrund der Anstrengungen der ungewohnten Pilgerfahrt nicht vielleicht die Fröhlichkeit versäumen würden.

Menschen stellen an eine Wallfahrt unterschiedliche Erwartungen. Das ist im Wesentlichen eine Frage der Kultur. Das lateinische Wort dafür *Peregrinatio* kommt von *Per ager*, „durch die Felder". Im Vordergrund steht der Gedanke einer Reise, und da Reisen früher fast immer anstrengend waren, schwingen im Wort Pilgerfahrt auch oft Härten und Unbequemlichkeit mit. Das griechische Wort für Wallfahrt ist jedoch *Proskynesis*, das Niederwerfung und ehrfürchtige Verehrung bedeutet. Damit richtet es sich mehr auf das Ziel aus und was man dort tut als auf die Frage, wie man dorthin gelangt. In diesem Begriff kommt Leiden nicht vor.

Aber beide Wörter deuten auf den Gedanken der Bewegung auf eine Gottheit zu oder den Ort ihrer Gegenwart. Wie wir in einem späteren Kapitel sehen werden, kann – wenn man dem Ziel näher ist – gehen durch tanzen, auf den Knien kriechen oder Niederwerfungen ersetzt werden. Die Bewegung schafft eine Art sakraler Choreographie. Alle Pilgerfahrten haben eine Form, die funktional, zugleich aber symbolisch ist. Wenn Sie über die Form Ihrer Wallfahrt nachdenken, gibt Ihnen das einen Rahmen für Ihre Reflexionen und fördert Ihre Vorstellungsgabe darüber, was Sie wollen, was Sie tun oder getan haben.

SAKRALE CHOREOGRAPHIE: MUSTER IM RAUM

Pilgerreisen in der ganzen Welt führen zu denselben Mustern im Raum. Das Hauptmuster ist linear. Bei Wallfahrten, bei denen man nicht plant, zurückzukommen, wie die Pilgerreisen der frühen irischen Mönche oder die Wanderschaften mittelalterlicher Palmblatt-Träger (der „Palmer"), erstreckt sich die Linie bis zum Tode. Üblicher ist die Reise auf einer Strecke von A nach B und die Rückkehr auf demselben Weg, wie beim Pilgerweg durch Südengland nach Canterbury. Lineare Wallfahrten nehmen oft die Form von Prozessionen an, bei der die Bewegung der Ortsveränderung in eine Darbietung verwandelt wird. Den Feiern der Eleusinischen Mysterienspiele im antiken Griechenland ging eine ganztägige Prozession voraus, bei der an Schreinen entlang des Weges, die jeweils einen Aspekt der Geschichte der Naturgöttin Demeter spiegelten, Feldfrüchte geopfert wurden.

Eine Variation davon ist die Massenwallfahrt. Nachdem man aus verschiedenen Orten von zu Hause sich an einem einzigen Sammelpunkt trifft, beginnt man, von dort aus in der Menge zum Heiligtum zu ziehen. Eines der erstaunlichsten Beispiele dafür ist die Wallfahrt nach Pandharpur, am Ufer des Bhima-Flusses in Maharashthra. Mythen und Legenden erzählen, wie Krishna in der Gestalt von Vithoba nach Pandharpur kam und wie Pundalik, der mythische erste Heilige des Vithoba-Kultes, ebenfalls dorthin kam. Dichter-Heilige aus Pandharpur und von anderen Orten brachten ihre Verehrung für Vithoba zum Ausdruck, indem sie seinen Schrein und das Grab von Pundalik besuchten und unterwegs hingebungsvolle Lieder sangen, die sie als Opfergabe komponiert hatten.

Der berühmteste unter diesen Jüngern ist Jnaneshvar, ein Dichter-Heiliger aus dem 13. Jahrhundert aus Alandi, wo er freiwillig in ein Grab stieg. Sein Grab wurde zum Brennpunkt von Wallfahrten. Kurz nach seinem Tod begannen Anhänger auch Repliken seiner Füße zu verehren, die sie nach Phandarpur brachten und so die Pilgerfahrt dorthin begründeten. Heute sind die Gräber der Heiligen des Vithoba-Kultes Startpunkt für 30 oder 40 Gruppen von Pilgern, die Repliken der Füße ihres ganz speziellen Heiligen mit sich führen. Früher waren solche Abbildungen kleine Steinornamente, die man um den Hals trug. Seit dem frühen 19. Jahrhundert sind sie jedoch von lebensgroßen Silber-Repliken ersetzt worden, die in oder auf einer Sänfte herumgetragen werden.

Wenn man die traditionellen Routen dieser Gruppen auf einer Karte einzeichnet, sehen sie wie Zuflüsse eines Stromes aus, die sich im kleinen Dorf Wakri außerhalb von Phandarpur treffen, um von dort aus die Prozession in die heilige Stadt zu vollziehen. Wo zwei dieser Gruppen sich treffen, führt man bestimmte Begegnungsrituale durch. Bei einem dieser Rituale fassen sich Mitglieder der beiden Gruppen überkreuz an den Händen und schwingen sich gegenseitig in der Luft herum.

Manche Pilgerfahrten nehmen selbst eine Kreisform an,

aus dem praktischen Grund, weil man nicht auf demselben Weg wieder heimkehren möchte und aufgrund der tiefen Befriedigung, die ein Kreis dem menschlichen Geist gibt. Thomas von Aquin, der christliche Theologe des 13. Jahrhunderts, meinte, dass der Kreis die vollkommene Ganzheit sei, weil man zum Anfang zurückkehrt. Die antiken griechischen Philosophen glaubten ebenfalls, dass der Kreis die vollkommene Form und kreisförmige Bewegung die vollkommene Bewegungen sei. Für die Pilgerfahrt ist der Kreis ein passendes Bild.

Auf der Ebene der Bilder, nicht auf jener von Metaphysik und Geometrie, steht der Kreis mit der Sonne in Beziehung: mit der Form der Sonne und der Gestalt ihres Tages- und Jahreslaufs. Zifferblätter sind (bzw. waren) kreisrund, weil sie die Runde der Stunden des Tages anzeigten. Der Tierkreis ist der Kreis des scheinbaren Fortschreitens der Sonne durch den Sternenhimmel. Hindu-Pilger, die zu heiligen Stätten reisen, folgen traditionell oft einer Kreisroute rund um den besuchten Ort, was besonderen Verdienst mit sich bringt (bzw. bringen soll). Auch wenn sie von Ort zu Ort reisen, folgen sie häufig in etwa einer Kreisroute. Wobei die rechte Schulter nach innen auf eine unsichtbare Mitte weist. Es ist auch eine übliche Praxis, einzelne Heiligtümer zu umrunden, wobei der Schrein auf der rechten Seite bleibt. Diese rituelle Bewegung ist vermutlich eine Imitation des Sonnenlaufs.

Das Universum ist ein sakraler Ort, in dem die stofflichen Elemente und körperlich ausgeführten Handlungen von Gott sprechen.

J. G. Davies, Yesterday and Today (1988)

Menschen in der ganzen Welt weisen der sonnengemäßen Bewegung (dem Uhrzeigersinn) günstige Einflüsse zu, der entgegengesetzten Bewegung schlechte. Im englischen Brauchtum benutzt man die erstere, um Segen bei Riten und Zaubersprüchen zu erwirken, die zweite, um zu verfluchen, vor allem war das unter den post-reformatorischen Hexen berüchtigt. Auch heute noch bewegen sich Menschen in Prozessionen um heilige Brunnen, oder wenn sie sich die Hände reichen, um die Kirche Clipping in Painswick in Gloucestershire zu umrunden, in der Sonnenrichtung.

Der Pilger führt vielleicht mehrere Umrundungen aus, wenn er ein Landschaftsmal umkreist wie den Berg Kailash in Tibet oder die japanische Insel Shikoku. Auch dabei hält man sich an den Sonnenlauf. Der Tradition nach beginnen die Wallfahrer auf Shikoku beim ersten Tempel Ryo-

SANTIAGO DE COMPOSTELA

Walter Lombaert (rechts im Bild) kocht über offenem Feuer. Die Burschen wurden durch die Anstrengungen des Marsches dazu herausgefordert, ihren Einfallsreichtum und ihr Selbstwertgefühl zu entwickeln.

Wenn das Fest des hl. Jakobs (am 25. Juli) auf einen Sonntag fällt, kommen bis zu zwei Millionen PilgerInnen nach Santiago, um den Tanz der Riesen und das Feuerwerk über der Kathedrale zu sehen.

Ein Heiliger, ein Stern und eine Muschel

Der Legende nach entfloh der Apostel Jakobus der Verfolgung im Heiligen Land und kam nach Nordspanien. Dort predigte er das Evangelium bis zu seiner Rückkehr nach Jerusalem, wo er im Jahre 44 n. Chr. den Märtyrertod starb. Seine sterblichen Überreste wurden nach Spanien zurückgebracht und dort begraben. Im 9. Jahrhundert wurden sie in einem Feld wiedergefunden, über dem ein Stern ein Zeichen gab. *Santiago de Compostela* bedeutet wörtlich „Sankt Jakob vom Sternen-Feld“.

Pilger und Büßer haben seit dem Mittelalter diese in Europa höchst beschwerliche Pilgerreise nach Santiago unternommen. Sie sammelten sich in Klöstern, um aus Sicherheitsgründen in Gruppen zu reisen. Vier Routen, die durch Frankreich führen, treffen sich an der spanischen Grenze. Die PilgerInnen tragen eine Muschel, das Symbol des hl. Jakob, seit ein früher Pilger, der sich vor Vagabunden aufs offene Meer hinausrettete, unter dem Schutz einer Decke von Muscheln wieder an Land kam.

Die Karawane der letzten Chance

1982 begaben sich zwei 18-jährige Burschen und ein erwachsener Begleiter in Belgien auf den Fußmarsch nach Santiago de Compostela. Die Jungen hatten lange in einem Heim gelebt und fingen an, sich in kleinkriminelle Dinge und andere unannehmbare Verhaltensweisen zu verstricken. Ihre Zukunft in der Gesellschaft sah düster aus, und die Wanderung nach Spanien entlang der heiligen Pilgerwege stellte eine Art letzte Chance dar, sich zu beweisen. Das Ziel war, vier Monate lang zu marschieren und dabei ein gutes Miteinander und eine gute Ordnung aufrechtzuerhalten und den Kulturen Achtung zu erweisen, die sie durchwanderten. Dann würde der Jugendrichter in Belgien sie nicht zu Haft verurteilen und sie wären in der Lage, ihre Zukunft in die eigenen Hände zu nehmen, um ihr Erwachsenenleben richtig zu beginnen.

Die Wanderung erwies sich als Erfolg, und die Burschen wurden fähig, ihren Platz in der Gesellschaft zu finden, unterstützt von einer Gruppe von Menschen, die bereit war, ihnen dabei zu helfen. Aus diesem Erfolg entstand eine Organisation, die Oikoten heißt. Dieses griechische Wort meint zweierlei: „aus der Heimat fort" und „eigene Stärke, selbst zurechtkommen". Die Gründer von Oikoten fanden Inspiration im „Vision Quest" in den USA, die Überlebenstrainings für junge Leute mit einer schweren kriminellen Vergangenheit organisieren, als „Karawane der letzten Chance". Seit 1982 hat Oikoten 160 junge Leute, Burschen und Mädchen, nach Compostela geführt.

Bei meiner Reise nach Compostela war ich der Führer von zwei Jungen, die mehr als sechs Monate in staatlichen Erziehungsanstalten in Mol und Ruyslede verbracht hatten. Ich konzentrierte mich hauptsächlich auf ihr Leben und kümmerte mich weniger um die kulturellen Sehenswürdigkeiten. Persönlich schätze ich sehr die Wirkung eines Pfades, den Millionen von Pilgern seit dem frühen Mittelalter gewandert sind. Die Menschen entlang des Weges halfen uns sehr, indem sie eine Atmosphäre schufen, in der sich Veränderungen und Wandlungen ereignen konnten.

Für mich war diese Pilgerwanderung Teil einer Reihe von Reisen, die ich unternommen hatte, seit ich 1986 meine Arbeit in einer Motorradwerkstatt aufgegeben hatte. Die Reisen halfen mir, Richtung und Tiefe in meinem eigenen Leben zu finden. Allmählich, vor allem während der Pilgerreise nach Santiago, fand ich heraus, dass dieses Reisen nie endet. Die Bedeutung einer solchen Pilgerschaft besteht darin, körperlich zu erfahren, worum es im gesamten Leben geht: der Schönheit im Inneren näher zu kommen. Die wahre Pilgerwanderung, für mich und für die Burschen, ging auch nach der Rückkehr aus Spanien weiter. Sechs Jahre danach treffen wir uns immer noch regelmäßig, und ich kann feststellen, dass sie durch diesen Marsch als stärkere Individuen mit mehr Selbstwertgefühl und mit einer neuen, positiven Ausrichtung auf das Leben hervorkamen.

Es war wichtig, die religiösen Aspekte dieses Pilgerweges nicht zu betonen – das hätte zu einer Abwehrreaktion bei diesen Jungen führen können, die die Gesellschaft eher negativ sahen und glaubten, sich gegen sie zur Wehr setzen zu müssen. Religiosität und die Fähigkeit, mit Gott Kontakt aufzunehmen, liegt in uns selbst – dort, wo sich Pilger wahrhaft begegnen können, gleich, welchen Glauben sie bekennen.

Eine Pilgerreise „funktioniert" wirklich, wenn sie lang genug dauert, daraus unser „normales Alltagsleben" zu machen. Dann ist es kein unnormales Leben, aus dem man bald wieder in die „Normalität" zurückkehrt. Wenn man nach Stunden harter Arbeit auf einem Berggipfel ankommt, sich in die Augen schaut und für einen Moment sich selbst im Spiegel erblickt, dann sind vier Monate von Anstrengungen das wohl wert.

Walter Lombaert lebt in der Oikoten-Gemeinschaft in Werchter, Belgien. Dort arbeit man im Rahmen von alternativen Konzepten für Jugendliche, die einer besonderen Hilfe bedürfen.

zenji und gehen im Uhrzeigersinn bis zum 88. Tempel, gut 1500 Kilometer weit. Viele Pilger schließen den Kreis, indem sie zum Abschluss noch einmal Ryozen-ji besuchen und dieser Tempel damit Anfang und Ende ihrer Wallfahrt wird.

Eine andere häufige Praxis ist die Spirale, der Weg, der sich im Rund immer enger windet, bis man das Ziel erreicht. In der christlichen Kunst wird die Evolution des Geistes oft in Form einer aufsteigenden Spirale dargestellt: Jeder Schritt nimmt die Seele weiter fort aus der materiellen Welt und erhebt sie in die spirituelle Welt. Gleichzeitig führt die immer kleiner werdende Spirale die Seele zum Höhepunkt ihres

Sich zu drehen, zu drehen, das wird unsere Freude sein,

Aufsteigs. Jill Purce schreibt in *The Mystic Spiral*: „Bewegung auf dieser Spirale entlang ist gleichzeitig erhebend und zentrierend, weil man auf Gott außen und auf Gott innen zugeht.“ Die Spiral-Pilgerreise nimmt vielleicht die Form eines symbolischen Aufstiegs an, wie unter den Hopi-Indianern Arizonas, die glauben, dass sie bereits von drei vorherigen Welten in diese vierte aufgestiegen sind und bald in die fünfte eintreten werden. Ein Labyrinth-Muster (siehe oben), das dem Labyrinth von Knossos auf Kreta sehr ähnelt, ist ihr Symbol für „Mutter Erde“.

Die Spiral-Pilgerreise kann auch ein tatsächlicher Aufstieg sein, da sich viele heilige Orte auf Berggipfeln befinden und man naturgemäß um den Berg herum hinaufsteigt. Besonders eindrucksvoll ist die Darstellung des Aufstiegs zu Gott in das Minarett der Moschee in Samarra im Irak aus dem 9. Jahrhundert. Ein Spiralpfad steigt zur Spitze dieses massiven Turms auf, von wo der Muezzin zum Gebet an Allah aufruft. Obwohl es rund ist und nicht quadratisch wie die antiken Zikkurats in der gleichen Gegend, ähnelt es deren Symbolik des „heiligen Berges“.

Wenn wir an heilige Reisen denken, denken wir meist an Bewegung in der horizontalen Ebene – hier und dort.

Wie uns die dreidimensionale Spirale zeigt, gibt es jedoch auch vertikalen Raum – oben und unten. Im südlichen Österreich wandern Menschen immer noch auf vier Bergspitzen hinauf, um das „Ende der Welt", das prophezeit worden ist, symbolisch aufzuhalten. In prähistorischen Zeiten und in der Frühgeschichte nahm die Suche nach dem Heiligen oft den Weg nach unten, in unterirdische Höhlen, in denen paläolithische Künstler ihre Sicht des Göttlichen und dessen Eingreifen in das menschliche Leben auf die Wände malten.

Die Bewegung nach unten war auch die Richtung in Unterwelt-Kulten. Die Mysterien von Eleusis, die geheimen

bis wir durchs Drehen, durchs Drehen, recht herum gekommen sind.

Lied der Shaker

Riten der Göttin Demeter, soweit sie überhaupt bekannt geworden sind, schlossen ein Ritualdrama ein, das wahrscheinlich den Raub der Persephone in die Unterwelt und ihre Rückkehr daraus darstellte. Vielleicht fand dieses Drama in einer flachen Höhle statt, die als Plutoneon, als symbolische Verbindung zwischen Erde und Hades, bekannt war. Die Riten des persischen Gottes Mithras, des Herrn des Lichts, fanden ebenfalls unter der Erde statt.

Nach unten ist die Richtung der Unterwelt, weil man (fast) überall auf der Welt Tote im Boden begräbt. Nach unten ist die Richtung von Totenkult und Wiederauferstehung. Nach unten ist die Richtung der Erdgöttin, der Korngöttin, aus deren Schoß, der Erde, das neue Leben, das Korn, entspringt. Das ist die Richtung, die die *Kachinas* einschlagen, die Geisthelfer der Pueblo-Indianer, wenn sie zurück in das *Sipapu* gehen, in den Unterweltbereich, wo sie das halbe Jahr bleiben (wie Persephone), wenn sie nicht auf der Erde sind. Das Sipapu ist auch die Wohnstatt von Iyatiku, der Mais-Mutter der Keresan-Indianer am Rio Grande, aus deren unterirdischer Heimat die Menschheit ursprünglich hervorkam, aus der die Kinder kommen und wohin die Toten heimkehren.

Totenrituale
Von ihren weiblichen Angehörigen umgeben, liegt eine alte Frau entsprechend der Hindu-Tradition mit dem Kopf nach Norden und den Füßen nach Süden und wartet auf den Tod.

Abstiege erfolgen oft durch Höhlen, sowohl reale wie symbolische, die man sich manchmal als Eingang zur Unterwelt vorstellt. In anderen Fällen gibt es Verbindungen mit dem Kult der Muttergöttin, wie bei den Höhlen-Heiligtümern auf Kreta, die mit dem Schoß der Mutter Erde gleichgesetzt werden. Die Höhle ist der Zugang zur Welt der Toten, die auch der Eingang zur Welt der Lebenden ist. Zu den in Höhlen geborenen Gottheiten und göttlichen Helden zählen Romulus und Remus, die von einer Wölfin in einer Höhle aufgezogen wurden, die im antiken Rom verehrt wurde; Mithras, der aus einem Fels geboren und in künstlichen Höhlen angebetet wurde; und Zeus, der auf Kreta entweder in der Höhle des Berges Ida oder jener des Berges Dikte geboren worden sein soll. Natürliche und künstliche Höhlen haben auch als Begräbnisstätten gedient und empfingen ihre Heiligkeit oft durch die dort Begrabenen. In einer Höhle geboren und begraben wurde Jesus Christus, der bis heute seiner Wirkung nach wohl der machtvollste Gott des Todes und der Auferstehung ist, den die Welt erlebt hat. Die Abstiege, die sein kultischer Lebenszyklus bietet – von Höhle zu Höhle, von Schoß zu Schoß –, werden später beschrieben.

Abstiege, seien sie physisch oder symbolisch, beschäftigen unsere Urinstinkte und unsere atavistischen Ängste und sind vielleicht die zutiefst geistig transformierenden aller heiligen Reisen. Ob wir uns zu den Höhlen am Berg Dikte oder nach Bethlehem begeben, zu den herrlichen Tempel-Höhlen bei Karla, Ajanta und Ellora in Indien oder zu den Höhlen der Tausend Buddhas bei Dunhuang in China: Wir sind dann auf den Spuren eines Musters im Raum, das zu den machtvollsten überhaupt gehört.

Heilige Geographie: Der Weg des Pilgers

Pilgerwege auf der ganzen Welt sind wohl befahren, wie zum Beispiel die heiligen Wege, die von frühen Wallfahrern wie der hl. Helena, der Mutter des römischen Kaisers Konstantin des Großen (ca. 274-337), begangen wurden, als sie am Ende ihres Lebens das Heilige Land besuchte. In einem Traum wurde ihr der genaue Ort offenbart, an dem das wahre Kreuz läge: unter der heutigen Grabeskirche in Jerusalem. Ihr Pilgerziel war es, so viele Orte wie möglich zu identifizieren, an denen sich biblische Ereignisse zugetragen hatten, und über ihnen Kirchen bauen zu lassen. Sie gründete Basiliken auch in Bethlehm und auf dem Ölberg. Andere folgten ihrem Beispiel und entdeckten noch mehr Reliquien, gründeten noch mehr Kirchen und setzten noch mehr Punkte als biblisch bedeutsame Orte fest, bis ein Besuch im Heiligen Land zu einer lebendigen Bibel wurde.

Der Pilgerweg ist von Halteorten übersät. Die Wallfahrt an einen einzigen heiligen Ort bedeutet oft, auch andere Plätze mit religiöser Bedeutung zu besuchen, um so symbolisch das Fortschreiten aus der irdischen in die heilige Welt zu kennzeichnen. Das kann sie auch auf andere Art und Weise vorbereiten: Das Kloster auf dem Schivananda-Hügel in Rishikesh bereitet Hindu-Pilgern sowohl körperlich wie geistig für ihre anstrengende Wanderung durch den Himalaya nach Badrinath oder Kedarnath (oder beide) vor.

Wo es seit alters her organisierte Pilgerfahrten gegeben hat, findet man ein ganzes Netz an heiligen Plätzen und Gebäuden. Abenteuer-Pilger wie Tom Coryat und Samuel Puchas begegneten im 17. Jahrhundert sowohl den Gefahren

Vom Meer erhebt sich der geriffelte Boden der Kaverne durch tiefer werdende Schatten zum schwarzen Schlund einer weiter entfernt liegenden Grotte, und dieser Hang ist von Hunterttausenden kleiner Formen übersät, von kleinen Steintürmen und Kieseln, die geschickt durch lange und geduldige Arbeit aufgebaut worden sind.
Mit einem mitfühlenden Lächeln murmelt meine Bootsfrau: „All dies ist die Arbeit der toten Kinder."
Als wir ihr folgen, entdecken wir einen sehr, sehr engen Pfad zwischen den Steintürmen. Wir werden ermahnt, achtsam zu sein zugunsten der kleinen Geister, denn falls irgendeines ihrer Werke umkippen würde, würden sie weinen. Also bewegen wir uns sehr vorsichtig auf einen Platz zu, der frei von Steinen ist, wo der felsige Untergrund von einer dünnen Schicht Sand bedeckt ist. Und in diesem Sand sehen wir kleine Fußabdrücke, wie von winzigen nackten Kinderfüßchen – die Abdrücke der Geisterkinder.

Lafcadio Hearn über den Kyu-Kukedo-San Kaka (Alte Höhle), aus „Einblicke aus einem fremden Japan" (1894)

einer Wallfahrt wie ihrer reichen Tradition. Notwendigerweise standen die Wege, die sie befuhren, in Verbindung mit Straßen, Handelsrouten und Wegen von Flüchtlingen und Eroberern. Sie fanden Wegmarkierungen, Herbergen, Schreine, Tempel, Gräber, abgewetzte Treppen und Objekte, die von den vielen Berührungen früherer Pilger glatt geworden waren.

Natürlich gibt es auch die traditionellen Gasthäuser am Wege – die Karawansereien und Pilgerherbergen: Das *George and Pilgrims Hotel* in Glastonbury verbirgt hinter seiner Steinfassade aus dem 15. Jahrhundert die älteren Zeugnisse eines benediktinischen Gotteshauses. Selbst wenn Sie allein unterwegs sind, haben Sie „Gesellschaft" durch die Generationen von Pilgern, die diesen Weg vor ihnen gegangen sind.

In Nordeuropa hat die Reformation des 16. Jahrhunderts der Wallfahrt einen Schlag versetzt, von dem sie sich kaum je erholt hat. Viele mittelalterliche Heiligtümer wurden zerstört, und Pilgerpfade wuchsen zu. Und doch besitzen sogar diese Ruinen und ihre Zugangswege noch eine Kraft. In Lindisfarne, Northumberland, warten an Feiertagen Schlangen von Autos darauf, dass Ebbe herrscht, damit sie die Straße zur heiligen Insel des hl. Cuthberts überqueren können. Canterbury, Westminster, Iona und Walsingham ziehen immer noch enorm viele Menschen an. Vergleichsweise wenige kommen als „einfache" Touristen.

Stätten von Religionen, die längst untergegangen sind, strahlen auch heute oft noch Mythos und Magie aus, die kraftvoller sind, als ihre archäologische Bedeutung es ist. An manchen Plätzen leben religiöse Bräuche aus alten Zeiten fort. Zwei wichtige Wallfahrten durch die Anden, die eine nach Copacabana am Ufer des Titicaca-Sees, die andere nach Motupe in der Küstenwüste des nördlichen Peru, scheinen vorchristliche Wurzeln zu haben. In Europa schrieb Frontinus (ca. 40-103) über die Brunnen, die vordem die römische Wasserversorgung sicherstellten: „Die Erinnerung und die Heiligkeit der Brunnen überleben und werden weiter gehegt: Man glaubt, dass sie kranken Körpern Heilung bringen." In den lokalen Bräuchen rund um irische und britische heilige Brunnen finden sich ebenfalls noch heute Anzeichen mittelalterlicher Praktiken.

Selbst dort, wo Traditionen abrissen, ist damit nicht alles verloren. Der große heidnische Tempel von Alt-Uppsala in Schweden war früher alle neun Jahre ein Anziehungspunkt für Menschen aus dem ganzen Land, die hier neun Tage lang feierten. Jeden Tag wurden ein Mann und acht weitere männliche Kreaturen den Göttern geopfert, bis am Ende der Feier die Körper von 72 Pferden, Hunden und Männern in dem nahe gelegenen Hain hingen. Dann wurde ein Mann lebendig in die heilige Quelle geworfen, und wenn er nicht wieder hervorkam, sah man das als ein Omen an, dass die Wünsche der Menschen erfüllt würden. Der Tempel wurde im 12. Jahrhundert zerstört, seine Idole – Thor, Odin und Freia – heruntergeworfen, der riesige immergrüne Baum daneben gefällt. Der heilige Hain wurde abgeholzt, die heilige Quelle entweiht. Der gesamte Ort wurde ausgelöscht und durch den Bau einer christlichen Kirche seiner Kraft beraubt.

Bald danach wurde das schwedische Königreich von hier verlegt, und dem heutigen Besucher bieten sich drei mächtige grasüberwachsene Hügel. Obwohl man sie in der Folge Odins, Thors und Freias Hügel nannte, wurden sie fast sicher über den Verbrennungsplätzen der drei Kriegerkönige aus dem 6. Jahrhundert errichtet, Aun, Egill und Athils, wie alte Berichte nahe legen. Aber selbst die schmale Spur der „herrlichen Tage" des skandinavischen Heidentums ist genug, um Benennung und Verehrung von Orten dem Glauben der Pilger folgen zu lassen.

Wo immer man sie antrifft, besitzt die Kontemplation der Heiligkeit an ihrem eigenen Platz ihre besondere Bedeutung. Es kommt dabei nicht darauf an, dass wir Menschenopfer ablehnen, noch darauf, ob wir daran glauben, dass die Fußabdrücke des tibetischen Heiligen Milarepa auf dem Berg Kailash wirklich dic scinen sind. Es ist unbedeutend, ob wir argwöhnen, dass das jüdische Heiligtum in Hamadan, Iran, das als Grab von Esther und Mordechai verehrt wird, in Wahrheit aber die Frau des Königs Jazdagird I. birgt (der von 399-421 regiert hat). Hamadan, das früher Ekbatana hieß, die Sommerhauptstadt der frühen persischen Könige, liegt nicht weit entfernt von den ausgegrabenen Ruinen von Schusch, dem antiken Susa, das in der Bibel Schuschan heißt, wo im Buch Esther die Geschichte der Königin Esther und ihres Onkels Mordechai berichtet wird. Die Ruinen dieser einst großen Stadt, die dramatische und begeisternde Geschichte und örtliche Frömmigkeit tun das ihre: Es muss schon ein hartherziger Besucher sein, der beim Anblick der beiden geschnitzten Ebenholzsärge ungesicherten Alters, aber von antikem Aussehen, nicht dazu bewegt wird, eine Opfergabe dazulassen.

Unser Herz, Geist und Seele können angesichts des Glaubens anderer Menschen ebenfalls wachsen und sich entfalten. Wie Stewart Perowne in *Römische Mythologie* bemerkt: „Über Apollo sind viele Bücher geschrieben worden, so glänzend und wunderschön waren sein Charakter und seine Eigenschaften. Der Besucher von Delos oder Delphi kann mit viel Gewinn über die Gaben dieses Licht-Gottes meditieren, über den Herrn von Glanz und Form."

Die Zunahme der Zahl von Pilgern weltweit in der zweiten Hälfte des 20. Jahrhunderts ist teilweise darauf zurückzuführen, dass Menschen Ferien mit Hingabe verbinden, Unterhaltung und kulturelles Wissen mit persönlichen Begegnungen mit dem Göttlichen suchen. Das ist ein Phänomen an heiligen Orten im Osten wie im Westen, und das ist eigentlich auch nicht neu: Durch die besseren Reisemöglichkeiten hat sich dieser Trend jedoch vervielfacht. Wir haben bereits gesehen – bei Chaucer und bei Basho –, dass dieses Prinzip der Verbindung von Sehenswürdigkeiten mit Wallfahrten für viele Pilgerreisen galt.

Die Gesichter der Menschen tragen einen unbeschreiblichen Ausdruck geduldiger Erwartung – darauf, dass etwas Interessantes erscheinen wird. Falls es nicht erscheint, werden sie weiterreisen, um es zu finden: Sie sind erstaunliche Marschierer und unermüdliche Pilger, und ich denke, sie unternehmen ihre Pilgerfahrten mehr, um seltene und hübsche Dinge zu sehen, als um die Götter zu erfreuen. Denn jeder Tempel ist ein Museum, und jeder Hügel und jedes Tal im ganzen Land hat seine Tempel und Wunder.

Lafcadio Hearn (1894)

Das Säkulare und das Sakrale

Auf Pilgerstraßen sind das Säkulare und das Sakrale ineinander verschlungen. Um die Fülle einer Pilger-Touristenfahrt deutlich zu machen, nehme ich das Beispiel einer Reise, die mein Mann und unser Sohn nach Mesched im Iran gemacht haben. Es war am Vorabend der islamischen Revolution, ich kann also nicht garantieren, dass die Dinge heute noch genauso aussehen. Man fliegt oder fährt mit der Bahn von Teheran nach Mesched oder fährt auf der Nordstraße nach Gorgan. Dabei passiert man eine spektakulär schöne Landschaft. Wir nahmen jedoch die südliche Straße nach Khorassan und folgten der alten Karawanenroute, der berühmten Seidenstraße, nach Osten. Die Vorstellung ist romantisch, die Wirklichkeit ist anders. Das kann eine der höllischsten Fahrten in ganz Iran sein. Es geht rund 1000 Kilometer an der großen Salzwüste von Dasht-i-Kavir entlang, und die Fahrt ist auch im späten Sommer und frühen Herbst heiß und staubig, wenn die Straße am besten befahrbar ist.

BERG KAILASH

Eine Rundreise der Erneuerung

9 Der Berg Kailash, tibetisch Kang Rinpoche, der Ort, an dem Schiva und Parvati in Seligkeit zusammen sind und wo sich Ewigkeit und Zeit berühren, liegt am westlichen Ende des Himalajas verborgen. Jeder Pilgerpfad zum „kostbaren Juwel im ewigen Schnee" führt zumindest über einen Pass, der höher als 5000 Meter liegt. Man stelle sich darauf ein zu leiden: Übelkeit, Niedergeschlagenheit oder Schwindel erfasst den sorglosen Westler in solchen Höhen. Man erwarte jedoch auch, fröhlich zu sein: Man lässt das alte Leben hinter sich, und während man auf dem *Kang kora* wandelt, dem Pilgerpfad, wirst du Freundschaft, Großzügigkeit und Schönheit über alles Staunen hinaus erleben.

Der Kailash ragt allein empor. Er steht hinter einem Meer von Bergen, wo sich Tibet und Indien treffen. Seine vier Gesichter weisen in die vier Himmelsrichtungen, und an jeder seiner Seiten tritt ein großer Strom hervor: der Indus, der Brahmaputra, der Sutlej und der Karnali, ein Zufluss zum heiligen Ganges. Hier oben ist die Wohnstatt Schivas, wo die Wasser des Himmels durch das verfilzte Haar des Gottes fließen und zu heilenden Strömen werden. Hier ist das *Tirtha*, der Ort, an dem die Wasser zusammentreffen, der Zielpunkt jeder Hindupilgerfahrt. Manche Ergebene sagen, dass der Kailash das Schiva-Lingam ist; andere meinen, dass dies der Berg Meru sei, die Gegenwart des Ewigen in der Zeit.

Heutzutage ist es für Hindus schwierig, zum Kailash zu gelangen. Die Chinesen erlauben nur einer kleinen Zahl von Reisenden, die alte Pilgerstraße von Kumaun in Uttar Pradesh über den Lipu Lekh-Pass zu nehmen. Die generell erlaubte Route führt über Kathmandu und Lhasa, unter den wachsamen Augen der Grenzpolizei. Hier finden sich Buddhisten, für die der Kailash der Mittelpunkt der Erde ist, sowie Tibeter, die der Religion der Bön-Geister folgen, wie ganz Tibet, bevor Padmasambhava in die Berge zu ihnen gekommen war. Westliche Pilger bringen Schokolade zum Verteilen mit und Bilder vom Dalai Lama, die von Tibetern hoch geschätzt werden, die als Gegengabe Sonnenblumenkerne anbieten.

Die Pilgerreise beginnt in Darchen, einer ausufernden Siedlung von Hütten und Zelten jenseits des Mansarovar-Sees, der ja selbst ein Pilgerort ist. Man braucht etwa drei Tage für die gut 50 Kilometer rund um den Berg Kailash. Jeder Schritt ist von Gebeten und Lobpreis jener erfüllt, die hier schon seit längerer Zeit entlang gepilgert sind, als sich Menschen erinnern können. Diese kreisförmige Pilgerreise führt nirgendwohin – und doch bleibt im Verlauf das alte Leben hinter einem, und der Pilger kehrt erneuert zurück.

Beim sanften Aufstieg durch Dornbüsche und Sträucher sieht man an heiligen Orten von Göttern oder Asketen Gaben von Honig oder Geldmünzen. Die eindrucksvolle Nordseite des Kailash, ein über 1000 Meter schroff abfallender, durchfurchter schwarzer Felsen mit riesigen überhängenden Simsen droht von weitem. Am Drolma-La, dem höchsten Punkt des Pilgerweges auf über 5000 Meter Höhe, liegen Haufen von Kleidungsstücken am Pfad, Symbole des fortgeworfenen alten Lebens. In der Nähe ist eine Höhle, die der Buddhist Milarepa im Wettstreit um den Berg mit Naro Bonchung und der Bön-Religion geschaffen hat. Der Fels trägt Milarepas Fußabdruck.

Gerade jenseits des Passes und unterhalb des Pfades liegt ein kleiner eisiger See, Gauri Kund, in dem tapfere Pilger ein erfrischendes Bad im neuen Leben nehmen. Vom Pass führt der Pfad durch eine Felsenschlucht. Tibeter umkreisen den Berg Kailash drei, fünf oder dreizehn Mal oder sogar noch öfter. Manchmal werfen sie sich auf den Boden nieder, stehen auf und gehen nur eine Körperlänge weiter und fallen wieder zu Boden. Den Berg auf diese Weise zu umrunden dauert vier Wochen geduldiger und meditativer Bewegungen. Diese Pilger drehen sich dann vielleicht um und kehren wieder zurück, verzückt im Bewusstsein der Ewigkeit. Der Weg hat weder Anfang noch Ende.

Patricia Stoat ist Informationsberaterin und hat akademische Grade in japanischer und orientalischer Geschichte erworben.

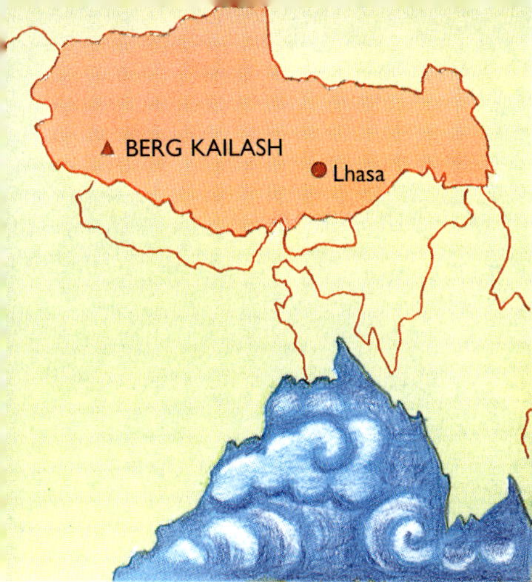

Obwohl der Berg Kailash (6714 m. ü. M.) metaphorisch allein steht, ist er Teil einer Bergkette, aus der vier große Ströme fließen.

Praktische Hinweise
Um nach Tibet einzureisen, muss man sich entweder einer Reisegruppe in China oder im Heimatland anschließen und ein Visum für China sowie eine Erlaubnis zum Besuch Tibets erhalten. Man sollte sich bei einer Vertretung des eigenen Landes nach weiteren Reisehinweisen erkundigen. Die besten Monate zum besuch des Berges Kailash sind Mai, Juni und der frühe Juli, um sowohl tiefen Schnee wie schwere Monsunregenfälle zu vermeiden.

***Der Mansarovar-See*, der heiligste See Tibets, liegt 20 Meilen südlich des Berges Kailash. Seit alters her aus der indischen Mythologie bekannt, nehmen Pilger ein Bad darin, um von Karma frei zu werden. Es dauert vier Tage, wenn man den traditionellen Weg rund um den See wandert, den man beim Kloster Chiu südlich von Darchen beginnt.**

Wenn man Teheran durch Ray verlässt, entrollt sich der fliegende Teppich der iranischen Geschichte. Sechzig Kilometer bis zum Kaspischen Tor der klassischen Literatur; 250 Kilometer bis nach Semnan, einer antiken Stadt am Rande der Wüste, die einst Zwischenposten auf der Hauptroute nach Zentralasien war; 350 Kilometer bis nach Damghan. Die Entfernungen sind groß und scheinen immer größer zu werden. Doch jetzt schon haben wir Serails gesehen, die alten Herbergen für Kamelkarawanen am Wegesrand, die nun meist nur noch Ruinen sind, und Moscheen, Minarette und heilige Grabstätten. Über eine unbefestigte Straße nach Süden haben wir Shahr-i-Qumis aufgesucht, das jetzt nicht mehr als eine Reihe großer Hügel auf einer gebackenen Lehmebene ist, früher aber das war, was die Griechen Hekatompylos genannt haben, „Stadt der 100 Tore", wo Alexander der Große seiner verzweifelten Armee mitgeteilt hat, dass sie nach Indien marschieren würden.

Dank der ungewöhnlichen Freundlichkeit eines Mannes, der mit dem Fahrrad auf dem Weg zu seinem Melonenfeld war, fanden wir auch Gerdkuh, die berühmte Felsenburg, die Marco Polo erwähnt hatte. Von hier aus zogen die Assassinen auf Raubzüge gegen Karawanen bis 1256, als die Mongolen die Burg eroberten – manche sagen, nach einer Belagerung, die von Dschingis Khan begonnen wurde und 27 Jahre lang gedauert haben soll. Die Belagerten ergaben sich erst, als ihre Kleidung abgetragen war. Ein Haufen von Kugeln, die bei der Belagerung benutzt worden waren, liegen noch am Fuß der Berge. In Iran scheint die Vergangenheit oft erst gestern gewesen zu sein.

In Damghan findet man vermutlich die älteste Moschee von Persien; sie wurde 760 errichtet und heißt „Moschee der vierzig Säulen", Masjid-i-Chehel-Sotun. Ihr fast quadratischer Hof wird von Arkaden umsäumt, die von großen Lehmziegeln getragen werden. In seiner Strenge und Schlichtheit ist es eines der edelsten Gebäude, die wir im Mittleren Osten gesehen haben. Sein sehr schönes, frei stehendes Minarett wurde 1026-1029 erbaut, vermutlich als Ersatz für eines, das beim Erdbeben im 9. Jahrhundert zusammenbrach: Selbst die Reparaturen sind hier alt. Zu anderen religiösen Gebäuden zählen ein Derwisch-Kloster und der Grabturm von Pir-i-Alamdar, der 1021 errichtet wurde. Im Inneren der Kuppel sieht man gemalte früharabische Schriftzeichen.

Ein kurzer Abstecher nach Süden bringt uns zum großen, staubigen Schutthügel von Tepe Hissar, deren Hauptschichten auf Siedlungen zwischen 3500 bis 1700 v. Chr. datieren. Auf seiner Oberfläche findet man auch heute noch Tonscherben von Geschirr mit schwarzen Schmucklinien. Die Straße rollt weiter nach Schahrud, das zwar klein ist, aber voller Laubbäume und willkommenem Schatten, großen Eisblöcken und Benzin. Ein weiterer kleiner Abstecher nach Norden bringt uns zum Dorf Bastam, das von einer Mauer umgeben ist. Wahrscheinlich wurde es während der Herrschaft des Königs Khosrau II. um 590 gegründet, da es der Geburtsort des Sufi-Scheichs Bayazid-al Bastami ist. Seit er 874 starb, ist sein Grab Wallfahrtsstätte, und seither sind hier andere religiöse Gebäude hinzugekommen. Es ist leicht, sich zwischen den hohen Mauern zu verlieren: Wir halten eine Lücke zwischen Häusern für eine Gasse und stehen plötzlich im Hof eines Privathauses. Eine Frau hängt ihre Wäsche auf, und ihr Mann schreit uns unzüchtige Ausländer an – durchaus gerechtfertigt. Beschimpft und deshalb umso achtsamer, entdecken wir Bastams Schätze, zu denen auch ein herrlicher, gerillter Grabturm gehört, das 1313 gebaut wurde und als Kaschaneh bekannt ist, sowie Bayazids eigenes kegelförmiges Grab (von dem Ortsansässige sagen, dass er es selbst gebaut habe), das sich in einem großen Hof, umgeben von schönen Bäumen, befindet.

Die Straße von Scharud nach Osten heißt auf den nächsten 150 Kilometern „Weg des Schreckens". Wir sehen noch die kleinen runden Türme, die als Abwehr gegen Eindringlinge aus Turkmenistan errichtet wurden. Die Monotonie dieser Strecke an der Wüste entlang hat sich in den letzten 1000 Jahren nicht verändert. Sie wird erst von Miandasht unterbrochen, gut 100 Kilometer von Schahrud, wo eine riesige Karawanserei unter der Safawiden-Dynastie (1491-1722) erbaut wurde. Wir sind für die Serails dankbar, auch wenn sie in Ruinen liegen, weil sie in dieser kargen Landschaft oft den einzigen Schatten bieten. Wir danken Gott mehrmals auf dieser Reise für das Genie persischer Mechaniker, die gegen allen Anschein unseren Mietwagen immer wieder am Laufen halten.

Andere Serails und das Minar von Khosrogird, das auf 1111 datiert, ein herrliches Ziegelminarett von dreißig Metern Höhe, machen die nächsten Kilometer nach Sabsewar leichter. Dann geht es die folgenden 100 Kilometer quer über eine weite Ebene mit Flecken von Vegetation – was für eine Augenweide – nach Nishapur.

Nishapur, das mehr als jede andere Stadt in Persien zerstört und wieder aufgebaut wurde, kann von ihren Gründertagen im dritten Jahrhundert nicht mehr viel zeigen. Die Mongolen zerstörten es so gründlich, dass sogar die Hunde und Katzen getötet wurden und die gesamte Stadt in den Erdboden gepflügt wurde. Aber welche Nahrung für die Vorstellungskraft! Irgendwo in den Bergen im Nordwesten liegt der Schrein, an dem Adhar Burzin Mir brannte, das heilige Feuer der Bauern, eines von drei Feuern des antiken Persien, die immer leuchteten. In Nishapur wurde der Philosoph, Astronom, Dichter und Mystiker Omar Khajjam geboren (gestorben 1123). Sein Mausoleum ist ein modernes Gebäude, das 1934 am Ort des ursprünglichen Grabmals errichtet wurde. Aus der Rose, die einst darauf wuchs, stammt eine Rose, die 1893 in Woddbridge, Suffolk, am Grab von Edward Fitzgerald gepflanzt wurde. Seine freie Übertragung des Rubaijat (1859) machte Omar Khajjam im Westen als Dichter bekannt. Von dieser einen Rose stammt jeder Busch der rosenfarbenen Sorte „Omar Khayyam“, die heute in englischen Gärten blüht und die Erinnerung an beide wach hält.

Wir kamen am Gipfel des Berges Nebo an, wo jetzt eine kleine Kirche steht. In dieser Kirche sah ich einen Platz, der leicht erhaben war, so groß wie sonst ein Grab. Ich befragte die heiligen Männer darüber, und sie antworteten: Hier wurde Moses von den Engeln niedergelegt, wie geschrieben steht. Kein Mensch weiß, wo er begraben wurde. Daher ist es sicher, dass er von Engeln begraben wurde. Seine Grabstätte aber wurde uns von unseren Ahnen gezeigt, denen es wiederum ihre Ahnen gezeigt hatten, und so zeigen wir sie den Menschen heute.

Hl. Silvia von Aquitanien (4. Jhdt.), Pilgerreisen an Heilige Orte

In Nishapur besuchen wir das Denkmal für Farid-ud-din Attar, einen Sufi-Dichter, der in seinem eigenen Land mehr Ruhm genoss als Omar. Seine *Vogelgespräche* ist wie Chaucers *Canterbury-Geschichten* eine Gruppe von Geschichten, die rund um eine Pilgerfahrt erzählt werden. Er wurde während der Mongolen-Invasion 1221 getötet und soll (wie einige christliche Heilige) noch eine ganze Strecke gelaufen sein, nachdem ihm der Kopf abgeschlagen wurde. Voller Reue baute sein Mörder eine Grabstätte, wo der Dichter fiel. Der heutige Schrein stammt aus dem 17. Jahrhundert und wurde 1934 restauriert. Er steht in einem friedlichen Garten, um den sich ein Sufi kümmert.

Weitere 100 Kilometer nach Mesched. Von jetzt an gibt es ständige Erinnerungen an den Achten Imam. In Mahmu-

SHIKOKU

Mit einem Heiligen wandeln

Der Berg Koya
Traditionell begann die Pilgerfahrt hier, am Grab von Kôbô Daishi (774-835) im Kloster, das er am Berggipfel gegründet hatte. 835 gab der Heilige den Termin bekannt, an dem er sterben würde, und leitete eine Gebetsfeier am Kaiserpalast in Kyoto, bevor er zum Berg Koya zurückkehrte, um dort am vorausgesagten Tag zu sterben.

Der Pilgerweg umrundet die japanische Insel Shikoku und führt zu 88 Tempeln auf einer Reise von über 1300 Kilometern. Die Tempel hocken oben auf Bergen oder blicken über das Meer, umgeben von einer wilden und zerklüfteten Landschaft. Manche Pilger wandern, manche fahren in organisierten Gruppen im Bus, andere mit dem Auto. Sie sind alle vereint durch die Kleidung, die sie tragen und den Glauben an Kôbô Daishi, den buddhistischen Heiligen.

Die Pilger reisen auf symbolische Weise den Weg, den der Heilige zur Erleuchtung nahm. Die Reise ist in vier Abschnitte geteilt, die das Erwachen der Buddha-Natur symbolisieren, die Übungspraxis, um sie zu entwickeln, das Erblühen des Buddha-Bewusstseins und ewige Erleuchtung. Pilger lassen die Alltagswelt hinter sich und reisen, vom Heiligen sozusagen begleitet, in das Reich des Todes: Sie kleiden sich wie der

Moderne Pilgerschaft
Pilger, die die Insel Shikoku in ihrem traditionellen Pilgergewand umrunden, reisen symbolisch immer mit ihrem Heiligen zusammen, gleich, welches Transportmittel sie benutzen.

Heilige im Gewand eines Wandermönches, ganz in Weiß, der japanischen Farbe der Reinheit und des Todes.

Eine vollendete Pilgerfahrt symbolisiert Wiedergeburt und Erneuerung, während der Tod als Pilger die umgehende Wiedergeburt im Reinen Land bedeuten soll. Jene, die ihre Pilgerreise vollendet haben, dürfen beim Tod in ihrem Pilgergewand in den Sarg gelegt werden, mit ihrem Pilgerbuch, bereit, ihre letzte Reise anzutreten.

Da die Route die Insel umrundet, kehren die Pilger an den Ausgangspunkt zurück. In Wahrheit gibt es kein Ziel, und viele machen eine zweite und dritte Runde. Manche vollziehen diese Rundreise Hunderte von Malen oder wandern sogar immerzu auf einer endlosen Reise rund um die Insel.

Ich wanderte während eines kalten und verschneiten Vorfrühlings vor zwölf Jahren, jedoch nicht als Gläubiger, sondern als Forschungsreisender. Obwohl ich durch und durch skeptisch war, zog ich das traditionelle Pilgergewand an, um mich mit den Pilgern gleichzumachen. Während ich einherwanderte, veränderte sich meine Einstellung zu mir selbst – von einem zurückhaltenden Außenseiter zu einem energischen Wanderer und Pilger. Als ich steile Bergwege hinaufkletterte, an moosbewachsenen steinernen Buddhafiguren entlang, stieß ich auf Steinhügel, die von früheren Pilgern aufgehäuft waren, um späteren Pilgern den Weg anzuzeigen. Ich war dankbar für ihre Freundlichkeit.

Einem Pilger *settai*, Almosen, zu geben wird wie eine Gabe an Kôbô Daishi betrachtet und erlaubt dem Spender, am Verdienst der Pilgerreise teilzuhaben. Als ich frierend durch den Schnee stapfte, hielt ein Auto an und ein Mann gab mir ein heißes Getränk – als Gabe für den Heiligen, die den Pilger aufwärmte.

Als ich müde in Tempelhöfe stolperte, kamen manchmal Busse mit Pilgern an, und energiegeladene ältere Leute mit fleckenlos weißen Hemden strömten heraus. Ich war ein bisschen ärgerlich, denn ich war gewandert und hatte Bergpfade erstiegen, während sie nur in einem Luxusbus gesessen hatten. War ich nicht irgendwie besser, aufgrund der Anstrengungen meiner Pilgerreise? Und dann lächelte mich einer von ihnen an, gab mir vielleicht etwas – ein Almosen von einem Pilger an den anderen – und ich lächelte zurück.

Und ich erkannte wieder einmal, dass niemand besser als irgendein anderer ist und dass es statt dessen auf den Geist ankam, in dem die Reise erfolgte. Und ich lernte immer wieder aufs Neue den Sinn von *settai* kennen: eine spirituelle Gabe, die Gabe hinter dem Geschenk. Alle Gaben tragen dieselbe Botschaft: Wir sind zusammen hier – du, der Heilige und ich. In dieser Botschaft sind Einheit und Gleichheit: der reiche Pilger im bequemen Bus, der Pilger in Lumpen auf dem Fußmarsch, die örtliche Hausfrau, die eine Münze gibt, das Schulkind, das sich an einem Morgen vor mir verneigte und lächelte. Alle sind eins, alle zusammen, mit dem Heiligen.

Das Pilgergewand
Das Hemd zeigt ein Bild von Kôbô Daishi und die Bildzeichen *dôgyôninin*, „zwei Menschen, eine Übung“. Der Stab symbolisiert sowohl den Körper des Heiligen wie den Grabstein des Pilgers. Der Mönchshut aus Bambus, mit einer Aufschrift über die irdische Vergänglichkeit, schützt gegen Sonne und Regen, stellt aber auch den Sarg des Pilgers dar.

Dr. Ian Reader ist Experte auf dem Gebiet japanischer Pilgerreisen. Derzeit führt er eine Forschungsarbeit durch am Nordischen Institut für Asiatische Studien in Kopenhagen, Dänemark.

dabad, einem Dorf der Saiidis (Abkömmlinge des Propheten), befindet sich der Schrein von Qadamgah, der die Fußabdrücke des Imams enthalten soll. Wir sind korrekt gekleidet, mein Kopf ist bedeckt. Ich habe einen Tschador dabei, falls eine Ganzkörperverschleierung notwendig ist. Dürfen wir hereinkommen? Auf dieser Fahrt lautet die Antwort immer ja; nur das Heiligtum des Imams selbst ist für Nicht-Muslime geschlossen.

Wenn wir alle mit einem fleckenlosen Geist prahlen könnten,

Näher an Mesched heran, weist ein Zeichen auf eine Fahrspur. Hier ist der Schrein von Khwaja Murad, dem „Erfüller von Gelübden", wie man Harsmat ibn Aiyin hier nennt; er starb 832, nur 15 Jahre nach dem Achten Imam. Wir haben gelesen, dass Bauern aus der Gegend einen Teil ihrer Ernte als Opfergabe hierher bringen. Das Grab ist gegen den Berg gebaut, davor ein kleiner Garten, und unter einem Baum machen Wallfahrer, hauptsächlich Belutschen, ein Picknick. Wir erkennen Rozeh Khans mit ihren schwarzen oder weißen Turbanen. Diese berufsmäßigen Rezitierer findet man oft an dieser Stätte, weil Khwaja Murad selbst einer der ersten Verkünder des Martyriums des Imam Reza war.

Gleichförmigkeit ist ein Schlüsseleindruck dieses Landes. Unsere dritter und letzter Schrein vor Mesched ist ein Mausoleum über dem Grab von Khwaja Abbasalt Haravi, der beim Tod des Imams zugegen gewesen soll. Er starb 851, und sein Grab wird auch viel besucht.

Am Fluss Toruk treffen sich die Handelsstraßen des Mittleren Ostens, Zentralasiens, Indiens und Afghanistans, und hier stehen die Ruinen zahlreicher Karawansereien. Gewalttätige Zeiten machten den Bau von befestigten Serails am Rande von Mesched erforderlich, von wo aus wir endlich den ersten Blick auf die goldene Kuppel erhaschen, welche die sterblichen Überreste des Imam Reza überwölbt. Es war ein langer, anstrengender Zug in unserem kleinen Mietwagen, aber wir sind ungewöhnlicher Gastlichkeit und Güte begegnet und haben außergewöhnliche Orte gesehen. Wir vollenden unseren Kreis, indem wir nach Teheran auf der nördlichen Route zurückkehren, die landschaftlich „schöner" ist: Ein schwerer Anfang, ein leichtes Ende ist eine gute Art zu reisen.

Manche mögen eine solche Fahrt Tourismus nennen.

warum sollten sich die Propheten dann unter die Menschheit begeben?

FARID-UD-DIN ATTAR (CA. 1142–1221), VOGELGESPRÄCHE

Wir fingen dadurch jedoch an, Iran, die Bewohner, den Islam, die Heiligtümer, Sufis und Serails – ein Volk und seinen Glauben – besser zu verstehen. Wenn das keine Pilgerfahrt ist, was dann? Unsere Reise durch die Vergangenheit Persiens zu seinem lebendigen Glauben brachte Worte von Joseph Campbell in *Die Masken Gottes* in Erinnerung: „Die wichtigste Kunst der Antike, die verloren gegangen ist, ist wohl die Kunst, in Erkenntnis der schieren Wunder der Welt zu leben."

V

KAPITEL 5

Abenteuer

Abenteuer und Schwierigkeiten sind oft ein und dasselbe. Wir alle kennen Ferienreisende, die nach der Rückkehr nur Weh und Ach klagen. Wenn man aber auf ihre Stimmen und ihre Gesichter achtet, werden solche Horrorgeschichten oft mit viel Humor und ungewöhnlicher Anteilnahme erzählt. Dass man so etwas überstanden hat und nun davon berichten kann, steigt einem richtig schön zu Kopf.

Mein Großvater, der zu Beginn des letzten Jahrhunderts ein junger Mann war und sich den Weg von Toronto bis fast nach Feuerland erarbeitet hatte

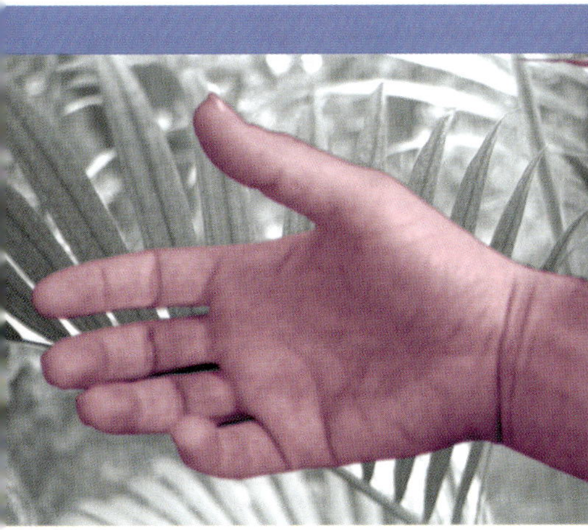

und Hindernisse

(wörtlich gemeint), wusste viele Geschichten zu berichten. Seine Lieblingsgeschichte war, dass er eines Tages auf seinem Maultier einem anderen Mann auf einem Maultier auf einem sehr schmalen und steil abreißenden Bergpfad in den Anden begegnte. Ein Maultier musste sich niederlegen, während das andere darüber schritt. Er erzählte das in der 50er-Jahren, als ob es gestern passiert wäre. Von allem, was er gesehen und erlebt hatte (und dazu gehörte auch der I. Weltkrieg), war diese Begegnung mit dem Tod ihm am schärfsten ins Gedächtnis eingeprägt.

Der Tod ist normalerweise nicht das, was ein Pilger auf der heiligen Reise zu erleben wünscht, außer aus religiösen Gründen, wenn unheilbar kranke Hindus den Tod an einem heiligen Ort erfahren möchten. Und doch gibt es fast jedes Jahr auf den Massenwallfahrten und an viel besuchten Pilgerorten Todesfälle. Im Juli 1966 starben mehr als 30 Hindu-Pilger, und noch viel mehr wurden in einem Tempel in Ujjain verwundet, als Bambusgerüste unter dem Andrang zusammenstürzten und manche Pilger regelrecht aufspießten. Am selben Tag starben in Hardwar am Oberlauf des Ganges 21 Pilger, die von einer nachrückenden Menschenmenge auf einer schmalen Brücke zu einem Schrein erdrückt wurden. In einer Zeitungsnotiz wirkten diese Ereignisse so weit entfernt von Europa und vor allem so „normal", dass sie kaum „Nachrichtenwert" besaßen.

Grenzerfahrungen, Schwellenerfahrungen zu machen bedeutet, kein Sicherheitsnetz zu haben. Wenn Sie nicht in ihrem eigenen Land reisen oder in einer geführten Reisegruppe, müssen Sie individuelle und erwachsene Entscheidungen treffen. Gehen Sie noch auf eine Fähre, die wegen Überfüllung bereits bedenklich niedrig im Wasser liegt? Oder warten Sie lieber einige Stunden, vielleicht einen ganzen Tag, bis die nächste kommt?

Wagen Sie sich in eine Region, in der gerade Krieg geführt wurde oder kurz bevor steht? Nicht wenige Pilgerorte befinden sich auf umstrittenem Grund und Boden, genauso wie die christlichen Heiligtümer im Heiligen Land zur Zeit der Kreuzzüge. Ob sie an solche problematischen Wallfahrtsorte fahren, können nur Sie allein entscheiden (und Ihre Familie), außer in solchen Fällen, in denen amtliche Stellen intervenieren und Einreisevisa verweigern.

Gefahren kündigen sich nicht immer mit Totenkopf und Knochenkreuz an. Es gibt viele Entscheidungen, die falsch sein können, wenn wir sie nur aus unserer eigenen kulturellen Sicht treffen. Einem britischen Reisenden mag es nicht ohne weiteres einfallen, da er an eine relativ kleine Insel und gemäßigtes Klima gewöhnt ist, dass er auf längeren Autofahrten Wasser mitführen sollte (wie es jemand aus Australien wohl täte), oder Schneeketten (wie ein Kanadier). Ein Mitteleuropäer mag zwar daran gewöhnt sein, über längere Entfernungen zu wandern, fußmüde und erschöpft zu werden, und auch damit rechnen, in der Nacht im Regen noch irgendwo draußen zu stecken, aber völlig übersehen, dass schon das Atmen schwierig ist, wenn man sich in größeren Höhen befindet wie im Himalaya oder den Anden. Es ist leicht zu übersehen, dass sich manche Städte wie Cuzco, Mexico City, Santa Fe und Teheran auf Höhen zwischen 1000 und gut 3000 Meter befinden und der Pilger also Zeit braucht, um sich zu akklimatisieren. Das betrifft nicht nur Atmung und Bewegung, sondern zum Beispiel auch das Kochen (Wasser kocht früher und man braucht daher länger, um etwas gar zu kochen).

Als ich reiste,
sah ich viele Dinge

Vielleicht fällt den Menschen, durch deren Land sie reisen, gar nicht ein, sie vor bestimmten örtlichen Risiken zu warnen, weil „das ohnehin jeder weiß". Als ich in Virginia in den USA lebte, erwähnten meine Nachbarn giftigen Efeu, nicht jedoch kleine Zecken, die das Rocky-Mountain-Fieber verbreiten, das tödlich enden kann.

Das Schlimmste und das Beste annehmen

Eine andere Möglichkeit ist, dass Ihre kulturelle Konditionierung Sie Gefahren sehen lässt, wo es keine gibt. Wie häufig haben wir von den „verrückten" Fahrern im Mittleren Osten gehört? Auf den langen, staubigen Straßen Unterägyptens kann man häufig eine intelligente Fahrweise beobachten wie sonst selten. Berufsfahrer fahren links oder rechts auf der Straße, wie es der Zustand der Straße und die Kurven gerade erfordern. Sie fahren extrem schnell und erschrecken Westler damit, die (dort) insgesamt eher defensiv fahren und allzeit das Schlimmste erwarten. Da sie jedoch allzeit das Beste erwarten, kooperieren die ägyptischen Fahrer mit dem entgegenkommenden Verkehr (anstatt sich mit ihm zu messen). Wenn sich der Passagier genügend beruhigt hat, um dieses Hochgeschwindigkeitsballett zu beobachten, wird er feststellen, dass die Fahrer genauso vorsichtig sind wie die im Westen, und bei Schulkindern, Dorfenten oder einem entlaufenen Esel sogar noch mehr Rücksicht nehmen. Gefahren kann man nur im lokalen Kontext richtig einschätzen.

Andere Menschen werden auch ihre eigenen, kulturell bedingten Annahmen entwickeln. Als wir uns wieder einmal (wie so oft) im Iran verirrt hatten, fragten wir einen

und verstand mehr,
als ich ausdrücken kann.

APOKRYPHEN, ECCLESIASTICUS, 34,11–12

Schafhirten am Wegesrand, ob eine bestimmte Straße zu der Stadt führte, die wir suchten. Er antwortete sehr höflich: „Meiner Erfahrung nach hat sie noch nie dorthin geführt." Wir dachten, dass er vermeiden wollte, einfach „nein" zu sagen (was in seiner Kultur unhöflich ist). Wir fuhren aus Neugierde dennoch diese Straße, anstatt die Hauptstraße zu nehmen, die er vorgeschlagen hatte. Sie führte zur Stadt, zu der wir wollten – allerdings war sie ein Umweg und voller Schlaglöcher und bot auch keine Teehäuser am Weg. Der Hirte hatte freundlicherweise angenommen, dass wir als Ausländer auf dem schnellsten Weg von A nach B wollten, und das auf bequemste Weise. Für uns war diese holprige Straße jedoch genau das, was wir in diesem Fall vorzogen.

Manchmal heißt das geschickt verhüllte „Nein" jedoch genau das. In den 70er-Jahren fuhren wir im Iran in Richtung auf die sowjetische Grenze zu. Wir suchten nach dem „Alexander-Wall", der wahrscheinlich im 6. Jahrhundert gegen die zentralasiatischen Eindringlinge gebaut worden war, der örtlichen Überlieferung nach indes auf Alexander den Großen zurückging. Er wird in einem neueren archäologischen Führer beschrieben und war auf unserer

CROAGH PATRICK

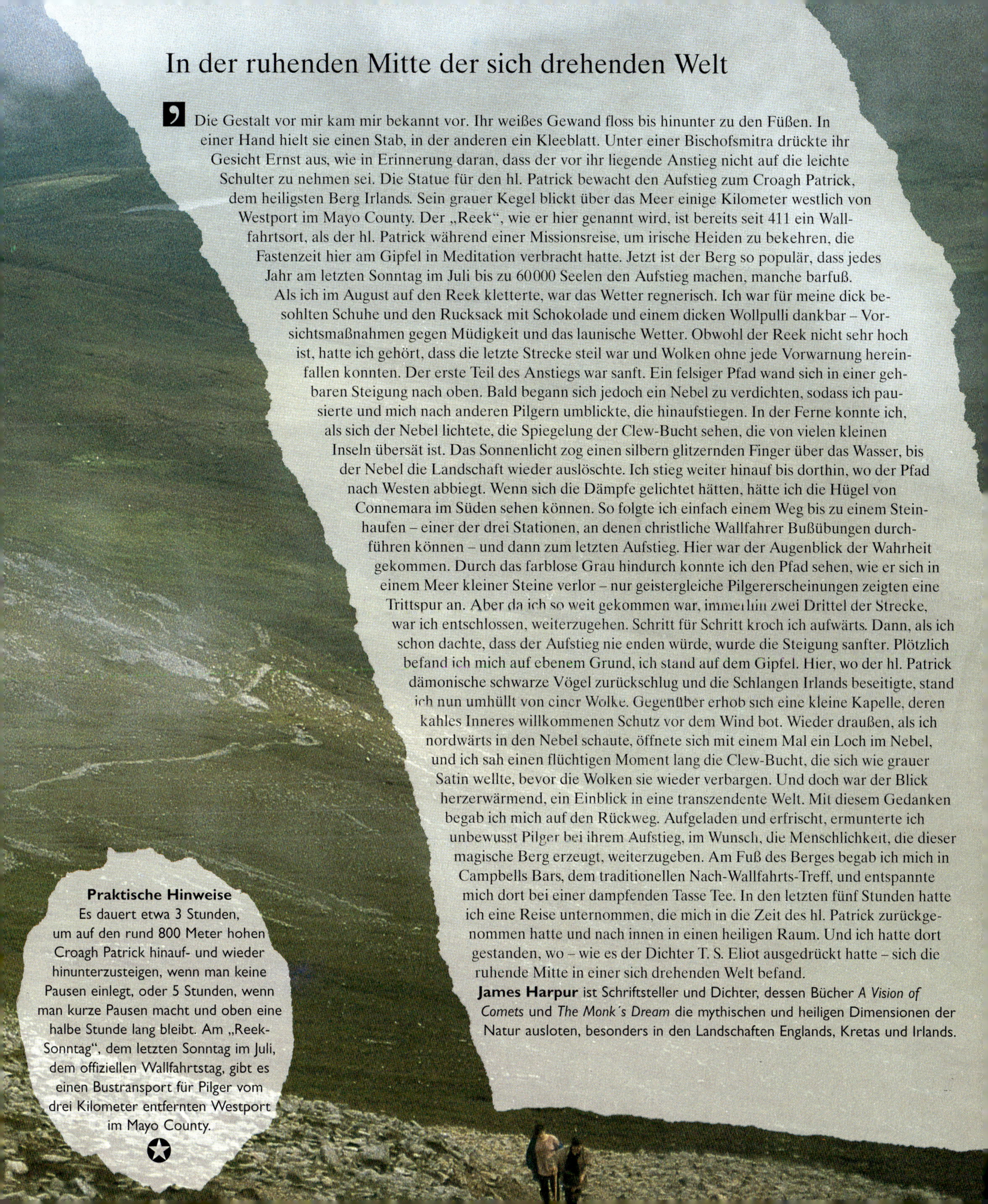

In der ruhenden Mitte der sich drehenden Welt

Die Gestalt vor mir kam mir bekannt vor. Ihr weißes Gewand floss bis hinunter zu den Füßen. In einer Hand hielt sie einen Stab, in der anderen ein Kleeblatt. Unter einer Bischofsmitra drückte ihr Gesicht Ernst aus, wie in Erinnerung daran, dass der vor ihr liegende Anstieg nicht auf die leichte Schulter zu nehmen sei. Die Statue für den hl. Patrick bewacht den Aufstieg zum Croagh Patrick, dem heiligsten Berg Irlands. Sein grauer Kegel blickt über das Meer einige Kilometer westlich von Westport im Mayo County. Der „Reek", wie er hier genannt wird, ist bereits seit 411 ein Wallfahrtsort, als der hl. Patrick während einer Missionsreise, um irische Heiden zu bekehren, die Fastenzeit hier am Gipfel in Meditation verbracht hatte. Jetzt ist der Berg so populär, dass jedes Jahr am letzten Sonntag im Juli bis zu 60000 Seelen den Aufstieg machen, manche barfuß.

Als ich im August auf den Reek kletterte, war das Wetter regnerisch. Ich war für meine dick besohlten Schuhe und den Rucksack mit Schokolade und einem dicken Wollpulli dankbar – Vorsichtsmaßnahmen gegen Müdigkeit und das launische Wetter. Obwohl der Reek nicht sehr hoch ist, hatte ich gehört, dass die letzte Strecke steil war und Wolken ohne jede Vorwarnung hereinfallen konnten. Der erste Teil des Anstiegs war sanft. Ein felsiger Pfad wand sich in einer gehbaren Steigung nach oben. Bald begann sich jedoch ein Nebel zu verdichten, sodass ich pausierte und mich nach anderen Pilgern umblickte, die hinaufstiegen. In der Ferne konnte ich, als sich der Nebel lichtete, die Spiegelung der Clew-Bucht sehen, die von vielen kleinen Inseln übersät ist. Das Sonnenlicht zog einen silbern glitzernden Finger über das Wasser, bis der Nebel die Landschaft wieder auslöschte. Ich stieg weiter hinauf bis dorthin, wo der Pfad nach Westen abbiegt. Wenn sich die Dämpfe gelichtet hätten, hätte ich die Hügel von Connemara im Süden sehen können. So folgte ich einfach einem Weg bis zu einem Steinhaufen – einer der drei Stationen, an denen christliche Wallfahrer Bußübungen durchführen können – und dann zum letzten Aufstieg. Hier war der Augenblick der Wahrheit gekommen. Durch das farblose Grau hindurch konnte ich den Pfad sehen, wie er sich in einem Meer kleiner Steine verlor – nur geistergleiche Pilgererscheinungen zeigten eine Trittspur an. Aber da ich so weit gekommen war, immerhin zwei Drittel der Strecke, war ich entschlossen, weiterzugehen. Schritt für Schritt kroch ich aufwärts. Dann, als ich schon dachte, dass der Aufstieg nie enden würde, wurde die Steigung sanfter. Plötzlich befand ich mich auf ebenem Grund, ich stand auf dem Gipfel. Hier, wo der hl. Patrick dämonische schwarze Vögel zurückschlug und die Schlangen Irlands beseitigte, stand ich nun umhüllt von einer Wolke. Gegenüber erhob sich eine kleine Kapelle, deren kahles Inneres willkommenen Schutz vor dem Wind bot. Wieder draußen, als ich nordwärts in den Nebel schaute, öffnete sich mit einem Mal ein Loch im Nebel, und ich sah einen flüchtigen Moment lang die Clew-Bucht, die sich wie grauer Satin wellte, bevor die Wolken sie wieder verbargen. Und doch war der Blick herzerwärmend, ein Einblick in eine transzendente Welt. Mit diesem Gedanken begab ich mich auf den Rückweg. Aufgeladen und erfrischt, ermunterte ich unbewusst Pilger bei ihrem Aufstieg, im Wunsch, die Menschlichkeit, die dieser magische Berg erzeugt, weiterzugeben. Am Fuß des Berges begab ich mich in Campbells Bars, dem traditionellen Nach-Wallfahrts-Treff, und entspannte mich dort bei einer dampfenden Tasse Tee. In den letzten fünf Stunden hatte ich eine Reise unternommen, die mich in die Zeit des hl. Patrick zurückgenommen hatte und nach innen in einen heiligen Raum. Und ich hatte dort gestanden, wo – wie es der Dichter T. S. Eliot ausgedrückt hatte – sich die ruhende Mitte in einer sich drehenden Welt befand.

James Harpur ist Schriftsteller und Dichter, dessen Bücher *A Vision of Comets* und *The Monk's Dream* die mythischen und heiligen Dimensionen der Natur ausloten, besonders in den Landschaften Englands, Kretas und Irlands.

Praktische Hinweise

Es dauert etwa 3 Stunden, um auf den rund 800 Meter hohen Croagh Patrick hinauf- und wieder hinunterzusteigen, wenn man keine Pausen einlegt, oder 5 Stunden, wenn man kurze Pausen macht und oben eine halbe Stunde lang bleibt. Am „Reek-Sonntag", dem letzten Sonntag im Juli, dem offiziellen Wallfahrtstag, gibt es einen Bustransport für Pilger vom drei Kilometer entfernten Westport im Mayo County.

amerikanischen Karte verzeichnet, allerdings nicht auf den hier verkauften Touristenkarten. Hier gibt es keine Wegweiser. Wir wissen, dass wir eine polizeiliche Erlaubnis brauchen, um so nahe an die Grenze zu fahren. Als wir endlich irgendwo Lebenszeichen sehen, fragen wir einen Polizisten. Er schickt uns weiter nach Norden zu einem Vorposten der Miliz. Sie sind ganz aufgeregt, als sie unsere Karte sehen und schicken uns weiter nach Norden, zu einem anderen Vorposten, diesmal von der Armee. Wir werden zu einem Offizier gebracht, der zwei Männer verhört, deren Köpfe blutig sind. (Waren sie in einen Autounfall verwickelt? Sind es Gefangene?) Der Offizier, die Wachen und die „Gefangenen“ interessieren sich für unsere Karte genauso wie die Miliz. Sie sagen uns, dass wir nicht zum Wall fahren können, weil die Straße von einer Überschwemmung fortgewaschen wurde und man nur mit dem Traktor dorthin gelangt. Wo können wir einen Traktor mieten? Sie sagen, dass sogar ein Traktor da nicht durchkäme. Sie sagen gleich, was im Buch steht: Der Wall ist verschwunden, er ist seit langem weg, seit Zeitaltern schon. Wir erkennen, dass wir den Wall nicht sehen werden: Sie werden uns nicht in Augennähe zur Grenze lassen, sind aber wie der Hirte zu zivilisiert, um einfach „Nein“ zu sagen.

Ich bin hier in der Fremde,
Ich bin hier in der Not,
Ich bin hier mit Schmerzen,
Ich bin hier in der Klemme,
Ich bin hier allein,
O Gott, hilf mir.

Carmina Gadelica
(Gälischer Zauberspruch)

Asketische Übungen

Wie jeder andere Reisende, muss der Pilger in einem fremden Land nicht nur dessen äußere Reisebedingungen kennen, sondern auch den zu erwartenden kulturellen Hintergrund. Wenn die Kultur Spiritualität nach den Problemen bewertet, die damit verbunden sind, muss der Pilger schwierigere Umstände als normal erwarten. Sowohl in der hinduistischen wie in der christlichen religiösen Tradition führen ertragene Härten und überwundene Schwierigkeiten zu einer Vermehrung des spirituellen Verdienstes, abgesehen davon, dass sie zur erstrebten Selbstherrschung und Selbstkasteiung beitragen. Fasten und Selbstgeißelung sind nur zwei der weit verbreiteten asketischen Wallfahrtsübungen. Südindische Pilger haben sich auf beiden Schultern gebrandmarkt, ihre Wangen und Zunge mit Silbernadeln durchstochen und ein Mundschloss getragen, um die Einhaltung eines Schweigegelübdes anzuzeigen. Obwohl es heute nur noch selten ausgeführt wird, pflegten Pilger sich früher oft die ganze Wallfahrtsstrecke entlang der Körperlänge nach niederzuwerfen.

1994 lief im englischen Fernsehen ein Bericht über Lotan Baba, den „rollenden Heiligen". Er lief als junger Mann von zu Hause fort, um einer arrangierten Ehe zu entgehen und wurde ein Sadhu, ein Wanderasket. Er ließ sich in Ratlam in Zentralindien nieder und begann eine Reihe unvorstellbar schwieriger asketischer Übungen, wozu auch gehörte, sieben Jahre lang an einem Ort zu stehen und nichts zu essen außer Gras. Der Fernsehbericht zeigt jedoch seine Wallfahrt zugunsten der Einheit Indiens und des Weltfriedens, indem er von seinem Dorf durch Gujarat, Rajasthan und Delhi zum Schrein von Vaishnu Devi in Kaschmir rollte. Es war eine Reise von fast 4000 Kilometern auf Straßen, über Sandwüsten, durch die unterschiedlichen und oft recht üblen Landschaften Indiens.

Das erwartet nun keiner von einem normalen Wallfahrer, aber harte körperliche Prüfungen sind Teil mancher heiliger Reisen. 1962 schrieb die indische Anthropologin Irawati Karve über ihre Pilgerfahrt von Alandi nach Pandharpur: „Es gab Hunderte berufsmäßiger Bettler und Armer. Sie aßen, was die Menschen ihnen gaben, breiteten ihre Matte aus, wo sie Platz fanden, und gingen mit der Sänfte einher. Sie litten, wenn es regnete. Glücklicherweise gab es in diesem Jahr nicht viel Regen."

Was ortsansässige Einwohner mit Fassung tragen, kann für Pilger aus anderen Orten zu anstrengend sein. Die große Ganges-Wallfahrt im Mai, Juni und Juli beginnt in Hardwar und erstreckt sich über mehr als 1000 Kilometer durch Nordindien. Obwohl es für einen Großteil der Strecke Transportmittel gibt, wird ein beträchtlicher Teil zu Fuß zurückgelegt, oft unter extremen Bedingungen. Das Buch *Man, Myth and Magic* berichtet, dass einem Mann aus dem Westen, der barfuß mitmarschierte, beide Füße amputiert werden mussten, weil er derartige Erfrierungen erlitten hatte. Erfrorene Füße beendeten auch die Eremitenphase des

Pilgertraditionen
Einem japanischen Volksbrauchtum entsprechend schmücken Pilger religiöse Statuen und Schreine mit Münzen, die sie in die Vertiefungen von Felsinschriften stecken, welche den Pilgerweg um die ganze Insel säumen.

Als sie diesen Ort hinter sich gelassen hatten, kamen sie an die Grenze des Todesschattens, und dieses Tal war länger als alle anderen. Es war ein Ort, der auf seltsame Weise von bösen Dingen heimgesucht wurde. Diese Frauen und Kinder durchquerten es jedoch umso leichter, weil sie Tageslicht hatten und weil der Herr Großherz ihr Führer war.

John Bunyan,
Der Pilgerweg, Teil II (1684)

Ihr Herren und ihr, die ihr schwächer seid: Falls ihr euer Leben liebt, dann bereitet euch, denn die Räuber stehen vor euch. Nun, sagte Herr Großherz, wir sind bereit. So gingen sie ihres Weges. Sie schauten an jeder Wegbiegung, ob sie auf die Diebe stoßen sollten; aber ob sie nun von Herrn Großherz gehört hatten oder ein anderes Spiel spielten – sie kamen den Pilgern nicht nahe.

John Bunyan
Der Pilgerweg, Teil II (1684)

„fliegenden Gurus“ Swami Vishnu-Devananda, der sich 1986 mehrere Monate in eine Höhle bei Gangotri im Himalaya zurückziehen wollte.

Gauner und Räuber

„Ich bin welchen begegnet, die zunächst sehr edel vom Leben der Pilger gesprochen haben, aber danach sehr dagegen waren“, schrieb John Bunyan sicher nicht ohne Grund. In der gesamten Geschichte der Pilgerreisen gab es Gefahren. „Als wir von Lykia abreisten, fielen wir in die Hände arabischer Diebe, und nachdem man uns Unsummen von Geld geraubt hatte und wir viele unserer Leute verloren hatten und mit knapper Mühe mit dem Leben davon kamen, kamen wir endlich in die so sehr ersehnte Stadt Jerusalem.“ Das schrieb Ingulf, der Abt von Crowland in Lincolnshire, der seine Wallfahrt im Jahre 1064 machte.

Für Pilger im 16. Jahrhundert standen die Dinge nicht viel besser, obwohl die Probleme zu jener Zeit aus einer anderen Richtung kamen. Laurence Aldersey, dessen Buch *Trip to Jerusalem* 1581 gedruckt wurde, war Protestant und lehnte deshalb ab, das zu tun, was die Franziskanerbrüder, die den „Pilgerhandel“ in Jerusalem damals beherrschten, von ihm wollten, was wiederum dazu führte, dass er schlecht behandelt wurde. Der Quaker George Robinson weigerte sich genau ein Jahrhundert später, den Fransziskanern zu Willen zu sein, woraufhin die Mönche dafür sorgten, dass ihm zweimal aufgelauert und er ausgeraubt wurde.

Heutige Pilger müssen solche Opfergänge wohl nicht mehr erdulden, aber erleben auf den Hauptpilgerrouten vielleicht doch Taschendiebe, die Geld oder Pässe mitgehen lassen. Manche Flughäfen sind berüchtigt: In Bangkok sehen sie Gepäck, das mit Maschendraht und Vorhängeschlössern gesichert ist, in der Hoffnung, dass der Inhalt beim Umladen von einem ins andere Flugzeug nicht abhanden kommt. Eine Freundin, die über Bangkok flog und auf ihren Rucksack Abzeichen von jedem besuchten Ort geduldig aufgenäht hatte, bekam ihren Rucksack bei der Gepäckausgabe zwar intakt zurück, aber ohne ein einziges Abzeichen. Es gibt also nicht nur gewöhnlichen Diebstahl, sondern man muss auch mit kleinlichen Bösartigkeiten rechnen.

Vermutlich werden sie eher jener fröhlichen Gaunerei begegnen, wie sie von Mildred Cable und Francesca Frech in ihrer Geschichte einer Reise in die Wüste Gobi im Jahre 1942 berichtet wird. Sie waren auf dem Weg zu einem islamischen Höhlentempel im Dorf Tuyok, einer Oase in der Wüste Gobi. Das gut gepflegte Heiligtum, das Besucher aus ganz Asien anzog, wurde von einem hoch gewachsenen, bärtigen Hadschdschi mit weißem Turban verwaltet, der künstlerisches Talent darin entwickelte, die Wunder der Grotte vorzuführen und dafür gutes Trinkgeld zu erhalten. Sein größter Schatz war seine Mutter, die angeblich 100 Jahre alt sein sollte, wann immer Pilger zum Schrein kamen, obwohl „sie für eine Hundertjährige erstaunlich agil war und nach draußen lief, um uns zu begrüßen". Nachdem er seine und seiner Mutter Dienste den Damen aufgedrängt hatte, sollten sie nun auch noch etwas in sein Gästebuch schreiben. „Wir schrieben unsere Namen und sprachen von seiner Gastlichkeit, fügten aber einen diskreten Hinweis hinzu, um andere zu warnen, dass das Privileg, von einer Mama von einhundert Jahren empfangen zu werden zu einer Rechnung führen würde, deren Höhe im direkten Verhältnis stehen würde zu ihrem ungewöhnlichen Alter und ihrer unerschöpflichen Energie."

Es ist ganz amüsant, aber auch britischer Kolonialstil: etwas eng und von oben herab. Man kann nur hoffen, dass Pilger in heutigen Zeiten sich anders äußern würden. Was für ein Segen, dass an einem derart abgelegenen Ort sich überhaupt jemand finden würde, der das Heiligtum erklärt und Gastlichkeit erweist. Im Iran während der Herrschaft des Schahs kamen wir nach einer langen Wüstenreise an ein Hotel, das von der Regierung betrieben wurde und sich als geschlossen ausgab – obwohl offizielle Anschläge sowie unsere bestätigte Buchung das Gegenteil aussagten. In einem andern wurden wir extrem geschröpft, weit über die amtlichen Preise hinaus, und als wir protestierten, wurden unsere Pässe konfisziert und bewaffnete Polizei gerufen. Der Pilger kann sich nicht unbedingt darauf verlassen, dass die Dinge vernünftig oder fair gehandhabt werden, entsprechend westlicher Usancen. Die Menschen am anderen Ende der Wallfahrt verfolgen ihre eigenen Ziele.

Die Reise der Seele
Diese Illustration eines Manuskripts aus dem 15. Jahrhundert stellt die innere Pilgerfahrt als eine Reise durch eine symbolische Landschaft dar.

SCHUTZENGEL

Der Umstand, der die Schwierigkeit oder die mögliche Gefahr erzeugt, ist oft auch der Faktor, welcher Abenteuer schafft. Meine Reisen während meines Lebens sind meist weltlicher

Natur gewesen, aber sie mögen dennoch als Beispiel dafür dienen, dass die Vorsehung – oder wie immer Sie das nennen wollen – niemals schläft. Wenn wir als junge Studentinnen in den frühen 60er-Jahren nicht zu abgebrannt gewesen wären, um irgendwo anders als am Strand zu schlafen, nachdem wir in Kreta in der Nacht von der Fähre gingen, wären wir auch am nächsten Morgen nicht von besorgten Frauen aufgeweckt worden, die Frühstück und warmes Waschwasser brachten. Wir wären nicht eingeladen worden, am Mittag in ein Haus zu kommen, das in die Felsenklippen hineingeschlagen worden war: einfach, klein, makellos. Wir hätten nicht das biblische Erlebnis gehabt – das für vier britische Mädchen sowohl peinlich wie überwältigend demutsvoll war –, dass unsere Gastgeberin unsere Füße wusch. Wir wären nicht in ein grobes, aber frisch und weiß bezogenes Bett gesteckt worden, nur um am nächsten Morgen aufzuwachen und festzustellen, dass alles, was wir hatten, gewaschen, getrocknet und gebügelt worden war. Wir wären nie einer solch gütigen und großherzigen Frau begegnet und hätten nie etwas vom Geschenk der Liebe erfahren, das ohne Erwartung von einer Fremden an Fremde gegeben wurde.

Aber mein Ehemann war immer bereit, wenn jeder andere mich im Stich ließ, und ging mit mir dorthin, wohin mich unser Herr sandte, und er vertraute dabei immer darauf, dass alles zum Besten war.

Das Buch von Margery Kempe (1436)

Wenn in den späten 70er-Jahren Sturzfluten nicht die Straße auf unserem Weg zur persischen Wüstenstadt Jazd mit ihren „Türmen des Schweigens“, auf denen die Toten gemäß der Zoroaster-Religion der Parsen noch bis in unsere Zeit hinein den Elementen übergeben wurden, verwüstet hätten, wäre meine Familie nie einem Schutzengel begegnet. An unserem Startpunkt schüttelte jeder den Kopf und meinte nur: „Die Straße ist geschlossen.“ Unser „Engel“ wartete, bis wir düsteren Sinnes unseren Tee ausgetrunken hatten, und deutete dann auf seinen Tanklastzug. Wir fuhren ihm mehr als 150 Kilometer hinterher, durch Dörfer, in denen das Wasser die Straße blockierte, wobei wir die Furche im Wasser, die er freifuhr, nutzten und uns wie die Kinder Israels bei der Durchquerung des Roten Meeres fühlten. Dorfbewohner kamen nach draußen, um sich das Spektakel mit anzusehen. Es war verrückt – und meisterlich. Als wir uns verabschiedeten, wollte er unseren Dank kaum annehmen, viel weniger einen greifbaren Lohn seiner Mühen. Es war seine Art, sich um Fremde zu kümmern. Er akzeptierte jedoch ein Andenken für seine Frau, um sich an uns und unser Abenteuer zu erinnern.

Wenn ich als englische Protestantin spreche, finde ich es beschämend, dass die Geschichte von Tobias und dem Engel in den Apokryphen versteckt worden ist, und nicht in der kanonischen Bibel. Sie ist eine Geschichte der heiteren Gemütsruhe. Sie erzählt davon, wie Gott zwei Gebete erhört, das eine von Tobit in Ninive, das andere von Sara in Ekbatana. Beide sind arm und wollen sterben. Tobit erinnert sich plötzlich, dass er jemandem in Rages (nahe Teheran) Geld geliehen hat. Sein Sohn Tobias soll es holen, kennt aber den Weg nicht. „Suche dir einen Mann, der mit dir geht, und ich werde ihn dafür entlohnen. Deshalb ging Tobias, um einen Mann zu suchen, und er fand Raphael, der ein Engel war. Aber er erkannte ihn nicht und sagte ihm: Kannst du mit mir nach Rages gehen?"

Gottes Plan entfaltet sich nun: Tobias und der Engel sowie Tobias Hund ziehen nach Rages und kommen dabei über Ekbatana, wo Tobias Sara heiratet (und damit deren Problem löst) und dann das Geld zurückbringt (womit Tobias Problem gelöst wird). Sie wollen Tobias Begleiter entlohnen und mit ihm das Geld teilen. „Dann nahm er sie zur Seite und sagte ihnen: Ich bin Raphael, einer der sieben heiligen Engel, welche die Gebete der Heiligen präsentieren und vor dem Heiligen Einen ein- und ausgehen." Sogar der Hund des Tobias kommt heim, um sich am „Und sie-lebten-glücklich-bis-ans-Ende-ihrer-Tage" zu beteiligen (Tobias 11,4).

Das ist gerade für Pilger ein gutes Gleichnis. Gott, die Vorsehung, das Leben besitzen eine unnachahmliche Weise, uns das zu senden, was wir brauchen, wenn wir es brauchen (obwohl wir die Erlösung nicht immer erkennen, wenn wir sie sehen), und die uns auf unseren Weg Menschen entgegenschickt, die in unser Schicksal positiv einwirken. Selbst wenn Sie bislang nicht sehr weit über Ihren Wohnort hinaus gereist sind, werden Sie sich sicher an eigene derartige Erlebnisse erinnern.

O jeder Regen und Tau, segnet den Herrn:
Lobt und preist ihn über alles ewiglich.

O Feuer und Hitze, segnet den Herrn:
Lobt und preist ihn über alles ewiglich.

O Frost und Schnee, segnet den Herrn:
Lobt und preist ihn über alles ewiglich.

O Blitze und Wolken, segnet den Herrn:
Lobt und preist ihn über alles ewiglich.

O lasst die Erde den Herrn segnen:
Lobt und preist ihn über alles ewiglich.

Apokryphen, *Das Lied der Drei Heiligen Kinder, Verse 42, 44, 50–52*

Brücken bauen

Wenn Sie der Pilgerstraße folgen, wird es immer Menschen geben, die – wenn Sie das annehmen – Ihre Reise bereichern mit Geschichten von anderen Tagen und anderen Orten und mit ihren Beobachtungen entlang des Weges. Landschaftshistoriker und Naturforscher geben gute Reisegefährten ab, wie jeder, der ein waches Auge hat, das offen für das Schöne und das Besondere ist. Andere wieder werden Ihre intellektuelle Reise als Mensch intensiver machen und Ihr Verständnis dafür vertiefen, Ihr eigenes Leben besser zu verstehen und Ihren Horizont zu erweitern.

Manchmal werden das Erlebnisse sein mit Menschen, die in der gleichen Lage sind, wie bei der internationalen Militärwallfahrt nach Lourdes, die immer im Juni stattfindet. Dieses gut organisierte dreitägige Ereignis mit Tagen der Belehrung, Taufe, Konfirmation, Erstkommunion und Lobpreis Gottes bringt rund 20000 Soldaten aus 20 Ländern zusammen, die sich über ihre Hoffnungen und Ziele für ihr Privatleben und ihr militärisches Berufsleben austauschen – und im Geiste der Versöhnung auch über die Zukunft.

Manchmal bringen Pilgerfahrten eher gegensätzliche Menschen zusammen. Irawati Karve machte ihre Wallfahrt in einer Gruppenreise von Brahmanen und Marathis. Obwohl sie alle zum selben Ziel pilgerten, führten sie auf der Reise dorthin doch mehr oder weniger getrennte Leben: Sie kochten, aßen und schliefen getrennt. „Alle Menschen waren sauber und aßen ihre Speise erst, nachdem sie sich gewaschen oder gebadet hatten. Warum also diese Trennung? War all dies gemeinsame Wandern, die gemeinsamen Gesänge und Rezitation von Gedichten Heiliger nur auf die Einheit in der anderen Welt gerichtet, während wir in dieser unsere Getrenntheit aufrechterhielten?" Diese Frage beschäftigte sie die ganze Zeit, und sie

Die nukleare Kette (ver)bannen

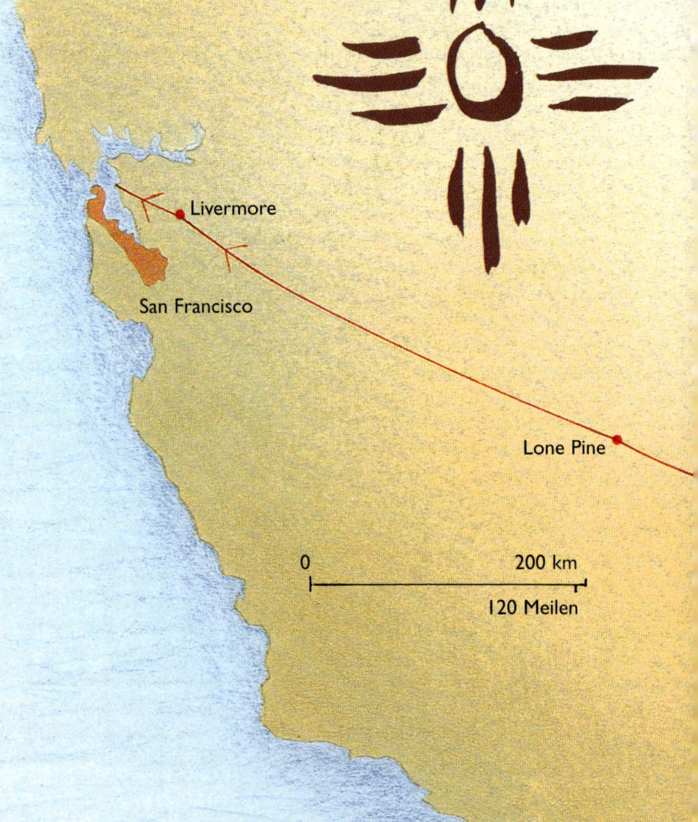

Von einem Franziskaner-Priester inspiriert, der zehn Jahre lang Heilerde von Chimayó, einem Wallfahrtsort in Neu-Mexiko, zu den Atomforschungslabors von Los Alamos brachte, trug eine internationale Pilgergruppe 50 Jahre nach der Geburt des Atomzeitalters Heilerde von dort über den Weg, den die ersten Atombomben genommen hatten. Unsere Absicht war, mit Kreativität und Mitgefühl diese Straße der Zerstörung erneut zu beschreiten. Wir wollten die Bewusstheit auf die nukleare Kette richten, sie greifbar machen und Menschen anstoßen, darüber nachzudenken und in jeder Phase selbst zu handeln.

Die Pilgerreise des Atomic Mirror (Atomarer Spiegel) begann am 14. Juli 1995 beim Santuario de Chimayó mit einer Eröffnungszeremonie, die von Rabbi Lynn Gottlieb geleitet wurde. Sechsundzwanzig PilgerInnen verschiedener Herkunft, Nationalität und Glaubensrichtungen machten sich auf den Weg. Sie sind in der Überzeugung vereint, dass Atomwaffen als illegal erklärt und vernichtet werden und dass Atomkraft auslaufen sollte, um so die menschlichen und natürlichen Ressourcen freizusetzen, die wahren menschlichen Bedürfnisse zu erfüllen.

Im Los-Alamos-Labor überbrachte Yoshi Tsukishita, der Hiroshima überlebt hatte, das Feuer der Atombombe, das er vom Friedenspark in Hiroshima geholt hatte, an den Ort seiner Entstehung. Auf dem Raketentestgelände von White Sands versammelten wir uns mit 1000 anderen Menschen am Trinity Site (s. Bildlegende), um den 50. Jahrestag der ersten Atomexplosion der Welt zu begehen. Wir führten eine kleine Zeremonie durch beim Obelisk, der den Zündort markiert, und ließen Gaben von Heilerde und Papierkranichen an seinem Fundament.

Nach diesem ersten Wochenende führten wir unsere weitere Reise bis zum 9. August in einer Gruppe von zwölf Pilgern durch. Wir besuchten Orte entlang jeder Phase der nuklearen Kette: Uranminen im Navajo-Land in Neu-Mexiko und Arizona, Atomtestgelände in Nevada, Atommülldeponien im westlichen Shoshone-Land und auf dem Gebiet der Mescalero-Apachen sowie die von Atombomben zerstörten Städte Hiroshima und Nagasaki.

Wir trugen vier Elemente mit uns – Erde, Wasser, Luft und Feuer –, welche bei der Eröffnungszeremonie geweiht worden waren. Die Heilerde stammte aus Chimayó; das Wasser vom Berg Shasta in Kalifornien, einem heiligen weißen Berg und Bruder des Fuji in Japan; Luft, symbolisiert durch einen Fächer von Eulenfedern, ein Geschenk des Umatilla-Volkes aus dem Staate Washington; und schließlich Feuer, das an der ewigen Flamme im Friedenspark in Hiroshima entzündet worden war. Den Menschen von Hiroshima und Nagasaki brachten wir Geschenke von Menschen und Gemeinden der nuklearen Kette und aus Hanford, Washington, und Oak Ridge, Tennessee, den Erzminen für das Plutonium und Uran der ersten beiden Atombomben.

Im Zendo des Green Gulch Zen Center im Marin County, Kalifornien, und in der Weltkathedrale für den Frieden in Hiroshima führten wir eine feierliche Aufführung durch von „Der atomare Spiegel: Nachdenken über unsere nukleare Geschichte". Die überlebensgroßen Banner zorniger und schützender Göttinnen von Mayumi Oda umgaben uns, und Edi Hartshornes Musik trug uns. In Crane Harbor in Nagasaki übergaben wir dem Bürgermeister Iccho Ito die heilenden Gaben der vier Elemente, die wir die ganze Reise hindurch mitgetragen hatten.

Wir begannen jeden Tag mit einem Kreis der Überlegungen, in dem jeder seine Gedanken und Gefühle über unsere Erlebnisse und Aktivitäten austauschen konnte. Manchmal beendeten wir die Tage auch mit diesem Kreis. Wir kochten zusammen, aßen zusammen, nächtigten draußen, entdeckten unsere jeweiligen Fertigkeiten, diskutierten miteinander, während wir uns dem nuklearen Schatten der USA stellten, der immer noch dunkel und lebendig ist, und unseren eher privaten Schatten. Wir wurden zu einer Gemeinschaft. Zusammen traten wir öffentlich auf, um die Vernichtung von nuklearem Material

Die Straße der Heilung
Die Pilger versammelten sich in Albuquerque, um zur Zeremonie nach Chimayó zu reisen und dann weiter nach Los Alamos, wo die Atombombe entwickelt wurde. Nach Besuchen am „Trinity Site" (der Zündort der ersten Atombombe heißt seltsamerweise tatsächlich „Ort der Heiligen Dreieinigkeit", d. Ü.) nahe Socorro und in Laguna und anderen Uranminenstädtchen fuhren sie weiter zum Testgelände in Nevada und zum Atomlabor bei Livermore. Der nächste Abschnitt war der Flug von San Francisco, von wo aus die Bombe nach Hawaii verschifft worden war, dann weiter nach Pearl Harbor und Osaka. Die Reise endete am 50. Jahrestag der Atombombenabwürfe in Hiroshima und Nagasaki.

Die Pilger des Atomic Mirror („Atom-Spiegel") am Window Rock in Arizona. Die Autorin ist die Dritte von links.

zu fordern, wir hielten Zeremonien gemeinsam ab und gaben den gastgebenden Gemeinden gemeinsam heilende Geschenke.

Pamela Meidell lebt in Kalifornien, wo sie Atomic Mirror leitet und mit Künstlern, Schriftstellern und Filmemachern zusammenarbeitet, um eine atomfreie Welt zu schaffen.

schloss sich erst dieser Gruppe an, um mit ihnen zu essen, und dann der anderen, um Freundschaften zu gründen, die über die soziale und rassische Teilung hinausreichten, und so lernte sie, ihre eigene mentale Brücke zu bauen.

Auch Christopher Somerville baute Brücken, als er sich an der Wallfahrt für die Obdachlosen 1995 beteiligte. Wie Chaucers Pilger vor 600 Jahren zogen sie von London nach Canterbury. Anders als Chaucers Gruppe, die ritt, marschierten sie die über 100 Kilometer zur Kathedrale, um Blumen am Grab von Dick Shepard niederzulegen, dem Gründer der Sozialhilfe St. Martin für Soldaten aus dem I. Weltkrieg, die heimatlos geworden waren. Diese Wallfahrt, die auch durchgeführt wird, um Spenden für die Obdachlosen zu sammeln, findet jeden Mai statt. Mitarbeiter der Sozialhilfe, Freunde und Obdachlose nehmen daran teil. Sie teilen die Unbequemlichkeiten – Blasen an den Füßen, harte Kirchenschlafböden – und die Freuden des Weges. „Sonntag wurde zum Gesangstag: Wir arbeiteten uns vor vom Brot des Himmels zu Seeliedern und zurück zu Spirituals." Sie teilen ihre Gedanken über das Leben: „Manche ihrer Geschichten waren so unflätig und komisch wie bei Chaucer. Andere stachen scharf in meine Selbstzufriedenheit hinein: Berichte von Demütigungen von Obdachlosen oder von Arbeit am letzten Platz in der Gesellschaft für Menschen, die im Sozialhaufen ganz unten lagen."

Aus solchen Reisen entstehen Brücken, die zugleich wundervoll und voller Offenbarungen sind. Es war nicht das Geringste, was Malcolm X von seiner Wallfahrt nach Mekka 1964 zurückgebracht hatte: die Erkenntnis, dass schwarze und weiße Muslime gemeinsamen spirituellen Boden unter den Füßen hatten.

Es gibt drei Handlungen im Leben eines Mannes, worin ihm kein anderer zu- oder abraten sollte. Das erste ist der Ehevertrag, das zweite ist der Kriegsgang und das dritte ist der Besuch des Heiligen Grabes. Ich sage, dass diese drei Handlungen an sich gut sind, aber leicht übel ausgehen können.

Brief von Graf Eberhart von Württemberg an Felix Fabri (1893)

Lernen und Wachsen

Von anderen zu lernen, die auch auf dem Weg sind, ist Teil der weltweiten spirituellen Bemühungen. So verlässt der Schamanenlehrling der Akawaio in Guyana meist sein Heimatdorf und wandert kreuz und quer durchs Land, lernt neue Redeweisen und beobachtet andere Menschentypen, die er in seinen Séancen benutzt, seinen Geisterflügen. Auf der anderen Seite der Welt und in einer anderen religiösen Tradition bereitet Peter Nott, der Bischof von Norwich, die 900-Jahr-Feier der Gründung der Kathedrale von Norwich vor, indem er durch seine Diözese pilgert und zwischen Mai 1995 und Ostern 1996 Gemeinden in jedem Landkreis von Norfolk besucht. Er kommt mit dem Verkehrsmittel an, wie es gerade passt: in einem Frachtensegler oder im Kanu, mit der britischen Eisenbahn oder im Sherman-Panzer, auf dem Pony oder im Segelflugzeug, im Feuerwehrauto oder auf dem Bohnenerntegerät, auf dem Traktor oder einem heißen dreirädrigen Motorrad. Manchmal kam er auch weniger spektakulär auf dem Pferd oder zu Fuß. In jedem Fall war es aber immer anders, als die Menschen es von einem Bischof erwartet hatten. Die so gewonnene Aufmerksamkeit nutzte er, um auf den Zweck seiner Reise hinzuweisen und neue Brücken zu bauen. Er schreibt: „Bei christlichen Wallfahrten geht es immer um zwei Arten von Reisen: eine äußere und eine innere. Meine Absicht ist, nicht nur Menschen zu treffen, sondern sie einzuladen, eine gemeinsame geistliche Reise zu unternehmen."

Natürlich ergibt sich nicht immer eine Gelegenheit zur Begegnung und zum Austausch. Heutzutage steht es mehr Menschen frei als je zuvor, Wallfahrten zu unternehmen, weil das Reisen leichter ist – aber gleichzeitig ist man weniger mit anderen zusammen. 1838 brach ein Maure aus Mauretanien namens Ahmad, ein frommer, gebildeter Mann, der vor vielen anderen Pilgern den Vorteil hatte, einen arabischen Dialekt zu sprechen, gen Arabien auf. Er zeichnete seine sechsjährige Reise in dem Buch *Die Pilgerfahrt des Ahmad, Sohn des kleinen Paradiesvogels* auf. Sie vertiefte nicht nur seinen Glauben, sondern brachte ihn in Kontakt mit zahlreichen Gelehrten und Gläubigen der islamischen Welt, die ihr Wissen und ihre Bücher mit ihm teilten (er brachte über 400 nach Hause zurück, von denen er viele als Geschenk erhalten hatte). Heute fliegen die westafrikanischen Pilger nach Jeddah, fahren mit dem Bus nach Mekka, um dort ihre Wallfahrt durchzuführen, werden nach Jeddah zurückgebracht und fliegen wieder nach Hause. Die Seitenwege, die Ahmad an zahlreiche andere heilige Stätten des Islam führten, werden kein Teil ihrer Erfahrung, weil sie an einer strikt durchgeplanten Wallfahrt teilnehmen.

Im besten Fall jedoch führen Pilgerabenteuer Sie genau zu den Menschen, die Sie unbedingt treffen müssen, die Ihnen Hinweise und Hilfen für Ihr Leben und für Ihre spirituelle Entwicklung geben können. Der unbekannte Autor des Buchs *Der Weg des Pilgers,* einer von vielen russischen orthodoxen Christen, die in Pilgerkleidung in der Nachfolge Christi umherzogen und ihre Speise erbettelten, weihte sein Leben, bis zum letzten Atemzug, um das Jesus-Gebet zu sprechen. Er entschied sich, nach Sibirien zu ziehen, weil er meinte, dass er in den Wäldern und Steppen in größerer Stille und deshalb mit weniger Ablenkung vom Gebet einherwandern könnte. Sein letztes Ziel war Jerusalem, aber das schien er aus den Augen verloren zu haben, weil er von Heiligtum zu Heiligtum zog – und dabei wundersame Dinge zu sehen bekam wie den Fußabdruck der Mutter Gottes in Pochaew – und dabei Russland nie verließ. „Natürlich bekümmerte mich zunächst, dass ich nicht in der Lage war, meinen Wunsch auszuführen, nach Jerusalem zu wandern, aber ich dachte nach und fand, dass auch das nicht ohne göttliche Vorsehung so geschehen war. Das stimmte dann auch, denn ich begegnete vielen Menschen, die mir Dinge zeigten, die ich nicht wusste. Falls die Notwendigkeit dazu nicht existiert hätte, wäre ich meinen spirituellen Wohltätern nie begegnet."

Auch auf Ihrer persönlichen spirituellen Reise entwickeln sich die Dinge vielleicht nicht so, wie Sie erwarten. Sie finden das am Ende vielleicht noch nicht einmal sehr schön. Darin liegt die Schwierigkeit, aber auch das Abenteuer. John Bunyan soll das letzte Wort haben: „Manche haben sich auch gewünscht, dass der kürzeste Weg zu ihres Vaters Haus hier wäre, damit sie nicht mehr von Hügeln oder Bergen auf ihrer Reise behindert würden: Aber der Weg ist der Weg, und es gibt ein Ende des Weges."

VI *Auf halbem Weg –*

KAPITEL 6

„Selbst in der Nacht, wenn ich schlief, träumte ich, dass ich wanderte, und als ich am nächsten Morgen aufstand, war ich überrascht, noch am selben Ort zu sein, wo ich eingeschlafen war.“ Das schrieb die indische Anthropologin Irawati Karve 1962 über ihre Wallfahrt nach Maharashthra. Wie bei einem sehr langen Flug oder einer langen Bahnfahrt wird die Bewegung zur Norm: Ein gewisser Automatismus setzt ein. Falls das Ihr körperlicher Zustand ist, kann er hilfreich sein. Wenn das jedoch Ihr geistiger Zustand ist, dann passen

weiter oder zurück?

Sie auf! Auf halbem Weg ist Ihre Reise an einem genauso kritischen Punkt, wie damals, als Sie Ihre Schwelle überschritten haben. Sie sind an der Stelle, die bei den Hindus *Tirtha* heißt, ein heiliger Zusammenfluss oder eine Kreuzung – ein Begriff, der für viele verschiedene Facetten des spirituellen Lebens zutrifft. Es kann der Schrein am Ende der Wallfahrt sein, Eltern oder ein/e liebevolle/r Partner/in, ein Lehrer, heilige Schriften, Tugenden. Tirtha ist der Hauptplatz, den man überquert, um an einen noch besseren Ort zu gelangen.

Der Punkt, an dem Sie jetzt angelangt sind, ist ihr „letzter Aufruf". Sie können sich immer noch entscheiden, weiterzugehen oder umzukehren. Pilgerschaft ist eine Bewegung zwischen zwei Polen, die bei der äußerlichen Wallfahrt meistens das eigene Zuhause und der Ort eines Ideals ist. Diese Orte sind meist festgelegt, aber nicht immer, wie bei den Zigeunern und Nomaden bzw. bei mobilen Göttern, wie sie zum Beispiel von den spirituellen Baptisten auf Trinidad gesucht werden.

Selbst dort, wo diese Pole nicht fixiert sind, sowie bei der inneren Pilgerfahrt zwischen den Polen von Ich und Gott gibt es immer eine Bewegung, nämlich vom Problem zur Antwort. Die Lösung ergibt sich, wenn man den Raum dazwischen überquert, indem man vom Vertrauten zum Anderen wandert, vom Unvollkommenen zum Vollkommenen, vom Menschlichen zum Göttlichen. Sie haben nun den halben Weg dieses Zwischenraums zurückgelegt, und jetzt ist Zeit zur Reflexion, um zu schauen, wie weit Sie vorangekommen sind, wie weit es noch ist, ob Sie rein körperlich den Pilgerweg weiter beschreiten können – und ob Sie das (noch) brauchen.

Erinnern Sie sich an den russischen Wallfahrer aus dem 5. Kapitel? Er „musste" nicht nach Jerusalem wandern. Im Gegenteil: Er durfte das gerade nicht (mehr) tun. Falls er das Erreichen von Jerusalem zu seiner Priorität gemacht hätte, wäre er nicht den spirituellen Ratgebern begegnet. Er vollbrachte, was er angestrebt hatte. Er hatte mit einem Ziel begonnen (Jerusalem), das Teil eines größeren Sinns war (spirituell zu wachsen). Er erreichte das zweite, obwohl – oder vielleicht weil – er das erste überging.

Als er nun auf dem Hügel oben angekommen war, liefen ihm zwei Männer entgegen, des einen Name war Schüchtern, des anderen Misstrauen, denen Christlich sagte: Ihr Herren, warum lauft ihr in die falsche Richtung? Schüchtern antwortete, dass sie auf dem Weg zur Stadt Zion und bis zu diesem Ort gekommen wären, aber je weiter sie gingen, desto mehr Gefahren begegneten ihnen, und deshalb seien sie umgekehrt und nach Hause gegangen. Ja, sagte Misstrauen, gerade vor uns lagen zwei Löwen auf dem Weg, und wir konnten gar nicht anders als davon ausgehen, dass sie uns in Stücke reißen würden.

John Bunyan,
Der Pilgerweg, Teil I (1678)

Als er nun weiterging, konnte er direkt vor sich zwei Löwen sehen. Jetzt, dachte er, sehe ich die Gefahren, die Schüchtern und Misstrauen zurückgetrieben haben. (Die Löwen waren angekettet, aber er sah die Ketten nicht.) Dann fürchtete er sich und dachte auch daran, umzukehren, denn er meinte, nur den Tod vor sich zu sehen. Aber der Pförtner bei der Herberge, dessen Name Wachsamkeit war, rief, als er sah, dass Christlich umkehren wollte: Ist deine Kraft so gering? Fürchte dich vor den Löwen nicht, denn sie sind angekettet.

John Bunyan
Der Pilgerweg, Teil I (1678)

ZIEL UND SINN ERKENNEN

Es ist von vitaler Bedeutung für den Pilger, Ziel und Sinn klar zu kennen. Oft wird ein unausgesprochener Wunsch, etwas anderes zu tun, den erklärten Zweck sabotieren. Hören Sie auf Ihre Sprache. Wenn Sie Sportübungen beginnen wollen, sprechen Sie dann davon, dass Sie „in Form" kommen oder dass Sie sich „fit halten"? Bei der ersten Aussage geht es wahrscheinlich mehr um das Aussehen, und wenn man nicht ziemlich narzisstisch ist, mag dieses Motiv nicht stark genug sein, dass Sie auch im Winter Ihr Training fortsetzen, wenn Sie keiner in Ihrer Winterkleidung überhaupt erkennt. Was

Sie tun wollen, sollte davon abhängen, was Sie damit wirklich erreichen wollen.

Ziele sind klein, Sinn ist groß. Wenn König Alfred nur Ziele gehabt hätte, wäre er nicht der einzige englische König, der jemals den Beinamen „der Große“ trägt. Sein Leben war hart und kurz; als er 899 starb, war er gerade etwas mehr als 50 Jahre alt. Trotz chronischer, ihn oft sehr schwächenden Krankheiten verbrachte er sein Leben mit dem Kriegshandwerk und versuchte, die Wikinger daran zu hindern, dieses Land zu überrennen. Die kurzen Friedenszeiten nutzte er – in einer Zeit, in der die meisten Könige nicht lesen und schreiben konnten –, um sich weiterzubilden, damit er andere bilden konnte. Er revitalisierte das monastische Leben und sein fortdauerndes Lernen, die sich beide im Niedergang befanden, als er auf den Thron kam. Er erlebte wenige Erfolge und viele Rückschläge. „Und doch“, sagte sein Biograf Asser, der ihn kannte, „nachdem er einmal das Steuer des Königreichs übernommen hatte, kämpfte er wie ein hervorragender Kapitän, um sein Schiff zu führen. Er erlaubte sich nicht, hin und her zu rollen und zu irren, obwohl der Kurs durch viele Strudel führte.“

Wenn der Geist zwischen vielen Dingen auf einmal zerstreut ist, ist er weniger wirksam. Denn wenn ein Mensch seine Beständigkeit verliert, die er in sich tragen sollte, dann verlockt ihn sein Gemüt zu vielerlei nutzlosen Beschäftigungen. Er ist dann wie ein Mensch auf einer Reise, der sich so mit den Dingen beschäftigt, dass er am Ende gar nicht mehr weiß, wohin er eigentlich gehen wollte.

König Alfreds Übersetzung (ca. 890) von Papst Gregors Pastoralseelsorge, *Kapitel IV*

In dieser überragenden Beständigkeit lag Alfreds Größe. Die direkt nachfolgenden Generationen sahen in ihm keinen großen Leistungsträger: nicht wie seinen Enkel Aethestan, der die Wikinger vernichtend schlug und das angelsächsische England endlich vereinigte, nicht wie seinen Urenkel Edgar, dessen Herrschaft eine Blüte christlicher Bildung erlebte. Historiker, die jedoch vom 12. Jahrhundert aus zurückblickten, erkannten die wahre Qualität des Königs, den sie den „Darling der Engländer“ nannten. Er hatte viele seiner Ziele nicht erreicht – wie jenes, eine Flotte zu bauen, um die Wikinger auf See zu schlagen –, jedoch seinen großen Zweck erreicht: sein Leben als ein christlicher König zu führen und die Fundamente für ein einheitliches zivilisiertes christliches Königreich zu legen, auf denen andere weiterbauen konnten.

Weitergehen oder umkehren?

„Umkehren wäre genauso mühevoll, wie weiterzugehen", sagt Shakespeares Macbeth. Er stak in einem moralischen Dilemma, aber die Worte besitzen eine räumliche Bedeutung. Wie jeder Wanderer weiß: Auf halbem Wege umzukehren, weil der Weg schlecht ist, macht nicht viel Sinn. Man kann genauso gut weitergehen und sehen, was passiert: Der Zustand des Weges kann sich weiter verschlechtern oder aber besser werden. Zumindest wird man die Ablenkung durch eine andere Landschaft genießen können.

Häufig haben Pilger, die körperliche Schwierigkeiten erfahren, keine echte Halb-und-halb-Entscheidung. Eric Newby erzählt in seinem Bericht *Eine kurze Wanderung im Hindukusch* davon, dass er einmal seine italienischen Stiefel auszog und feststellte, dass seine Socken ganz blutig waren. Obwohl er nur etwa drei Stunden und 15 Kilometer gewandert war, sahen seine Füße aus, als ob sie gehäutet worden wären. „Die Dorfbewohner machten pfeifende Geräusche, als sie die Bescherung sahen. Sie alle kannten den Wert von Füßen im Hindukusch." Sein Reisegefährte Hugh Carless fragte ihn, ob er nach Kabul zurückkehren wollte. Weiterzugehen schien verrückt zu sein: Es gab gar keine Chance, dass seine Füße heilen könnten, da sie jeden Tag ja viele Meilen gehen mussten. Dann überlegte er, was er alles getan hatte, um immerhin so weit zu kommen: Er hatte seine Arbeit gekündigt, seine Wohnung untervermietet, seine Kinder aus der Schule genommen und jetzt schon viel Geld ausgegeben. Wenn er nach Kabul zurückkehrte, würde damit auch Hughs Traum, den Mir Samir zu ersteigen, und sein eigener, ein Forscher zu werden, ausgelöscht. Nachdem er das alles bedacht hatte, entschloss er sich: „Es schien keine andere Alternative zu geben, als weiterzumarschieren. Die Tatsache, dass es wirklich keine andere Alternative gab, verstörte mich ziemlich."

Wenn wir daraus etwas lernen (mit der Ausnahme natürlich, wenn es sich um eine medizinische Notsituation handelt!), dann können auch wir bei Problemem überlegen: Was haben wir schon geschafft, wie weit sind wir physisch und/oder spirituell gekommen? Wir sind auf einer Straße, real und metaphorisch, die viele nie den Mut haben zu bereisen. Ihr Herz mag weich werden und Ihr Geist schwach, wenn Sie daran denken, was noch alles geschafft werden muss: noch mehr Kilometer, noch mehr Gesellschaft oder Einsamkeit, noch mehr Anstrengung, nach innen zu horchen, um herauszufinden, was Sie wirklich suchen.

Erinnern Sie sich wie Newby nicht nur an Ihre unmittelbaren Ziele (in seinem Fall die Erkundung der Berge), sondern an den dahinter liegenden Sinn (in seinem Fall der Wunsch, ein Forscher zu werden). Gehen Sie zu Ihrer ursprünglichen Entscheidung zurück, nehmen Sie wieder Kontakt auf mit dem Ideal, das Sie überhaupt auf diesen Weg brachte. Ist Ihr Sinn immer noch klar und stark, oder wird er verwässert und trüber, je weiter Sie sich von seiner Herkunft entfernen? Brauchen Sie größere Klarheit?

Den Geist klären: Mittel und Wege

Menschen benutzen unterschiedliche Mittel, um zu klaren Entscheidungen zu gelangen: ein einsamer Spaziergang, Laufen, Yoga, Singen, Gebet, Meditation – alles, was beruhigt, belebt und ihnen hilft, konzentrierter zu sein. Andere verwenden Methoden, die sie in Selbsthilfekursen erlernt haben.

Auf einer Pilgerfahrt können Sie, wenn alles andere nicht geholfen hat, eine Münze hochwerfen. Ich meine das wörtlich. Das heißt nicht, dass Sie die Entscheidung dem Zufall überlassen sollen. Wenn Sie Ihren Unglauben wirklich beiseite stellen und das Spiel „echt" spielen, als ob Sie bereit wären, sich dem Ergebnis zu fügen, kann die Münze Ihnen in einem einzigen Moment zeigen, was Sie wirklich nicht wollen. Zahl – nach Hause gehen? Ich? Alle rationalen Argumente dafür und dagegen sind plötzlich umgangen, und Ihre tiefsten Wünsche brodeln an der Oberfläche hervor – angesichts des „Widerstands" gegen einen Münzwurf, dem Sie „eigentlich" so doch nicht folgen wollen.

Die antiken Orakel von Delphi und Cumae wirken genauso wie I-Ging-Münzen oder Tarot-Karten: Vom Rationalisieren der linken Gehirnhälfte kommen wir zur intuitiven, schöpferischen Problemlösung der rechten und erhalten echte Antworten. Die Antworten liegen immer im Inneren. Wie Cassius in Shakespeares *Caesar* sagt: „Der Fehler, lieber Caesar, liegt nicht bei unseren Sternen, sondern in uns selbst."

Hier spielt Ihr Pilgertagebuch eine Rolle. Bedenken Sie die ursprünglichen Gründe für Ihre heilige Reise. Dann prüfen Sie sich selbst. Lesen Sie Ihre eigenen Eintragungen. Sie haben Sie Tag um Tag niedergeschrieben, und sie werden Sie nicht belügen (wie es Ihr Gemüt derzeit vielleicht tun würde wegen der jetzt herrschenden Umstände). Sie entdecken vielleicht eine ungewöhnliche Leichtigkeit des Herzens, einen allmählichen Verlust der Angst vor dem Unbekannten, eine gesteigerte Fähigkeit, im Hier und Jetzt zu leben. Vielleicht erstaunt Sie die Stärke Ihrer Reaktion gegenüber der Umwelt oder die Wahrnehmungs- oder Ausdruckskraft, von der Sie gar nicht wussten, dass Sie sie besitzen. Falls Sie erwartet hatten, dass Ihre heilige Reise ernst, leidvoll und einsam sein würde, sind Sie jetzt vielleicht überrascht, Fröhlichkeit und Genuss in einer unfreiwilligen Gefährtenschaft auf der Straße zu erleben.

Andererseits entdecken Sie möglicherweise auf Ihren Tagebuchseiten ein Selbst, das seinen Weg mehr und mehr verliert und das sich immer einsam fühlt, ganz gleich, ob es allein ist oder in einer Menschenmenge. Dieses Selbst fühlt sich vielleicht wie ein Idiot („Was mache ich hier eigentlich mit diesem Haufen blöder Leute / allein sitzend und wartend darauf, dass ein Wunder geschieht?"), enttäuscht („Heiliger Pfad? Von wegen, vierspurige Autobahn / Innere Reise? So weit, so langweilig"), erschreckt („Wo ist mein Gepäck? / Gibt es hier Bären?"), schockiert („Warum verkauft eine Religion Kitsch? / Warum denke ich ans Essen, wenn ich meditiere?") oder einfach nur körperlich ausgepumpt („Meine Füße fallen bald ab / Warum hört diese Frau nicht auf zu reden?"). Wenn Ihr Tagebuch Ihnen solche Dinge sagt, dann ist es Zeit, nicht darüber nachzudenken, wo Sie sind und wohin Sie wollen, sondern wer Sie sind.

Die Wallfahrt gebührend feiern
Dieses fröhliche und farbige Gemälde von Buraq, dem Zauberpferd, das Mohammed in den Himmel brachte, verkündet allen, dass der Hausbesitzer die Wallfahrt nach Mekka durchgeführt hat.

Die hl. Teresa von Ávila schrieb: „Ich bitte diejenigen, die noch nicht nach innen gegangen sind, es jetzt zu tun; und jene, die damit begonnen haben, dass der Kampf sie nicht veranlasst umzukehren." Der Kampf findet in uns selbst statt. Jetzt ist die Zeit endlich da, Erwartungen und ihre Begleiter, die Urteile, loszulassen. Es kann sein, dass das jetzt die unerhebendste, langweiligste, frustrierendste und ästhetisch nichtigste Reise ist, die Sie je gemacht haben – aber Sie können auf keinen Fall sicher sein, dass die Reise Sie nicht doch zu Gott führt. Ihre Hoffnungen und Zweifel liegen jetzt im Widerstreit. Wir kommen später darauf zurück.

Umkehr

Nehmen wir an, Sie haben sich entschieden, aufzugeben und nach Hause zu fahren oder als einfacher Tourist weiterzumachen oder ein anderes Pilgerziel anzustreben. Sie werden damit zurechtkommen müssen, dass Sie Ihre ursprüngliche „heilige Reise" aufgeben, in die Sie in jeder Hinsicht eine ganze Menge investiert haben.

Umzukehren kann für Menschen aus dem Westen ein besonderes Problem sein, weil sie so erzogen worden sind, dass sie alles können, was sie sich vornehmen. Menschen aus anderen Kulturkreisen mögen Rückschläge philosophischer nehmen, sie in der Tat sogar als unausweichlich ansehen. Westler haben vielleicht Schuldgefühle, meinen versagt zu haben, sind enttäuscht und haben Sorge, was sie Freunden und der Familie sagen sollen. Sie spüren vielleicht auch das Bedürfnis, ihre Entscheidung zu rechtfertigen oder Entschuldigungen zu finden, damit man sie nicht verantwortlich macht. Das Problem ist, dass man vor einem Ereignis nicht sicher sein kann, die richtige, gut begründbare Entscheidung getroffen zu haben. Man weiß nicht, wie sich die Dinge entwickeln, bis sie es tun.

Es gibt ein Beispiel aus dem Leben der britischen Bergsteigerin Alison Hargreaves. 1995 war sie die erste Frau, die den Gipfel des Mount Everest ohne Sauerstoff und ganz ohne Unterstützung erreichte. Nur drei Monate später wurde sie von einer Bergkante vom Sturmwind in den Tod geblasen, als sie vom Gipfel des K2 abstieg. Das Wetter hatte zwei Versuche aufzusteigen verhindert. Alison schrieb am 22. Juli an ihren Mann, dass sie am 6. August ihren Abstieg beginnen würde, um das Flugzeug nach Hause am 13. August zu erreichen. Ihr Flug von Islamabad war organisiert. Warum war sie an diesem Tag am Berg, anstatt auf einem Platz in der Maschine?

Nach der Aussage des Neuseeländers Peter Hillary wurde sie, wie manch andere der Gruppe, Opfer des „Gipfelfiebers", also wie besessen davon, den Aufstieg ohne Rücksicht auf das Wetter zu wagen. Ihr Mann glaubt das nicht: Nur ein Jahr davor hatte sie ihren ersten Solo-Versuch am Mount Everest nur etwa 500 Meter vor dem Gipfel aufgegeben, weil sie merkte, dass die Kälte ihre Hände und Füße „aufzufressen" begann. Er sagte, „sie war nicht nur eine der größten Bergsteigerinnen der Welt, sondern auch eine der vorsichtigsten".

In ihrem Tagebuch vom 5. August notierte Alison, dass sie mental und physisch erschöpft war. „Es frisst an mir – ich möchte die Kinder und den K2, ich fühle, als ob ich entzweigezogen werde." Sie entschied sich, nach Hause zu fahren, lag aber die ganze Nacht wach in Sorge, dass sie die falsche Entscheidung getroffen hätte. Am 6. August sah das Wetter vielversprechender aus, und sie änderte ihren Entschluss. „Ich fühle mich, als ob ein großes Gewicht von meinen Schulter genommen wurde. Ich fühle mich viel zufriedener, ausgeruhter und glücklicher."

Wenn Ihre Motive unklar sind und Ihre Wünsche Sie in unterschiedliche Richtungen zerren, ist das keine gute Zeit, um Entscheidungen zu fällen. Aber das körperliche Gefühl, dass ein Gewicht von den Schultern fort ist, ist ein sicheres Zeichen dafür, dass sie nicht mehr innerlich entzweit war. Für Alison, eine professionelle Bergsteigerin, war die Entscheidung zu diesem Zeitpunkt klar. Es war dieselbe Entscheidung, die ein spanisches Team von fünf Mann getroffen hatte, das das Wetter auch als gut, wenn auch sehr kalt einschätzte, und sich an den Aufstieg wagte. Das Wetter am K2 ist aber berüchtigt dafür, sich schnell zu ändern. Um 18.17 Uhr erreichte ein Funkspruch das Basislager, dass Alison, der

Verbringe die Nacht nicht in Angst,

Amerikaner Rob Slater und der Neuseeländer Bruce Grant den Gipfel erreicht hatten. Kurz nach 19 Uhr zerstörten plötzlich aufkommende Eisstürme (Berichte sprechen von mehr als 160 Kilometern Windgeschwindigkeit) das vierte Lager auf der Route. Derselbe Sturm blies Alison vom Berghang.

Die Wahrheit über dieses Geschehen ist, dass eine Reihe von Bergsteigern individuelle Entscheidungen traf, ob sie weitergehen oder umkehren sollte, wobei keine der Entscheidungen absolut vorhersehbare Folgen haben würde. Vom spanischen Team starben drei und zwei überlebten. Von Alisons Gruppe kehrte einer frühzeitig um und überlebte, einer kehrte später um und starb. Drei gingen weiter und starben. Nur diese drei erreichten den Gipfel. Sie trafen ihre Wahl, erreichten ihren Zweck, erfüllten ihren Sinn – nur den nicht, lebend zurückzukommen. Menschen in gefährlichen Berufen betrachten solche Risiken als ihren Einsatz. Alisons Mann schreibt: „Ein Bergsteigertod ist keine Tragödie."

Jemand sagte einmal: „Zwei Dinge stehen zur Wahl, und keins davon ist gut." Wenn es „das kleinere Übel" gibt, fallen Entscheidungen nicht schwer. Aber nehmen wir an, dass Umkehr genauso unangenehm ist wie Fortschreiten? Tim Gallwey, der Autor von „Inner Game"-Büchern über Mentaltraining, gibt ein Beispiel dafür. An einem kalten Winterabend fuhr er aus dem nördlichen Maine zurück nach New Hampshire. Sein Auto rutschte und landete in einem Schneeberg. Es war 20 Grad unter Null, und er hatte nur ein Jackett dabei. Er würde erfrieren, wenn er im Auto bliebe, aber es gab nur eine sehr geringe Chance, dass andere Autos vorbeikämen und ihn mitnähmen. Es war um Mitternacht, es war 20 Minuten her, dass er durch ein Städtchen gekommen war, er hatte keine Bauernhäuser gesehen, und er hatte keine Karte.

Er musste sich entscheiden, vorwärts ins Unbekannte zu gehen oder fast 30 Kilometer zurück zur sicheren Hilfe hinter ihm. Er begann, vorwärtszugehen, aber nach zehn Minuten kehrte er um. Nach einigen Minuten begann er zu

Wenn er einmal im Tal der Verwirrung ist, leidet der Pilger endlose Unzufriedenheit und ruft: Wie lange muss ich denn noch die Verzögerung erdulden? Die Unsicherheit? Wann sehe ich endlich den Weg?

Farid-ud-din Attar (ca. 1141-1221),
Vogelgespräche

was der Morgen bringen möge. Wie sieht der Morgen nach dem Tagesanbruch denn aus?

Die Anweisungen des Amenem-Optet, Papyrus 10474 im Britischen Museum, vermutlich 7.–6. Jahrhundert v. Chr.

M U T T E R   M E E R A

Notizen einer Wallfahrt

Mutter Meera ist 1960 in Indien geboren und lebt seit den frühen 80er Jahren in Deutschland. Sie ist keine Lehrerin im üblichen Sinn; sie wird eher als Avatar denn als Guru betrachtet. Ein Avatar soll die Inkarnation von Vischnu oder Schiva sein, ein Guru ist ein spiritueller Lehrer, keine Götter-Inkarnation (Anm. d. Ü.). Sie verwendet keine Worte, keine andere Übung als Meditation und Gebet – der Pfad der Mutter ist die Schlichtheit selbst.

Wir wussten, dass die Reise, um sie zu sehen, schwer sein würde, aber nicht, dass sie so schwierig würde. Ein Marsch von 600 Kilometern nach Thalheim, während sich unsere Rucksäcke plötzlich wie mit Steinen füllten und die Straße vor uns immer gedehnter wurde. Einfache Dinge, wie Wasser holen und Lebensmittel besorgen und einen Schlafplatz zu finden, wurden zu großen Aufgaben.

Und dann die Herausforderung, Tag für Tag mit demselben Menschen zu verbringen, zu versuchen, in Liebe und nicht in zerstreuter Langeweile zu wandern, zu versuchen, deine Gefährtin zu lieben und nicht zu erwürgen.

Pilgerreise habe ich nie verstanden. Was sind die Regeln dafür? Wie sollten wir wohl sein? Von Anfang an war der Marsch eine Mauer, die immer höher wurde, immer schwieriger zu überwinden war, immer schwerer, niederzureißen.

Aus meinem Tagebuch:

13. Tag: Falls der spirituelle Trip irgendetwas bedeutet, dann wohl die Zerstörung des Egos, das Sterben, um wieder neu zu leben. Nicht nur schwierig, sondern höllenschrecklich. Und wir kriegen viele Chancen, unser kleines Ich aufzugeben.

1. Tag Ostende

2. Tag Brügge

3. Tag Gent

5. Tag Geraardsbergen
Der heißeste Sommer seit Jahren, Sonnenbrand, Blasen und Mückenstiche

7. Tag Braine-le-Comte

9. Tag Thuin

11. Tag Philippeville

12. Tag Givet
Wir campen in einem Bauernwald mit 60 belgischen Pfadfindern. Frankreich ist nur 3 Kilometer entfernt – es sieht von hier aus viel schöner aus als unser Ort.

14. Tag Rochefort

Mutter Meeras Ergebene glauben, dass sie die Kraft Gottes verkörpert und als eine Mittlerin zwischen den Menschen und dem höchsten Wesen wirkt.

22. Tag: Diese Wanderung fordert ständig unsere Demut und unseren Stolz heraus. Ich möchte jedem sagen: Hei, wir sind keine Vagabunden, wir sind Pilger! Ihr solltet uns willkommen heißen, ihr solltet uns zu essen geben, uns in eure Häuser einladen und zu all den Dingen, die ihr nicht getan habt.

23. Tag: Einen Tag als spirituelle Reise anzusehen ist neu für mich. Ich habe bisher noch nie bewusst versucht, mich uneingeschränkt für Menschen und Situationen zu öffnen. Es ist natürlich einfach, jemanden zu lieben, der dich liebt, oder glücklich zu sein, wenn du dich wohl fühlst. Aber manche Menschen machen es dir schwer, sie zu lieben, und manche Umstände sind schwer zu akzeptieren.

Ich hörte nie auf, mich zu fragen, was ich eigentlich tat. Nach vier Wochen ertrug ich es nicht länger. Ich telefonierte Mutter Meera an und sprach mit ihr durch ihre Sekretärin Adilakshmi. „Bist du auf dieser Reise bei uns?“ fragte ich. Die Antwort kam zurück: „Was immer du glaubst.“ Erst sank mir mein Herz, aber dann begann es, sich zu erheben. Zum ersten Mal hatte ich einen Schimmer von Mutter Meeras Gegenwart. Ich denke, sie sagte mir, dass unsere Beziehung eine Zweibahnstraße ist: es gibt etwas, was ich selber tun kann, es gibt eine Rolle, die ich spielen kann, um Gott zu empfangen. Verantwortung ist etwas, so drückend sie sein mag, bei dem du etwas mitzureden hast.

Der Marsch wurde keineswegs einfacher. Als wir in Thalheim ankamen, war ich konfus und wollte nach Hause. Ich hatte den deprimierenden Gedanken, dass ich mich einen Monat umsonst abgequält hatte. Wir badeten und ruhten uns aus und wanderten die letzten beiden Kilometer, um den Darshan zu empfangen. Es war, als ob man nach Bethlehem ging, über ihrem Haus stand ein unsichtbarer Stern. Ich weinte, ergriffen von der Heiligkeit der Situation.

32. Tag: Es ist zehn Uhr und wir sind gerade aus Mutter Meeras Haus gekommen und sitzen auf dem Dorfplatz. Der Darshan war eine sehr, sehr friedvolle Erfahrung für mich. Sie hat einen sehr suchenden Blick, nicht den See an Liebe, in den ich zu fallen erwartete, sondern etwas, was ich wohl noch in keinem anderen Menschen gesehen habe: ein Blick, der fast fremd und überirdisch ist, aber nicht auf eine spukhafte, sondern auf eine göttliche Weise. Ich fühle mich friedvoller als seit Jahren, wahrscheinlich war ich noch nie von Frieden erfüllt. Ich kam mit Hunderten von Fragen – die Fragen sind immer noch da, aber sie sind irgendwie nicht wirklich wichtig. Im Augenblick ist am wichtigsten, dieses Gespür der Stille zu bewahren.

Kein großes Feuerwerk, keine Epiphanie, aber damals fand eine tief greifende Wandlung statt. Sechs Monate danach fühle ich mich immer noch verwandelt: fester, verbundener. Ich bete jetzt weniger, meditiere weniger, aber manchmal denke ich, wenn ich mich jetzt schnell genug umdrehte, würde ich Mutter Meera an meiner Seite stehen sehen.

Nigel Watts ist ein mit Preisen ausgezeichneter Romanschriftsteller und Lehrer für kreatives Schreiben.

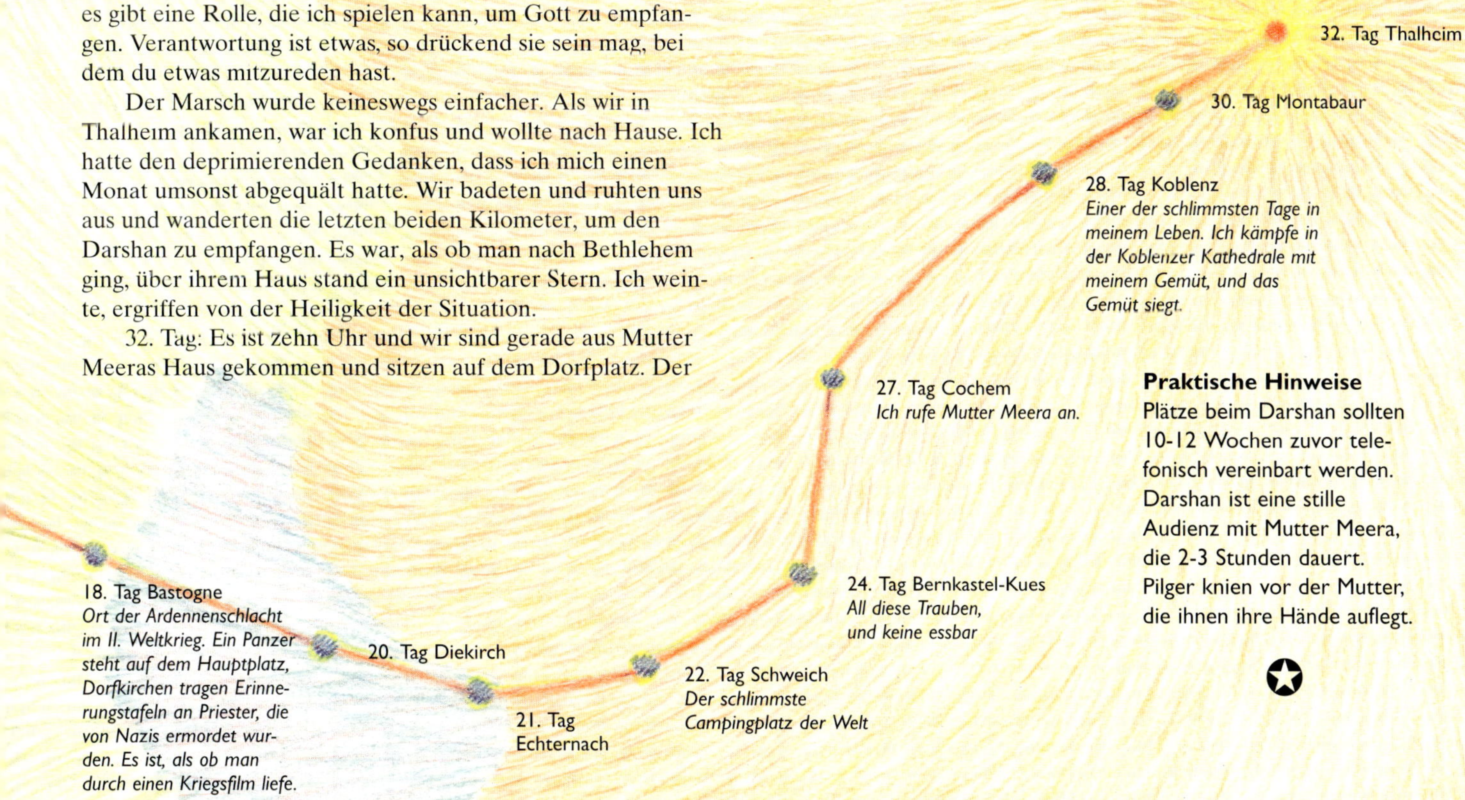

Praktische Hinweise
Plätze beim Darshan sollten 10-12 Wochen zuvor telefonisch vereinbart werden. Darshan ist eine stille Audienz mit Mutter Meera, die 2-3 Stunden dauert. Pilger knien vor der Mutter, die ihnen ihre Hände auflegt.

laufen, um sich warm zu halten, aber die bittere Kälte raubte ihm bald seine Energie und zwang ihn, wieder zu gehen. Das dauerte zwei Minuten, und dann war es ihm wieder so kalt, dass er laufen musste. So ging es dahin, gehen und laufen, gehen und laufen im Wechsel von immer kürzeren Abständen. Dann brachte ihn die Erkentnnis, dass er sehr wohl sterben könnte, zu einem abrupten Halt.

Nach einer Minute der Überlegung stellte er fest, dass er laut vor sich hin sprach und es wirklich auch meinte: „Okay, wenn das jetzt meine Zeit ist, dann ist es recht. Ich bin bereit.“ Dann hörte er auf, über sein Problem nachzudenken, und begann wieder, die Straße entlangzugehen. Dabei bemerkte er plötzlich, wie schön die Nacht war. Er stellte fest, dass er wieder zu laufen anfing. Vierzig Minuten später hielt er inne und auch nur deshalb, weil er ein Licht brennen sah. Woher war die Kraft zu laufen auf einmal hergekommen? „Wenn man sich von den Ergebnissen der eigenen Handlung löst, entwickelt sich eine erhöhte Energie, die sich auf die Handlung richtet.“ Ob Sie sich auf einer realen Straße befinden oder auf einer inneren Reise: Wenn Sie Furcht und Selbstzweifel verstummen lassen, wird das in Ihnen neue Energien und Fähigkeiten auslösen, die Sie vorher noch nicht einmal geahnt haben.

Handlung in Übereinstimmung mit Sinn

Es ist nichts Unwürdiges, umzukehren oder das Ziel zu ändern. Manchmal ist es das einzig Sinnvolle und Kluge, was man tun kann. Die Mythologie der ganzen Welt lehrt, dass wir uns in dem Maße ändern müssen, wie sich die Welt ändert. Eine volkstümliche Lesart, warum Krishna in Pandharpur als Vithoba verehrt wird, lautet, dass er der König von Dwarka war und die Göttin Rukmini heiratete. Eines Tages wurde er von einer Vision von Radha, der Liebe seiner Jugend, heimgesucht. Sie sagte, dass er Heim und Reich verlassen und sich auf Pilgerfahrt begeben sollte, um sie im dichten Urwald von Maharashthra zu finden. Krishna brach zur Suche auf, gelangte aber nur bis zum Ufer des Flusses Bhima, wo er auf eine Hütte stieß, in der ein junger Mann, Pundalik, hingebungsvoll die Füße seines Vaters massierte. Er war so darin vertieft, dass Pundalik Krishna nicht bemerkte, bis dieser mächtig zu strahlen begann, so dass er von ihm Notiz nehmen musste. Und doch blieb Pundalik so hingebungsvoll in seine Arbeit für den Vater versenkt, dass er sich nicht weiter ablenken ließ. Um es dem Gast an seiner Tür jedoch nicht an Höflichkeit mangeln zu lassen, nahm er einen Lehmziegel auf und warf ihn hinter sich, damit Krishna darauf stehen könne anstatt auf dem schlammigen Boden. Krishna war von diesem Beweis für Hingabe an den Vater so beeindruckt, dass er sich entschloss, hier zu bleiben. Er gab seine Suche nach Radha auf, sandte nach Rukmini, damit sie mit ihm auf dem Ziegel stehen würde, so wie die heutigen Kultfiguren in Pandharpur stehen.

Ein fröhliches Herz tut dem Leibe wohl; aber ein betrübtes Gemüt lässt das Gebein verdorren.

Bibel, Sprüche 17,22

Diese Geschichte sagt aus, dass sogar Götter ihre Pilgerfahrt abbrechen können, wenn das Leben ihnen ein Ereignis oder eine Person präsentiert, die sie dazu führt, ihre Ziele und den angestrebten Sinn zu überdenken.

Ihre Entscheidung, weiterzugehen oder umzukehren, hängt auch von Ihrer Sicht des Göttlichen ab. Bis jetzt bin ich davon ausgegangen, dass Sie keiner der traditionellen Pilgerkulturen angehören und nicht durch Gelübde gebunden sind, anders als etwa die *Romarias* in Portugal, die einem Heiligen ein Gelübde gegeben haben. Sie entbieten Ihre Verehrung, indem sie lange Fußmärsche zu einem Schrein unternehmen oder auf zerschundenen und blutenden Knien um eine Kirche oder ein heiliges Bildnis kriechen. Dafür erhalten sie die Zusicherung des Schutzes und der Hilfe in kritischen Lebenslagen wie bei Unfällen, Reisen, Liebesdingen, Prüfungen, Diebstahl, Naturkatastrophen, Geschäften, Gesundheit. Falls Ihre Glaubensüberzeugung einen solchen Austausch vorsieht, dann werden Sie mehr als nur praktische Überlegungen oder die Frage nach Ihrem Selbstbild bedenken, wenn es um die Entscheidung geht, umzukehren oder weiterzugehen.

Falls Ihre Pilgerreise auf bestimmte Zeiten ausgerichtet ist, fällt die Entscheidung besonders schwer. Wallfahrer nach Ballyvourney in Irland können an jedem Tag des Jahres dort hinkommen und ihre Gebete an jedem der heiligen Plätze des Gebäudekomplexes von Saint Gobnat ausführen. Aber nur am Festtag, dem 11. Februar, können Pilger ein blaues Seidenband kaufen, das der Länge und Breite nach an der Statue des Heiligen abgemessen wurde. Diese *Tomha Gobnatan* bewahrt man auf, um bei einer Krankheit das Band am betreffenden Körperteil „abzumessen".

Der Mut seiner Entscheidung wird jene ehren, die den Pilger alles lehrten, was er weiß.

FARID-UD-DIN-ATTAR (CA. 1141–1221), VOGELGESPRÄCHE

Für jeden kommt es darauf an, die Handlungen mit einem fundamentalen erstrebten Sinn in Übereinstimmung zu bringen. Israel Cohen berichtet uns in *Eine jüdische Pilgerfahrt*, wie er vor dem Beginn zu einer Tour, um Geld für die jüdische Nationalidee zu sammeln, sich 1920 entschloss, ins Heilige Land zu fahren. Es erreichten ihn jedoch Nachrichten von Judenverfolgungen in Ungarn, so machte er einen Umweg. Obwohl er später seine Pilgerreise fortsetzte, war der Sinn – seinen Willen darin zu bestärken, für eine jüdische Heimat Geld zu sammeln – durch den Besuch in Budapest bereits teilweise erreicht.

Im Kontrast dazu spricht Mukul Dey in *Meine Pilgerfahrt nach Ajanta und Bagh* von seinem Kampf als junger Künstler in Kalkutta, die buddhistischen Höhlenmalereien in Ajanta im westlichen Indien zu sehen. Nachdem er Armut, Spott, eine 1500-Kilometer-Bahnfahrt und eine Kutschfahrt durch einen Dschungel voller Tiger, Schlangen und Banditen durchgestanden hatte, kam er beim Dorf in der Nähe der Höhlen gerade vor dem Sonnenuntergang an.

Sein Fahrer riet ihm, zunächst eine Unterkunft zu suchen, Wächter sagten ihm, dass es zu spät für einen Besuch der Höhlen in der Nacht war, und eine Gruppe anderer Pilger lud ihn ein, bei ihnen zu bleiben. Trotz all dieser wohl gemeinten Versuche, ihn von seinem Ziel zeitweise abzubringen, ging Dey in die Höhlen und wurde mit etwas belohnt, was er am nächsten Tag nicht gesehen hätte: In der Dämmerung wirkten die Höhlenbilder klarer und plastischer, da das Licht der untergehenden Sonne von den Hügeln gespiegelt wurde, so dass die Höhlen eine kurze Zeit vor Licht erstrahlten.

Wenn Handlung und Sinn einmal in Übereinstimmung sind, bringen Beweglichkeit und Beharrlichkeit unerwartete Ergebnisse.

VII Zweifel & Hoffnung

KAPITEL 7

Sie sind über den Zeitpunkt, an dem Sie hätten umkehren können, hinausgelangt. Sie sind Ihrem Ziel schon näher. Sie haben Ihre Pilgerfahrt in der Hoffnung begonnen, dass die Reise selbst oder der heilige Ort, zu dem Sie gehen, Ihren Glauben stützt oder verborgene Quellen des Glaubens in Ihnen selbst sprudeln lässt.

Auf dem Weg begegnen Sie anderen, die in derselben Richtung unterwegs sind, jedoch einer anderen Religion angehören oder zwar Ihrer, aber doch ganz andere Überzeugungen haben als jene, die Sie in Ihrer Kirche oder Synagoge, in Ihrer Moschee oder Tempel gelernt haben.

Wenn Sie sich diesen unterschiedlichen Auffassungen von Wahrheit gegenübersehen, geraten Sie vielleicht plötzlich in Turbulenzen: Ihr mentales Gepäck wird auf den Kopf gestellt, während Sie auf die Ansichten der anderen reagieren und Ihre eigenen in Zweifel ziehen.

Je mehr wir lernen, desto mehr zweifeln wir. Ist die Reise nur ein Phantasiegebilde, nur eine vage Hoffnung? Pilgerfahrten unterziehen wie nichts sonst nicht nur unsere körperliche Belastbarkeit einer Prüfung, sondern vor allem die Festigkeit unserer spirituellen Wurzeln.

Viele Pilger stellen sich nie die Frage, was eigentlich die Grundlage dafür ist, dass der Ort, den Sie aufsuchen, als heilig betrachtet wird. Wir kommen vielleicht damit klar, dass es Wunder gibt – solange sie sich weit entfernt von uns ereignet haben (wie die übermenschlichen Läufe tibetischer Yogis) und vor langer Zeit (wie Jesu Verwandlung von Wasser in Wein). Unser Glauben wird aber weich, je näher wir unserer eigenen Gesellschaft und unserer modernen Zeit kommen.

Glauben

„Glauben", sagte der Reformator Calvin im 16. Jahrhundert, „kann nicht durch irgendein Wunder erworben werden." Er lehrte, dass Glauben an erster Stelle steht: Wunder sind seine Bestätigung. Auf einer Pilgerfahrt kann unser Glaube aber sauer geprüft werden. So, wie uns die Reise in geographisch unbekannte Gegenden führt, nimmt sie uns oft auch über die Lehren unserer religiösen Führer hinaus in unbekannte spirituelle Bereiche. Hier erleben wir vielleicht Praktiken, die eher zum Volksglauben als zum kanonisch abgesegneten gehören. Wir treffen möglicherweise auf Glaubensreste aus archaischen Denkweisen, die einer orthodoxen Religion, in einer sich ständig verändernden modernen Welt manchmal peinlich erscheint. Bisher haben wir solche Bräuche oder Phänomene für Ausnahmen, Anomalien oder rein symbolische Handlungen gehalten. Das aber jetzt selbst hautnah mitzuerleben, kann für manchen Pilger einen Schock bedeuten.

Die größte Herausforderung besteht vielleicht nicht darin, sich auf eine Pilgerreise einer völlig anderen Religion zu begeben – wo alles neu und aufregend ist –, sondern eine Wallfahrt einer eng verwandten Religion mitzumachen. Als Protestantin, die in einer katholischen Schule erzogen wurde, sind mir Weihwasser, Niederknien, Kerzen entzünden und die Kreuzwegstationen nichts Fremdes. In Les Saintes-Maries-da-la-Mer kam ich jedoch an meine eigenen Grenzen, als ich sah, wie Pilger die Marien-Statuen und jene der Sara berührten. Ihre Gesichter leuchteten voller Glauben, dass sie durch ihre Berührung Segen erhielten. Mit vierhundertjähriger puritanischer Familiengeschichte hinter mir, blieb meine Berührung der Heiligen rein symbolisch.

Ihr wunder Punkt zeigt sich vermutlich, wenn Sie es am wenigsten erwarten. Einer Überlieferung zufolge soll Martin Luther in Rom auf Händen und Knien eine Treppe hinaufgekrochen sein, die man „Pilatus-Treppe" nennt. Damit sollte Seelen aus dem Fegefeuer herausgeholfen werden. Luther tat dies für seinen verstorbenen Großvater. Als er jedoch zur obersten Stufe gelangte, soll er aufgestanden sein und sich gefragt haben: Wie kann das denn wahr sein?

Mein Weg ist verloren, mein Wandern führt in die Irre. Ich kann nicht sicher weitergehen noch hier bleiben. Wen sollte ich sehen als Dich, meinen Pfad, meinen Weg?

Francis Quarles (1592–1644)
aus „Warum beschattest du dein liebliches Antlitz?"

Besonders, wenn wir eine Ausbildung hatten, die Wert auf Rationalität legte, werden wir auf unserer Pilgerfahrt Dinge sehen und hören, die uns fragen lassen: Wie kann das denn wahr sein?

In der neueren Zeit sind viele von uns zur Ansicht gebracht worden, dass eine Wallfahrt mit Heilung zu tun hat. Einige der berühmtesten christlichen Wallfahrtsorte, die in den letzten zwei Jahrhunderten gegründet wurden, sind Heilorte – Lourdes, Fátima und Beauraing in Belgien. Wallfahrten führen Kranke in letzter Zeit auch an solche Heiligtümer, von denen eine Wundertätigkeit bislang nicht bekannt geworden

Zweifel
Eine heilige Reise ist eine Fahrt ins Unbekannte, sowohl körperlich wie geistlich. Wenn der Glaube zusammenfällt, führt die Hoffnung den Pilger durch den Zweifel.

ist. Da wir mit dem Ausspruch „der Geist beherrscht die Materie“ vertraut sind, zimmern wir uns nun vielleicht brauchbare psychologische und wissenschaftliche Erklärungen für Heilungen an solchen Orten zurecht. Die westliche Kirche entwaffenet Kritiker weiter dadurch, dass sie weniger Wert auf Wunder legt (obwohl sie zugesteht, dass spontane und nicht vorhersehbare Heilungen stattfinden), sondern mehr den allgemeinen geistig-therapeutischen Nutzen von Wallfahrten für Kranke und unheilbar Kranke betont.

Die Pilgerfahrt ist jedoch eine alte Strategie, um mit allen Arten von Lebensproblemen klarzukommen, nicht nur mit Krankheit. Es wurden Altäre und Schreine begründet, wenn fremde Heere heranmarschierten, die Umwelt bedroht war, sich große Unglücke ereigneten, Hungersnöte und schlechte Ernten zu beklagen waren oder aus Sorge vor übernatürlichen Bedrohungen. Manche Schreine entstehen aus Inspiration oder aufgrund exzentrischer Neigungen, wie man es auch sehen mag. 1960 etablierte sich ein Yogi in einer Hütte auf dem Gelände der Regierungsschule in Chandigarh, Indien. Daneben baute er ein Lehmhäuschen und behauptete, dies sei das Grab seines Ahnen-Gurus, womit er einen alten heiligen Platz markierte und in Anspruch nahm. Die Verwaltung versuchte, ihn hinauszuweisen, aber er verkündete gelassen, dass er einen Traum gehabt hätte, dass jemand „aus dem Ausland“ kommen und ihm helfen würde. Es dauerte nicht lange, bis die örtlichen Bewohner zum „Grab“ kamen, um dort zu beten.

Ich weiß nicht, was danach geschah: ob die Geschichte den Yogi als einen Verrückten bezeichnete, als einen Scharlatan oder als einen Heiligen. Aber S. M. Bhardway schrieb in seinem Buch über Hindu-Pilgerorte in Indien: Falls der Yogi wirklich finanzielle Hilfe aus dem Ausland erhalten haben sollte, wäre es kein Wunder, wenn sich in der modernen, auf dem Reißbrett neu konzipierten Stadt Chandigarh eines Tages ein Schrein erhöbe, der angeblich alten Ursprungs sei. Der eigene Glaube und die Glaubwürdigkeit eines Menschen sind der Angelpunkt jeder Wallfahrt.

CHACO CANYON

Mit den Alten wieder Verbindung aufnehmen

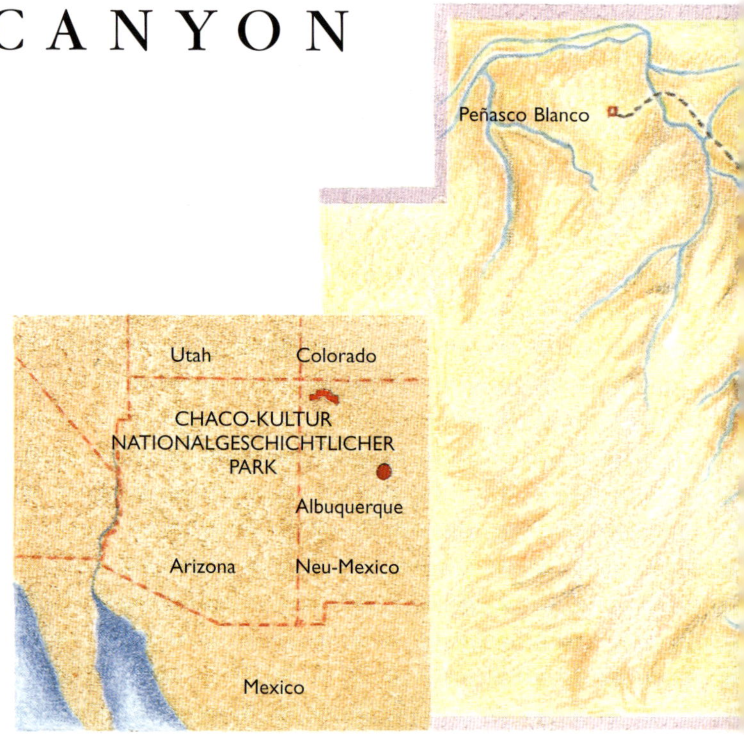

Oft sind es die einfachen Freuden, in die unsere Erinnerungen eingebettet sind: sich gegen kühle Wände zu lehnen aus einzigartig gemauerten Felssteinen, um Erleichterung von der Sommerhitze zu finden, wie es die Anasazi vor 1000 Jahren auch getan hatten. Ich bin allein im Kiva und höre die Gebete der Alten im Kiva, der Ahnen der heutigen Pueblo-Indianer des amerikanischen Südwestens.

Als Europa gerade aus dem Mittelalter hervortrat, blühte eine Zivilisation der Neuen Welt in einem Gebiet, das heute die „Vier-Ecken-Region genannt wird, wo Neu-Mexico, Arizona, Utah und Colorado aneinander grenzen. Chaco Canyon war das politische, wirtschaftliche und spirituelle Zentrum der Anasazi-Kultur, das durch ein Netzwerk speichenförmiger gerader Straßen mit mindestens 70 regionalen Siedlungen verbunden war. Das unterirdische Heiligtum, in dem ich sitze, ist eines von 40 Kivas im „Pueblo Bonito". Dieses „Dorf" (eigentlich ein einziges großes Gebäude) erstreckte sich auf einen Hektar Land und hatte gut 800 einzelne Räume. Es ist die größte vorkolumbianische Ruine Nordamerikas. Rund 400 weitere, kleinere „Dorfhäuser" sind im Canyon und auf den Hochebenen ringsum zu finden.

Es ist eine bittersüße Reise. Ich bin zu dem Fleck Erde zurückgekehrt, wo meine junge Familie vor einem Jahr Ferien gemacht hatte, wo meine Tochter ihre ersten Schritte unternahm, wo meine Frau und ich uns jede Nacht in den Armen gehalten hatten. Im letzten Jahr habe ich meine Familie durch Scheidung verloren, meinen Vater durch Lungenkrebs und meine Großmutter durch Altersschwäche. Jetzt komme ich nach Chaco Canyon auf einer Spirit-Reise mit einer Gruppe schwuler Freunde, um neues Selbstgefühl und Gemeinschaftsgefühl zu finden.

Es ist eine schwierige Reise. Chaco Canyon liegt in einem abgelegenen Winkel von Neu-Mexico. Nur Lehmstraßen führen dorthin, die unpassierbar werden, wenn sie nass sind. Es gibt dort keine Tankstelle, kein Restaurant, keine Unterkunftsmöglichkeit. Die brütende Hitze wird von trockenen Winden verstärkt, in einer Hochwüste, die kaum Eidechsen das Überleben scheint sichern zu können, geschweige denn 6000 Menschen. Es fällt wenig Regen, die Pflanzperiode ist kurz, die Winter sind lang und kalt. Und doch liegt etwas über diesem Land, was die Seele ruft.

Es ist eine gesegnete Reise. Als der Vollmond über der Wüstenlandschaft aufsteigt, blicken die Schatten uralter Gesichter auf unseren kleinen heutigen Stamm. Gefühle brodeln in mir, während ich versuche, meinen schwulen Gefährten mein Herz auszuschütten, während wir die flüchtige Verbindung zu einer verlorenen Zivilisation versuchen zu verstehen. Wir kommen aus allen Bereichen der Gesellschaft, und jeder von uns hat einzigartige Lebenserfahrungen. Und doch haben wir Anteil an einem gemeinsamen Lebensband, auch an Verletzungen, die wir ohne Worte erfassen. Ich spüre die stillen Tränen, während wir Hand in Hand unter dem funkelnden Nachthimmel zusammenstehen. Ich bin in der Gemeinschaft eines starken Stammes, eines Stammes, der von gehemmter Leidenschaft und schöpferischen Gaben erfüllt ist. Ich bin in Gemeinschaft unsterblicher Seelen mit einer Vision, die unsere Zeit heilen könnten.

Im ersten Morgenlicht heißt sanftes Trommeln einen neuen Tag willkommen. Unser Kreis ist im Casa Rinconada versammelt, im größten Kiva im Chaco Canyon. Ein vorüberfliegender „Staubteufel" gibt dem Atem der Alten, die hier vor uns trommelten, neues Leben. In stillem Gebet lauschen wir achtsam auf das Flüstern dieses Landes. Wir ehren das Erbe der Anasazi und verbinden uns spirituell mit ihnen. An diesem Tag, an dem bekanntlich das Erdklima sich weiter verändert, widmet sich unser Stamm schwuler Männer dem anhaltenden Ausdruck unseres einzigartigen eigenen Erbes. Wir tun das mit einem Gefühl der Lebendigkeit und Freiheit – und wir singen voller Dankbarkeit im Herzen für die Geschenke, die wir von den Alten erhalten haben.

Charles Fletcher arbeitet in der Gemeindegesundheit und leitet Programme, bei denen die TeilnehmerInnen ihre heilige Verbindung zur Natur und zur persönlichen und spirituellen Entwicklung erforschen.

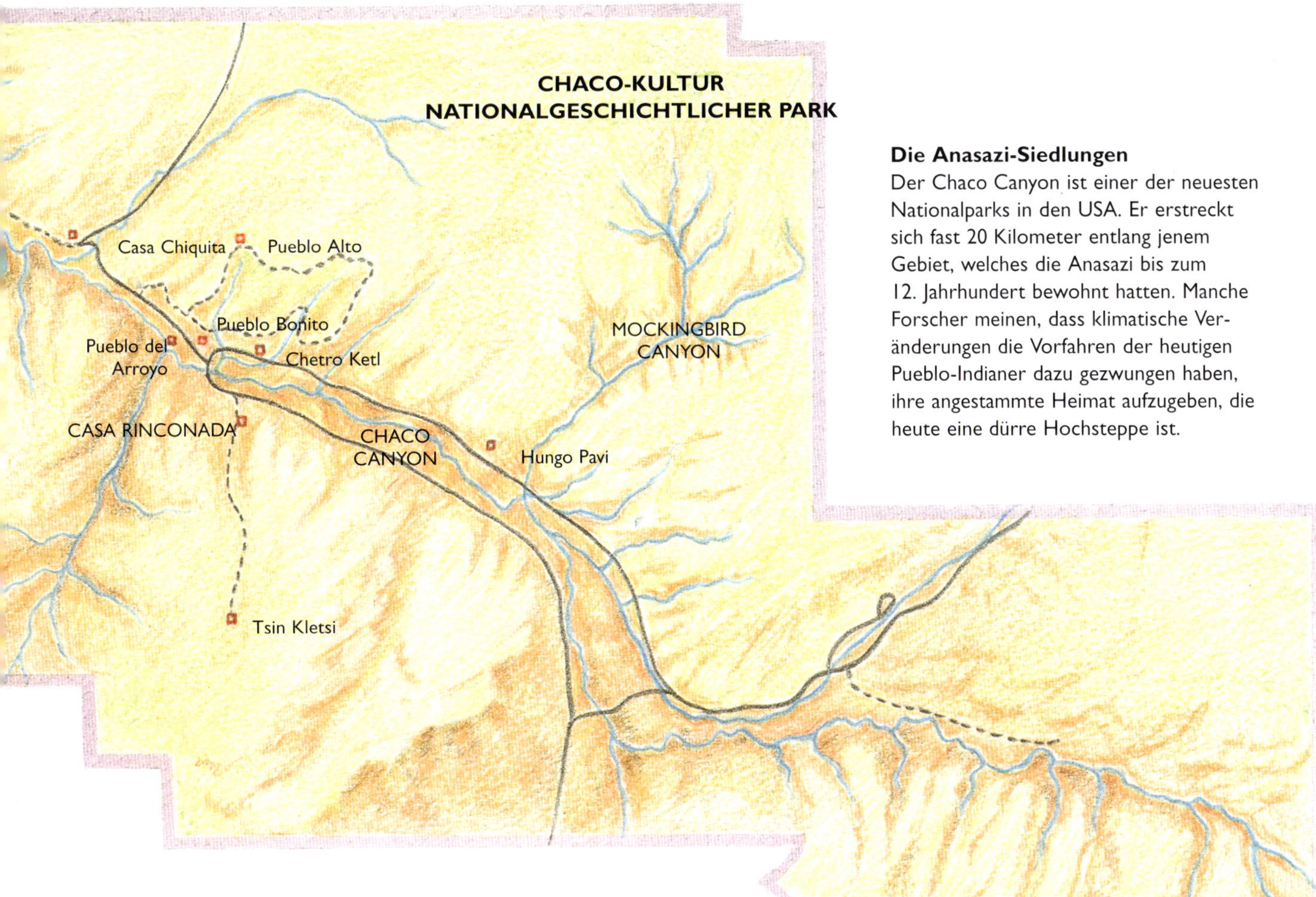

Die Anasazi-Siedlungen
Der Chaco Canyon ist einer der neuesten Nationalparks in den USA. Er erstreckt sich fast 20 Kilometer entlang jenem Gebiet, welches die Anasazi bis zum 12. Jahrhundert bewohnt hatten. Manche Forscher meinen, dass klimatische Veränderungen die Vorfahren der heutigen Pueblo-Indianer dazu gezwungen haben, ihre angestammte Heimat aufzugeben, die heute eine dürre Hochsteppe ist.

Pueblo Bonito
Das „Grosse Haus" (ganz links) bestand aus 800 kleinen Räumen auf vier Stockwerken und 37 Kivas (meist unterirdische runde Zeremonialräume). Das größte Kiva ist Casa Rinconada (links), das vielleicht als Versammlungssaal für die Gemeinschaft fungiert hat.

Falls wir zu einem wundertätigen Heiligtum reisen, ist jetzt eine gute Zeit gekommen, um zu fragen: Glauben wir eigentlich an Wunder? Nicht nur als vage Hoffnung, dass die Gottheit unser Gebet erhört, sondern als ein ausdrücklicher Glaube an die Möglichkeit, dass Naturgesetze auf den Kopf gestellt werden? Etwa eine Million Wallfahrer kommen jedes Jahr nach Juazeiro do Norte, einer armen Stadt im Nordosten Brasiliens, aufgrund eines Berichts eines katholischen Priesters, Padre Cicero Romao Batista (1844-1934). Ihm wurden während seines Lebens wundertätige Kräfte zugeschrieben, über die es eine Fülle von Geschichten gibt. Eine berichtet davon, dass ein Mann zu Juzeiro kam, der ihn freundlich begrüßte, aber fragte: „Warum hast du deinen Dolch beim Jua-Baum vergessen?“ Auf dem Rückweg fand der Mann seinen goldenen Dolch, wo Pater Cicero es gesagt hatte, unter dem Baum, an dem er in der Nacht zuvor geruht hatte. Glauben wir das? Oder dass Pater Pio an zwei Orten gleichzeitig sein konnte? Nach der Aussage von General Cadorna, dem italienischen Generalstabschef, erschien der Padre nach der italienischen Niederlage 1917 in dessen Zelt und sagte: „Sei nicht so dumm!“, was den Selbstmord des Generals verhinderte.

Glauben wir an die Kraft von Reliquien? Mehr als alles andere standen sterbliche Überreste von Märtyrern und Heiligen im Mittelpunkt der frühen christlichen Wallfahrten. Heute wird es gern so dargestellt, als ob diese Reliquien nur einen Fokus bieten sollten, auf den hin die Pilger ihre Frömmigkeit und Verehrung richten könnten. Wenn man sich aber mittelalterliche Schreine ansieht, wie zum Beispiel den von St. Melangell in Pennant Melangell bei Llandgynog in Wales, dann wird man sehen, dass der Reliquienbehälter mit den Knochen des Heiligen erhöht auf Bögen ruht. Dahinter legten sich die Pilger, um dem Heiligen so nahe wie nur möglich zu sein. An Heiligengräbern kamen Wallfahrer in unmittelbare Berührung mit dem bzw. der Heiligen, der bzw. die gleichzeitig sowohl im Himmel wie auf Erden gegenwärtig war. Warum berühren Pilger den Reliquienschrein? Doch deshalb, weil sie hier die physische Präsenz des Heiligen zu spüren meinen.

Martin im Himmel

Die Kraft eines Heiligen sah man als übertragbar an. Deshalb stecken Wallfahrer in Rom ihren Kopf am Heiligtum des hl. Petrus durch ein kleines Fenster, um ihre Gebete direkt an den Heiligen zu richten, und lassen kleine Tücher hinab, die seine Grabstätte berühren und so von seiner Heiligkeit aufgeladen werden. Deshalb auch geben Pilger Nonnen in Assisi Gegenstände, mit denen diese den Leichnam der hl. Klara berühren. Auch außerhalb des Grabes stellte man sich vor, dass Fragmente der Überreste eines Heiligen dieselbe Kraft enthielten. Der Protestantismus verwarf jedoch Reliquien und Wallfahrten an Orte, wo diese aufbewahrt wurden, und lehnte gleichzeitig wundertätige Bildnisse und dergleichen ab. Thomas Hobbes schrieb in *Leviathan* (1651) „Gott anzubeten als etwas, das ein Bild oder einen Ort belebt oder bewohnt, das heißt, dem Unendlichen einen endlichen Platz zuzuweisen, ist Götzenverehrung.“

Diese Überzeugung ist nicht auf das Christentum beschränkt. Reliquien bilden Teil eines größeren Kultes von „Spuren“, der sogar im Buddhismus existiert, obwohl der Buddha dem orthodoxen Buddhismus zufolge *Parinirvana* erlangt hat, also für immer aus dieser Welt gegangen ist und deshalb auch nicht kontaktiert werden kann. Bis zu der Zeit, als der chinesische Pilger Hsüan Tsang 629 nach Indien reiste, wurde bereits eine große Zahl von Objekten zur Verehrung durch die Pilger bewahrt: Überreste von Buddhas Verbrennung; Haar und Nagelreste, die während seines Lebens gesammelt wurden; seine Bettelschale, sein Wasserkrug und Wanderstab; Teile seines Gewandes. Ebenso wurden die Stätten seiner Geburt, der ersten Predigt und des Parinirvana bewahrt sowie physische Spuren in Form von Fußabdrücken auf Felsen und Bäumen, die aus Zweigen entsprungen sein sollen, mit denen er sich die Zähne reinigte (so wie der Stab des Joseph von Arimathäa zum Heiligen Dornbusch in Glastonbury wurde).

In buddhistischen Kreisen wird der Fußabdruck Buddhas als Symbol des „Ausgehens“ (oder des die Lehre-Verbreitens) betrachtet, und zahlreiche Tempel, Klöster und Schreine in Thailand zeigen Kopien dieses Abdrucks. Aber in Thailand gibt es auch etliche Eindrücke in Felsen, die als „echte“ Fußabdrücke Buddhas verehrt werden. Als der Meditationsmeister Luang Phau vier Kopien der heiligen Fußabdrücke für Buddha und seine Nachfolger Kokusandha, Konakomana und Kassapa herstellen wollte, erinnerte er sich an eine Stelle im Norden Thailands, wo Ortsansässige die wahren Fußabdrücke Buddhas zu sehen glaubten. Im Mai 1972 führte er eine anstrengende Pilgerreise zunächst im Bus, dann auf dem LKW, dann zu Fuß, um Geröll von der Oberfläche dieser Felsabdrücke zu sammeln und kleine Splitter abzuschlagen, die dann in die Kopien eingearbeitet wurden.

Für manche Pilger sind die Kopien rein symbolisch, andere spüren sie aufgeladen mit der Heiligkeit der Originale. Solche Übertragungsmöglichkeiten von Heiligkeit haben es gestattet, dass überall auf der Welt heilige Orte ihren Platz verlegt haben, und Replika der Orte und Gebäude fungieren wie die Originale. Mindestens 15 der 88 Wallfahrtsorte auf Shikoku in Japan sind verlegt worden. Im westlichen Japan gibt es einen Ort namens Imochigaura Lourdes, auf der Insel Goto, der seine Heiligkeit aus Lourdes bezieht. Loreto in Italien wurde durch eine Übertragung aus dem Heiligen Land geschaffen.

Nun war nicht weit vom Ort, wo sie lagen, eine Burg, die Burg des Zweifels hieß. Sie gehörte einem Riesen namens Verzweiflung, und auf seinem Grund schliefen sie nun. So erblickte er am frühen Morgen, als er in seinen Feldern einherging, die schlafenden Christlich und Hoffnungsvoll. Mit grimmiger Stimme weckte er sie auf und fragte sie, was sie auf seinem Land täten. Sie berichteten ihm, dass sie Pilger seien und dass sie sich verirrt hätten. Da trieb der Riese sie vor sich her und sperrte sie in einen sehr dunklen Kerker in seiner Burg ein.

John Bunyan,
Der Pilgerweg, Teil I (1678)

Nun, kurz bevor es Tag wurde, brach der gute Christlich, wie jemand, der halb erstaunt ist, in diese leidenschaftliche Rede aus: Was für ein Narr bin ich, dass ich hier in einem stinkenden Kerker liege, wenn ich genauso gut in Freiheit einherwandern könnte. Denn ich trage in meinem Busen einen Schlüssel namens Versprechen, der, so bin ich überzeugt, jedes Schloss in der Burg des Zweifels öffnet. Dann zog Christlich ihn aus seiner Brust, steckte ihn in die Kerkertür, deren Schloss aufsprang. Die Tür ließ sich ganz leicht öffnen.

John Bunyan
Der Pilgerweg, Teil I (1678)

erstrahlt hier in seinem Sarg.

INSCHRIFT AM GRAB DES HL. MARTIN VON TOURS

Für viele ist dies eine ungewohnte Art des Denkens: Besonders im Westen legen wir großen Wert auf Authentizität. Wenn wir an einem heiligen Ort ankommen, bedeutet es uns etwas zu entdecken, dass der geweihte Platz sich nicht mehr genau an dem Fleck befindet, an dem sich der Einbruch des Göttlichen in das Weltliche ereignete. Es beunruhigt uns zu hören, dass der besondere Segen, der an einem Kraftort oder Altar gegeben werden soll, aus etwas abgeleitet wird, woran wir einfach nicht glauben können.

Während wir mit den Zweifeln kämpfen, die uns von unseren Pilgergefährten trennen, wird dadurch der Fluss der

Ein Juwel in der Wüste

Ich bin im Katharinen-Tal, einer tiefen Schlucht der Cotswold-Hügel am Rande von Bath aufgewachsen. Als Teenager verbrachte ich lange Stunden allein auf dem Dorffriedhof und fragte mich jedes Mal, wenn ich an der mittelalterlichen Skulptur der Schutzheiligen mit ihrem Rad vorbeikam, wie sich ihr Ruhm aus einer fernen Wüste bis hierher in die Tiefen dieses versteckten englischen Tals hatte verbreiten können. Wie kam es, dass selbst hunderte von Jahren nach ihrem Tod ein Junge hier im Schatten ihres Namens aufwachsen konnte?

Das Katharinen-Kloster im Sinai ist eine Bastion des alten Byzanz, ein Juwel der kaiserlichen Krone, das in die Ferne geworfen wurde. Es überlebte 15 Jahrhunderte wechselnden Glücks, es sah das Kommen und Gehen von Zivilisationen, Religionen, Eroberern und Besiegten. Ich hatte immer dorthin reisen wollen.
Ich wollte die lebendige Wahrheit hinter einem Kindheitstraum erleben.

Nun war ich hier, an einem Novembermorgen, 30 Jahre später, an der Eastern-Standard-Bushaltestelle in Kairo. Ein eleganter Bus mit glänzenden Aluminiumstreifen an den Seiten, das Videounterhaltungsprogramm begann schon, und wir würden nun auf direktem Weg nach St. Katharina fahren. In einem Videobus ins alte Byzanz zu segeln: das passte einfach nicht. Neben uns stand ein schäbiger Bus mit dem Ziel Nuweiba, an der Sinai-Küste des Golfs von Akaba. Ich entschied mich, nach Nuweiba zu fahren, und dort einen Führer zu suchen, der mich auf den siebentägigen Fußmarsch durch die Wüste zum Kloster bringen würde. Ich wollte an den Toren auf die gleiche Weise ankommen, wie es Reisende und Pilger in den Jahrhunderten zuvor getan hatten.

Die meiste Zeit dieser sieben Tage verbrachte ich auf dem Rücken eines Kamels, das im weiten und leeren Raum schwarzer Steine und gelben Staubs auf und nieder tauchte, durch farbige Schluchten und dünenfarbene Berge. Am vierten Tag jedoch folgte ich Sliman, meinem Führer, und erklomm steile Felsen, während sein Helfer die Kamele auf dem weiteren Weg herumführte. Ich wünschte,

Praktische Hinweise
Die beste Besuchszeit für das Katharinen-Kloster ist zwischen April und Oktober, wenn es nicht zu heiß ist. Das Kloster ist für Besucher von 9 Uhr früh bis mittags 12 Uhr geöffnet, außer an Freitagen und Sonntagen. Es gibt in der Nähe eine Herberge und im nahen Dorf Hotels.

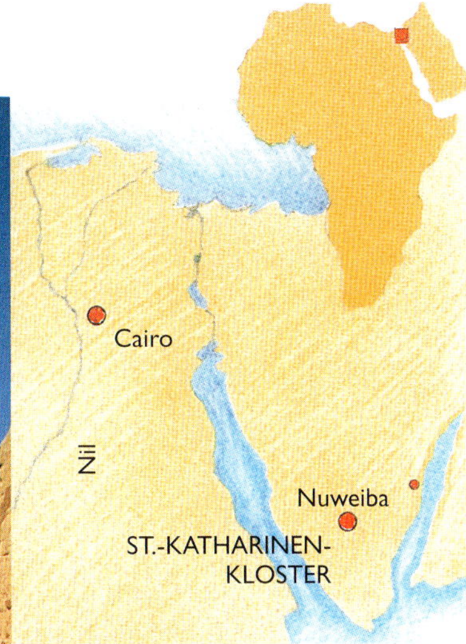

Das Katharinen-Kloster wurde im 6. Jahrhundert in einem engen Tal unterhalb des Berges Sinai als eine Befestigungsanlage an dem Ort gebaut, wo nach dem Alten Testament Moses den brennenden Busch sah.

St. Katharina von Alexandria
Das Kloster bewahrt den Schädel der hl. Katharina als Heiligtum auf, einer Märtyrerin des 4. Jahrhunderts. Sie wurde wegen ihres christlichen Glaubens verfolgt und ihrer Weigerung, den Kaiser zu heiraten, da sie sich als die Braut Christi betrachtete. Ihre Strafe dafür, dass sie sich erfolgreich gegen antichristliche Philosophen verteidigt hatte, bestand darin, gerädert und dann geköpft zu werden. Im mittelalterlichen Europa entstand aus dieser Legende ein Kult, der das Kloster zum Pilgerzentrum machte.

ich wäre auch auf dem längeren Weg außen herum gegangen. Schließlich erreichten wir eine flache, breite Sandebene, 500 Meter hoch gelegen. Es war bitter kalt, ein starker Wind blies uns plötzlich ins Gesicht, und wir trotteten stundenlang unter einem düsteren Himmel daher.

War es das, was ich gesucht hatte? Meine Füße waren müde, meine Beine taten weh, der Wind peitschte durch mich hindurch. Ich schien kopfüber durch dieses öde konturenlose Land zu stolpern, aus keinem anderen Grund als dem, genau das zu tun. Ich spürte Angst in mir. Ich stellte mir Katharina vor, ein Juwel in der Wüste, und fand mich plötzlich mit dem alten orthodoxen Gebet, „Herr, sei mir gnädig“ auf den Lippen, zum Kloster zu streben, obwohl ich noch nicht einmal praktizierender Christ bin.

Wir wanderten viele Stunden und stießen schließlich auf der anderen Seite der Ebene auf Selman, Slimans Helfer, der sich an einem Feuer zwischen Felsen wärmte. Wir kletterten zu ihm hinunter, ich mit wackeligen Beinen. Ich warf mich mit meinen Sachen hin und lag wie ein Kind am Feuer, mit klappernden Zähnen, ohne jede Lebenskraft. Sliman nahm seine einzige Decke und deckte mich damit sanft zu.

Am nächsten Morgen hatte sich die Welt wieder ins Lot gebracht, und weitere drei Tage trotteten wir durch die Wüste, bis ich endlich vor den hohen Burgmauern stand, die noch heute die Mönche beschützen, die Reliquien der hl. Katharina und den immer blühenden brennenden Busch, aus dem Gott zu Moses sprach. Ich war angekommen, und doch hatten mir die Tage in der Wüste gezeigt, dass der Weg genauso wichtig ist wie das vermeintliche Ziel. Ich kam nach England mit zwei Erinnerungsstücken zurück, die mir beide gleich wichtig sind: eine Kopie der byzantinischen Ikone des Christus Pantokrator und eines Felsstücks aus der Wüste Sinai.

Roger Housden ist Schriftsteller und Fotograf, und der Autor von *Travels through Sacred India* und *Retreat*. Er ist Direktor der Firma Open-Gate-Reisen, die Gruppen auf spirituelle Reisen zu Orten der Kraft führt.

Synergie gehemmt, der sich daraus ergibt, dass man beisammen ist. Die Auseinandersetzung mit unseren Glaubensüberzeugungen behindert auch das Geschehen synchronistischer Ereignisse: dass wir also scheinbar zufällig Antworten auf unsere Fragen finden, dass wir das entscheidende letzte Puzzle-Teilchen finden. Zweifel machen uns dumpf: Der einzige Weg hindurch ist die Hoffnung.

Hoffnung

Wir schließen uns gern der Hoffnung jener an und fördern sie, die nach körperlicher Gesundheit und geistiger Ganzheit streben. Nicht so viele Sympathien werden wir für Wünsche hegen, die nicht so sehr dem entsprechen, was wir für spirituell oder religiös „richtig" halten. Wie steht es mit solchen Glaubenszielen, die uns fremd, primitiv, abergläubisch, falsch oder sogar böse vorkommen?

Wenn wir unsere Zurückhaltung in solchen Fällen aufrichtig betrachten, stellen wir fest, dass es im Grunde um tief liegende Ängste geht, dass unser eigenes Glaubenssystem dadurch irgendwie gefährdet wird. Wenn man entweder Christ oder Muslim ist, wie denkt man dann darüber, dass iranische Pilger nach Portugal kommen und das Heiligtum Unserer Lieben Frau von Fátima für die christianisierte Form eines ursprünglich der Tochter von Mohammed geweihten Schreines, der Fatima, ansehen. Fühlen wir uns wohl beim Gedanken, dass etwas, was im Zentrum unseres Glaubens steht, mit anderen Religionen verbunden oder gar verschmolzen wird? Was halten wir von der äthiopischen Macha-Religion, in der Mohammed, Maria und eine Reihe islamischer und christlicher Heiliger alle als untergeordnete Manifestationen ihrer Hauptgottheit Waka verehrt werden? Was halten wir von Candomblé in Brasilien oder Voodoo auf Haiti, worin afrikanische Ursprungsreligionen mit dem Katholizismus vermischt werden?

Betrachten wir die Dorfbewohner von Chumpón in Mexiko, die ein wundertätiges Kreuz in Ehren halten, welches seine Wünsche durch Zeichen mitteilt. Wenn ihm nicht gehorcht wird, bringt es seinen Zorn durch Dürre und Epidemien zum Ausdruck. Kann das denn ein christliches Kreuz sein? Die Maya-Indianer dort glauben es zumindest. 1850, nach einem erfolglosen Aufstand gegen die mexikanische Herrschaft, zogen sich die Maya in die weitgehend unbewohnten Wälder von Quintana Roo zurück. Von da an bis weit ins 20. Jahrhundert sprach eine Reihe solcher Kreuze und gab auch schriftliche Anweisungen darüber, wie die Maya ihr Leben führen sollten. Für jene, die immer noch dorthin pilgern, kommt im heiligen Kreuz von Chumpón, das aus einer Verschmelzung von Christentum und Maya-Kosmologie geboren ist, die Hoffnung der Maya zum Ausdruck, dass sie ihre kulturelle Identität bewahren können.

Ich bin ein Mensch, und nichts Menschliches ist mir fremd.

Terentius (ca. 195–159 v. Chr.)
Heauton Timorumenos

Denken wir an eine Wallfahrt im Jahre 1966, die Rastafaris ins südliche Äthiopien brachte, um dort am 23. Juli den 105. Geburtstag des früheren Kaisers Haile Selassie zu feiern. Sie versammelten sich, in Rot, Gelb und Grün gekleidet, den Farben der Rastafaris und Äthiopiens, mit Bildnissen des Kaisers an Halsketten, um den neuen Tabernakel in Shashemane einzuweihen. 1937 schenkte Kaiser Haile Selassie Land der „Zurück-nach-Afrika-Bewegung" des Jamaikaners Marcis Garvey (1887-1940), auf dem Menschen aus Amerika repatriiert werden konnten. Daraus entstand die Rastafari-Bewegung. Der Name stammt vom Begriff *Ras*, was Prinz bedeutet, und *Tafari*, dem Titel des Kaisers vor seiner Krönung 1930. Selassie herrschte bis zur marxistischen Revolution 1974 und gehörte einer Dynastie an, die sich bis auf König Salomon verfolgen ließ. Aus diesem Grund nahm mich meine Mutter auf eine lange Zugfahrt nach London, damit ich dort den Kaiser salomonischen Geblüts sehen sollte. Für uns war er, wie für viele Tausende andere auch, eine lebende Legende, die da in einer offenen Kutsche zum Buckingham-Palast fuhr.

Für die Rastafaris ist er göttlich, die Erfüllung von Johannes 5,5, der „Löwe aus dem Stamme Juda". Obwohl die Deutungen hier nicht einheitlich sind, gehen viele doch davon aus, dass er nicht tot sei, sondern wiederkehren werde. Das gälische und bretonische Volk im frühen Mittelalter glaubte auf die gleiche Weise an Artus, den früheren und künftigen König. Unterdrückte Völker überall auf der Welt sehnen sich nach einem Erlöser.

Frieden und Liebe wirken immer in uns, aber wir selbst sind nicht immer in Frieden und Liebe

MUTTER JULIAN VON NORWICH,
OFFENBARUNGEN GÖTTLICHER LIEBE (CA.1393)

Rastafaris haben allgemein eine schlechte Presse: Filzlocken, *Ganja* rauchen und sporadische Gewaltausbrüche eignen sich besser für Zeitungsartikel als die Tatsache, dass strenge Rastafaris weder Fleisch essen noch Alkohol trinken und im Wesentlichen Pazifisten sind. Obwohl die Bewegung üblicherweise als „Kult" bezeichnet wird, werden wir, wenn wir den frühen Liedern von Bob Marley (1945-1981) mit den Ohren von Pilgern zuhören, verstehen, warum die katholische Kommission für Gerechtigkeit für alle Rassen 1982 empfohlen hat, dass die Rastfari Bewegung „als eine gültige Religion anerkannt" werden sollte.

Pilgerschaft vermittelt uns eine einzigartige Gelegenheit, unseren Glauben zu prüfen, unsere persönlichen Grenzen hinauszuschieben und über die Unterschiede, die uns trennen, zu den Hoffnungen zu blicken, die uns einen. Von hier ist es nur noch ein kleiner Schritt zum Ausfließen von Mitgefühl und Achtung, das die Christen früher *Caritas* nannten, heute aber einfach Liebe.

LIEBE

Erinnern wir uns auf unserem Wallfahrtsweg an das wundervolle Gleichnis aus der Bibel vom Triumph der Liebe über die Gleichgültigkeit, das vom guten Samariter (Lukas 10,29-37). Als Pilger müssen wir nicht unbedingt die Hoffnungen anderer gutheißen, sondern nur erkennen, dass alle Menschen Wünsche haben: Kranke, die um Gesundheit bitten, genauso wie katholische Jünger eines Schreins in Wisconsin, die glauben, dass nur sie vor der ewigen Verdammnis errettet werden; genauso wie Maoris, Maya und Rastafaris, die jede Pilgerfahrt als ein Mittel erleben, sich gegen eine lieblose Umwelt zu behaupten; genauso wie Sikhs und Hindus, Theravada-Buddhisten und Tamilen, Muslime und Juden, die alle in verschiedenen Gebieten der Welt darum kämpfen, einen Quadratmeter heiligen Landes zu besitzen.

Wallfahrten bieten uns eine Chance, im Kern unseres Glaubens unserem eigenen Menschsein zu begegnen. Der Weg dorthin mag hart und schmerzlich sein. Finden Sie Ihren Weg durch das Labyrinth von Zweifeln, indem Sie dem Rat des Schamanen Don Juan an den Anthropologen Carlos Castaneda folgen: „Sieh dir jeden Weg genau an. Dann stell dir eine Frage: Hat dieser Weg ein Herz?"

VIII

KAPITEL 8

Annäherung und Vorfreude

Sie sind fast da. Obwohl die körperlichen Anstrengungen vermutlich noch nicht ganz hinter Ihnen liegen und die spirituellen Zweifel sicher nicht, werden Sie nun von einer steigenden Vorfreude vorangetragen. Die Straße, die gestern einfach eine Straße zu einem fernen Ort war, führt Sie jetzt in den Umkreis des Heiligen.

Während Sie näher kommen, füllt sich die Landschaft mit kosmologischer und symbolischer Bedeutung: mit Schreinen, heiligen Brunnen, Höhlen, Bäumen und anderen Merkmalen einer heiligen Topografie, die Sie für die Begegnung mit dem Sinn Ihrer Reise vorbereiten.

Man muss immer noch praktische Überlegungen anstellen. Am dringlichsten dabei ist, ob Ihre Ankunft zu einer günstigen Zeit erfolgt, gemessen am religiösen Zeitplan. Falls Sie zu spät dran sind und es etwas gibt, was Sie dagegen tun können, tun Sie es. Wie bei so vielem auf der Pilgerfahrt, werden Sie nicht wissen, was Sie „versäumen" bis nach dem jeweiligen Ereignis.

Jetzt ist die Zeit, um sich aktiv auf den Höhepunkt Ihrer Reise vorzubereiten und sich erneut daran zu erinnern, was Sie wirklich suchen.

Der Weg zum Heiligtum
Für diese Frauen, die in der indischen Stadt Allahabad ankommen, ist die physische Reise fast vorbei. Ihre Pilgerfahrt führt sie zum Sangam, der allen Hindus heilig ist, der Zusammenfluss von Jamuna und Ganges, die dort auch auf den mythischen Fluss der Erleuchtung treffen.

Jetzt spüren Sie vielleicht deutlicher als je, dass Sie Teil eines historischen Prozesses sind. Sie sind ein Mitglied jener Gemeinschaft von Suchenden, die – indem sie daraus ihr Ziel machten – viele Tausende von Wallfahrtsorten und Heiligtümern auf der ganzen Welt geschaffen und aktiviert haben. Während des Mittelalters gab es allein in England und Schottland mehr als 100 wohl gepflegte Pilgerziele.

Sie entwickeln unter Umständen ein starkes Gefühl der Communitas, von der wir zuvor sprachen, der spirituellen Zugehörigkeit. In den 70er-Jahren meinte der Anthropologe Victor Turner, dass dies der Kern von Wallfahrt sei: die Reaktion von Menschen, die an eine strukturierte und ungleiche Gesellschaft gewohnt sind und sich nun auf der Pilgerreise in einer unstrukturierten Gemeinschaft gleicher Menschen finden. Turner schreibt: „Wallfahrten werden von bewussten Pilgern sowohl als Gelegenheiten zur Erfahrung von Communitas gesehen wie als Reisen an eine heilige Quelle von Communitas, die auch als Quelle von Heilung und Erneuerung betrachtet wird."

Pilgerreisen bringen tatsächlich die unterschiedlichsten Gruppen von Menschen zusammen. Die Wallfahrten nach Guadalupe zwischen dem 13. und 31. Januar machten Gemeindegruppen aus fünf verschiedenen Dörfern aus dem Bezirk Mexiko-Staat; das Personal der Ejidal-Bank, einer Drogerie, eines Hotels, der Bank von Mexiko, einer Druckerei und Papierfabrik, einer Bonbon- und Schokoladenfabrik; der Fischereigewerkschaft; einer Nachbarschaftsgruppe aus Prealvillo; Altschüler einer Ingenieurakademie; die Gilde der „Kinder Amerikas"; den Kongress katholischer Schulen; Busarbeiter; und schließlich Pilgerstudenten, die vom Heiligen Jahr 1950 aus Rom zurückkehrten.

Das ist eine eindrucksvolle Liste von Menschen, die nichts gemein haben außer ihrem Arbeitsplatz oder ihrem Wohnort und nun durch ein gemeinsames religiöses Ziel verbunden werden. Die Erfahrung von Einheit ist vielleicht am klarsten an heiligen Orten, wo es keine großen anderen touristischen Interessen gibt, wie in Fátima. Die Verehrung dort begann in einer Zeit der Krise, als sich Europa im I. Weltkrieg befand und Portugal selbst in einer schwierigen sozialen und politischen Situation war. Die drei Schafhirtenkinder sahen 1916 Engelerscheinungen und 1917 sechs Marienerscheinungen, jeweils am 13. eines Monats. Die zweite Erscheinung Mariens wurde durch 50 weitere Menschen bezeugt, die sie miterlebten, bei der dritten waren 4000, bei der vierten 5000, bei der fünften schon 25000 und bei der letzten, am 13. Oktober 1917, waren sogar 70000 Menschen anwesend. Es überrascht nicht, dass – da so viele Menschen die Erscheinungen aus eigenem Erleben bezeugen konnten – die Verehrung für Unsere Liebe Frau von Fátima wuchs, und 1929 kam die erste Gruppe ausländischer Pilger aus München. Heute kommen Gruppen aus aller Herren Ländern, nicht, um „Sehenswürdigkeiten" anzuschauen, sondern um am wundersamen Wesen des Ortes teilzuhaben.

Wie sehr ich mich auch sehne, unter den Blumen der

Bei vielen Pilgerfahrten ist der Zusammenhalt aber deutlich geringer, als man es erwarten mag. Wallfahrten des Theravada-Buddhismus in Thailand vereinen die Pilger räumlich, aber die Pilger aus unterschiedlichen Gesellschaftsgruppen vermischen sich nicht, genauso wenig wie die Pilger aus unterschiedlichen Regionen. 1987 befragte Barbara Nimri Aziz indische und nepalesische Pilger, die ihr berichteten, dass sie während der Wallfahrten ihre üblichen sozialen Muster und Strukturen aufrechterhielten, dass Pilger mit Familienangehörigen und Freunden reisten und sich nicht mit anderen Pilgern verbrüderten.

„Zusammengehörigkeit" gibt es noch weniger, wenn religiöse Tabus eine Rolle spielen. Wie im letzten Kapitel erwähnt, kommen in neuerer Zeit auch muslimische Pilger aus dem Iran nach Fátima, obwohl weder christliche noch islamische Gemeinden in Portugal ihnen irgendeine Unterstützung geben. Communitas hat offensichtlich Grenzen.

Irawati Karve, deren Pilgerfahrt nach Maharashtra im 5. Kapitel beschrieben wurde, wurde durch das Gemeinschaftserlebnis so bewegt, dass sie die Aufrechterhaltung von Kastenschranken nicht ertragen konnte. Nachdem sie gemeinsam mit Maratha-Frauen gegessen hatte (es gibt im Hinduismus starke Tabus dagegen, mit Angehörigen anderer Kasten zu essen), waren diese zu ihr, einer Brahmanin, sehr viel freundlicher. „Am Ende nannten sie mich Tai, Schwester," sagte sie. Einige sagten: „Pass auf, Schwester, wir besuchen dich in Poona." Und dann sagte ein junges Mädchen: „Aber wirst du dann so mit uns umgehen wie hier?" – „Das war eine einfache Frage, aber sie traf das Entscheidende. Wir haben Tausende von Jahren nebeneinander gelebt, und doch gehören sie nicht zu uns und wir nicht zu ihnen."

Darin steckt ein Dilemma. Pilgerfahrten, die ihrem Wesen nach Zusammenkünfte von Menschen an einem Zentrum sind, sollten natürlich Gefühle der Zusammengehörigkeit fördern, sie werden jedoch von den religiösen Systemen beschränkt, denen sie angehören. Abtrennungen gibt es überall. Die Wallfahrt nach Mekka und Medina vereint Muslime aus der ganzen Welt, trennt aber die Umma, die „Nation des Islams", von allen anderen Glaubensrichtungen. Die Pilgerreise nach Maharashthra vereint vorübergehend alle Hindus auf räumlich Weise, hält aber die Kastenschranken aufrecht.

Die Vielschichtigkeit der Situation wird von Malcolm X, dem ersten schwarzen Muslim, der die Wallfahrt nach Mekka machte, beispielhaft sichtbar. Er schrieb seine Erinnerungen an die Erfahrungen in Kairo, Jedda und Mekka

Abenddämmerung das Antlitz Gottes zu sehen.

Haiku von Basho (1644–1694)

SODO

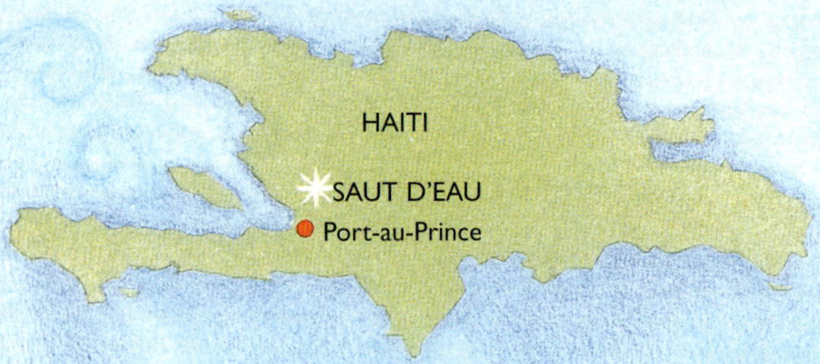

Heilige Wasser
Pilger tauchen in den Saut-d´Eau-Wasserfällen ein, die der Voodoo-Göttin Elizi und der Vierj Mirak geweiht sind, zwei Aspekten derselben Gottheit.

Gaben einer kühlen Göttin

Sodo ist der volkstümliche Name für eine jährliche Pilgerreise zum Dorf „Bonheur" (Glück) auf Haiti und den nahen Wasserfällen „Saut d´Eau". In diesem Bergnest, 100 Kilometer auf einer Straße voller Schlaglöcher und Nadelkurven von der Hauptstadt Port-au-Prince entfernt, wird die Wunder-Jungfrau („Vierj Mirak") an jedem 17. Juli gefeiert, am Festtag Unserer Liebe Frau vom Berg Karmel. Sie soll sich im 19. Jahrhundert hier selbst offenbart haben sowie während der amerikanischen Besetzung von 1915 bis 1933. Nach den örtlichen Berichten soll die erste Sichtung am 16. Juli 1841 stattgefunden haben. Ein Mann namens Fortuné, der nach einem verirrten Pferd suchte, kam zu einem Palmenhain. Er blickte auf und sah eine wunderschöne Frau in einer Palme. Bald darauf begannen die Pilgerreisen an diesen Ort.

Jedes Jahr seit Fortunés Vision kommen etwa 20000 Pilger zu Fuß, auf dem Esel oder mit klapprigen Bussen nach Bonheur. Ihr erstes Ziel ist die Kirche, die zu Ehren der Erscheinung gebaut wurde. Ungebärdige Pilgermassen geben Sodo heutzutage das Gefühl, in einem karibischen Brighton an einem Sommerwochenende zu sein. Ekstatiker, Bettler, Verkäufer, Nonnen, Spieler, Büßer, leichte Mädchen, Offiziere, Journalisten, Anthropologen … Gottes Füllhorn wird hier auf Haiti ausgeschüttet. Sie sind aus vielerlei Gründen gekommen: um Heilung zu finden, ein Gelübde zu erfüllen, zu stehlen, der Stadthitze zu entfliehen, frisches Obst zu essen, ein kühles Bad zu nehmen. Bonheur heißt alle PilgerInnen willkommen und wünscht ihnen Glück.

Wenige Besucher bleiben zur Messe. Die meisten ziehen weiter zu den Wasserfällen, um in

die Sturzbäche einzutauchen, die Ezili, der Voodoo-Göttin der Liebe, und ihrem Schlangen-Liebhaber Danbala, dem Patriarchen des Voodoo-Pantheons, heilig sind. Wasser ist ein göttliches Element, und viele Pilger werden von diesen Wassergottheiten regelrecht besessen, während sie unter den Wasserfällen stehen. Die Pilger sehen keinen Widerspruch in ihrer zweifachen Verehrung der Vierj Mirak und der Wasser-Götter. Denn in ihrem Voodoo-Glauben sind Maria und Ezili verschiedene Aspekte derselben Gottheit. Der Klerus ist über diese Verbindung nicht sehr glücklich. Ein Bischof beschwerte sich: „Wir haben die Menschen nicht christianisiert, sondern sie haben aus uns einen Aberglauben gemacht."

Ich bin 1986 nach Sodo gereist, in dem Jahr, als der Gemeindepfarrer sich entschlossen hatte, die Wallfahrt wieder in die Hände der Kirche zu nehmen. Er entfernte alle Bildnisse der Heiligen im Inneren der Kirche, die als Offenbarungen der Voodoo-Götter verehrt wurden. Aus demselben Grund strich er die Prozession durch Bonheur mit der Gipsstatue Unserer Lieben Frau. Er segnete jedoch eine Gruppe seiner Gemeindemitglieder, welche die Absicht hatte, ein Holzkreuz von der Kirche aus mit sich zu tragen. Entlang des Weges beteten sie den Rosenkranz und planten, Ezili mit Christus zu konfrontieren, wie es Paulus gegenüber Diana (Artemis) in deren Tempel in Ephesus gemacht hatte. Aber die Gegenüberstellung fand nie statt. Die Pilger verschwanden mit ihrem Kreuz einfach in der ekstatischen Menge und dem Lärm der Verehrung an den Wasserfällen.

Es ist eine alte Geschichte des Misserfolgs, was die Versuche angeht, solche volkstümlichen Bräuche auszulöschen. Als die Wunder-Jungfrau 1915 wieder auf ihrer Palme erschien, bat der Gemeindepfarrer einen Hauptmann der US-Besatzungstruppen, den Baum umzuschlagen. Während er dies tat, bewegte sich die Erscheinung von Baum zu Baum, bis der ganze Palmenhain gefällt worden war. Beim letzten geschlagenen Baum verwandelte sich die Erscheinung der Frau in eine Taube, die, so die Berichte, einige Tage in der Nähe von Bonheur blieb, dann aber nach Sodo flog, um dort im schimmernden Nebel zu verschwinden. Welch eine schöne Metapher sowohl für die Wallfahrt wie für Voodoo als eine Religion der Toleranz und des Glaubens. Die Taube in der Palme verbindet die Kirche und die Wasserfälle zu einem einzigen großen Heiligen Ort – nur aufgrund der Kraft der Verehrung der Menschen auf Haiti. Zweifellos werden sich weiterhin Wunder ereignen – Gaben einer kühlen Göttin in einer heißen Jahreszeit.

Donald Consentino ist Professor für Afrikanische und Karibische Folklore an der Universität von Kalifornien in Los Angeles. Er ist der Herausgeber des Magazins African Arts und Kurator der Wanderausstellung „Die Heiligen Künste des Voodoo von Haiti". Er publiziert über afrikanische und Diaspora-Kulturen.

Voodoo

Voodoo ist eine Vermischung verschiedener afrikanischer Religionen, die sich auch bei der römisch-katholischen Kirche sowie Freimaurer-Riten frei bedient hat, die von den französischen Sklavenhaltern im 18. Jahrhundert mitgebracht wurden. Obwohl Voodoo in der euro-amerikanischen Folklore meistens als eine Mixtur üblen Aberglaubens dargestellt wird, ist es die Nationalreligion Haitis und ein lebendiger Teil der kreolischen Kultur.

nieder: „Alles in der Atmosphäre dieser Wallfahrt akzentuierte die Einheit der Menschheit unter Einem Gott. Niemals habe ich solch aufrichtige Gastlichkeit und den überwältigenden Geist wahrer Bruderschaft erlebt, wie es von Menschen aller Hautfarben und Rassen hier in diesem alten Heiligen Land geübt wird.“ Die Wahrheit ist jedoch, dass der „Geist wahrer Bruderschaft“, wenn Malcolm X Christ oder Jude gewesen, ihm auch nicht zugeflossen wäre. Und seine Ankündigung in den USA, dass seine Offenbarung der Bruderschaft in Mekka sich auch auf weiße Muslime erstreckte, mag mit dazu beigetragen haben, dass er kurz darauf von Rassisten ermordet wurde.

Inzwischen hatten die Pilger den Verzauberten Grund erreicht und traten in das Land von Beulah ein, dessen Luft sehr süß und angenehm war …

Von hier aus konnten sie die Burg des Zweifels noch nicht einmal mehr sehen. Hier erblickten sie bereits die Stadt, zu der sie zogen.

John Bunyan

Solche Überlegungen führen manche dazu, eine organisierte Pilgerreise zu meiden. Innerhalb des religiösen Rahmens bietet eine Wallfahrt jedoch dem einzelnen Pilger, wie jedem anderen Reisenden, die Wahl, die Begrenzungen gesellschaftlicher Schranken zu überschreiten, wie sie zu Hause bestehen mögen. Jeder kann sich auf seine Weise – so unvollkommen das sein mag – als ein lebendiges Vorbild menschlicher Bruderschaft verwirklichen. Das ist etwas, was in einer weit von Idealen entferten Welt immer wieder und immer weiter versucht werden muss.

Heiliger als du

Wenn wir andere Pilger sehen, wie sie ihre Wallfahrt durchführen, stellen wir vielleicht fest, dass wir sie beurteilen. Obwohl der klassische Weg der Shikoku-Wallfahrt beim Ryozenji-Tempel beginnt und einem Kreis rund um die Insel folgt, beginnen viele Japaner heutzutage ihre Reise bei anderen Tempeln, besuchen andere außerhalb der „Reihenfolge“ oder pilgern ohnehin nur zu einem oder zweien. Man mag das als Versäumnis ansehen, als eine Art lascher Auffassung von Spiritualität. Ian Reader berichtet in seinem Beitrag über seine Shikoku-Wallfahrt, dass es ihn anfangs gestört hatte, dass er die ganze Strecke zu Fuß zurückgelegt hatte und dann sah, wie einige Pilger in einem bequemen Bus herfuhren. Wer will schon wissen, welche Art von Durchführung einer Pilgerfahrt „besser“ ist? Wallfahrten waren in Zeiten, in denen man fast alles zu Fuß erledigte, notwendigerweise anstrengend. Die Religionen haben dazu geneigt, solche Härten mit dem Argument zu rechtfertigen, dass der Verdienst der Pilger desto größer sei, je größer ihre Schwierigkeiten waren, dorthin zu gelangen. Kreuzfahrern wurde gesagt, dass ein Tod bei ihren Kreuzzügen (die dem Wesen nach Militär-Wallfahrten waren) ihnen die Vergebung ihrer Sünden einbrächte. Diesen Glauben teilten auch muslimische Pilger nach Mekka, von denen man annahm, dass sie direkt in den Himmel gelangten, wenn sie während ihrer Wallfahrt stürben. Auch heute noch werden Pilgerreisen als besonders wertvoll betrachtet, wenn sie schwierig sind.

Pilgerschaft ist eine asketische Übung, die an die Praktiken von hinduistischen, buddhistischen oder christlichen Wandermönchen gebunden war. Die Bußübungen, die man heute noch am Heiligtum des hl. Patrick in Lugh Derg in Irland macht, sind möglicherweise das Erbe aus den Tagen, als hier ein asketischer Mönchsorden lebte. In den meisten Pilgertraditionen gibt es jedoch eine klare Unterscheidung zwischen den Asketen, die der Welt entsagt haben und deren ganzes Leben von da an eine Pilgerfahrt war, und jenen Laien, für die eine Wallfahrt ein außergewöhnliches Ereignis ist.

Spannung, unterdrückte Aufregung, das Gefühl, dass bald ein wichtiges Ereignis käme, pulste im Herzen jedes Pilgers, als wir Jeddah näher kamen. Zum ersten Mal hörte ich, während die weiß gekleideten Gläubigen an der Reling standen, den ewigen Gesang der Pilger, der Tausende von Malen während meines Aufenthalts hier wiederholt werden sollte: Labbayk, Alla humma, Labbayk! (Wir sind hier, o Herr, wir sind hier!)

Idries Shah, Die Reise zum Roten Meer, in Karawane der Träume (1968)

In Japan wird eine besonders rigorose heilige Reise von buddhistischen Priestern, die sich in Ausbildung befinden, ausgeführt. Dabei geht es 1000 Tage lang auf dem alten Kaihogyo-Weg zum Berg Hiei. Die Wallfahrt ist in zehn Abschnitte von jeweils 100 Tagen unterteilt, die sich über sieben Jahre erstrecken. Dazu gehören neun Tage ohne Nahrung, Wasser, Schlaf oder sogar Ruhe in der Horizontalen – und früher 35 Kilometer auf Umrundung des Berges in jeder Nacht. In den letzten beiden Jahren der Ausbildung wird sie durch eine 50-Kilometer-Umrundung ersetzt. Sehr wenige vollenden diese Wallfahrt; Laien können entsprechenden Verdienst auch durch eine viel kürzere Version erlangen.

Falls es nur auf die zurückgelegte Strecke ankäme, würde vermutlich die Reise von Mary Augusta Mullikin und Anna Hotchkis zwischen 1935 und 1936 einen Rekordeintrag verdienen. Beide Künstlerinnen unternahmen, obwohl Mary Mullikin schon über 60 war, eine Pilgerfahrt zu den neun heiligen Bergen Chinas, inmitten politischer Unruhe und den sprichwörtlichen Räuberbanden. Sie reisten zu Pferde, mit dem Maultier, dem Zug und anderen Verkehrsmitteln, malten und skizzierten auf dem Weg und besuchten wirklich alle neun Berge, während Buddhisten kaum je einen erreichen.

Sie überbrückten große Entfernungen – Heng-Shan im Norden in der Provinz Shansi ist über 1500 Kilometer von Heng-Shan im Süden in der Provinz Hünan entfernt. Der Natur der Reise entsprechend muss es Härten gegeben haben, obwohl sie sich nur über die vegetarischen Speisen der Mönche in den Klöstern beklagten. Aber obwohl sie laufend vielen Pilgern begegneten – so jenem Mann, der bei jedem zweiten Schritt einen Kotau ausführte und mit seinem Kopf gegen Steine schlug, und einen jungen Mann, der seine Mutter laufend einen Berg hinauf und wieder hinuntertrug, um so (spirituellen) Verdienst zu erwerben – blieben sie selbst „Reisende".

Im Kontrast dazu war die Gruppe, der sich Michael Wood 1995 anschloss, um an einer Fünf-Tage-Reise an Schreine in Südindien teilzunehmen, die in einem „Video-Bus" durchgeführt wurde, ganz sicher Pilger. In seinem Bericht *The Smile of Murugan* erzählt er davon, wie die Reise auch ein Ausflug und ein Abenteuer war, die dadurch noch aufregender wurde, dass die Wallfahrer gleichzeitig alle ihre Lieblingsfilme sehen konnten, worauf auch die Brahmanenpriester an Bord nur so warteten. Trotzdem blieb es eine Pilgerfahrt. Weder die Entfernung noch die Schwierigkeiten und noch nicht einmal das Reiseziel, sondern nur die Absicht hinter der Reise macht daraus eine heilige Reise.

Laien innerhalb traditionsverbundener Gesellschaften sind dabei durchaus praktisch. Bess Allen Donaldson schrieb in *The Wild Rue* (1938) von Pilgern im Iran: „Seit der Ankunft von Automobilen reisen Wallfahrer auf den Straßen nun damit. Manche behaupten, dass viel des Verdienstes ver-

UNSERE LIEBE FRAU VON GUADALUPE

Meine mexikanische Großmutter Josefa goss ihren katholischen Glauben in meinen Geist und meine Knochen, bis ihr Glauben ganz meiner war. Die andere Seite meiner Familie, die Tarahumara-Indianer, stimmte mit ihr mit dem Kern unserer Religion überein: in der Verehrung Unserer Lieben Frau von Guadalupe. Großmutter Josefa drängte mich oft, eine Wallfahrt zu Unserer Lieben Frau zu machen. Sie sagte, das würde zu einem besonderen Tag in meinem Leben werden. Im Alter von 50 Jahren, nach langem Aufenthalt in den USA, erfüllte ich den Wunsch meiner Großmutter und reiste zum Festtag am 12. Dezember zum heiligen Schrein nach Mexico City. Ich hatte erwartet, dass die Wallfahrt wundervoll und bewegend sein würde. Aber nichts hatte mich darauf vorbereitet, so in die Fülle und Tiefe des Glaubens meiner Großmutter katapultiert zu werden.

Es scheint vier Arten von Pilgern nach Guadalupe zu geben: Touristen mit Kameras, Mexikaner und Mestizen (wie ich), geübte Wallfahrer und Indianer. Mich bewegten besonders die Hingabe und der Glaube von Menschen anderen Glaubens, darunter vor allem die Verehrung der indianischen Pilger, die ihre Seele so sehr öffneten. Sie vertrauen ihr Leben jener Mestizen-Gottheit an, die gesagt hatte: „Ich bin die Mutter aller, die in diesem Land wohnen."

Großmutter hatte mir oft berichtet, wie Unsere Liebe Frau von Guadalupe dem Indianer Juan Diego 1531 auf dem Tepeyac-Hügel erschien, zehn Jahre, nachdem die Spanier die Azteken verwüstet hatten. Die Frau sprach Nahuatl, die aztekische Sprache. Ihre Botschaft war nicht eine des Blutvergießens, sondern der Liebe und des Mitgefühls, des weiblichen Antlitzes Gottes. Ihr Bildnis wurde auf wunderbare Weise dem Umhang Juans eingeprägt: ihr Gesicht ist darauf so dunkel wie das der Mestizen, ihre Kleidung ist europäisch, und sie hat einen indianischen Beutel, der zeigt, dass sie ein Kind trägt. Großmutter prägte mir ein, dass diese heilende, liebevolle Mutter ein neues Geschlecht und eine neue Kirche hervorbrachte und Spanier und Indianer so verband, wie es keine militärische Macht vermocht hätte.

Überall in Mexiko beten Menschen täglich zu ihr und versprechen, dass sie die Wallfahrt unternehmen werden, wenn ihre Bitte erhört wird. Sie marschieren tagelang aus ihren Dörfern zur größten Stadt auf der Erde, und weiter nach Tepeyac. Heilige Fahnen, Blumen, Musik und Gesänge begleiten die Pilger. Viele tragen keine Schuhe. In der Nacht säubern sie gegenseitig ihre Fußwunden, salben die Füße und verbinden sie mit Lumpen. Babies und Lebensmittel müssen mitgetragen werden. Ich beobachtete dieses heilige Heer zahlloser Tausender, während sie aus allen Himmelsrichtungen kamen, und ihre Schritte im ständigen Trommelschlag ein Echo fanden.

Den ganzen Tag über sah ich, wie Gruppen den Hügel erstiegen, manche auf den Knien, wie sie verschwenderische Blumengaben vor dem Bildnis in

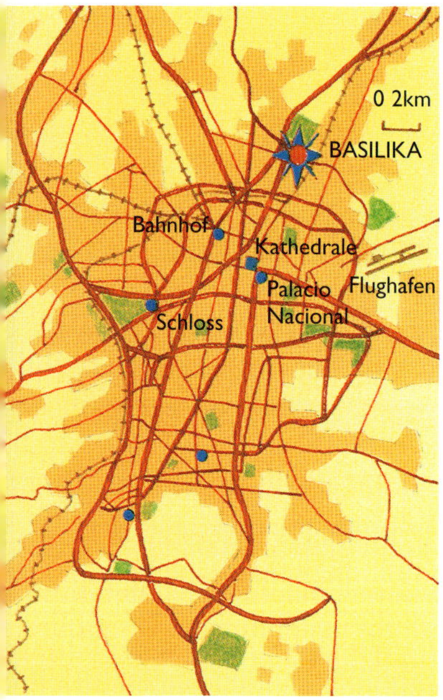

Mexico D. F.
Der Tepeyac-Hügel, der Ort der Basilika, ist im Norden der Hauptstadt.

Praktische Hinweise
Es gibt immer eine große Menschenmenge beim Schrein, besonders am Festtag, dem 12. Dezember, dem Jahrestag der zweiten Erscheinung Unserer Lieben Frau vor Juan Diego. Hunderttausende kommen sowohl zur hingebungsvollen Wallfahrt wie zur Feier mit Singen und Tanzen.

Besucher sollten sich geziemend kleiden und Arme und Beine bedeckt halten, weil ihnen sonst der Zutritt zur Basilika verweigert werden könnte. Die Höhenkrankheit kann zu Kopfschmerzen führen; die Stadt liegt rund 2000 m. ü. M. Die starke Umweltverschmutzung kann Atembeschwerden wie Asthma noch weiter verschlimmern.

der neuen Basilika darbrachten. Ich schloss mich der Menge am Höhepunkt der Wallfahrt an und drängte mit hinein in die Kirche. Dort beteten wir das Bild Unserer Lieben Frau an, wie es auf Juans Umhang bewahrt worden ist. Ich wartete in einer Menge, um an der nächsten Messe teilzunehmen, und stieg dann zur alten Basilika hinauf, um dort am Grabe Juans zu beten. Ich fühlte mich erfüllt und froh, dass ich gekommen war.

Auf der Plaza boten Azteken-Tänzer den ganzen Tag über ihre kraftvollen heiligen Bewegungen dar, nachdem sie zuvor eine Nachtwache vor dem Bildnis gehalten und davor in einem nahen Dorf getanzt hatten. Aber ihre körperlichen Beschwernisse waren nicht mit dem Leiden einer indianischen Familie zu vergleichen, die ich dort sah. Der Vater auf den Knien, der dazu ein sehr krankes Kind trug, sah aus, als ob er vom anderen Ende der Welt hierher gekrochen wäre. Seine Frau und seine Mutter legten ein zerfetztes Schaumgummikissen unter seine blutigen Knie. Seine Schmerzen waren immens, seine Erschöpfung total. Von Mitgefühl und Demut überwältigt, wusste ich in diesen Augenblick, dass sich mein Leben verändert hatte, dass mein Glauben lebendig geworden war. Unsere Liebe Frau von Guadalupe, die Heilerin und Führerin, hatte ihren Segen von meiner Großmutter auf mich übertragen.

Enrique Reza, wie er es Dr. Maya Sutton berichtet hat, der Koautorin von *Giants of Gaia*, die in Neu-Mexico lebt und arbeitet.

Der Festtag
Azteken-Tänzer im traditonellen Gewand tanzen den ganzen Tag über vor der Basilika Unserer Lieben Frau von Guadalupe.

loren sei, weil man die Entfernung so rasch überbrücke; andere meinen, dass die Unbequemlichkeit, in einen Lastwagen oder ein Bus gepfercht zu werden, Autoabgase einzuatmen und Staub, den der Wind hochwirbelt, die Härten nicht geringer werden lässt, sondern sie nur schneller wieder vorbei sind."

In heutigen Industriestaaten hat die Anstrengung der Pilgerreise im Allgemeinen abgenommen oder ist ganz verschwunden. Dank moderner Verkehrsmittel machen wir heute eine Reise in einigen Stunden oder Tagen, die früher Wochen, Monate oder sogar Jahre gedauert hätte. Ein historischer Aspekt von Pilgerfahrten existiert also nicht mehr. Wir haben demnach keinen Grund, uns gegenseitig danach zu beurteilen, ob die heilige Reise lang war oder nur so kurz wie der Trip zum Supermarkt nebenan. Wie bei der Meditation kommt es bei der heiligen Reise nicht auf die Dauer an, sondern auf die Qualität der Erfahrung.

Obwohl unsere ursprüngliche Absicht vielleicht weitgehend unerfüllt bleibt, sei nicht traurig oder ärgerlich über dich selbst oder ungeduldig mit Gott, weil Er dir nicht die Empfindungen von Hingabe und spiritueller Freude schenkt, von denen du glaubst, dass Er sie anderen gibt. Erkenne dies in deiner Schwäche, und vertraue fest darauf, dass unser Herr sie (die Wallfahrt) in seiner Barmherzigkeit gut und einträglich machen wird, mehr, als du weißt.

Walter Hilton (gest. 1395), Die Leiter der Vervollkommnung

EBBE UND FLUT

Der Anthropologe Colin Turnbull veröffentlichte 1987 einen bemerkenswert aufschlussreichen Bericht über seine Pilgerfahrt in Indien. Er stellt verschiedene Einstellungen, Verhaltensmuster und Reaktionsweisen gegenüber. Er war mit Mohan Kumar, einem jungen Brahmanen vom Birla-Manda-Tempel in Delhi unterwegs, und mit Zug und Bus erreichten sie schließlich Badrinath hoch oben in einem Tal, nur wenige Meilen von der Grenze zu Tibet entfernt. Es war Oktober, sehr kalt und windig, es lag aber noch kein Schnee. Sie führten eine Puja-Zeremonie durch, die Turnbull aber überhaupt nicht ansprach. „Ich wäre vielleicht bewegter gewesen, wenn nicht in kurzer Entfernung von uns eine Gruppe Pilger um ein laut plärrendes Transistorradio gesessen wäre, die der Übertragung eines Kricket-Spiels aus Kalkutta zuhörte." Das brachte für ihn eine falsche Note in die Wallfahrt. „Mohan Kumar lachte nur und sagte: ‚Wenn ich wirklich ein Pilger wäre, hätte ich das Radio noch nicht einmal bemerkt, geschweige denn, mich dadurch ablenken zu lassen.'"

Mohan Kumar andererseits kritisierte, dass Turnbull sich nicht den anderen Pilgern beim rituellen Bad in den heißen Quellen angeschlossen hatte. „Ich hatte seine Gefühle verletzt, weil ich nicht alles ausnutzte, was geboten wurde, und nicht alle Attraktionen genoss." Turbull konnte sich jedoch des Eindrucks nicht erwehren, dass er an ein zu Recht wenig besuchtes Touristenzentrum gekommen war, und er musste erst einmal mehrere Kilometer in die Hügel wandern, bevor er spürte, dass er sich auf einer heiligen Reise befand und nicht nur auf einem Feiertagsausflug.

Keiner seiner Pilgergefährten in Badrinath hatte irgendein Interesse daran, die Wallfahrt bis zur Quelle des Ganges bei Gaumakh fortzusetzen. Mohan Kumar, der jedoch „an den Verdienst der rechten Bemühung glaubte", war bereit, bis Jumnotri mitzugehen. Sie mieteten ein Auto mit Fahrer, Lal Bahadur, und fuhren bis auf einen Tagesmarsch an Jumnotri heran.

Dort wanderten sie auf dem engen und gefährlichen Weg zum Naturheiligtum. Auf einer Seite der Brücke, die über eine Schlucht zum Heiligtum führte, flatterte farbige Wäsche auf einer Leine im Wind, und vier Europäer in grellen Plastikregenumhängen, die einen Bergsteigerausflug gemacht hatten, saßen am Boden und spielten Karten. Turnbull war über diese „visuelle Umweltverschmutzung" empört und schockiert zu hören, dass die Bergsteiger sich in den zwei Tagen, die sie hier waren, noch nicht einmal die Mühe gemacht hatten, die Brücke zu überqueren, obwohl sie dort heiße Quellen zum Kochen und Waschen gefunden hätten. Kumar war da toleranter: „Vielleicht fühlen sie sich einfach wie in den Ferien. Wenn sie aber so gerne auf die Berge steigen, warum haben sie dann zwei Tage hier verschwendet? Vielleicht, weil für sie diese Seite des Flusses heilig ist."

In der heiligen Höhle von Jumnotri entdeckte jeder der drei etwas für sich (Lal kam auch mit). Mohan, der dem heiligen Mann der Höhle begegnete, entdeckte, dass er mehr einen heiligen Menschen als einen heiligen Ort suchte. Lal, ein Buddhist, fand Steine, die von Generationen von Pilgern ganz glatt geworden waren, und läutete voller Freude die Glocke außerhalb der Höhle und im kleinen Tempel darunter. Turnbull fand unerwartet einen natürlichen Altar. Wenn er 30 Jahre früher hierher gekommen wäre, hätte ihn seine Klugheit veranlasst, die heißen Quellen zu meiden. Aber nun stand er mit einem Mal nackt mit den anderen beiden im eisigen Wind, um in das heiße Wasser einzutauchen. Nachdem sie drei Mal untertauchten, wie es der korrekte Ritus verlangt, sahen sie den heiligen Mann am Rande des Wassers stehen und sie mit Gesang und Räuchwerk segnen.

Wie glücklich diese frühen Tage,
als ich in meiner Engel-Kindheit glänzte.
Als ich noch nicht über ein oder zwei
Meilen von meiner ersten Liebe
fortgehen und mich umwenden musste,
damit ich einen kurzen Blick auf sein
strahlendes Antlitz werfen konnte.

O wie ich mich danach sehne,
zurückzureisen und noch einmal auf
jenem alten Pfad zu gehen! Dass ich doch
noch einmal jene Ebene erreichte, auf der
ich meinen herrlichen ersten Pilgerzug
verließ, von wo aus der erleuchtete Geist
jene schattige Stadt der Palmen sieht."

Henry Vaughan (1622–1695), Der Rückzug

„Und da waren wir drei nun, ein Hindu-Brahmane, ein nepalesischer Buddhist und ein anglo-amerikanischer Agnostiker, alle gleichermaßen nackt und alle gleichermaßen gesegnet. Der Berauschung war mehr zuzuschreiben als der Verbindung der Höhe (4000 Meter), der kalten Luft und einem natürlichen heißen Bad. Die Nacktheit hatte auch etwas damit zu tun: Sie verbannte die letzte Illusion von Abstand und Unterschied."

Aber nichts dauert ewig, besonders nicht die Erfahrung von Einheit und Brüderlichkeit. Weder Mohan Kumar noch Lal Bahadur wollte den langen Marsch nach Gangotri mitmachen, wo die Tempel wegen des nahen Winters bereits geschlossen waren. Turnbull, der unbedingt den vielleicht am schwierigsten zugänglichen, aber stärksten der Kraftorte in Indien erfahren wollte, musste allein weiter.

ALLEINSEIN

Die Gefühle, über die Pilger berichten, unterscheiden sich stark. Mancher Wallfahrer, der sich bei einer Reise eins mit den anderen fühlt, erlebt bei seiner nächsten Pilgerfahrt mehr Abstand, mehr Individualität, mehr Einsamkeit.

Seien Sie darauf gefasst, dass ihre Gruppe, je näher sie dem Ziel kommt, eher auseinander fällt denn stärker zusammenwächst. Unter indischen und nepalesischen Pilgern beobachtete Barbara Nimri Aziz eine wachsende Entfremdung von der Umwelt. „Am deutlichsten wurde das während einer viertägigen Wallfahrt in Kaschmir, wo die Menschen weniger aufgeschlossen und weniger redselig wurden und sich weniger um die anderen kümmerten als in den Tagen davor, als sie sich noch gegenseitig halfen und sogar mit Fremden sprachen."

Eine Frau sagte ihr auf dem Weg zu einem Schrein im Himalaya: „Was die anderen von Schiva spüren, geht mich nichts an." Je mehr sich Pilger auf das Göttliche ausrichten, desto mehr rückt das, was sie sich von ihrer heiligen Reise erwarten, in den Mittelpunkt. Das ist ein natürlicher Prozess des Sich-Zurückziehens, um sich auf den Höhepunkt vorzubereiten.

IX

KAPITEL 9

Ankunft – Ergriffenheit und Öffnung

Endlich hier, am heiligen Ort, am Ort, auf den wir unser Herz gerichtet haben und wo wir gerade jetzt am liebsten sein wollen! Aufregung und Erwartung sind groß. Bevor Sie sich jedoch von allem wie überwältigt fühlen, gibt es einige praktische Dinge zu beachten. Hoffentlich haben Sie ein oder zwei Tage Zeit mitgebracht. Falls nicht, ist wirklich viel zu erledigen.

Spontaneität ist bewunderswert, wenn man aber ein Mensch unter mehreren Tausenden ist, verpasst man womöglich das wichtigste Ereignis, falls man die Planung dem Zufall überlässt.

Die Zigeuner-Wallfahrt
Zigeuner, das fahrende Volk, tragen am 24. und 25. Mai in den Pilgerprozessionen bei Les-Saintes-Marie-de-la-Mer in der Camargue Banner zum Meer herunter.

PELERINAGE DES
GENS DU
VOYAGE
S.A. S.TE
BIBLE
La Sainte
Bible
PELERINAGE DES

Wie ich im 4. Kapitel erwähnte, ist eine Pilgerreise wie ein Ballett: Sie hat ihre eigene Choreografie und Zeit. Die beste Zeitinvestition, die Sie leisten können, ist, Ihren Prozessionsweg am Zielort im Geist einmal durchzugehen. Scheint Ihnen das „unspirituell" zu sein? Ich versichere Ihnen, dass es das nicht ist. Wenn Sie sich bewusst auf Umgebung und Umstände der äußeren Wallfahrt einstellen, wenn Sie sich darauf vorbereiten, kleine Sorgen und Unsicherheiten im Voraus aufzulösen und Ihren Körper zur rechten Zeit am rechten Ort zu haben, dann wird Ihr Geist frei sein, seiner Aufgabe zu folgen.

Falls Sie sich einer organisierten Pilgerfahrt anschließen, bitten Sie in Kirche oder Tempel, Hotel oder Herberge oder beim Verkehrsverband um einen Zeitplan und eine Routenkarte, damit Sie wissen, was wo und wann passiert. Beginnen Sie am Anfangspunkt der Wallfahrt und gehen Sie den Weg (wir sprechen hier über förmliche Prozessionen, nicht über den Aufstieg zum Berg Fuji). Falls die Prozession zu einem Altar führt, einem heiligen Brunnen, hinunter zum Meer, denken Sie daran, dass die Menschen am Ende den schlechtesten Blick haben, weil alle anderen vor ihnen ankommen. Nachdem Sie sich den Verlauf angesehen haben, entscheiden Sie sich vielleicht, die Prozession zu begleiten, anstatt sich ihr mittendrin anzuschließen, damit Sie eben vorausgehen können. Schauen Sie, wo der Weg enger wird und zu Gedränge führt, wo blinde Flecken sind, wo sich gute Aussichtspunkte befinden. Falls es einen besten Platz gibt, an dem man am Höhepunkt teilnehmen oder ihn sehen kann, werden die Ortsansässigen das wissen. Fragen Sie also Gastwirte, Ladenbesitzer oder Polizisten. Falls die Wallfahrt sehr komplex ist oder nach einem Ihnen nicht vertrauten religiösen Brauch abläuft, empfiehlt es sich vielleicht, einen Führer anzuheuern.

Falls Sie fotografieren wollen, machen Sie Orts- und Landschaftsaufnahmen schon jetzt. Später haben Sie vielleicht keine Zeit, keinen Platz oder auch keine Lust. Gerade Touristen-Pilger werden überrascht sein festzustellen, wie wenig es sie erfreut, ein Ereignis durch einen Kamerasucher mitzuerleben.

Unser Herr wird durch unser Gebet sehr froh. Deshalb spricht er: Bete im Inneren, selbst wenn du dich daran nicht erfreust, obwohl du nichts fühlst, nichts siehst.

Mutter Julian von Norwich,
Offenbarungen göttlicher Liebe (ca. 1393)

VORAUSPLANEN

Vergewissern Sie sich, woher Ihre nächste Mahlzeit kommt. Werden Läden und Restaurants offen haben? Bei religiösen Festen ist wie bei Volksfesten manchmal die ganze Gemeinde beteiligt. Nehmen wir an, Sie sind bei Ihrer heiligen Reise auf dem Weg zum Feuerfest von Up-Helly-Aa auf den Shetland-Inseln. Sie werden feststellen, dass daran jeder teilnimmt, einschließlich die Hotel- und Gasthausangestellten, also müssen Sie entweder ihr eigenes Essen mitbringen oder sich am Ort haben einladen lassen.

Halten Sie Ihre Pläne jedoch flexibel, damit Sie noch zusagen können, falls andere Pilger Sie zum Essen bitten. Ein einfaches Mahl kann zu einem Festessen werden: Meine eindrucksvollste Erinnerung ist an ein Frühstück in einem Kloster in Assisi, wo ein deutscher Nonnenchor, der auf Besuch war, das Tischgebet sang. Ein eher karges Frühstück wurde so zu einer spirituellen Speise von überfließender Fülle.

Für Vegetarier besteht jetzt die letzte Chance herauszufinden, falls irgendwelche Opfer oder Tischgemeinschaften Teil Ihrer Wallfahrt bilden. Muslimische Pilger zum Beispiel ziehen, wenn sie ihre Wallfahrtsgänge in Mekka beendet haben, in die heiligen Hügel nahe der Stadt, wo sie die Nacht verbringen und Schafe und andere Tiere opfern. Muslime überall auf der Welt opfern zur selben Zeit Schafe, die gekocht und von Familie und Freunden gegessen werden. Dieses gleichzeitige Opfer (mit oder gegen den Willen der Tiere, wer wird geopfert?; d. Ü.) stellt eines der Bande dar, welche die Nationen des Islams verbindet. Falls Sie kein Muslim sind, haben Sie damit nichts zu tun – aber auch in anderen religiösen Gruppen werden Sie vielleicht Zeuge von Opferungen, oder man erwartet, dass Sie an einem besonderen Mahl teilnehmen. Denken Sie im Voraus darüber nach, wie Sie diese Fragen handhaben wollen, ohne die religiösen Überzeugungen Ihrer Gastgeber zu verletzen.

Unterschätzen Sie nicht das machtvolle Gefühl, „draußen zu bleiben", das Menschen erleben, die an einem Ritual nicht vollständig teilnehmen. 1966 zeigte die BBC einen Film von weiblichen und männlichen katholischen und protestantischen Theologiestudenten, die sich über ihr Leben und ihr

Studium in den Theologieseminaren austauschten. Der gefühlvollste Moment, der viel offenbarte, war während der Messe und der heiligen Kommunion. Manche der Protestanten weinten ganz öffentlich, weil sie zum ersten Mal spürten, was es bedeutet, nicht am Sakrament des katholischen Gottesdienstes teilzuhaben.

Menschenmengen

Falls Sie sich während Ihrer Pilgerreise in großen Menschenmengen bewegen, stellen Sie sicher, dass alles fest bei Ihnen ist. Denken Sie auch an Brillen und Sonnenbrillen. Falls Sie heruntergeschlagen werden, können Sie sie vielleicht nicht mehr wieder aufheben. Verabreden Sie mit Ihren Gefährten idiotensicher, wo und wann Sie sich wieder treffen, falls Sie voneinander getrennt werden. Keine Person sollte alle wichtigen Dinge für die Gruppe bei sich tragen, wie zum Beispiel alles Geld, die einzige Landkarte, alle Flugscheine usw.

Wo sind die Toiletten? Gibt es überhaupt welche? Falls nicht, was wollen Sie tun? Sind Sie darauf vorbereitet, vielleicht stundenlang in einer Menge in der Hitze anzustehen? Das klingt vielleicht nach einem Rockkonzert im Sommer im Wembley Stadion und doch ist das vermutlich der beste Vergleich mit Massenprozessionen in einem heißen Land.

Viele Menschen sind schon angekommen. Morgen oder übermorgen kommen noch mehr. Sind Sie innerlich darauf vorbereitet, enorme Menschenmengen an einem einzigen Platz zu sehen und das körperliche Gedränge von mehr und noch mehr Fremden und den Geruch von Massenmenschen (gleich, wie sauber alle sind) zu ertragen? Menschen bleiben auch bei religiösen Anlässen Menschen. Falls Sie bei einer großen Wallfahrt in Indien teilnehmen wollen, aber nicht an Gedränge gewöhnt sind, gehen Sie zu den vollsten Plätzen, die Sie finden, und akklimatisieren Sie sich.

Wenn Sie sich auf diese Weise vorbereiten, mögen Sie zwar vielleicht etwas vom Wundern und Erstaunen, von der schieren Kraft des radikal Neuen entbehren, aber immerhin werden Sie nicht so schnell in Panik geraten, ohnmächtig werden oder Ihre kostbare Zeit damit verbringen, nach einer Toilette zu suchen und dabei den entscheidenden Augenblick der Wallfahrt verpassen. Vorbereitung bedeutet, sich dafür frei zu machen, ganz im Hier und Jetzt zu sein.

Sich um den Körper kümmern

Fast jeder, der eine lange Reise unternimmt, braucht irgendwelche Medikamente. Jetzt sollten Sie sich medizinisch versorgen, damit Sie dann mit den geringstmöglichen Ablenkungen durch den Körper den Höhepunkt erleben können.

Wie jeder Reisende nach einer langen Fahrt möchte man endlich auch einmal wieder richtig baden oder duschen, die Haare waschen, sich körperlich erfrischen. Nehmen Sie sich ruhig Zeit dafür, und erfreuen Sie sich daran. In den verschiedenen Religionen gibt es manchmal auch bestimmte Reinigungsriten, die beachtet werden. Dazu gehört unter Umständen, ob Sie fasten oder nicht. Muslime kommen fastend nach Mekka. Fasten im Verlauf einer Pilgerreise ist problematisch. Es wird nicht nur als Bußübung durchgeführt, sondern auch, um Bewusstseinserweiterung zu fördern, von christlichen Mystikern genauso wie von hinduistischen Mönchen. Im Mittleren Osten ist das die populärste Methode der Transformation gewesen; sowohl Christus wie Mohammed führten ein vierzigtägiges Fasten in der Abgeschiedenheit durch, bevor sie ihren endgültigen Ruf erhielten.

Wenn Sie jedoch keiner religiösen Tradition angehören, die das verlangt, oder wenn Sie vorher noch nicht gefastet haben, ist der beste Rat: Tun Sie es nicht! Während des Hauptereignisses finden Sie vielleicht keine Zeit zu essen, nehmen Sie also vorher etwas zu sich, um Ihre Batterien wieder aufzuladen. Eine gewisse Abstinenz kann sich günstig auswirken: Wenn Sie auf Koffein verzichten (das in Kaffee, Tee und in Schokolade enthalten ist) sowie auf Alkohol, werden Sie alles mit einem klareren Geist erleben. Gewohnheitsmäßige Kaffeetrinker sollten allerdings schon einige Tage vorher damit aufhören, weil sonst womöglich Entzugserscheinungen wie Kopfschmerzen gerade das Hauptereignis ruinieren.

Diese Enthaltsamkeit bezieht sich auch auf bewusstseinsverändernde Substanzen sowie auf Beruhigungsmittel und Antidepressiva (falls Ihr Arzt zustimmt). Der spirituelle Grund für jede rituelle Reinigung ist, dass der ganze Mensch in einen Zustand gelangt, der ihn so weit als möglich dafür öffnet, die göttliche Gegenwart so innig wie möglich zu erfahren. Der Idealzustand wäre vermutlich der einer

ST. ANNA VON BEAUPRÉ

Die Basilika
Von den mittelalterlichen Kathedralen Europas inspiriert, entstand diese moderne Kirche am Ort, wo die erste Basilika 1922 durch ein Feuer vernichtet wurde.

Auf dem Pfade der Hingebung

Es hat 18 Jahre gedauert, bis ich zum Heiligtum der hl. Anna von Beaupré gelangte. Ich hatte schon immer dorthin fahren wollen, nicht so sehr meinetwegen, sondern der Frauen wegen, denen ich bei einer Studienreise über Volksglauben in Neufundland Ende der 70er-Jahre begegnet war. Die hl. Anna ist die Mutter von Maria und Großmutter Jesu. Obwohl die derzeitige Basilika auf das Jahr 1923 zurückgeht, steht hier (30 Kilometer von der Stadt Quebec in Kanada) seit 1658 ein Schrein.

Der Legende nach rettete die hl. Anna 1662 einige Männer aus Seenot im St.-Lorenz-Golf. Von diesem Zeitpunkt an gehen Erzählungen von Wunderheilungen in Beaupré bis zum heutigen Tage um. 1876 ist die hl. Anna zur Schutzpatronin der Provinz Quebec ernannt worden. Die Verehrung der Anna von Beaupré ist vom Redemptoristen-Orden gefördert worden, den Hütern des Heiligtums seit 1878. (Dieser Orden predigt zu den Konvertiten und sieht es als seine Mission an, die Spiritualität der Katholiken wiederzubeleben.)

Die Neufundländer wurden auf das Heiligtum und die dortigen Wunder durch ein frommes Blättchen, *Die Annalen der hl. Anna von Beaupré*, aufmerksam. Indem sie ihre eigenen Gebete dorthin sandten sowie Dank für erhörte Gebete und Gebet für andere Schreiber, konnten sie sich an einer „virtuellen“ Wallfahrt beteiligen, konnten sie „Kirchengemeinschaft“ erfahren, obwohl sie weit verstreut lebten. Die Verbindung war so innig, dass in einem Fall eine Ausgabe der Annalen um ein verletztes Bein gebunden wurde, um so zu heilen! Die Neufundländer irischer Abstammung verehrten die hl. Anna sehr, aber unter den Micmac-Indianern war sie besonders volkstümlich, weil Anna Großmüttern einen besonderen Rang zukommen ließ.

Für viele Frauen ist die Wallfahrt nach Beaupré die einzige Reise, die sie in außerhalb Neufundlands führt – und wird damit zu einer bewegenden und bedeutenden Erfahrung ihres Lebens. Eine Frau erzählte mir, dass es wie „eine Reise in den Himmel“ war. Mir wurde von der imposanten Basilika berichtet, die eine herausragende Reliquie bewahrt (der Arm der hl. Anna in einer goldenen Fassung) und eine herrliche, lebensgroße Statue der Heiligen. Ich hatte auch von der *Scala Santa* gehört, einer Nachbildung der heiligen Treppe, die Jesus auf dem Wege zu Pontius Pilatus hinaufstieg, die Pilger hier den Knien erklimmen.

1895 wurde ein „Cyclorama“ geschaffen, das Jerusalem und seine Umgebung zur Zeit der Kreuzigung darstellt und „Leben in die Bibel“ bringt. Pilger übernachteten im Kirchgasthof und alle brachten aus dem Kirchenladen Andenken mit, auch St.-Anna-Öl. Es wird vor der Reliquie der Heiligen gesegnet und gilt als besonders heilkräftig.

Die „offizielle“ Wallfahrtssaison in Beaupré dauert von Anfang Juni bis Anfang September und zieht jährlich 1,5 Millionen Besucher an. Der Höhepunkt ist das Fest der hl. Anna am 26. Juli, das neun Tagen der Verehrungen und Feiern folgt. Wallfahrer kommen mit dem Schiff oder dem Auto. Auf dem traditionellen Pilgerweg von der Stadt Quebec wandern immer noch viele Wallfahrer zu Fuß, besonders am Festtag, an kleinen Gebetsschreinen und Brotbacköfen vorbei.

Statue der hl. Anna
Diese eindrucksvolle Skulptur steht auf einem Pfeiler im nördlichen Querschiff, wo sie von fast jedem Punkt in der Basilika gesehen werden kann. Wallfahrer richten ihre Gebete an Gott auf dem Wege der Fürbitte an die Heilige.

Ich kam mit dem Bus, trat in die Basilika ein und zu meiner Überraschung weinte ich. Ich weinte vor Freude darüber, dass ich endlich hier war und aus Mitgefühl mit meinen Freunden in Neufundland. Ich weinte auch, weil ich von diesem Ort überwältigt war, so voller ängstlicher und dankbarer Gebete und Gehstöcke und Krücken als Zeichen der Heilung, die zu Hunderten im Eingangsbereich zu sehen sind. Ich kehrte zurück mit einem Fläschchen St.-Anna-Öl und dem Gefühl, etwas geschafft zu haben.

Marion Bowman lehrt Religionsstudien am Bath College of Higher Education, England.

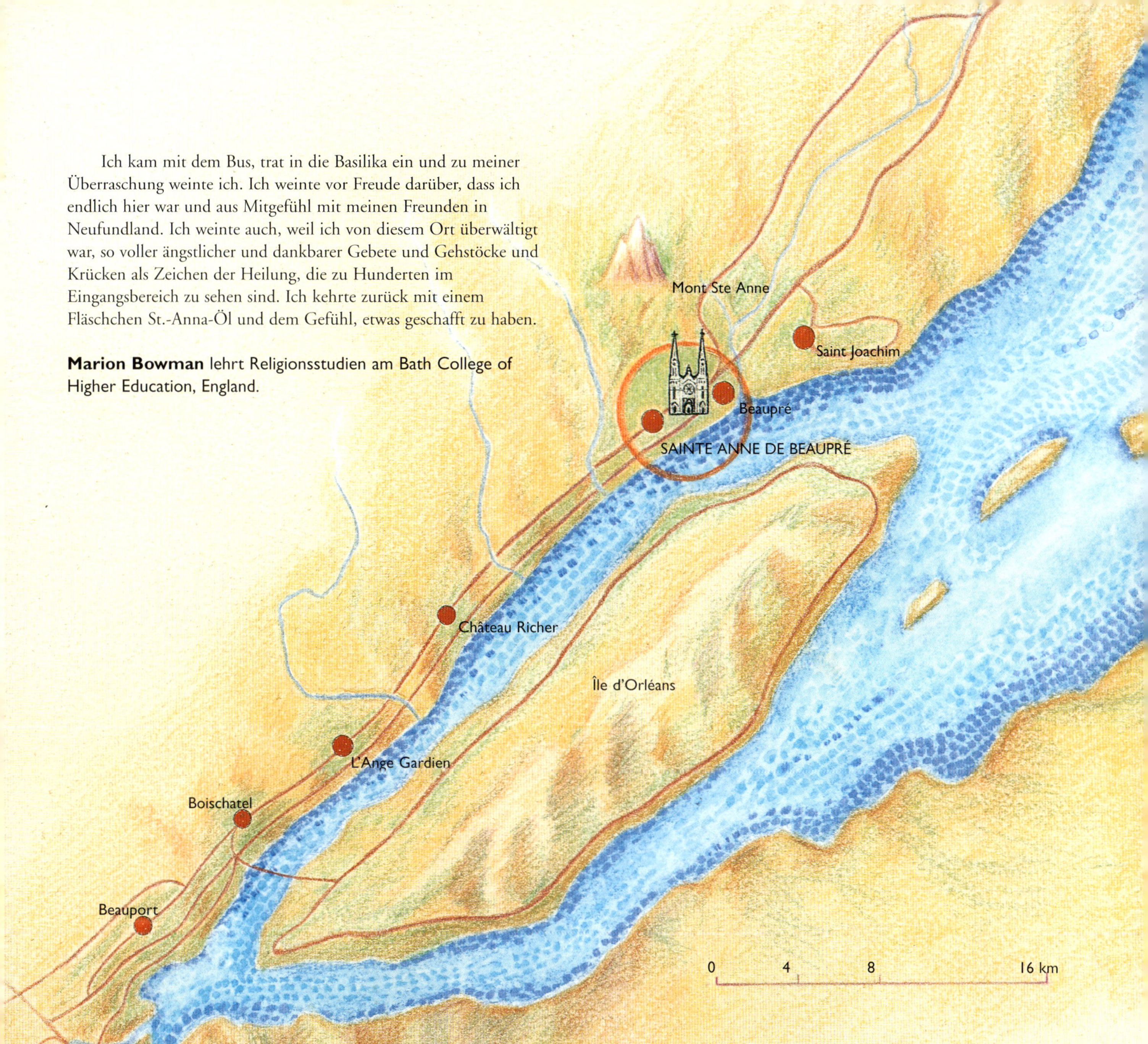

Das Fest von St. Anna
Vom 17. Juli an begehen Wallfahrer eine Novena – neun Tage privaten Gebets und öffentlicher Verehrung –, die in einer Kerzenprozession am Vorabend des Feiertags endet. Am Festtag selbst, dem 26. Juli, werden die Kranken in einer Zeremonie außerhalb der Basilika gesalbt.

körperlichen und geistigen Unschuld, wie sie für die Menschheit seit der Verbannung aus dem Paradies verloren ging.

Stoff und Geist vereinen

Da sich dieses Buch um die Abschnitte der äußeren Reise rankt, mögen Pilger auf inneren Fahrten denken, dass wir sie vergessen haben. Dem ist nicht so. Die äußere Wallfahrt ist eine Metapher für die innere, und es gibt Dinge, die man bei jedem Schritt überdenken muss. Alle Pilger, gleich welcher Art, sollten sich jetzt Zeit nehmen, um das Spirituelle und das Materielle miteinander abzugleichen.

Dann öffnete unser Herr meine spirituellen Augen und zeigte mir die Seele inmitten meines Herzens. Die Seele war so groß, als ob sie eine ewige Welt wäre, und ein gesegnetes Königreich, wie eine herrliche Stadt. In der Mitte saß unser Herr Jesus, Gott und Mensch. Denn in uns ist er ganz zu Hause, und dort hat er seine ewige Wohnstatt.

Mutter Julian von Norwich

Im Christentum geht die Unterscheidung zwischen der äußeren und der inneren Reise und die Ansicht, dass die äußere nicht notwendig sei, bis ins 12. Jahrhundert zurück. In der Reformation griff Luther das auf, als einer von vielen Protestanten, die meinten, dass die einzig legitime „Wallfahrt“ die innere Reise war, die sich aus dem Lesen der Schriften ergibt. Anstatt irdisch zu marschieren, sollten wahre Christen sich lieber auf die Reise des Gebets und der Meditation, der Innenschau, begeben.

Es gibt große Unterschiede dabei, wie man sich in dieser Burg befinden mag (sic!). Denn es gibt viele Seelen im äußeren Hof, die sich überhaupt nicht darum kümmern, in die Burg einzutreten, noch wissen sie, wer dort drinnen ist.

Hl. Teresa von Ávila (1512–1582), Seelenburg

Seine Haltung war nicht weit entfernt von jener Guru Nanaks, des ersten Sikh-Gurus. Als er von einem Muslim gefragt wurde, warum er sich nicht gen Mekka verneige, antwortete er: „Es gibt keinen Ort, an dem Gott nicht ist.“ Für Dichter des Ostens, Philosophen und religiöse Lehrer ist die äußerliche Landschaft meist weniger wichtig als die innere. Tibetische Reiseführer zu heiligen Orten weisen die Pilger an, die Namen der Schreine zu rezitieren und sie sich als in ihrem eigenen Körper befindlich vorzustellen, anstatt äußere Reisen durchzuführen. Der tamilische Dichter Devara Dasimaya schreibt: „Mit Schiva ganz eins zu sein, ist der Hof des Pilgers, das wahre Benares.“

OM. In der Mitte des Palastes von Brahman, unserem eigenen Körper, gibt es einen kleinen Schrein in der Form einer Lotosblume, und darin kann man einen kleinen Ort finden. Wir sollten herausfinden, wer dort wohnt, und wir sollten danach verlangen, ihn zu erkennen.

Chandogya Upanischad

Für viele andere sind die inneren und äußeren Landschaften jedoch nicht getrennt. Im Westen haben die Menschen die Teilung der Welt durch die Gelehrten und Theologen in gegensätzliche Pole – das Innere gegen das Äußere, der Geist wider den Stoff – vielleicht zu leicht angenommen. Diese Gegensätze finden ihre Wurzeln im klassischen christlichen Denken von Gott, das feststellt, dass das Göttliche ganz „anders" und von der Menschheit getrennt sei. Das Christentum enthält jedoch auch Doktrinen, welche die Trennung leugnen: Der Stoff ist eine Schöpfung des Geistes, Gottes; Christi Erlösung der Menschheit erfolgte durch Geist, der durch Stoff wirkte, durch die Fleischwerdung (oder „Inkarnation") des Wortes; das heilige Sakrament ist Stoff, der zu einer spirituellen Dimension erhöht wird. Der Theologe und heilige Thomas von Aquin sagte im 13. Jahrhundert, dass Menschen vergessen, dass sie Menschen sind, falls sie denken, dass der Körper bei der Verehrung keine Rolle spielte: Unsere Körper seien das Mittel, mit dem und durch die unsere Seelen wirkten. Das Innere kann nicht mit dem Spirituellen gleichgesetzt werden und das Äußere mit dem Materiellen: Auch irdische Handlungen wie eine Pilgerfahrt können transzendental sein.

Die Fähigkeit zur Kontemplation ist bereits Kontemplation. Nur der, der sich dazu in der Lage fühlt zu meditieren, kann es auch tun. Da du es willst, hast du es offensichtlich schon. Bitte sorge dich nicht, wenn du nie mehr erkennst als das ... in einem Wort: Lass die Sache selbst dich führen, wie sie will. Beobachte sie, wenn du möchtest, aber lass sie allein. Sei willens, blind zu sein.

Anonym,
Die Wolke des Nichtwissens
(14. Jahrhundert)

Wir müssen der Höhe, Tiefe, Länge und Breite unseres Geistes nach beten. Nicht mit vielen Worten, sondern mit einem kleinen Wort von nur einer Silbe. Was soll dieses Wort sein? Lasst uns in Wort oder Gedanke oder Verlangen kein anderes Wort als „Gott" beten.

Die Wolke des Nichtwissens

Ein Denken, was dieser Ansicht widerspricht, zieht eine scharfe Trennlinie zwischen dem Sakralen und dem Profanen. Émile Durkheim schrieb in seinem einflussreichen Werk *Grundlegende Formen des religiösen Lebens* (1912), dass alle Religionen Dinge entweder als heilig und damit einer transzendenten Welt zugehörig einstufen oder als profan und damit dem Alltag zugehörig. Nach Durkheim sind diese Kategorien tatsächlich ausschließlich: „Das religiöse Leben und das profane können nicht am selben Ort existieren." Wenn wir jedoch anschauen, was reale Christen tatsächlich tun, und nicht das, was ihre Interpreten sagen, was sie angeblich dabei denken, erkennen wir etwas anderes. In der Volksreligion, in der orthodoxen Religion, nicht wie sie gepredigt, sondern wie sie praktiziert wird, sowie in Aktivitäten wie Pilgerfahrten

Vielfalt mit anderen teilen und feiern

, Im September 1986 organisierte der World Wide Fund for Nature (WWF) einen Kongress von Vertretern verschiedener Religionen in der umbrischen Stadt Assisi. Prinz Philip von England war die treibende Kraft hinter dem Treffen, das darauf abzielte, ein gemeinsames Dokument über Umweltschutzthemen zu verabschieden und wie solche Ziele in den Religionen integriert werden. Dieses Manifest sollte bei einer Abschlusszeremonie in der Basilika der Stadt vor der Weltpresse veröffentlicht werden. Indem man ökologische Wunden zu heilen versuchte, wollte man größere Toleranz zwischen den Glaubensrichtungen fördern.

In der Woche vor dem Kongress, während sich die Führer in Assisi trafen, fanden sich Umweltschützer und Gläubige in Gruppen zusammen bei Wallfahrten auf verschiedenen Wegen nach Assisi und schufen so selbst ein Medienereignis. Meine Rolle, sowohl der Einladung wie meiner Neigung entsprechend, war die eines Beobachters, der den täglichen Fortgang in seinem Skizzenbuch festhielt.

Ich hatte vergleichende Religionswissenschaft studiert, obwohl ich selber keiner besonderen Glaubensrichtung folgte, und ich war Umweltthemen gegenüber sehr offen, ohne mich selber aktiv eingesetzt zu haben. In meiner neutralen Rolle war ich vom Traum der Wallfahrt nicht erfasst, könnte man sagen. Anfangs spürte ich sogar eine gewisse zynische Distanz zu den Privatanliegen dieser oder jener beteiligten Gruppen. Der Medienzirkus um uns herum half auch nicht dabei, diese ersten Eindrücke aufzulösen. Falls ich mich je vor selbstzufriedener Frömmigkeit gefürchtet hatte, dann war sie gerade hier in Gestalt unseres franziskanischen Gruppenleiters mit seinem kränklichen akustischen Singsang. Auch das komplexe religiöse Ritual des Klerus gab es, das aus meiner Sicht die Spiritualität immer erstickt hatte, während es behauptete, sie zu verkörpern. Später, in Assisi, gab es symbolische Hinweise auf düstere religiöse Dogmen in Gestalt von kreisenden Hubschraubern und allgegenwärtigen Sicherheitsleuten.

Während die Tage und Kilometer jedoch dahingingen, in der wunderschönen Landschaft, begannen die verschiedenen Gruppen einen eigenen Dialog, angespornt durch die zentrale Debatte in Assisi vor uns in Assisi. In diesem freien Austausch von Ideen, die oft leidenschaftlich vorgetragen wurden, entdeckte ich eine nicht erwartete motivierende Kraft für meine persönliche Beteiligung.

Meine Glaubensartikel wurden durch eine Erinnerung an das bestärkt, was uns alle verbindet. Zwischen uns allen bildete sich eine echte Verbindung aus, durch die gemeinsame Zeit auf staubigen Straßen und Hügeln, während willkommenen Abendschatten und herrlichen Sternennächten, durch stundenlange heftige Gespräche und humorvolle Momente. Während sie sich an der Gastlichkeit der örtlichen Gastgeber erfreuten, tauschten die Lehrerin, der Umweltschützer, die Zahnärztin und der Modedesigner ihre Hoffnungen, Ängste, Träume und Bedürfnisse aus. Diese komprimierte Zeit unserer Wallfahrt führte zu Freundschaften, stellte Sichtweisen in Frage, unterstützte gegenseitig Ideale und mündete in einer Korrespondenz von Schottland über Belgien nach Nepal, die heute noch besteht.

Damit soll die Erfahrung anderer Teilnehmer, die sich durch ihren Glauben bestärkt fühlen, genausowenig herabgesetzt werden wie das Erleben jener, die im Zusammenkommen von verschiedenen Religionen den Höhepunkt erlebten. Die Vielfalt der religiösen Gruppen auf dem Pilgerweg nach Assisi machte die Reise und die folgenden Freundschaften aufregend und interessant. Der stille Adel eines Maori-Älteren, das sprudelnde Lachen tibetischer Mönche, die Exotik hinduistischer Tempeltänzer hinterließen alle tiefe Eindrücke.

Für mich liegt die dauerhafte Bedeutung jedoch in einer lebendigen Erkenntnis all der Dinge, die uns gemeinsam sind statt jener, die uns trennen.

Mike Nicholson arbeitet als freier Illustrator in London. Zu seinem Schaffen zählen Bildungsveröffentlichungen, Werbeaufträge und Storyboards für Film und Fernsehen.

Geteilte Hoffnungen und Ängste
Mike Nicholsons Bild (unten), das von seinen Erfahrungen in Assisi inspiriert wurde, vermittelt das von allen Wallfahrern geteilte Ideal, Umweltwunden zu heilen.

Die vier Wege nach Assisi
Pilger reisten zu Fuß und erhielten von Freiwilligen entlang des Weges Nahrung und Unterkunft. Mit Tanz-, Musik- und Schauspielaufführungen unterhielten sie ihre Gastgeber und feierten die Vielfalt ihrer Kulturen.

St. Franziskus von Assisi
Als er den Franziskaner-Orden gründete, wollte Franziskus (1182-1226) zu Christi eigenen Prinzipien zurückkehren, und er verwarf den Reichtum und die Genusssucht der mittelalterlichen Kirche. Seine Klosterbrüder lebten in Armut mit gewöhnlichen Leuten und predigten barfuß in den Kirchen. Seine Überzeugung, einfach und nahe der Natur zu leben, und die Legende, wie er einen Wolf bezähmte, der ein Städtchen in Angst und Schrecken versetzt hatte, führten dazu, dass er zum Schutzpatron der Tiere wurde.

kommt es zu einer ständigen Verwischung von Grenzen und Kategorien. Geist und Stoff, das Heilige und das Profane, sind nicht getrennt und auch nicht voneinander zu trennen. In der Shinto-Religion, der japanischen Nationalreligion, gibt es keine Trennung zwischen dem Spirituellen und dem Materiellen. Dieser Glaube, der keinen Gründer hat und keine Dogmen kennt, wird nicht durch heilige Schriften übermittelt, sondern durch jährliche Observanzen und alltägliche Gebräuche weitergetragen. Die japanischen Schöpfungsmythen sagen, dass es am Anfang Chaos gab, das aus seiner eigenen, ihm innewohnenden Kraft die „Gottheiten des Himmels" schuf, die *Amatsu kami*. Daraus stiegen die Inseln Japans herab sowie andere, spirituelle Wesenheiten und das japanische Volk. Damit sind menschliche Wesen, das Land und die Natur innig miteinander verbunden, und als Folge sieht man auch in der ganzen irdischen Welt eine spirituelle Dimension.

Hier zu Füßen der rutschigen Quelle
oder an den bemoosten Wurzeln
von Obstbäumen wirft meine Seele
ihre Körperkleidung ab und gleitet
in die Zweige: Dort sitzt sie
wie ein Vogel und singt und wetzt
ihren Schnabel und kämmt
sich ihre silbernen Schwingen.

Andrew Marvell (1621-1678), Der Garten

In dieser Weltsicht kann es keine Unterscheidung geben zwischen dem Bereich Gottes – dem Sakralen – und dem Bereich der Menschen – dem Profanen. Wenn wir das übersehen, verpassen wir unter Umständen Dinge an heiligen Orten, welche die Chance zur spirituellen Entwicklung bieten, einfach, weil wir sie für etwas „Weltliches" halten, das mit unserer Religion nichts zu tun hat. In der Shinto-Religion ist der traditionelle Garten eine wichtige Ausdrucksform dieses Glaubens. Wasser ist dabei ein wesentliches Element, und das japanische Wort für Gärtner bedeutet „jemand, der ein Wasserbett bereitet". In einem Trockengarten, wie dem großartigen Meditationsgarten des Tofukuji-Tempels in Kyoto, wird Wasser durch wellenförmig geharkten Sand oder Kies symbolisiert.

Die Weise, wie wir uns auf diese Pilgerfahrt zu einer anderen Mitte begaben, war, einen kurzen Satz zu rezitieren, ein Wort, das man gemeinhin Mantra nennt. Das Mantra ist nur ein Mittel, um unser Bewusstsein über uns selbst zu erheben, eine Methode, um uns von unseren eigenen Gedanken und Sorgen loszumachen.

John Main OSB, Moments of Christ (1984)

Auch die Gärten des Islams verkörpern ein religiöses Ideal. Der Begriff „Paradies" entstammt dem altpersischen Wort *Pairidaiza*, das einen geschlossenen Park bezeichnet. Wo der Islam regiert, finden sich paradiesische Gärten. Die idealen Oasen eines Wüstenvolkes haben Bäume, um Schatten zu geben, und Wasser, das als eine grundlegende Lebenskraft geschätzt wird, als Musik und zur Verzauberung, und um den Geist für Inspiration zu öffnen. Die Gärten der Alhambra in Spanien, die königlichen Gärten von Fin im Iran, der Garten der Ehrenmaiden in Udaipur in Indien sind sichtbarer Ausdruck des Islams und vermitteln mehr vom Wesen von Stoff und Geist, als es Worte ausdrücken können.

Rückzug, Kontemplation und Hingabe

Nehmen wir uns Zeit, ob wir auf einer inneren oder einer äußeren Reise sind, uns etwas von der Welt zurückzuziehen, durch Gebet oder Meditation. Wenn Sie das schon kennen, nutzen Sie Ihre Methoden. Wenn Sie das vorher noch nie gemacht haben, finden Sie einen stillen Platz, setzen Sie sich vielleicht in einen hübschen Garten, atmen Sie tief und sanft und denken Sie darüber nach, wer Sie sind, wo Sie sich befinden und was Ihr Sinn war, hierher zu kommen. Die Bilder aus der mystischen Innenschau der hl. Teresa von Ávila helfen Ihnen dabei vielleicht. Wer eine lange Reise hinter sich hat, wird schlafen und sich ausruhen müssen. Andere, deren Wallfahrt hier beginnt, halten vielleicht eine Nachtwache. Eine „Vigil" war die Abendmesse, die die ganze Nacht hindurch dauern konnte und vor dem Festtag eines Heiligen gehalten wurde. (Seit 1969 erlaubt die römisch-katholische Kirche nur die Oster-Nachtmesse.)

Diese Nachtwachen sind Zeiten erhöhter Bewusstheit. Haben Sie sich schon einmal gefragt, warum die magischen Zeiten des europäischen Volkskalenders immer Vorabende sind: Heiligabend, Sommersonnenwendnacht, Halloween? Es sind Nächte vor einem christlichen Feiertag: der Geburt Johannes des Täufers (24. Juni), Allerheiligen (1. November). Die Feiertage fallen mit bedeutenden vorchristlichen Festen zusammen (bzw. wurden dorthin gelegt; A.d.Ü.).

Die Frühkirche hielt den vorchristlichen Glauben an die übernatürliche Bedeutung von Träumen wach. Die „heidnische" Praxis, Vorwissen durch rituelle Inkubation (Schlaf) am Heiligtum des Asklepios, des Gottes der Heilung, zu erlangen, wurde durch Nachtwachen an den Grabstätten christlicher Heiliger ersetzt. Es war, wie auch bei anderen Nachtwachen vor Kirchenfesten, bedeutsam, beim Übergang über die Zeitenscheide um Mitternacht hellwach zu sein. Dieser Übergang stellte den Zeitpunkt dar, in dem die Göttlichkeit zum heiligen Ort niederstieg.

Die meisten von uns erleben eine Nachtwache nur in einem weltlichen Umfeld und einer lärmenden Menge, nämlich an Silvester. Und doch ist uns oft wichtig, wo wir uns Schlag Mitternacht befinden, gerade dann, wenn ein Jahr zu Ende geht und das neue heraufzieht. Wenn wir an einer Mitternachtsmette einmal teilgenommen haben, werden wir vielleicht etwas vom Mysterium des symbolischen Augenblicks gespürt haben, in dem die göttliche Kraft auf die Erde niederkam, um hier zu wohnen.

Sie haben eine beachtliche Leistung vollbracht, so weit gekommen zu sein. Die Nachtwache stellte früher auch eine Zeit dar, in welcher der künftige Ritter vor dem Altar kniete, worauf sein Schwert und seine Rüstung gelegt worden waren, als Zeichen dafür, dass sie in den christlichen Dienst gestellt werden sollten. Die einsame Nachtwache ist ein Ritual der Hingabe: Wir folgen der mythischen Spur von Galahad und Parsifal, die den Heiligen Gral suchten. Ihre persönliche Hingabe an Ihre Erfahrung des Heiligen an diesem Ort der Kraft kann genau dazu auch werden.

Heil dir, Jerusalem, Stadt des großen Königs, Herrlichkeit und Krone der ganzen Erde, Freude und Genuss der gläubigen Seele. O Jerusalem, Jerusalem, erhebe dich, erhebe deine Augen und blicke umher und sieh all diese Pilger, deine Söhne, die von den äußersten Enden der Welt gekommen sind, die immer noch in Herrscharen herbeikommen, damit sie deinen Glanz sehen und die Herrlichkeit des Herrn, die über dir erstanden ist.

Felix Fabri, Das Buch der Wanderungen (1892)

X Höhepunkt – Begegnung mit dem Unbekannten

KAPITEL 10

Sie befinden sich an der Schwelle zu etwas von großer Bedeutung. Ihre Reise durch Zeit und Raum hat das Gewohnte hinter sich gelassen und Sie in die Gegenwart des Heiligen gebracht, an die Schwelle zwischen dem Menschlichen und dem Göttlichen, wo eine Kraft, die normalerweise verborgen bleibt, den Schleier durchstoßen hat und in der menschlichen Wirklichkeit verankert wird. Diese Kraft ist immer da, sie ist immer zugänglich: Indem Sie sich ihr nähern, ziehen Sie sie in Ihr Leben, und damit bewirken Sie eine grundlegende Veränderung. Jetzt ist der entscheidene Zeitpunkt am richtigen Ort gekommen.

Vielleicht erfahren Sie eine Art Gipfelerlebnis, die eine profunde Einsicht mit sich bringt, oder ein transformatives Ritual, eine Heilung an Körper und Geist. Genauso steht das Gefühl der Ehrfurcht, des Geheimnisses, der Erfüllung und eines plötzlichen, klaren und wundersamen Freudenausbruchs zu erwarten.

Sie sind aber für sich allein hier. Denn an diesem Punkt versagt die Sprache: Wer das Erlebnis beschreiben möchte, wenn das Göttliche im Menschen erfahrbar wird, findet kaum Worte. Das persönliche Erleben des Heiligen führt uns über die Grenze von Verstand und Sprache hinaus.

Ehrfurcht und Geheimnis
Beim Schrein von Kyaiktyo in Myanmar (Burma) liegt ein riesiger vergoldeter Felsbrocken gefährlich abschüssig auf einem flachen Felsen und blickt auf einen tiefen Abgrund herab. Buddhisten erwerben Verdienst für ihre spirituelle Reise zum Nirwana, indem sie den steilen Aufstieg hierher bewältigen. Um zusätzlichen Verdienst zu erlangen, schmücken sie den Felsen mit Blattgold.

Es reicht nicht aus, ganz allgemein zu wissen, was der Buddhismus, der Islam oder der Hinduismus „ist", um zu wissen, wie eine Wallfahrt durchgeführt wird. Fahren Sie nach Sri Lanka, und Sie werden drei wichtige Pilgerzentren finden, die alle große Menschenmengen anziehen: die heilige Stadt Anuradhapura, den „Zahn-Tempel" in Kandy und Kataragama. Anuradhapura war ein buddhistisches Zentrum und einst Hauptstadt der Inder vom vierten bis zum neunten Jahrhundert, verfiel und wurde unter britischer Herrschaft wieder zu einem Regionalzentrum entwickelt. Nach der Unabhängigkeit wurden Christen, Muslime und tamilische Hindus ausgewiesen, und ihre Anbetungsstätten wurden geschliffen, um Anuradhapura wieder als nationales buddhistisches Herzstück zu erreichen, ähnlich wie es Jerusalem für die Juden darstellt. Beim Poson-Fest, das auf den Vollmond im Juni fällt, füllt sich die Stadt mit buddhistischen Pilgern, die hierher kommen, um zu beten und Verdienst zu erwerben. Die Atmosphäre ist beherrscht und ruhig; es gibt keine Prozession oder irgendein Spektakel.

Im Unterschied dazu kommen ebenfalls buddhistische Pilger im Juli/August zum „Zahn-Tempel", um den alljährlichen Umzug und die Feiern des früheren Königreichs von Kandy mitzuerleben. Sie dauern 14 Tage und werden dem Ende zu immer größer und besser. Obwohl die Pilger in den Ortstempeln Opfergaben darbringen, versammeln sie sich hier vor allem als Schaulustige und erwerben Verdienst einfach dadurch, dass sie einer Parade der glänzenden Vergangenheit des Buddhismus anschauen.

In Kataragama wird in der Hauptpilgersaison im Juli/August von großen Massen die Vereinigung des Gottes Skanda mit seiner Gefährtin Valli Amma gefeiert. An jedem von 15 aufeinander folgenden Tagen wird das Bildnis Skandas zu ihrem Heiligtum gebracht. Im Kontrast zu Kandy sind die Wallfahrer hier aktiv beteiligt; im Kontrast zu Anuradhapura ist das religiöse Verhalten extrovertiert, körperlich und ekstatisch, und unter anderem gehören Tanz und laute rhythmische Musik, Feuerlauf und asketische Übungen dazu. Früher waren hier hauptsächlich tamilische Hindus aus Sri Lanka und Südindien, heute wird die Mehrheit der Pilger von Buddhisten gestellt wie an den beiden anderen Orten.

Was ein Pilger tut und was er an jedem dieser Orte erlangt, ist unterschiedlich. (Und was Angehörige anderer Glaubensrichtungen bei der Teilnahme hier erlangen, ist unter Umständen wieder etwas anderes.) Das Wesen der Wallfahrt ist in ihren Details enthalten. Um sie zu erleben, brauchen wir natürlich Kenntnisse und Beobachtungsgabe, aber vor allem eine Bereitschaft, uns darauf einzulassen.

Pilgerschaft hat nichts mit Denken zu tun, sondern mit Handeln und Fühlen. Das erfahren wir aus den Berichten der frühen christlichen Pilger ins Heilige Land, welche den Aspekt der eigenen Erfahrung des Höhepunktes ihrer Reise besonders hervorgehoben haben. Dessen Natur war und ist eine Verbindung von Ritual und eigenem, sensorischem Empfinden. Viele Wallfahrten geben sogar an, was der Pilger sehen, hören, fühlen, schmecken und riechen soll.

Das ist kein Zufall, denn die meisten Pilgerfahrten wurden von Ritualexperten entwickelt, die eine lange Übung in dieser alten Kunst hatten, die babylonische Wahrsager mit persischen Eingeweihten und christlichen Priestern verknüpft. Wenn wir uns ihrer Kunst überlassen, uns dem Verlauf hingeben, wie frühere Pilger einfach annahmen, was geschah, dann können wir mit ihrer Hilfe ein „Anders-Sein" erfahren.

Der Pilger, der am Heiligtum angekommen ist, steht vor einer dreifachen Weggabelung, einem Treffpunkt von drei Wegen in die „Anderwelt", an dem sich der bedeutsame Ort mit der bedeutsamen Handlung zu einer bedeutsamen Zeit begegnen.

O unsichtbare Welt, wir sehen dich;

Das Gebet, der Kirche Festmahl, der Engel Alter,
Gottes Odem im Menschen, der zu seiner Geburt
zurückkehrt, die Seele in einer Umhüllung,
das Herz in der Pilgerschaft – das ist ein Lied,
das alle Dinge hören und fürchten.

Sanftheit und Frieden, Freude und Liebe, Seligkeit,
die Milchstraße, der Paradiesvogel, Kirchenglocken,
die man jenseits der Sterne hört, das Blut der Seele,
das Land der Gewürze – etwas ist verstanden worden.

George Herbert (1593-1633), Gebet

Bedeutsamer Ort

„Die meisten unter uns spüren Gott an Orten großer natürlicher Schönheit", schreibt Martin L. Smith. Die naturbelassene, sogar rauhe Landschaft wirkt fast schon zu einfach als Kanal für eine Manifestation der Göttlichkeit, die als sensorische Erfahrung erlebt wird. Ich habe das in der Wüste als ein Gefühl der Immanenz gespürt, als eine Art schweren Gewichtes, als ob etwas Gewichtiges herabzusteigen im Begriff war. Nach einer Wüstenfahrt verstehen wir besser, warum Moses am Berg Sinai die Stimme des Herrn hörte, warum klassische arabische Musik wie Frage und Antwort klingt, wie der Dialog mit Gott, und warum die frühen christlichen Väter als Einsiedler in der Wüste lebten.

o unberührbare Welt, wir spüren dich;
o unergründliche Welt, wir kennen dich.

Francis Thompson (1859–1907),
Das Reich Gottes

Insbesondere neigen Ökologen und Naturschützer dazu, Gott in der Natur zu suchen, „aber", fährt Martin Smith fort, „der wirkliche Test für die Allgegenwart Gottes liegt darin, sie auch an öden, anonymen und profanen Orten zu spüren, wie Einkaufszeilen, Flughäfen, Schnellrestaurants, U-Bahnstationen, Menschenmengen". Diese Menschenmengen an großen Wallfahrtsorten sind das Umfeld, in dem wir unsere eigene himmlische Manifestation finden müssen. Und wie geht das?

Frühe christliche Wallfahrer wollten selbst jene Orte sehen, die in der Bibel erwähnt werden, weil sie das mit den Personen der heiligen Geschichte irgendwie verband. So besuchte 333 ein anonymer Pilger aus Bordeaux den Platz, an dem Jakob mit dem Engel rang (Genesis 33,21-31), den Baum, den Zachäus erklomm (Lukas 19,1-10), sogar den Stein sah er, den die Baumeister verwarfen (Psalm 118,22). Solche Orte (gleich, ob sie authentisch sind oder nicht), „polstern" den Glauben, indem sie „beweisen", dass die heiligen Schriften wahr sind. Sie halfen Pilgern, sich die früheren Ereignisse lebendiger vorzustellen.

Paula, die Gefährtin des hl. Hieronymus, besuchte Bethlehem und erklärte, dass sie mit dem Auge des Glaubens ein

DIE EXTERNSTEINE

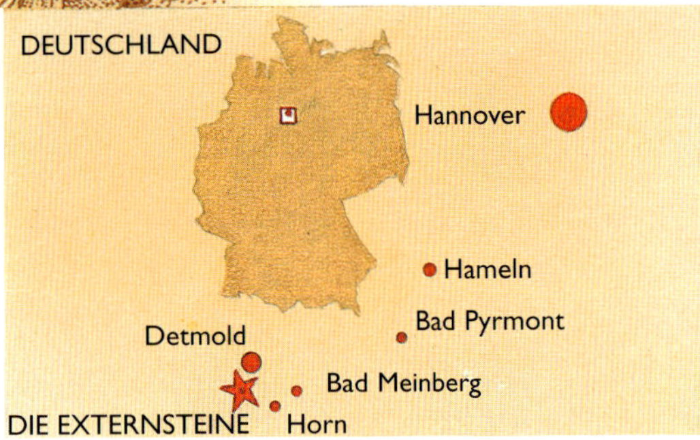

Ein Tempel im Wald

Eine bemerkenswerte Gruppe von Sandsteinfelsen in den Wäldern Norddeutschlands, 50 Kilometer südwestlich von Hannover, hat seit den Zeiten von Stonehenge als Platz der Anbetung gedient. Sie erheben sich aus dem Hügelzug des Teutoburger Waldes und ragen rund 40 Meter darüber. Von Gletschern abgeschliffen und sowohl von der Natur wie vom Menschen weiter geformt, bilden die Felsen einen einzigartigen Landschaftstempel, der als Externsteine oder Drachensteine bekannt ist.

Seit der Antike war dies ein Ort, an dem die Gesetze des Kosmos erforscht wurden, und ein Platz der Wandlung und Heilung. In vorchristlichen Ritualen wurden Initianten in ein Felsengrab herunter gelassen, das in der Form eines menschlichen Körpers aus dem Stein gehauen war. Drei Tage lang lagen sie erwartungsvoll im angespannten Zustand eines „Tempelschlafes", um die spirituelle Welt zu erfahren.

Ein solcher Landschaftstempel wird von intelligenten Energieströmen gebildet, die sowohl die Wahrheit wie den Heiligen Geist offenbaren. Nach Peter Dawkins ist ein Landschaftstempel ein Lichtzentrum, in dem sich die Energieströme in der Landschaft ausdrücken. In dieser Energiestruktur gibt es sieben Chakras, welche die sieben menschlichen Chakras spiegeln. Das ist die Grundlage heiliger Architektur und wird an den Externsteinen sehr deutlich.

Die Externsteine sind Teil eines sehr viel größeren Landschaftstempels, der bis zum Hermanns-Denkmal nahe Detmold reicht, etwa acht Kilometer entfernt. Hermann versammelte zum ersten Mal die alten germanischen Stämme und führte sie zum Sieg über die Römer in einer großen Schlacht im Jahre 9 n. Chr. Das Denkmal zeigt ihn als riesige St.-Michaels-Figur mit einem geflügelten

Praktische Hinweise
Die jahrhundertealte Straße von Hameln zu den Externsteinen führt durch Bad Pyrmont, wo ein Bad in den Mineralquellen eine entspannende Vorbereitung für die Pilgerreise ist. Die Externsteine sind ein beliebtes Ausflugsziel. Um eine Menschenmenge zu meiden, sollte man an einem Wochentag vor 10 Uhr früh ankommen. Nehmen Sie Kontakt auf mit Mutter Erde und dem Geist des Kraftortes, bevor Sie in die geistige Aura der Externsteine eintreten.

Haupt, die ihr Schwert hoch über einen Hügel schweifen lässt, welcher das Kronenchakra dieses größeren Landschaftstempels darstellt. Die Externsteine sind dessen natürliche Polarität, als Erddrachen im Wurzelchakra.

Wir haben eine Reihe von wundervollen Pilgerwanderungen bei den Externsteinen und im größeren Landschaftstempel unternommen. Wir haben hier bei Vollmond und an Sonnenwenden, besonders zur Sommersonnenwende, sowie zu den Tag-und-Nachtgleichen gefeiert. Eine wunderbare Pilgerwanderung, die von Peter Dawkins geleitet wurde, fand zu Pfingsten statt. Dreiunddreißig von uns wanderten mit dem „Wind" der Erdenergie, die wir mit unserem Tanz, Gesang und Feiern etwas angeregt hatten. Wir stimmten uns auf den Geist jedes Chakras mit Meditation und Gesang ein, wir hatten ein Picknick am Solar-Plexus-Berg und genossen einen phantastischen Ausblick. Auf dem Herzchakra-Hügel, der an einer Seite von einem berühmten Adlergehege und auf der anderen Seite von einem Vogelreservat eingebunden wird, legten wir unser Mandala aus, sangen Lieder und teilten uns einen Kuchen. Dann versammelten wir uns im Schatten eines alten Baumes am Kehlkopfchakra, wo wir Peter zuhörten, der sprach und Fragen beantwortete. Ich fragte mich damals, in welcher Zeit wir eigentlich lebten.

Bei einer anderen Pilgerwanderung entboten wir Gebete am Hermanns-Denkmal, und wir spürten, wie der Geist dieser Landschaft seine Energie und sein strömendes Licht über die Erde verbreitete. Jeder von uns wünschte an diesem Tage, dass alle Menschen und Völker in Freundschaft leben mögen. Wir tanzten einen Erntedanktanz und wurden von Freude und Segen erfüllt, ein Gefühl, das immer noch lange nach einer solcher Pilgerwanderung anhält. All diese Reisen sind wahre Schätze in meinem Gedächtnis.

Nicht nur die Natur, sondern auch unsere eigenen Chakras lassen sich durch solche Wanderungen in Harmonie bringen und erfüllen den Körper dann mit neuen Kräften. Unsere Handlungen werden vom Körper gespiegelt: etwas wird immer bewegt, gewandelt und sowohl in uns wie in der Welt ums uns herum geheilt.

Almut Martini ist Homöopathin, Akupunkteurin und Leiterin des „Hauses der Begegnung", eines Zentrums für alternative Heilweisen in Bad Pyrmont.

Kind in Windeln gehüllt sah, das in der Krippe des Herrn weinte, dass sie die Magier anbeten sah, den leuchtenden Stern darüber, die Mutter Gottes, den hingebungsvollen Joseph und die Schafhirten, die in der Nacht kamen.

Die räumliche Nähe der Orte des Alten und des Neuen Testaments und die Praxis, das Neue als Erfüllung des Alten zu verstehen und allegorische Bedeutung in beiden zu sehen, gaben einer Reise ins Heilige Land eine reiche, vielschichtige Beschaffenheit. Der Pilger aus Bordeaux sah den Ort, an dem der Prophet Elija in den Himmel emporgehoben wurde

***Bittet und es wird euch gegeben,
suchet und ihr werdet finden,
klopfet und es wird euch aufgetan.***

Matthäus 7,7

(II Könige 2,11) neben dem Platz, an dem Jesus getauft wurde; den Geburtsort Christi in Bethlehem neben dem Grab des Königs David, der dessen Ankunft vorausgesagt hatte. Diese Verdichtung von signifikanten Ereignissen an nahen Orten, besonders in Jerusalem, machten einen Besuch dieser Plätze sehr viel tiefgründiger und wirkungsvoller, als es touristische Besuche an antiken Fundstätten erlauben.

Der Akt, die heiligen Orte zu sehen, glich vielleicht für diese frühen Christen der Erfahrung der Hindus, wenn sie einen Darshan erleben. Darshan heißt „Sehen", und Hindus begeben sich oft auf Pilgerfahrt, um den „Darshan" eines heiligen Ortes oder berühmten Bildes zu erlangen (was eine Veräußerlichung des stärksten Darshans darstellt, nämlich den eines lebenden Heiligen; A.d.Ü.). Überall in Indien kann man Menschen sehen, wie sie in Tempeln, Höfen oder am Straßenrand vor Götterbildern stehen oder sich niederwerfen, um Darshan zu erhalten. Sie recken die Hälse, wenn in einer Prozession ein Heiligenbild vorbeigetragen wird (wie es auch von christlichen Prozessionen bekannt ist) – denn sie sind gekommen, um zu sehen und um gesehen zu werden! Deshalb tragen hinduistische Götterbilder wie das von Krishna Jagga-

Gott erfreut sich in seiner Kreatur, und seine Kreatur in Gott, und sie sind ewig voller Erstaunen.

Mutter Julian von Norwich,
Offenbarungen göttlicher Liebe (ca. 1393)

nath in Puri oft handtellergroße Augen: Damit sie die großen Mengen ihrer Verehrer eben alle auf einmal „sehen" können. Darshan heißt nicht nur einfach schauen, sondern sich von Auge zu Auge, von Herz zu Herz zu begegnen.

Bedeutsame Handlung

Sehen und berühren waren für frühe christliche Pilger ebenfalls miteinander verbunden. Im vierten Jahrhundert schrieb hl. Paul von Nola: „Das grundlegende Motiv, das die Menschen nach Jerusalem zieht, ist das Verlangen, die Orte zu sehen und zu berühren, wo Christus im Fleisch wandelte." Und der Theologe Sophronius aus dem sechsten Jahrhundert sprach vom Felsen, der bis zum heutigen Tage den Geburtsort Jesu in Bethlehem bezeichnet: „Den glänzenden Fels, der das Gotteskind empfing, werde ich mit meinen Augen berühren, mit meinem Mund, mit meiner Stirn, um seinen Segen zu erlangen."

Pilger wollten körperlich engagiert sein, wollten die geheiligte Erde des Heiligen Landes küssen, wollten seine Denkmäler und Reliquien berühren, ob sie nun echt waren oder nicht, als Akte der Ehrerbietung. Als der italienische Wallfahrer Antoninus von Piacenza das Heilige Grab um 750 besuchte, sah er mit eigenen Augen das Brett, das zum Spott über Jesu Kopf bei der Kreuzigung genagelt worden war, „Dies ist der König der Juden", und schrieb: „Ich habe es gesehen, es gehalten und es geküsst."

In den Tagen des Antoninus bildete die ritualisierte Aufführung heiliger Geschehnisse einen Großteil der Pilgererfahrung. Als er zum Berg Gilboa wanderte, wo David Goliath mit einer Schleuder tötete (I Samuel 17,41-54), sah er in der Mitte des Weges den Platz, an dem Goliath begraben wurde, und daneben einen großen Haufen von Steinen. Er merkte an, dass es weit und breit keinen Kieselstein mehr gab, weil jeder Pilger als Geste der Verachtung und in Nachahmung Davids drei Steine auf Goliaths Grab warf. Er reiste zum Jordan, damit er in der Nachfolge der Taufe Jesu selbst auch in das Wasser eintauchte. In Kanaa lehnte er sich genau an dem Tisch zurück, an dem Jesus sich nach dem Hochzeitsmahl zurückgelehnt hatte (Johannes 2,1-12), und füllte zwei „überlebende" Wasserkrüge mit Wein, die er am Altar darbrachte. Diese Handlungen führte er aus, um besonderen Verdienst zu erwerben.

Der heilige Fluss
O Mutter Ganges, möge dein Wasser, dieser überquellende Segen dieser Welt, dieser Schatz Schivas, des spielfreudigen Herrn der ganzen Erde, diese Essenz der Schriften und verkörperte Güte der Götter, möge dein Wasser, das erhaben ist, voller Wein der Unsterblichkeit, unsere besorgten Seelen trösten.

Invokation der Hindus

Obwohl sie heute von falschen „Attraktionen“ weniger leicht verführt werden, versetzen sich Pilger ins Heilige Land auch heute noch in den Umkreis des Heiligen, indem sie besondere Handlungen ausführen. Als die Borough Girl Pipers, eine irische Dudelsackkapelle von der Kirche des Kostbaren Blutes in London, im Oktober 1968 ins Heilige Land fuhren, spielten sie unter anderem bei der Hochzeit zweier Mitreisender in Kanaa. Am Palmsonntag ziehen Pilger auch heute in einer Prozession einher, mit Palmzweigen in ihren Händen, auf dem Weg, auf dem Jesus bei seinem triumphalen Einzug nach Jerusalem geritten sein soll. William Purcell erinnert sich, dass als er Wallfahrten ins Heilige Land leitete, alle Menschen aus dem Bus strömten, auch die Skeptiker, um im Jordan einzutauchen und Wasser in Flaschen abzufüllen, die mit nach Hause genommen wurden. Die christliche Taufe zu einem besonderen Zeitpunkt hat aus dem Fluss ein lebendes Wunder gemacht, das fortdauert.

Wenn man ein heiliges Ereignis nachvollzieht, nimmt man auf mystische Weise an ihm teil. Indem er heilige Orte besucht, heilige Handlungen ausführt und heilige Ereignisse wieder aufführt, transzendiert der Pilger Raum und Zeit und wird eins mit dem heiligen Ort und dem Geschehen, das ihn heilig werden ließ. Für Muslime auf der Hadsch ist diese Identifikation Teil des vorgeschriebenen Rituals, das nicht nur in der Umrundung der Kaaba besteht, die nach islamischer Überlieferung von Abraham und Ismael errichtet wurde, dem Vater der Araber, sondern auch im Kuss oder der Berührung des schwarzen Steins. Nach manchen Traditionen ist dieser uralte Meteorit, der im unteren Teil der Mauer der Kaaba angebracht ist, ein Relikt Adams oder Abrahams und wurde bereits von Mohammed geküsst. Durch die Lippen der Pilger ist er inzwischen schon wie abgewetzt.

Ich erhob mich früh, vor Sonnenaufgang, und streifte herum zu den heiligen Plätzen am Berg Zion und dem Ölberg. Ich sammelte von den Dornen, die in den Hecken wuchsen am Ölberg und am Berg Zion, und band die Zweige zusammen und steckte sie ineinander wie die Dornenkrone, mit der der Herr Jesus gekrönt wurde, aus den gleichen Dornen, wie ich glaube.

Felix Fabri, Das Buch der Wanderungen (1892)

Damit auch in Europa bedeutsame Handlungen einen entsprechenden Ort finden konnten, an dem sie ausgeführt wurden, entwickelte die mittelalterliche Kirche architektonische und zeremonielle Strategien. Jene, die nicht zur Grabeskirche in Jerusalem pilgern konnten, um ihr eigenes Kreuz zwischen die Myriaden anderer Pilger in den Stein zu

Besuch der heiligen Stätte
Dieses Zeltdorf bei Mina nahe Mekka beherbergt bis zu drei Millionen Pilger. Während der Wallfahrt ahmen die Pilger in vorgeschriebenen Ritualen die heiligen Handlungen des Propheten nach.

ritzen, konnten statt dessen eine architektonische Kopie besichtigen. Die kreisförmige Grabeskirche in der Kathedrale von Aquileja in Norditalien aus dem 11. Jahrhundert ist eine Kopie der Anastasis-Rotunde in der Jerusalemer Grabeskirche, die den Ort der Auferstehung markiert und Jesu Grab enthält. Die Kopie in Aquileja enthält auch ein „Grab" mit einem beweglichen Deckel, in dem am Karfreitag eine geweihte Hostie und ein Kruzifix rituell „begraben" wurden, um am Ostermorgen wieder „auferweckt" zu werden. Eine weitere mittelalterliche Kopie ist die Kirche des hl. Stefan in Bologna, in der die Entfernung zwischen einer Kopie des Grabes Jesu in der Hl.-Grab-Kapelle und Golgatha in der Hauptkirche der tatsächlichen Entfernung zwischen diesen beiden in Jerusalem entspricht.

Gewöhnliche Gemeindekirchen in ganz Europa besaßen „Ostergräber": manchmal vorübergehend eingerichtete Holzvorrichtungen oder Nischen, manchmal Steingräber (in denen Leichname bestattet waren), die zur Nordwand der Kanzel angelegt wurden. In England wurden sie 1548 durch die Protestanten verbannt und viele auch zerstört. Doch selbst in so puritanischen Landstrichen wie Norfolk überlebten noch einige, so in East Raynham, wo Lady Townshend in ihrem Testament verfügte, dass ihr Grab als ein Ostergrab benutzt werde, um so ihrer Seele Segen zu spenden. Die an Ostern ausgeführten Zeremonien – die Wiederauferweckung der zuvor „begrabenen“ Hostie als Leib Christi und Kleriker, die in Aquileja mit weißen Schleiern die Frauen nachspielten, die das leere Grab Christi entdeckten – dienten dazu, das Geschehen lebendig werden zu lassen.

In Chaource in Burgund können wir einen symbolischen Abstieg in ein Ostergab nachvollziehen, indem wir in die halb-unterirdische Grabeskapelle der Kirche des hl. Johannes des Täufers gehen. Hier wurde die Grablegung Jesu mit lebensgroßen Figuren nachgestellt, die in einem besonderen Licht wie lebensecht aussehen. Das Grab, in das Tageslicht nur durch zwei kleine Fenster scheint, wird von drei farbig bemalten Steinsoldaten bewacht, die 1515 entstanden, als die gesamte Szene geschaffen wurde. Sieben andere Figuren, darunter die schmerzensreiche Gottesmutter und die drei Marien haben sich um den Sarkophag versammelt, auf den Jesu Leib gelegt wurde. Es soll so angeordnet worden sein, dass der erste Sonnenstrahl an einem Ostermorgen auf den der Verbund fällt, der aus dem Altar und diesem Grab besteht.

Innerhalb der Hagia Sophia in Istanbul wurde die ganze Landschaft des Heiligen Landes nachgeschaffen, um ein symbolisches Ganzheitserlebnis zu bieten. Ein moderneres Beispiel ist das „Heilige Land in Amerika“ im Franziskaner-Kloster in Washington D.C. (das 1899 eingeweiht wurde), das Kopien etlicher bedeutender christlicher Gebäude enthält, so ein lebensgroßes Grab Christi in der korrekten Entfernung vom Golgatha auf der anderen Seite der Hauptkirche. An Wallfahrtsorten werden gern sowohl biblische Szenen wie rituelle Handlungen nachgestellt. Der Schrein des Bom Jesús nahe Braga in Portugal besitzt eine barocke Via Dolorosa, die im 18. Jahrhundert für solche Gemeindemitglieder geschaffen wurde, die zu arm waren, um auf die Pilgerreise ins Ausland zu gehen. In Gebet und Reflexion erfährt der Wallfahrer an jeder dieser 14 Stationen die rituellen Handlungen, welche die Pilger im Heiligen Land dort ausführen, und können so Jesu Gang nach Golgatha nachempfinden.

BEDEUTSAME ZEIT

Wie es bei heiligen Reisen eine Bewegung durch den Raum gibt, erfolgt eine solche auch durch die Zeit. Manche Reisen werden zyklisch wiederholt, monatlich, jährlich, der Jahreszeit nach. Es gibt auch spezielle Zeiten, wenn die religiöse Erfahrung machtvoller wird oder die Göttlichkeit zugänglicher als zu anderen Zeiten ist (bzw. sein soll). Der Zusammenhang zwischen Zeit und Raum wird am Beispiel von Pandharpur gut deutlich. Genau vier Monate und 14 Tage nachdem sie in Pandharpur abgekommen sind, führen die Pilger eine zweite Wallfahrt zum Grab des Heiligen Jnaneshvar bei Alandi aus. Oder sie gehen erst nach Pandharpur und machen von dort aus eine vierzehntägige Reise, bei der sie den Schritten Jnaneshvars folgen, der auf diesem Weg von seiner eigenen Wallfahrt dorthin nach Alandi zurückgekehrt war.

Pilger, die die doppelte Wallfahrt durchführen, bezeichnen sie als Vari, ein Begriff, der eine Reise bezeichnet, bei der Menschen in periodischen Abständen am selben Ort wieder auftauchen. Manche gehen einmal im Jahr, manche zwei Mal, manche vier Mal und einige sogar jeden Monat. Das wird besonders hoch geachtet. Sie reisen gewöhnlich allein, schließen sich nach der Ankunft in der heiligen Stadt dann jedoch gern einer Gruppe an. Das geschieht mit einer

> ***So heilig und so segensreich ist diese Zeit.***
>
> WILLIAM SHAKESPEARE, HAMLET (1601)

Regelmäßigkeit, dass wenn ein Mensch nicht bis zu einem bestimmten Tag bei seiner Gruppe auftaucht, diese davon ausgeht, dass er gestorben ist und die entsprechenden Riten durchführt.

Bedeutsame Zeiten sind seit antiken Tagen mit bedeutsamen Orten zusammengetroffen. In der Mittelmeerwelt vor 2000 Jahren waren die Mysterien-Religionen Pilger- und Initiationsereignisse, die sich an den Jahreszeiten orientierten. Massen von Wallfahrern suchten die ägyptische Göttin Isis an ihrem Heiligtum in Philae am oberen Nil auf, zum Vollmond der Herbst-Tag-und-Nachtgleiche. Im zweiten Jahrhundert schloss sich der Satiriker Apuleius dem Kult der Isis an und beschrieb dessen Riten. Die Pilger tauchten sieben Mal im Meer ein und riefen die Göttin an, am Himmel zu erscheinen – was sie dann auch folgerichtig tat, als strahlendster Stern am Himmel, als Sirius.

Die geheimen eleusinischen Mysterien ehrten Demeter drei Tage vor dem Herbstanfang. Das zog gleichfalls Massen an, die zusammen im Meer vor Athen badeten und ihren Körper mit Tierblut bespritzten. In safrangelben Roben und mit Myrtenkronen geschmückt, machten sie sich auf den Fußmarsch zum Heiligtum, das eine Tagesreise von der Stadt entfernt lag. Dort wurden Verwandlungs-Riten aufgeführt, bei deren Höhepunkt ein Babyschrei ertönte, dann das Zusammenschlagen von Zymbeln und ein strahlendes Licht aufschien. Initianten, vom Kaiser herab bis zu den niedrigsten Bürgern, berichten darüber, tief beeindruckt gewesen zu sein, allerdings hat keiner je Einzelheiten erzählt.

Christen nehmen heutzutage ebenfalls an einem zyklischen Mysterium teil, wenn sie in die Höhle in Bethlehem eintreten. Die Grotte, in der die Geburt Jesu stattgefunden haben soll, ist wirklich eine Höhle, nicht der Stall, den wir auf frommen Bildern sehen. An Weihnachten, zum symbolischen Geburtstag Jesu, drängen sie sich im kleinen Rund. Dort sind sie dann mystisch bei der Geburt gegenwärtig, wie die hl. Paula es zuvor beschrieb.

Pilgerreisen können sich auch nach den Zyklen von Himmelskörpern richten, vor allem nach denen von Sonne und Mond. Das kann eine Frage der leichteren Zeitbestimmung sein oder die menschliche Pilgerfahrt durch Zeit und Raum bewusst mit den kosmischen Zyklen verbinden. Das Wort Ximbal der Yucatec-Mayas wird verwendet,

DIE KLAGEMAUER

Verbindung über Zeit und Raum

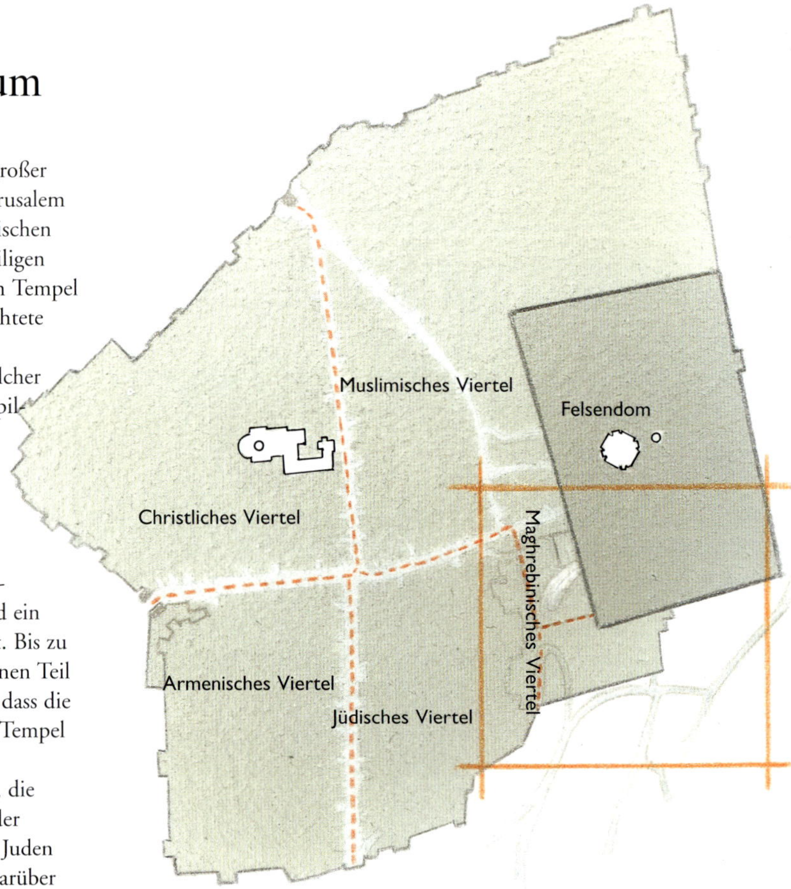

Mein Herz, mein Auge, meine Tochter, meine Mutter, großer Berg: unter diesen und mindestens 70 weiteren Namen ist Jerusalem Juden in aller Welt bekannt. Jerusalem ist die Pupille des jüdischen Augapfels, heißt es – und in dieser Pupille ist das Bild des heiligen Tempels für alle Ewigkeit eingeprägt. Salomon ließ den ersten Tempel in Jerusalem erbauen und der nach diesem von Herodes errichtete Tempel wurde von den Römern im Jahre 70 n. Chr. zerstört.

Alles, was blieb, war die riesige gemauerte Platte, auf welcher der Tempel einst stand und zu der Juden seit Jahrhunderten pilgern, um dessen Zerstörung zu beklagen. Im siebenten Jahrhundert bauten Muslime den Felsendom auf der Steinplatte und ließen nur die westliche Mauer als den einzigen Tempelbereich bestehen, der Juden zugänglich war. Sie kommen, wie sie es immer getan haben, um für den Wiederaufbau des Tempels zu beten, der sich erst dann wieder erheben wird, wie sie es glauben, wenn der Messias kommt und ein Zeitalter des Weltfriedens und der Harmonie heraufdämmert. Bis zu diesem Tag bewahren orthodoxe Juden überall in der Welt einen Teil ihrer Wände im Haus unbemalt, um sich daran zu erinnern, dass die menschliche Existenz so lange unvollkommen bleibt, bis der Tempel wieder steht.

An der Klagemauer zu beten soll jene Hoffnung nähren, die jüdische Menschen durch Jahrtausende der Verfolgung und der Diaspora hindurch zusammengehalten hat. Es bedeutet, sich Juden überall verbunden zu fühlen, über Zeit und Raum hinaus. Darüber hinaus bedeutet es, einen Teil der Menschheit als Ganzes zu erspüren, weil die Klagemauer ein lebendiges Symbol für die Mitte der Welt darstellt, wo die Erde ihren größten Zustrom spiritueller Kraft aus dem Himmel empfängt. „Jerusalem", sagte mir ein Rabbi einmal, als er vom Gebet an der Mauer kam, „ist das Tor zum Himmel, durch welches Gebete auf- und der Geist niedersteigen."

An einem Sabbat-Morgen beobachtete ich eine Gruppe junger Männer, die um einen Tisch herumtanzten, auf dem heilige Schriften aufgehäuft waren, wobei sie sich verneigten, mit dem Oberkörper wippten und fröhlich sangen, geleitet durch ihren Rabbi. Es waren amerikanische Studenten, Söhne moderner orthodoxer Juden, die sich auf ein Studienjahr in ihr Heimatland geschickt hatten. Ihr Rabbi, auch Amerikaner, war 20 Jahre zuvor nach Israel ausgewandert. „Der Sabbat ist immer eine Zeit der Freude und des Feierns," erklärte er mir später. „Manche Sekten tanzen nach jedem Gebet. In unseren Psalmen heißt es, ‚Alle meine Knochen sollen Dein Wort sprechen, O Herr'. Selbst wenn andere Menschen nicht so ausdrucksvoll wie wir sind, bewegen sie doch ihre Körper im Gebet. Schau dir die Menschen an der Mauer an."

Ich blickte mich um. Es stimmte. Die Menschen direkt an der Mauer – ernste Gestalten, alle in Schwarz mit schwarzen Hüten, junge Soldaten, die ihre Waffen über den Arm geworfen hatten, Jungen in Jeans, Großväter in Anzügen mit Krawatte – alle neigten sich kräftig nach vorn und zurück, brachten Gebete dar und steckten gelegentlich Bitten in die Fugen zwischen den Mauersteinen.

„Diese rhythmische Bewegung," fuhr der Rabbi fort, „drückt das Bedürfnis aus, dem Tempel näher zu kommen, körperlich mit ihm verbunden zu sein. Wir sind seelenvolle Menschen, und für uns schließt die Seele den Körper ein und erstreckt sich auf die ganze Gemeinschaft. Nicht aus Nostalgie über die Vergangenheit, sondern als eine lebendige Vision für die Zukunft. Die Vision wird, wie ich dir versichern kann," sagte er lächelnd, während er sich wieder seinen Studenten zuwandte, „eines Tages wieder hier stehen."

Roger Housden ist Schriftsteller, Fotograf und der Autor von *Travels through Sacred India* und *Retreat*. Er ist Direktor der Firma Open-Gate-Reisen, die Gruppen auf spirituelle Reisen zu Orten der Kraft führt.

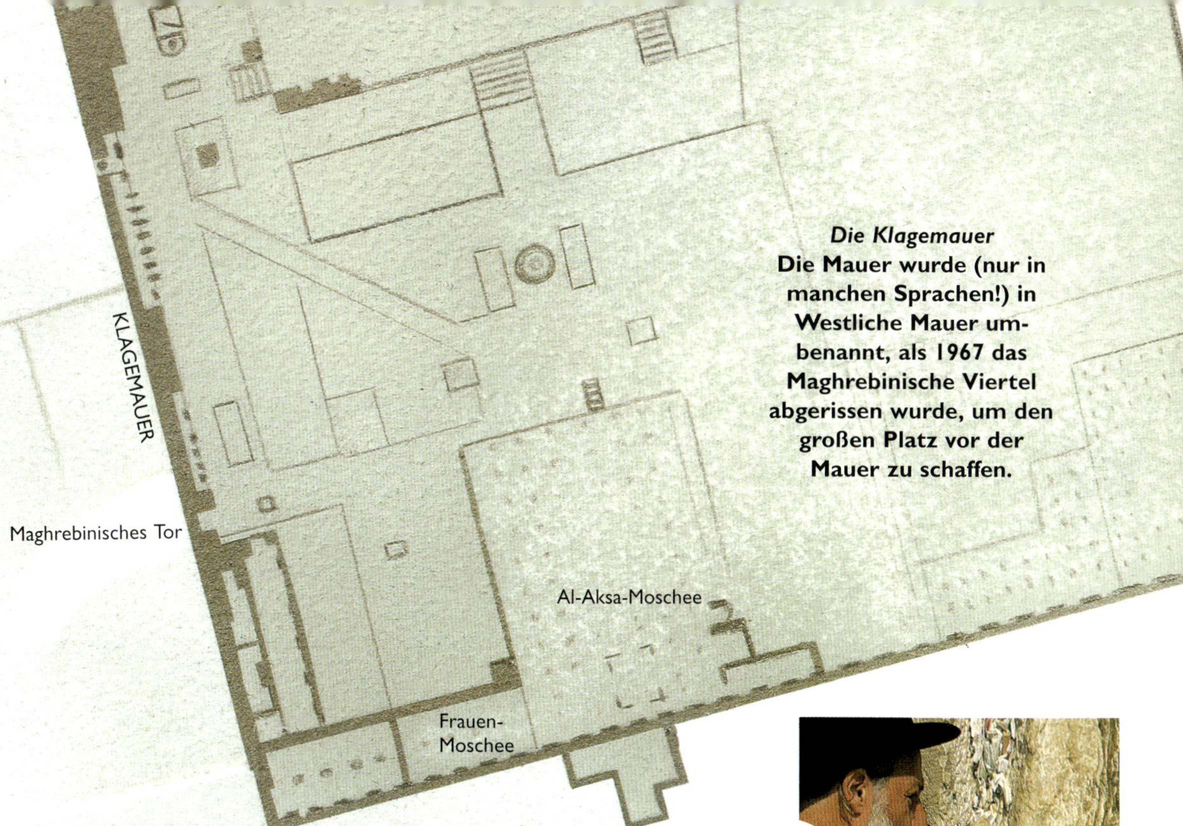

Die Klagemauer
Die Mauer wurde (nur in manchen Sprachen!) in Westliche Mauer umbenannt, als 1967 das Maghrebinische Viertel abgerissen wurde, um den großen Platz vor der Mauer zu schaffen.

Praktische Hinweise
Pilger beten zu jeder Jahreszeit an der Klagemauer, Tag und Nacht, aber die betriebsamsten Zeiten sind zum Sabbat, der am Freitag Nachmittag beginnt und bis zum Samstag dauert. Große Menschenmengen feiern die wichtigen jüdischen Feste wie Shavuot (Mai/Juni) und Yom Kippur (September/Oktober). Die Termine der jüdischen Feiertage verschieben sich jedes Jahr, weil sie dem hebräischen Mondkalender folgen. Nach der orthodoxen jüdischen Sitte beten Männer und Frauen in getrennten Räumen. Pilger beiderlei Geschlechts sollten Beine und Oberarme bedecken, und Frauen sollten auch ihren Kopf bedecken.

Gebete und Bitten
Pilger stecken niedergeschriebene Gebete in die Lücken zwischen den Steinen der Klagemauer, dem heiligsten aller jüdischen heiligen Orte.

um sowohl eine Wallfahrt wie die Reise der Sterne durch den Himmel zu beschreiben. Maya-Indianer auf der Pilgerschaft heute meiden häufig die modernen Straßen und folgen alten Maya-Wegen durch den Busch, als ob sie den präkolumbianischen erhaben gebauten Straßen, die zu ihren Tempeln führten, besser entsprächen. Sie bezeichnen die Milchstraße auch heute noch als einen Himmels-Pilgerweg, über den die Gottheiten reisen. Im mittelalterlichen England wurde die Milchstraße der „Walsingham-Weg" genannt und als riesiges Himmelszeichen betrachtet, das den Weg zum heiligen Haus wies, in dem die Heilige Familie gelebt hatte, und das auf wundersame Weise von Nazareth nach Norfolk gebracht worden war. In Frankreich und Spanien spiegelte die Milchstraße den Jakobsweg nach Santiago de Compostela. So sind die kosmischen und irdischen Dimensionen miteinander verbunden, und die Pilgerwege wiederholen den Himmelspfad der Sterne und Planeten.

So, wie die Umrundung heiliger Orte und Schreine Teil der heiligen Reise sein kann, kann diese Umrundung auch zum Ritual am Zielort gehören. Im Hinduismus, im tibetischen Buddhismus und bei einigen christlichen Wallfahrten erleben wir das. Eine Kirche in Madaba in Jordanien zeigt eine Mosaikkarte aus dem sechsten Jahrhundert, die Jerusalem zur Zeit der römischen Herrschaft darstellt. Das Grab Christi wurde darauf als ganz getrennt vom Hügel abgebildet, so dass Prozessionen ringsherum führen konnten. Muslime auf der Hadsch umkreisen die Kaaba sieben Mal, und sogar der Begriff „Hadsch" stammt vermutlich von einer alten semitischen Wurzel, die „herumgehen" bedeutet. Die Richtung ist, wie früher erwähnt, meist im Uhrzeigersinn, dem Sonnenlauf entsprechend. Die muslimische Umkreisung der Kaaba wird jedoch genau entgegengesetzt durchgeführt, weil Mohammed bewusst die Richtung änderte, als er die Kaaba von heidnischen Idolen säuberte und sich eben auch sonst von den Riten der vorislamischen Zeit absetzen wollte.

Die Sonne spielt bei der Wallfahrt zum Berg Fuji eine direktere Rolle, da er die Wohnstatt der Sonnengöttin Amaterasu Omikami ist. Im 19. Jahrhundert säumten abgetragene Strohsandalen die Wege zum Gipfel, die von den Tausenden von Pilgern fortgeworfen wurden, die jeden Sommer den Berg erstiegen. Bis 1868 war es Frauen nicht gestattet, hierher (oder an bestimmte andere Heiligtümer Japans) zu pilgern.

Heute erfreuen sie sich genauso wie fromme Wallfahrer und sogar Ausflügler und Ausländer am Höhepunkt der Wallfahrt, dem Sonnenaufgang.

DAS SONNENWUNDER

Der Sonnenaufgang am Fuji ist eine natürliche Herabkunft des Göttlichen auf die Erde, das Emporsteigen der Göttin. Durchaus vergleichbar ist die Beobachtung des ersten Sonnenstrahls am Ostergrab in Chaource. Die Sonne stand und steht häufig im Mittelpunkt ritueller Vorgänge an Altären und in Schreinen. Moderne Druiden versammeln sich zur Sommersonnenwende in Stonehenge, um den Sonnenaufgang über dem so genannten Fersen-Stein zu erleben. Dieser Stein kann ursprünglich keine Markierung für eine Sommersonnenwende gewesen sein, weil sich die Neigung der Erdachse verändert hat. Manche meinen, dass die Achse zweier großer senkrechter Brückensteine, über denen ein dritter flach liegt, auf die Sommersonnenwende im Jahre 2045 v. Chr. weist, das Jahr, in dem sie der Radiokarbon-Datierungsmethode nach aufgestellt wurden.

Die vielleicht dramatischste Manipulation von Licht findet sich im Tempel von Abu Simbel im früheren Nubien. Dieser Tempel, der auf Befehl von Ramses II. im 13. Jahrhundert v. Chr. aus dem Felsen herausgehauen worden ist, war den Sonnengöttern Amon-Ra und Re-Harmakis geweiht (der aufgehenden Sonne) sowie dem vergöttlichten Pharao selbst. Die riesige Kammer im Herzen des Berges ist etwa 20 Meter lang und fast ebenso breit und wird von zwei Säulenreihen gestützt, die rund zehn Meter hoch sind. Im sakralen Bereich in der Mitte sitzt Ramses in der Gestalt des Sonnengottes neben Amon-Ra, Harmakhis und Ptah in Gestalt des Osiris der Unterwelt.

Hier wurde nichts dem Zufall überlassen. Die Anordnung des Raums war so präzise erfolgt, dass zweimal im Jahr, zu den Tag-und-Nachtgleichen, die Sonne ihre Strahlen durch den Eingang sandte. Ein Lichtstab bewegte sich den Gang hinunter, der den Eingang mit dem Heiligtum verband, und berührte nach und nach zuerst die linke Schulter von Amon-Ra, kurz darauf von Ramses und dann Karmakhis. Nach 20 Minuten verschwand das Licht wieder. Ptah, der Herr der Schatten, wurde davon nicht berührt.

Dieses Lichtphänomen findet im Februar und im Oktober statt; am 20. Februar und am 20. Oktober steht die Sonne genau über der Mittelachse des Tempels. Am 20. Oktober war das erste Jubiläum des Ramses, im 13. Jahr seiner Herrschaft, das vermutlich zum Bau des Tempels Anlass gab. Vielleicht ist genauso bemerkenswert, dass der Tempel von Abu Simbel, als er 1960 dem Nasser-Staudamm Platz machen musste und an anderer Stelle auf höher gelegenem Land wieder aufgebaut wurde, wieder genauso präzise ausgerichtet wurde, dass sich das Sonnenwunder im Februar 1969 wiederholen konnte.

O lebendiger Aton, Anfang des Lebens!
Als du am östlichen Horizont aufgegangen bist,
hast du jedes Land mit deiner Schönheit erfüllt.
Deine Strahlen umfassen die Länder bis zur
Grenze all dessen, was du gemacht hast.

Wenn du dich am westlichen Horizont
niederlässt, ist das Land voller Dunkelheit,
wie beim Tode. Die Dunkelheit ist ein
Leichentuch, und die Erde liegt in Stille für den,
der sie ruhen lässt.

Du bist in meinem Herzen.

Aus „Hymne an Aton“ *von Pharao Echnaton*
(14. Jhdt. v. Chr.)

DIE KRAFT DES MYTHOS

Für Außenseiter mag es nicht genügen, dass sie sich am richtigen Ort zur richtigen Zeit befinden und die richtigen Riten ausführen, um eine transformative Erfahrung zu erleben. Aber vielleicht können wir sie dann durch die Kraft der Mythen erlangen. Wenn wir den mythologischen Hintergrund verstehen, werden verborgene Bedeutungen offenbar, die ein Teil des kulturellen Erbes der Gläubigen sind. Oft durchdringen diese Mythen eine ganze Gesellschaft auf ungeahnte Weise. Im Westen glauben wir oft gar nicht, dass wir überhaupt eine Mythologie besitzen. Aber sehen Sie sich einmal an, wie ein christlicher Mythos unsere Einstellung zur Wallfahrt nach Jerusalem und an Jesu Grab an Ostern verändern kann. In den westlichen Kirchen wird der Christus, dessen bedeutendstes Fest nicht Weihnachten, sondern Ostern war, manchmal zu

Den Geistern Lebewohl sagen

Die Große Farbige Wüste in Arizona – riesig, gelassen, versengt, überwölbt von einem weiten Sommerhimmel, der so strahlend ist, dass der dunkle Sturm, der seinen Schweif über einen seltsam geformten, in der Ferne aufragenden Berg zieht, nur als Kontrast zu seinem Leuchten dient. Ein einsamer Navajo-Hogan, ein Rauchfetzen daraus, ist ein Kontrapunkt zum roten, zinnoberfarbenen und goldenen Sand, der sich meilenweit erstreckt.

Morgen ist Niman, der Heimkehrtanz, wenn die Kachinas nach Hause auf die San-Francisco-Berge zurückkehren. Es ist ein wichtiger Tanz, eine Gelegenheit, um all die Geister, welche dem Hopi-Volk im vergangenen Jahr gedient haben, zu ehren und ihnen zu danken. Ich sitze auf der Veranda von White Bear und schaue den Leuten zu, die ankommen. Sie kommen aus Flagstaff, Gallup, Winslow und sogar aus Phoenix. Eine lange Fahrt quer durch die Wüste, um die Geister zu ehren und sich der Kneifzange der Peitschen-Kachina oder den Lästerreden der Clowns auszusetzen. Es ist eine anstrengende Reise. Die Straße ist staubig und heiß. Der Sitz vorn in jedem Pick-up ist vollgestopft mit Männern, Frauen und Kindern mit langem schwarzen Haar.

Bis jetzt führen die Fords. Chevrolet ist dicht auf, dann Dodge. Massive, solide, windgeschundene Maschinen mit Großreifen. In der Dämmerung reichen ihre Scheinwerfer einer nach dem anderen weit in die Bläue des Sandes hinein. Eine lange, gerade Schnur von Doppelscheinwerfern, die nacheinander herunterschalten, wenn sie die Zweite Mesa erreichen und zur Steigung am Prophezeiungs-Felsen kommen. Wenn sie das Haus von Verwandten passieren, hupen sie. Gelegentlich sagt White Bear, dies sei jetzt der So-und-so, und dann erklärt er seine Verwandtschaft – Blutslinien, die durch das Netzwerk der Pick-up-Lichter und rechteckigen Häuser auf der Mesa ziehen.

Es ist eine große Wallfahrt. Er ist 88 und sagt, er hätte noch nie so viele Leute kommen sehen. Er sagt, morgen gäbe es mehr Kachina-Tänze als je zuvor. Er spricht nicht zu mir. Er spricht einfach in den Raum über der Wüste hinein. Jetzt spricht er davon, woher das Volk kam. Er sagt, dass der Pfad des Volkes eine Wanderung durch viele Welten ist. Ein Pick-up hupt am Hügel. Er winkt und sagt, es ist die Familie einer Nichte. Ich sehe nur Dunkelheit, das Band der Autolichter und dann die Sterne.

Das Volk, die Hopi, sind durch drei frühere Welten gekommen. Als die letzte Welt von einer Flut zerstört wurde, wurde ihnen der Weg in diese, in die vierte Welt gezeigt.

Die gute Straße
Die Linie in diesem Felsbild zeigt den Wanderungsweg der Hopi. Die Tiere sind Symbole der verschiedenen Clans und repräsentieren Ereignisse während ihrer Reisen. Die Figur, die einen Arm nach oben streckt, ist eine Peitschen-Kachina.

Bald, sagt White Bear, wird es Zeit, die Öffnung zur fünften zu finden. Die Kachinas kommen aus einer Öffnung oben am Kiva hervor, um dieses Weiterwandern anzuzeigen. Der Weg wird auf den Felszeichnungen als Linie dargestellt. Die Punkte des Hervorkommens der Kachinas sind Spiralen. Zusammen zeigen sie den rechten Weg des Lebens. Jedes Jahr wird dieser Weg nachgegangen, in Maispollen nachgezeichnet, in Geschichten und Tänzen erzählt, damit die Menschen wissen, woher sie kommen und wohin sie gehen. Wenn sie nicht tanzen würden, würde der Regen nicht fallen, sagt White Bear, der Mais würde nicht wachsen, der Weg der Wanderung würde nicht zu einer Spirale führen, das Land und das Volk würden sterben.

„Morgen," sagt White Bear, „gehen die Kachinas nach Hause." Er zeigt vage über die Straße. Ich sage: „Ich dachte, die Kachinas gehen zu den San-Francisco-Bergen." „O nein, das ist eine Geschichte, die wir den Kindern erzählen. Wir kommen von dort drüben." Sein Finger zeigt nach oben, über die Autolichter auf der Straße, über die Silhouette der Häuser auf der Mesa, in den Nachthimmel hinein. Ich frage mich, was noch so alles den Kindern und den Anglos wie mir erzählt wird. Ob sich die Hopi heutzutage, nach der Erfindung von Pick-ups, ihren Weg der Wanderung nicht als Zwillingsreifenspur vorstellen? Ich frage mich auch, ob auf dem beliebtesten Fortbewegungsmittel Ford oder Chevrolet oder vielleicht eher HSA steht – Hopi Space Agency, Hopi-Raumfahrtbehörde.

Nicholas R. Mann ist Autor von *The Isle of Avalon* und *Giants of Gaia*. Er lebt in Neu-Mexiko.

Kachinas
Kachinas, die mythischen Ahnen der Hopi, sind wohlwollende Geister, die zur Wintersonnenwende kommen, um die Erde ein halbes Jahr lang wieder zu besuchen. Während sie auf der Erde weilen, werden die Kachinas durch Tänzer mit Masken dargestellt. Die Niman-Feier im Juli ist der Abschiedstanz, bevor die Kachinas in die Welt der Geister zurückkehren und ihre Masken den Geistern zurückgeben.

Hopi-Tänze
Die zeremoniellen Kachina-Tänze, bei denen mit Masken getanz wird, sind nicht öffentlich. Im Verlauf des Jahres finden jedoch „gesellschaftliche Tänze" statt, bei denen man zuschauen kann.

wenig beachtet, und der Karfreitag wird immer mehr verweltlicht. „Er stieg hinab in die Hölle. Am dritten Tag stand er auf von den Toten. Er fuhr hinauf in den Himmel." Das ist die Passage der christlichen Glaubensbekenntnisse, welche die Zeit zwischen Kreuzigung und Auferstehung bezeichnen. Die Kirche der Heiligen der Letzten Tage (Mormonen) haben die „verlorene Zeit" dazwischen durch die Überzeugung gefüllt,

Ich bin gekommen, dass ich ein Feuer anzünde auf Erden.

LUKAS 12,49

dass Jesus in dieser Spanne in der westlichen Hemisphäre gelehrt hätte. Mittelalterliche Christen füllten diese Zeit mit der „Umwälzung der Hölle", einer machtvollen Legende von großartigem Zuschnitt.

Dem apokryphen Evangelium des Nikodemus zufolge, das im 5. Jahrhundert zusammengestellt wurde, fuhr Christus in die Hölle hinab und „quälte" sie, indem er alle dort Gefangenen befreite. Die Seelen der Toten befanden sich in der ewigen Nacht der Unterwelt, als zu Mitternacht ein Licht kam, das strahlender als die Sonne leuchtete, und eine Donnerstimme mit den Worten des Psalms 24 befahl: „Machet die Tore weit und die Türen in der Welt hoch, dass der König der Ehre einziehe." Die Hölle (die in der angelsächsischen Fassung des Evangeliums sehr der Königin und Göttin der alten nordischen Unterwelt Hel ähnelt), die sich in der Dunkelheit verbarg, fragte: „Wer ist dieser König der Ehre?" Und die Antwort kam: „Der Herr ... machtvoll im Kampf." Dann wurden die Pforten der Hölle niedergerissen, die Toten von ihren Ketten befreit und der siegreiche Christus, der das Vexillum trägt (das Banner, das in der christlichen Kunst seine Auferstehung symbolisiert), schreitet in die Hölle und sein Glanz erstrahlt in den entferntesten und dunkelsten Winkel. Während er den Tod mit Füßen tritt, bindet er Satan in Ketten und führt unseren Vorvater Adam aus der Hölle, gemeinsam mit den Gerechten, die vor seiner Fleischwerdung lebten, und hinein in das Paradies.

Dieser ungeheure Mythos setzt die Doktrin in Szene, dass Jesus gestorben ist, um die ganze Menschheit zu erlösen, vom Anfang bis zum Ende der Zeiten. Das ist der Hintergrund für die Zeremonie des heiligen Feuers, die am Heiligen Grab in Jerusalem als Teil der orthodoxen Osterfeiern durchgeführt wird. Abt Daniel, ein russischer Pilger, der Jerusalem im 12. Jahrhundert besuchte, berichtet uns davon, wie „die Gnade Gottes ungesehen vom Himmel herabkommt und die Lampen des Grabes des Herrn entzündet". Bis heute wird dieses Mysterium dort nachvollzogen. Ein Kleriker geht allein ins leere Grab. Seine Tür wird verschlossen, und alles Licht in der Kirche wird gelöscht. Eine Stunde später sehen Hunderte von Pilgern, die dicht gedrängt in der Kirche stehen, wie Feuer auf magische Weise vom Grab ausgeht auf zwei Fackeln, die von zwei Diakonen gehalten werden, die mit diesen Fackeln zu ihren Ortskirchen laufen. Zur selben Zeit springt Feuer von Kerze zu Kerze in den Händen der Pilger, und plötzlich ist die ganze Kirche bis in ihre letzten Winkel hell erleuchtet, wie im Mythos.

In orthodoxen Kirchen wird Ostern allgemein mit einer Lichterzeremonie gefeiert, während der die heilige Tür (die in der Ostkirche das Allerheiligste und den Altar verschließt und sowohl das Tor des Himmels wie den Schlund des Todes symbolisiert) genau im Augenblick der Auferstehung aufgeworfen wird. Nach einer Kerzenlichterprozession außerhalb der Kirche brennt der Priester Weihrauch vor deren Türen ab und singt: „Christus ist von den Toten auferstanden, er hat den Tod mit Füßen getreten und Leben jenen geschenkt, die im Grab waren … Wir feiern den Tod des Todes, die Auslöschung des Hades und den Beginn eines neuen und ewigen Lebens."

Lob sei dir, mein Herr, mit allen deinen Geschöpfen,
besonders meinem verehrungswürdigen Bruder Sonne,
der den Tag erleuchtet und durch den du das Licht bringst
und der glänzend und strahlend ist voller Herrlichkeit …

Lob sei dir, mein Herr, für Bruder Feuer,
durch den du die Dunkelheit erleuchtest und der
freundlich und fröhlich und mächtig und stark ist …

Franziskus von Assisi (1181-1226), Sonnengesang

In der mittelalterlichen Kirche begann eine ähnliche Lichterzeremonie um Mitternacht zwischen Karsamstag und Ostersonntag. Wenn sie sich dem Ende zuneigte, begann der neue Tag heraufzudämmern und die aufgehende Sonne wurde mit Glockengeläut begrüßt, während der Priester die erste Ostermesse einleitete. Diese Riten zelebrieren, wie das Licht Christi das Grab, die Hölle, durchdringt und den Tod bezwingt – worin zum Ausdruck gelangt, dass Christus mit der Sonne identifiziert wird, was sogar sprachlich noch nahe liegt in den Worten von der „aufgehenden Sonne" und dem „auferstandenen Sohn". Das findet auch sein Echo in dem schönen alten Volksglauben, dass die Sonne am Ostersonntag tanzte, als sie sich erhob, in Ehrerbietung vor der Auferstehung. Sir Thomas Browne in *Populäre Irrtümer* (1646) schrieb: „Wir werden nicht, wie ich hoffe, die Auferstehung unseres Erlösers herabsetzen, wenn wir sagen, dass die Sonne am Ostertag nicht tanzt." Und doch standen bis weit ins 19. Jahrhundert Menschen in England und Wales am Ostersonntag früh auf, um die Sonne tanzen zu sehen. Der Rektor von Ross-on-Wye, Reverend R. H. Cobbold schrieb 1879: „Im Distrikt von Kockley sagte eine Frau, deren Mädchenname Evans ist, Ehefrau von Rowland Lloyd, einem Arbeiter, dass sie davon gehört, es aber nicht geglaubt hätte, bis, wie sie sagte, sie am letzten Ostermorgen die Sonne tanzen sah und tanzen, und tanzen, drei Mal, so dass sie ihren Mann rief und sagte, Rowland, Rowland, steh auf und schau, wie die Sonne tanzt."

Kann es einen anderen Tag außer diesem
geben, dessen Leuchten noch so viele
Sonnen überstrahlen könnten? Wir zählen
dreihundert, aber es ist anders: Es gibt nur
eine, und diese eine ewiglich.

George Herbert (1593-1633), Ostern

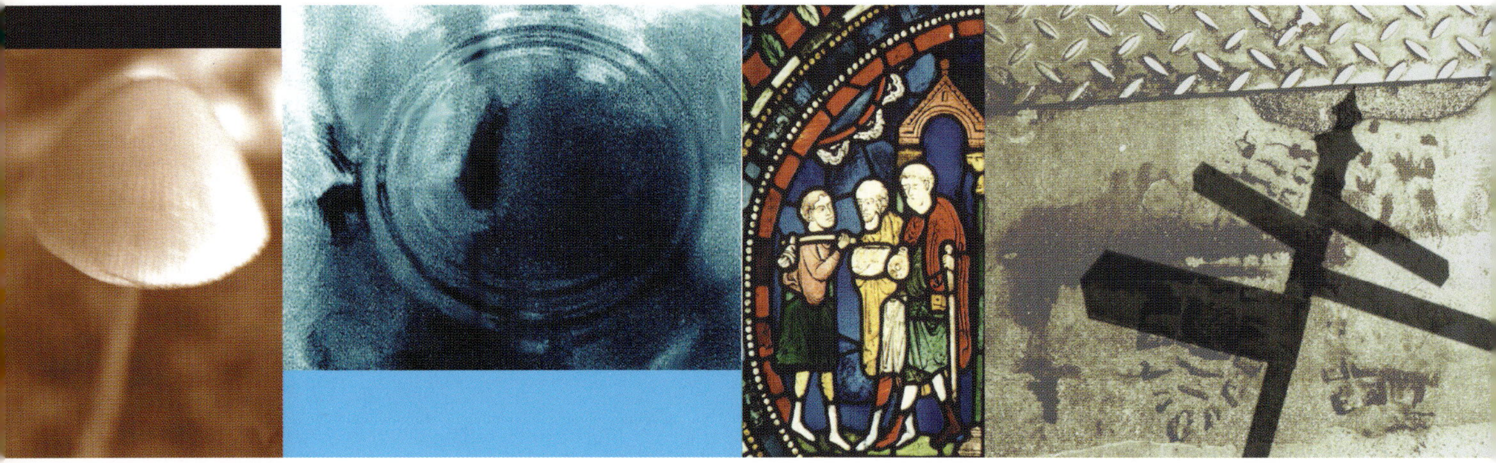

XI Überlegung

KAPITEL 11

Das war die Reise dorthin. Nun kommt noch die Reise von dort zurück.

Ob Sie Ihre Pilgerfahrt um ihrer selbst willen unternommen haben oder als einen Akt der Verehrung oder um ein bestimmtes Ergebnis zu erzielen, ob Sie dem Göttlichen nun wirklich auf die Weise begegnet sind, wie Sie es erhofft haben oder nicht: Sie sind weit vorangekommen und müssen nun noch weiter gehen.

Sie fühlen sich vielleicht euphorisch oder auch geistig und körperlich ausgelaugt. Wie dem auch sei: Jetzt ist eine Zeit des Nachdenkens. Falls Sie ein Tagebuch geführt haben, schauen Sie hinein. Sprechen Sie mit anderen Pilgern. Erkundigen Sie sich nach deren

und Neuausrichtung

Erwartungen und wie diese erfüllt worden sind oder nicht. Versuchen Sie wirklich zuzuhören, wenn diese ihre spirituelle Erfahrung beschreiben.

Schlafen Sie nicht einfach sofort ein. Betrachten Sie dies nicht als das Ende Ihrer Reise, nicht als die fürchterliche Zeit für ein Kind, wenn Weihnachten vorbei und es noch lange Zeit bis zum nächsten Geburtstag ist.

Es gibt noch mehr Gaben. Dazu gehört ein besseres Verständnis dafür, wo Sie eigentlich gewesen sind und was Sie eigentlich gesehen haben. Der wichtigste Teil der Reise für Sie kommt möglicherweise erst jetzt auf Sie zu.

Kraftorte und heilige Plätze haben auf Papier und in der Vorstellung eine große Anziehungskraft, aber wenn man dort schließlich angekommen ist und einer heiligen Handlung beigewohnt hat, hat man vielleicht ein großes Spektrum an Reaktionen erlebt.

Entsetzen, Enttäuschung

Wie ich im 7. Kapitel gesagt habe, haben Pilgerfahrten oft mit Glaubenselementen oder Handlungen zu tun, die in Ihrer örtlichen Moschee, Synagoge, Kirche oder Ihrem Tempel als häretisch erschienen. Vor allem ist man bei Pilgerfahrten toleranter gegenüber ekstatischen Ausbrüchen. Wenn man die in sich vertieften und geistesabwesenden Gesichter der tanzenden Derwische in Konya in der Türkei sieht, wie sie sich um ihre eigene Achse drehen wie Himmelskörper, ist das eine Sache. Aber wenn Ihre heilige Reise Sie an einen exotischen Ort geführt hat, an dem Sie zum ersten Mal in Ihrem Leben sadomasochistische Bußübungen sehen, die auf öffentlicher Straße ausgeführt werden, oder wenn Sie Menschen erleben, die in Trance fallen oder von einem Geist besessen werden, ihre Augen rollen, japsen und heulen, ist das schon etwas anderes. Sie sind dabei vielleicht erschrocken, sind abgestoßen oder peinlich berührt wie die Mitreisenden von Margery Kempe es jedes Mal waren, wenn diese im Heiligen Land eine hysterische Szene auslöste – und sind dann ärgerlich, dass Sie von Ihrem eigenen Wallfahrtszweck abgelenkt werden.

Sie setzten das Idol, Lord Jagannatha in Puri in Indien, mit großer Ehrerbietung in eine Kutsche und führten diese mit großer Ernsthaftigkeit durch die Stadt. Vor der Kutsche gehen die Maiden des Landes, in Zweiergruppen, danach alle Pilger aus fernen Ländern, von denen manche sich voller Hingabe vor der Kutsche auf den Boden fallen und die Kutsche über sich rollen lassen. So werden manche von ihnen dabei getötet, und anderen werden Beine oder Arme gebrochen, und sie glauben, je mehr sie hier aus Liebe zum Idol leiden, desto mehr Freude werden sie in der anderen Welt haben.

Die Reisen des Sir John Mandeville (14. Jahrhundert)

Es gibt fast immer eine Kluft zwischen unserer Vorstellung von einer Religion und der Wirklichkeit, wie sie praktiziert wird. Mehr als ein Mensch ist nach Indien gereist in der Hoffnung, den eigenen spirituellen Weg durch kontemplative Übungen zu finden, wie sie in irgendeinem Ashram gelehrt werden, nur um sich auf der Stelle umzuwenden, sobald er die Alltagswelt der meisten Inder kennen gelernt hat. Shirley Park Lowry schrieb in *Familiar Mysteries* (Bekannte Geheimnisse) dazu: „Die meisten Mitglieder kontemplativer östlicher Vereinigungen sind wirklich zu arm, krank und ungebildet, um den Nutzen von Kontemplation zu erkennen und sich daran zu erfreuen. Diese Millionen haben keine andere Wahl, als resigniert von Tag zu Tag dahin zu stolpern, wobei ihre größte Hoffnung nicht ein besseres Leben ist, sondern die endgültige Befreiung vom Leben."

cher Pilgerorte ausgelöst. Für die örtliche Bevölkerung und die Institutionen gibt es einen schmalen Grat zwischen einer angemessenen Entlohnung für die Versorgung der Wallfahrer und der Versuchung, einfach möglichst großen Reibach zu machen. Das kann besonders in Entwicklungsländern mit einem sich gerade entfaltenden Kapitalismus ein Problem werden. Manchmal tötet die Kommerzialisierung die Gans, die goldene Eier legen soll. In den 70er-Jahren wurde ein katholischer

Wenn man ihn von Nahem sieht, hält der Fuji nicht, was er von weitem verspricht.

JAPANISCHES SPRICHWORT

An buddhistischen Wallfahrtsorten haben wir vielleicht miterlebt, wie Pilger in ihren Umkreisungen innehalten, um Mönchen zuzuhören, die Geschichten und Legenden erzählen. Dass Buddhisten im Allgemeinen heilige Orte auch zur Belehrung aufsuchen, und nicht nur, um Verdienst zu erwerben, dass sie also eher das heilige Wort hören als das Göttliche unmittelbar selbst erfahren wollen, mag der westlichen Erwartung entsprechen, dass der Buddhismus durch ruhige Gelassenheit ausgezeichnet sei. Wenn wir jedoch auf Sri Lanka waren und uns buddhistischen Pilgern nach Kataragama angeschlossen haben, dann haben wir miterlebt, wie sie sich als Ekstatiker geben, die kein Wissen, sondern eigene Erfahrung erlangen wollen.

Es gibt oft auch eine Kluft zwischen unserer Vorstellung von einem Ort und dem, was wir am Boden dort finden. Lafcadio Hearn, ein Liebhaber Japans aus dem 19. Jahrhundert, stellte bei näherer Betrachtung fest, dass der Berg Fuji „ein fürchterlicher, erloschener Haufen von Asche, Schlacke und unförmiger Lava" ist. Die Diskrepanz zwischen Vorstellung und Wirklichkeit hat im 20. Jahrhundert uns allen eine vertraute Form angenommen: Obwohl er wegen des Schnees offiziell nur während zwei Monaten des Jahres erstiegen werden darf, kommen inzwischen Hunderttausende von Pilgern, und die von ihnen zurückgelassenen Reste an Zivilisationsmüll geben dem traditionellen Ausruf, „Sei rein … o du Berg!" eine falsche Note.

Einer der größten Schocks der Wallfahrt wird durch die kommerzialisierte, teils geradewegs rein materielle Natur mancher Pilgerorte ausgelöst.

Schrein im indischen Dorf Devagama plötzlich bekannt. Sein Niedergang nach 1975 muss offensichtlich direkt darauf zurückgeführt werden, dass die Pilger von der kommerziellen Ausbeutung abgestoßen wurden. Manchmal scheinen wir dieses Problem noch nicht einmal vor unserer eigenen Haustür zu sehen, obwohl wir uns in vermeintlich spirituelleren Kulturen dagegen aussprechen. Glastonbury ist während meines Lebens zu einem New-Age-Basar verkommen.

Andere Schocks ergeben sich durch die erste Begegnung mit Reliquien. Man kann deutliche Unterschiede in den Gesichtern der Besucher sehen, wenn sie in der Basilika der hl. Klara von Assisi an ihrem Glassarg vorbeigehen und ihren Körper sehen, der inzwischen ledern aussieht. Manche schauen weiterhin voller Verehrung, andere blicken schnell zur Seite und geben zum Ausdruck, dass sie die Zurschaustellung sterblicher Überreste für morbide halten.

Sie haben vielleicht sogar vulgäre Dinge an oder außerhalb heiliger Orte gesehen: grauenvolle Farben, naive Malereien und Schnitzereien, idiotisch blickende Götter und einfältige Heilige. Der religiöse Kitsch scheint in den meisten Kulturen üppig auszuufern, selbst in einer, die wir als höchst ästhetisch einschätzen. Westliche Besucher fühlen sich vor allem durch solche Gegenstände abgestoßen, die nicht den Glanz der Exotik oder die Aura der Volkskunst ausstrahlen, wie zum Beispiel durch massenproduzierte christliche Wallfahrtssouvenirs. Sie haben vielleicht noch geschmacklo-

KRIEGSGRÄBER AN DER SOMME

„Sie werden nicht alt werden …"

Ich wurde Colin genannt nach dem Second Lieutenant Colin Graham Sutherland Shields von der Royal Air Force. Wenn er überlebt hätte, wäre er mein Onkel gewesen. Er wurde aber am 10. Mai 1918 als „Vermisst, vermutlich tot" gemeldet, nachdem er über die Somme geflogen war. Nach dem Großen Krieg wurde sein Körper gefunden und er wurde auf einem britischen Soldatenfriedhof bei Cérisy-Gailly zwischen Amiens und Péronne begraben. Er war 19 Jahre alt. Achtundzwanzig Jahre später, am Ende des II. Weltkriegs, war ich Captain und Kompaniekommandeur der Lovat Scouts im aktiven Dienst in Griechenland. Die Lovat Scouts rekrutieren sich aus den entlegensten Teilen des schottischen Hochlands und der schottischen Inseln. Aber ich kam von noch weiter her als die meisten Männer in meiner Kompanie, meine Heimat war Argentinien. Ich war 19.

Jahre später erbte ich einige wenige Erinnerungsstücke: einen Pokal, den Colin bei einem 100-Yard-Rennen in der Schule gewonnen hatte, ein gerahmtes Bild, das ihn als Kadetten in der Londoner Schottischen Uniform zeigt, Pilotenabzeichen für den Ausgehanzug und seinen letzten Brief nach Hause, an seine jüngere Schwester Barbara. Nicht viel für ein Menschenleben, selbst für ein so kurzes. Er war der einzige Sohn.

Die Erinnerung an das kurze Leben meines Namensvetters führte dazu, dass ich am alljährlichen Erinnerungs-Gottesdienst am Kriegerdenkmal in Beaconsfield, Buckinghamshire, teilnahm, wo er geboren wurde. C. G. S. Shields ist einer von 80 Namen jener, die im Krieg zwischen 1914 und 1918 starben, schön geordnet in Zehnergruppen. Ein Zusatz führt 60 weitere Namen von Männern aus Beaconsfield auf, die im II. Weltkrieg zwischen 1939 und 1945 starben.

Second Lieutenant C. G. S. Shields, der 1918 an der Front fiel.

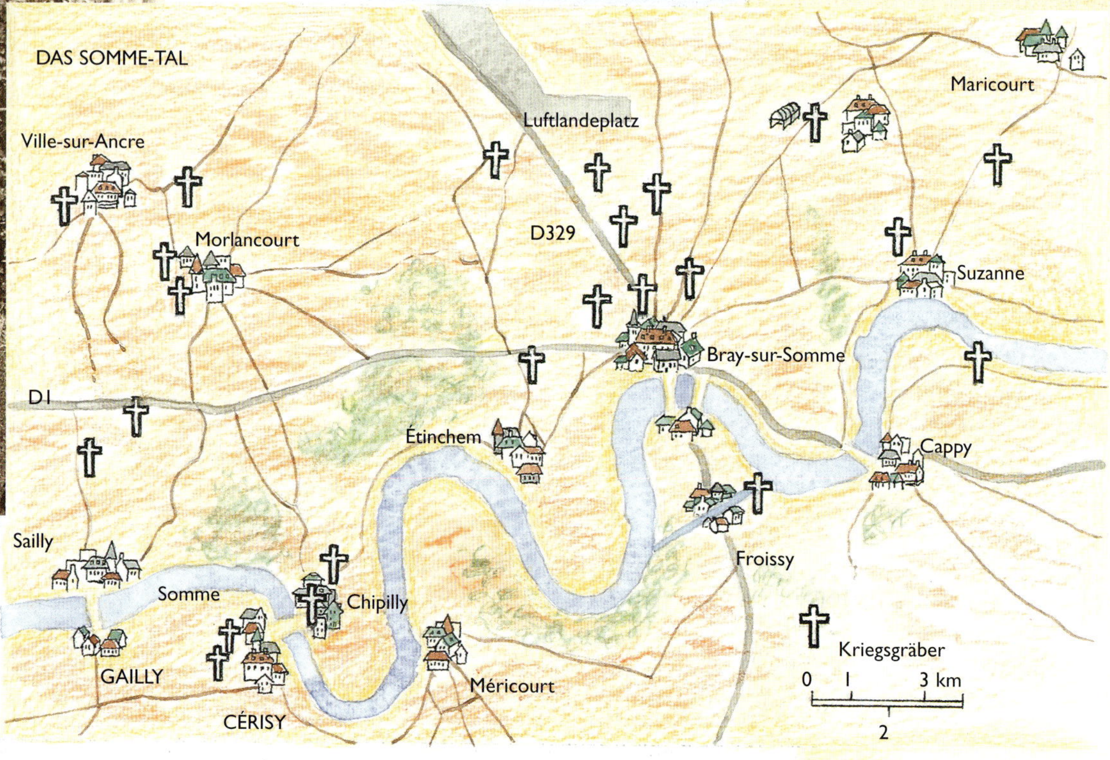

Friedhöfe mit Kriegsgräbern sind im Somme-Tal in Nordfrankreich verstreut.

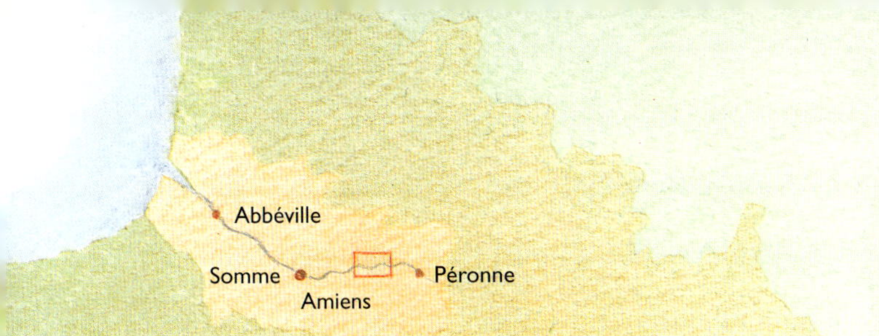

Nach der Schlacht
Truppen verlassen die Ruinen von Ypern auf der Straße von Menin 1917. Ein Denkmal für die Vermissten steht jetzt am Tor von Menin.

Es ist jetzt bald 80 Jahre her, dass der Große Krieg zu Ende ging, in der elften Stunde des elften Monats 1918, und überall in Britannien in den meisten Dörfern und Städten werden am darauf folgenden Sonntag einfache Gottesdienste zur Erinnerung gehalten.

Ich begann, mich für Kriegerdenkmäler und ihre Bedeutung zu interessieren. Ich fing an, sie quer durch die britischen Inseln zu erkunden, nicht nur jene auf Dorfgrünflächen und Marktplätzen oder solche auf schottischen Hügeln oder ländlichen Kirchhöfen, sondern auch die Erinnerungstafeln in den Kirchen, an Wänden von Schulen und Banken, in Clubs und Fabriken – überall dort, wo Menschen ein Bedürfnis spürten, sich an jene zu erinnern, die ihr Leben im Kriegsdienst für ihr Land verloren hatten.

Bis vor kurzem war es britischer Brauch, die Kriegstoten dort zu begraben, wo sie gefallen waren, und ihre Körper nicht heimzuführen. Die Commonwealth-Kommission für Kriegsgräber ist für 23000 Orte mit Kriegsgräbern in 140 Ländern zuständig. Die Begräbnisplätze beherbergen von wenigen sterblichen Resten auf ausländischen Friedhöfen bis zu weitläufigen Commonwealth-Friedhöfen, wo wichtige Schlachten geschlagen wurden: bei Ypern und an der Somme, den Dardanellen und Palästina während des Großen Krieges; und in der Normandie, den Niederlanden, Libyen, Italien und Burma sowie im Pazifik während des II. Weltkriegs.

Es gibt auch die ehrfurchtgebietenden Denkmäler für die Vermissten, die alle jene aufführen, die „kein bekanntes Grab" haben: über 73400 Namen bei Thiepval an der Somme und fast 55000 am Tor von Menin bei Ypern.

Der Gedanke dieser Art des Vergessen-Seins, der Nicht-Existenz, muss sicher jeden von Zeit zu Zeit umtreiben. Damit verbunden ist das Schuldgefühl des Überlebenden, der regelmäßig an jene erinnert wird, die zugrunde gegangen sind – sei es auf dem Schlachtfeld, bei einem Flugzeugunglück oder einer Sportkatastrophe – während er selbst verschont geblieben ist.

Ich entschloss mich, eine Pilgerreise an den letzten Ruheplatz meines Onkels Colin bei Cerisy-Gailly zu machen: Feld 2, Reihe A, Grab 2. Vor ein paar Jahren schloss ich mich einer Reise zu Schlachtfeldern an, an der viele wie ich teilnahmen, die einen Verwandten oder Mitbürger im I. Weltkrieg verloren hatten.

Ich legte einen Kranz von Mohnblumen, das Emblem der Schlachtfelder von Flandern, nieder. Das war für mich ein zutiefst bedeutsamer Moment der Katharsis und Vergebung. Als einer der ältesten anwesenden Pilger wurde ich später eingeladen, am Opferkreuz auf einem anderen Friedhof der Somme zu stehen und die Worte des Gedichts von Laurence Binyon zu lesen, die in Erinnerung an einen Soldaten geschrieben waren, der sogar noch jünger als Colin war:

„Sie werden nicht alt werden, wie wir,
die wir übrig gelassen wurden, alt werden:
Das Alter wird sich nicht müde machen,
noch werden die Jahre sie verdammen.
Beim Sonnenuntergang und am neuen Morgen
werden wir uns an sie erinnern."

Colin McIntyre ist freier Journalist und Autor, der *Monuments of War* geschrieben hat. Er lebt in London.

Pilgerreisen zu den Schlachtfeldern
Seit Ende des Ersten Weltkrieges unternehmen Tausende von Pilgern Reisen zu Schlachtfeldern in Frankreich und Flandern oder zu Gräbern ihrer Verwandten oder Kameraden. Heutzutage schließen diese Pilgerreisen beide Weltkriege und viele andere Konflikte ein.

sere gesehen, wie ich sie in Les-Saintes-Maries-de-la-Mer sah: Christus, der auf vier Muscheln gekreuzigt ist.
Manche Plätze verblüffen durch die Unangemessenheit, wie mit der geheiligten Geschichte umgegangen wird. Als ich das erste Mal nach Assisi kam, fühlte ich mich körperlich angegriffen durch das, was hier im Namen des heiligen Franziskus geschehen war. Die bewegenden Reliquien dieses Mannes – der grobe graue Umhang und die klobigen, absatzlosen Schuhe, die dort aufbewahrt werden – wurden durch Dinge in den Schatten gestellt, die seinem Geist genau entgegengesetzt waren. Der Hauptangriff erfolgte durch die monströse und vulgäre Kirche Santa Maria degli Angeli, die über die Porziuncola gebaut worden war, über die kleine Kapelle, die Franziskus gegeben worden war und die zum Geburtsort des Franziskaner-Ordens wurde. Wie konnte man ein solch überladenes Ding über den Fleck bauen, an dem Franziskus entdeckte, nachdem er von einem Kreuzzug zurückgekommen war, dass seine Mitbrüder ihren bisherigen Zufluchtsort aus Ästen und Zweigen durch ein kleines Kloster aus Ziegeln ersetzt hatten – von dem er nun die Dachziegel mit bloßen Händen herunterriss? Das gemauerte Kloster entsprach seiner Vorstellung, in der Nachfolge Christi zu leben, nicht. Und Santa Maria degli Angeli entsprach nicht meiner Vorstellung, wie Franziskus zu ehren sei.

Wie kannst du zu deinem Bruder sagen, Bruder, lass mich den Splitter aus deinem Auge ziehen, wenn du selbst den Balken in deinem eigenen Auge nicht bemerkst?

Lukas 6,42

Es kann also durchaus sein, dass Ihr heiliger Ort nicht so geführt wird, wie Sie es sich vorstellen. Und es kann auch sein, dass Sie das heilige Personal, das sich um diesen Ort kümmert, nicht besonders mögen. In Rocamadour werden Sie hören, dass eine Gruppe von Frauen, die ihr Haar anders gefärbt hatte, indem sie es in Wein wusch, die Haare erst abschneiden musste, bevor sie in die Kirche durfte. Sie hinterließen ihre abgeschorenen Locken dort als Votivgaben. Eine Frau, die dazu gezwungen worden war, dachte, gerade als sie hinausging: „Heilige Maria! Mein Herz ist bekümmert, dass ich mein Haar Dir hier lasse, und ich kann das nicht recht annehmen.“ Sofort sollen ihre Locken wiederhergestellt worden sein, aber die Blindheit, von der sie geheilt worden war, ebenfalls. Ist das eine Handlungsweise, wie wir sie mit der Jungfrau in Verbindung bringen würden?

Sie werden vielleicht ungeduldig (oder fühlen sich schuldig, weil Sie ungeduldig sind), wenn Sie die Leichtgläubigkeit und Naivität anderer Wallfahrer miterleben. Während der großen mexikanischen Fiesta der Heiligen Drei Könige in Tizimin in Yucatan, die 18 Tage lang dauert, vom 31. Dezember bis zum 17. Januar, wenn Zugladungen von Wallfahrern jeden Tag in kurzen Abständen aus dem Hauptbahnhof von Merida aussteigen, kommen auch Autofahrer an, die von weit her, sogar von Mexiko City gefahren sind, um ihre Autos am Heiligtum segnen zu lassen. Sie meinen, dass die Drei Heiligen Könige, die doch auch von weit her kamen, die Gefahren von Reisen am besten selbst kannten und ihnen deshalb auch den besten Schutz gewähren würden.

Es gibt eine Moral all dieser Geschichten. Iranische Muslime berichten von Iskandr, Alexander dem Großen, und dem Kaf. Der Kaf ist ein Berg, der um die Erde kreist, die als eine flache Ebene betrachtet wird. Es ist ein Berg, der so hoch ist, dass von seiner Spitze zum Himmel nur noch der Abstand der Größe eines Menschen existiert. Er ist aus Smaragd gemacht, und das Grün des Landes und das Blau des Himmels sind seine Spiegelungen. Auf der anderen Seite des Kaf gibt es eine andere Welt: Manche sagen, dass dort die Welt der Dschinns und Peris sei, der Dämonen und Feen, aber andere glauben, dass dort die Rasse der Yajuj und Majuj lebten (entsprechend den biblischen God und Magog), die längst auf unsere Seite durchgebrochen wären, wenn Alexander der Große nicht Mauern gegen sie hätte errichten lassen.

Als Alexander die Welt erobert hatte, ging er, um den Kaf zu sehen. Er sandte einen Sklaven nach oben, der auf der Bergspitze sah, dass von der anderen Seite ein Sklave genauso wie er selbst heraufkam. So sandte Alexander noch einen Sklaven und noch einen, und jedes Mal kam auf der anderen Seite ein weiterer herauf. Schließlich stieg Alexander selbst den Kaf hinauf und, siehe da, ein zweiter Alexander blickte ihn an. Alexander, der geglaubt hatte, dass er Herrscher von allem sei, erkannte nun, dass es andere Welten und andere Eroberer gab, und starb vor Enttäuschung.

Der Kaf ist damit aber in keiner Weise weniger wundervoll und geheimnisvoll, nur weil Alexander sich selbst begegnete und seine Illusionen dort verlor.

Öffne mir die Augen,
dass ich sehe die Wunder …

Psalm 119,18

Mit besseren Augen sehen

Unsere Erwartungen von unserer Pilgerfahrt sind also vielleicht enttäuscht worden. Obwohl wir nicht wie mittelalterliche Wallfahrer mit mehreren Menschen unterschiedlichen Geschlechts in einem Bett haben nächtigen müssen, war die Reise unter Umständen ziemlich unbequem, wir wurden von Kundenschleppern belästigt, durch Bettler bekümmert und von einer Kunst und Architektur bedrückt, die in keiner Weise sublim war.

Darüber hinaus meinen wir vielleicht, dass wir den Augenblick für unsere Offenbarung verpasst haben. Schauen Sie noch einmal hin. Der Prophet Jesaja beschreibt in der Bibel den Tag der Rache Gottes so: „Dornen werden wachsen in seinen Palästen, Nesseln und Disteln in seinen Schlössern; und es wird eine Behausung sein der Schakale und eine Stätte für die Strauße." (Jesaja 34,13)

Als ich ein Kind war, habe ich nie verstanden, warum das ein Fluch sein sollte. Denn Schakale und Strauße (in der englischen Bibel heißt es „Drachen" und „Eulen", A. d. Ü.) schienen doch sehr interessant zu sein. Es ist alles eine Frage des Blickwinkels. In James Camerons Film über eine außerirdische Begegnung, *The Abyss* (1989), sagt ein Darsteller: „Du musst mit besseren Augen sehen". Wir müssen manchmal mit besseren Augen noch einmal sehen, was wir gesehen haben. Denken Sie über Ihre Reise noch einmal nach. Die Welt ist voller Dinge, nicht nur voller Vorstel-

ARUNACHALA

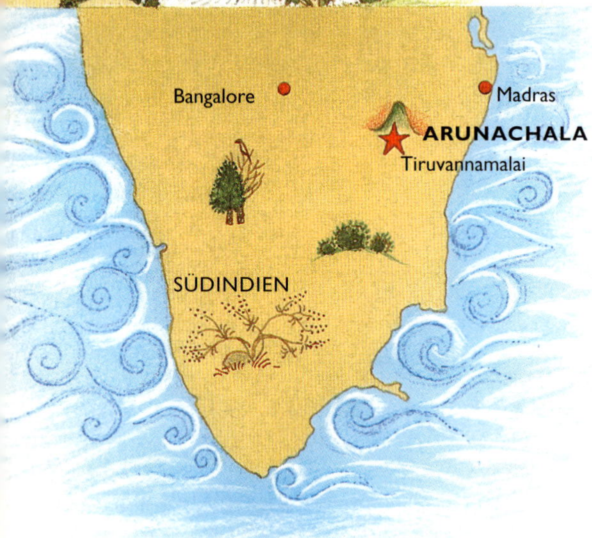

Als ich erkannte, wer ich bin,
was anderes ist dann meine Identität,
als Du?
O Du, der am Du emporragenden
Aruna-Hügel stehst!

Sri Ramana Maharshi, Verse an den Arunachala

Das Deepam-Fest
Hunderttausende von Pilgern feiern dieses Fest im November bzw. Dezember. Eine 10-tägige Darstellung der Geschichte des Arunachala kulminiert im Aufstieg auf den Berggipfel, wo eine Flamme entzündet wird, um die Offenbarung Schivas bei der Erschaffung des Berges zu symbolisieren.

In das Herz eines heiligen Berges

Ramana Maharshi war einer der größten Heiligen Indiens des letzten Jahrhunderts. Die einzigen Worte, die er je selber niederschrieb, waren Liebesgedichte an den Berg Arunachala. Arunachala war, wie er sagte, die irdische Verkörperung Gott Schivas. Warum anderswo hingehen? Der Arunachala in Tamil Nadu in Südindien wird seit Jahrhunderten mit Schiva identifiziert. Tamilen verehren ihn als den Berg, der die Urfluten überdauert, die von Zeitalter zu Zeitalter kommen.

Ich wusste nichts vom Ruf des Berges, als ich das erste Mal in Tiruvannamalai ankam, jener Stadt, die sich zu seinen Füßen ausbreitet. Ich war gekommen, um den Ashram von Ramana Maharshi zu besuchen. Und doch war der Berg das Erste, was ich sah, als ich mich der Stadt näherte. Die Umgebung ist eine weite Ebene, die sich durch einen großen Teil Tamil Nadus erstreckt. Der Arunachala erhebt sich aus dieser Fläche, als eine einzelne Pyramide, etwa 800 Meter hoch. Er war im staubigen Licht purpurn und golden und zog mich wie ein Magnet an.

Ich entschied mich, erst diesen Berg zu erkunden, bevor ich irgendetwas anderes tun würde. Ich stieg den Weg von der Stadt hinauf und war nach 20 Minuten an der Veerupaksha-Höhle angelangt, wo Ramana Maharshi 16 Jahre lang allein und in Schweigen lebte. Im ruhigen Hof vor dem Höhleneingang beschattete ein einziger Brotfruchtbaum einen kleinen Lingam, der in einen Wasserkreis gesetzt war. Jemand hatte eine rote Rose auf den Lingam gelegt, und die Blütenblätter einer gelben Chrysantheme waren im Wasser verstreut. Am Baum standen drei Paar Schuhe. Ich ließ meine eigenen daneben und begab mich in die Dunkelheit. Drei Menschen saßen reglos vor einem Steinabsatz. Die Luft war heiß und stickig. Aber welche

Erholung, nach der gleißenden Sonne in der Dunkelheit zu sein. Ich war eine Stunde dort, als eine Stimme aus dem Nichts durch meinen Körper erscholl. „Entspanne dich," sagte sie, „lass einfach los." Ich ließ die dunkle Höhle mich aufnehmen und halten, und in diesem Augenblick war es, als ob sich der Berg durch mich hindurch bewegte. Da spürte ich, dass der Arunachala wirklich lebendig ist. Es schien, als ob das Leben des Berges, die Höhle und mein innerstes Wesen ein und dasselbe wären. Den Berg zu ersteigen, in ihn durch eine seiner Höhlen hineinzugehen und den Berg zu umrunden sind alles Wege, die Kraft dieses alten heiligen Ortes zu ehren. Die Umrundung dauert etwa drei Stunden, und Hunderte machen diesen Gang barfuß jeden Morgen vor der Dämmerung. Es hat im Verlauf der Jahre viele Berichte von Visionen Gott Schivas und seiner Gefährtin Parvati gegeben.

Der Ladenbesitzer, wo ich am Abend zuvor eine Tasse Tee getrunken hatte, zeigte mir einen weiteren Weg, den Berg zu verehren. Ich kam gerade an seinem Haus vorbei, als er sich vor einer Statue von Ganesha, dem Gott der Beseitigung von Hindernissen, niederwarf, die am Straßenrand stand. Dann stand er auf und wandte sich dem Berg zu, seine Hände waren vor der Brust gefaltet und er schaute voller Hingabe hinüber. Er drehte sich auf der Stelle einmal herum, blickte wieder hinüber zum Arunachala, verneigte sich und ging dann zu seinem Teeladen.

Roger Housden ist Schriftsteller, Fotograf und der Autor von *Travels through Sacred India* und *Retreat*. Er ist Direktor der Firma Open-Gate-Reisen, die Gruppen auf spirituelle Reisen zu Orten der Kraft führt.

lungen – und die Welt des Heiligen ist ein physischer, sinnlicher Ort von Landschaften, Gebäuden, Gärten, Friedhöfen, Gemälden, Denkmälern, Kleidungsstücken und Gegenständen von Glocken bis zu Bettelschalen. All diese Dinge sind Ihr Fenster zum Heiligen gewesen.

In Japan haben sie Bögen gesehen, die nichts verbinden und in der Mitte von Nirgendwo stehen, im tiefen Wald, neben mächtigen Bäumen, auf Berggipfeln, an Flussufern oder Meeresküsten. Jetzt erkennen Sie in ihnen die Tore zum Heiligtum aus der Shinto-Religion, die anzeigen, dass jenseits von ihnen heiliges Land liegt. Nahe diesen *Torii* genannten Bögen haben Sie den Brunnen gesehen, an dem sich Besucher vor ihrem Eintritt ins Heiligtum Hände und Mund mit Wasser waschen, in einer symbolischen Geste der Reinigung von Körper und Geist. Soviel haben Sie von der Shinto-Religion schon gelernt.

Hei, was ist das? Das verstehe ich nicht, sagte Pigsy. Du hast die anderen beiden gerade zu Buddhas gemacht. Warum bin ich nicht auch ein Buddha?
Weil, sagte der Buddha, es deiner Sprechweise und Erscheinung noch an Verfeinerung mangelt und dein Appetit noch zu groß ist. Aber dein Job wird es sein, den Altar überall dort aufzuräumen, wo eine buddhistische Zeremonie mit Opfergaben stattfindet. Damit bekommst du also mehr als genug aufzulesen. Ich weiß nicht, worüber du dich beschwerst.

Wu Ch´engen (ca.1505-1580),
Der Affe

Nicht weit von Cuzco in Peru sind Sie bei einer Pilgerfahrt zu einem entfernten Schrein einigen der wenigen verbliebenen Indios begegnet, die noch Quechua sprechen. Sie ziehen nicht deshalb dort hin, um eine Statue in einer Kathedrale zu verehren, sondern ein traditionelles Felsenbild. Obwohl die Riten christlich aussehen und von einem Priester durchgeführt werden, sagt Ihnen das Felsenbild, dass der Schrein wahrscheinlich auf einem Kraftort steht, der den *Apus* geweiht ist. Das sind Naturgeister, die sich diese Landschaft in gutem Einvernehmen mit Christus und Maria und dem örtlichen Schutzpatron zu teilen scheinen. Ganz gleich, ob es sich um einen Naturgeist oder um Maria handelt, ist die wundertätige Kraft, welche die Pilger hier suchen, nicht nach europäischer Tradition in den Reliquien, sondern im Felsenbild enthalten. Damit haben Sie also etwas über die peruanische Auffassung, wie Göttliches wirkt, erfahren.

Überall auf der Welt hat die Zeit Schichten unterschiedlicher Bedeutung auf heilige Orte gelegt. Der Römer Varro (116–27 v. Chr.) erzählt, dass an den Orten, wo die Tempel für Jupiter, Juno und Minerva errichtet wurden, früher die antike Gottheit Terminus verehrt wurde, in Form eines Schlusssteins, der sich einfach weigerte, zugunsten des neuen Tempel entfernt zu werden, und deshalb mit eingebaut werden musste. Bei Daphne nahe Antiochia hörte das Orakel des Apollo auf zu sprechen, als Christen genau am selben Ort den Kult des Märtyrers Babylas einsetzten. Bei der Eroberung der Neuen Welt durch Spanien, wurden christliche Kapellen an Plätzen errichtet, wo vorher präkolumbianische Gottheiten angebetet wurden. Manche Praktiken scheinen auch mit hinübergenommen worden zu sein, aber es ist an der Zeit, dass wir die Vorstellung vom „Überleben heidnischer Gebräuche" aufgeben. Das ist keine Einbahnstraße gewesen. Ein Beobachter von Zacalu in Guatemala konnte 1976 Mayas in Volkstracht und Maya sprechend sehen, die vor ihrem alten Maya-Tempel christliche Verehrungsrituale ausführten.

An Wallfahrtsorten erleben wir schöpferische Religion: eine Religion, die manche ihrer Grenzen öffnet, um dem menschlichen Verlangen nach Sinngebung und Heilung von Leiden entgegenzukommen. In Indien finden sich oft genug Hindus unter den Pilgern zu den Grabstätten islamischer Heiliger, ob das nun schlichte Gräber in kleinen Dörfern sind oder bedeutende Wallfahrtsorte wie Fatehpur Sikri in Uttar Pradesh. Die Muslim-Heiligen besitzen einen guten Ruf als Heiler. Surinder Bhardwaj schrieb 1987 im *National Geographic Journal of India*, dass er als Kind zu einem lebenden Muslim-Heiligen gebracht wurde, um sich dort heilen zu lassen, und dass in seinem überwiegend hinduistischen Dorf die Landbevölkerung jeden Donnerstag Erdlampen am Grab eines *Pirs* entzündete, um gute Gesundheit und sogar erfolgreiche Schulprüfungen zu erbitten.

Bei Pilgerfahrten liegt der Schlüssel zu dem, was in Herz und Geist der Wallfahrer geschieht, oft gerade in dem, was wir sehen. Dass Pilger künstliche Gliedmaßen aus Silber oder Gold Haschdschi Malang als Opfer darbringen, ist die Erklärung dafür, warum die Terminierung der Haschdschi-Malang-Feier in Wadi im indischen Kalyan Taluka sich nach dem hinduistischen Kalender richtet, obwohl es sich um einen muslimischen Heiligen handelt. Das wiederum erklärt, warum die Opfergaben fünf Mal am Tage dargebracht werden, entsprechend des fünfmaligen täglichen islamischen Gebets, während der Priester aber ein Brahmane ist.

Wir lernen anhand dieser Opfergaben, dass die Sehnsucht nach Befreiung von Leiden zumindest vorübergehend religiöse Unterschiede überschreiten kann.

Neuausrichtung

Durch unsere Pilgerreise haben wir begonnen, uns über die Dringlichkeit der eigenen Wünsche für eine größere Dimension des Göttlichen zu öffnen, wenn wir es im Licht der menschlichen Geschichte betrachten. Wir sind Pilgern auf anderen Wegen begegnet, die wie wir nach einem Glimmer des Göttlichen Ausschau hielten, und wir haben geistig zurückgeschaut, um zu sehen, wie Zehntausende vor uns ihre Suche betrieben haben.

Wenn wir jetzt in Fernost oder im Mittleren Osten oder in Europa Wallfahrer sehen, die bei Heiligtümern schlafen oder Reliquien berühren, dann erinnern wir uns an den Bericht des Alten Testaments über das Grab des Propheten Elisa: „Und es begab sich, dass man einen Mann zu Grabe trug. Als man aber einige Leute von ihnen sah, warf man den Mann in Elisas Grab. Und als er die Gebeine Elisas berührte, wurde er lebendig und trat auf seine Füße.“ (II Könige13,21) Wenn wir Muslime sehen, nachdem sie von ihrer Hadsch mit Schnipseln des großen Tuches zurückkehren, das die Kaaba bedeckt – das jedes Jahr natürlich erneuert werden muss – ein Geschenk Ägyptens; wenn wir christliche Wallfahrer, die mit einem Stück Tuch Bildnisse oder Reliquien berühren; selbst wenn wir einen Lumpen an heiligen Brunnen in Britannien oder Irland sehen, dann erinnern wir uns an die Geschichte des Paulus in Ephesus: „Und Gott wirkte nicht geringe Taten durch die Hand des Paulus, so dass sie auch von seiner Haut die Schweißtüchlein oder Binden über die Kranken hielten und die Krankheiten von ihnen wichen und die bösen Geister von ihnen ausfuhren.“ (Apg 19,20-21)

Was halte ich jetzt von der großen Basilika in Assisi? Nun, ich betrachte sie als das Ergebnis mehrerer Jahrhunderte italienischen Katholizismus, in denen die Absicht, Franziskus zu ehren und seiner spirituellen Kraft teilhaftig zu werden, verschiedene Ausdrucksformen gefunden hat. Ich habe gelernt, mich nicht über Santa Maria degli Angeli aufzuregen, sondern mich statt dessen in die Erinnerung an seine aus Felsen herausgehauene Einsiedelei von Carceri und das karge Kloster der hl. Klara in San Damiano zu vertiefen. Ich verstehe die Stadt als Ganzes, als einen lebendigen Ausdruck eines dynamischen Glaubens, nicht als Fossil, das in der Zeit eingefroren wurde.

Wir sind immer in der Gegenwart von Mystik, wenn sich ein Mensch mit dem Überirdischen und Ewigen verbunden fühlt, während er sich äußerlich noch im Irdischen und Zeitlichen befindet.

Albert Schweitzer, Die Mystik des Apostels Paulus (1930)

Wir kehren nach Hause, aber der Weg zurück ist nicht derselbe, auf dem wir hergekommen sind: Es ist ein anderer Weg, denn wir sind anders. Wir sind Pilger geworden, und wir sind durch unsere Erfahrungen verändert worden. Wir werden nie mehr in unserem Leben die alten sein. Was wir mit der neuen Person nun machen, sollte wohl bedacht sein.

Aber es wartet noch ein weiterer Schritt der Reise auf uns, und der besteht darin zu schauen, was wir mit der Pilgerfahrt im Lichte der Ewigkeit anfangen.

XII *Heimkommen*

KAPITEL 12

„Wenn ein Mensch sich von zu Hause auf eine Reise begibt und immer weiter geht, kommt er eines Tages an seine eigene Tür zurück", sagt Sir John Mandeville.

Für eine Wallfahrt ist das kein schlechtes Bild. Erst, wenn man nach Hause kommt, hat man den Kreis der Pilgerfahrt wirklich geschlossen, erst dann nimmt man die „Wahrheit" der eigenen Reise wirklich wahr. Obwohl der heilige Ort die Quelle der spirituellen Kraft ist, werden erst zu Hause die Wirkungen dieser Kraft sichtbar und greifbar. Die Rückkehr in die eigene Alltagswelt wird zum Test Ihrer Pilgerreise.

Wenn Sie Ihr mentales Gepäck auspacken, beweist das, dass eine Transformation stattgefunden hat? Dass Sie anders sind? Dass Ihr Leben sich verändert hat?

Wie sehen die Menschen zu Hause diese neue Person, diesen Wallfahrer? Haben Ihre Erlebnisse nur für Sie selbst einen Wert, oder werden sie das Leben anderer bereichern, die mit Ihnen in Verbindung stehen? Und wenn sie Sie fragen, wie es zu dieser Veränderung gekommen ist, was werden Sie sagen, wo Sie gewesen sind?

Die Heimkehr der Pilgerin
Auf diesem Hadsch-Bild, einer stilisierten Darstellung einer Wallfahrt nach Mekka, begrüßt eine Mutter ihre Tochter, die das einfache weiße Gewand einer Hadschdschi trägt. (Hadsch = Wallfahrt nach Mekka; Hadschi = eine Person, die die Pilgerreise nach Mekka absolviert hat; A. d. Ü.)

Andenken an die Pilgerfahrt
Mittelalterliche Wallfahrer trugen Abzeichen oder Broschen (oben und rechts) von den Heiligtümern, die sie besucht hatten, als Nachweis, dass sie an ihrem Ziel angelangt waren.

Was ist die „Wahrheit" Ihrer Reise? Die britische Reisende Freya Stark (1893–1993) sagte einmal, dass sie, als sie ihre Reisen ankündigte, von jedem gefragt wurde, warum sie überhaupt reisen wollte. Die anderen hatten Probleme damit zu akzeptieren, dass sie einfach nur fahren und sich umschauen wollte.

Wir waren an einem heiligen Ort, um ihn zu sehen, und wir müssen unsere Reise nicht rechtfertigen oder uns zu viel darum sorgen, wie der Besuch uns in Zukunft nutzen kann. Allein dadurch, dass wir uns aufgemacht und dem Prozess der Offenbarung geöffnet haben, wird – wenn wir diesen Prozess zulassen – uns das ihr innewohnende Ziel erreichen lassen.

Unsere Reise zum Heiligen hat uns erweckt, hat uns menschlicher gemacht und unserem Leben vielleicht sogar eine heroische Dimension verliehen.

ERWACHEN

Wenn wir im Ausland waren, haben wir einen Kulturschock erlebt, da die Erfahrung einer völlig anderen Umgebung unsere Sichtweise verschoben hat. Wir haben vielleicht festgestellt, wie unbegründet unsere Ansichten über andere Menschen waren, und wir haben ein größeres Verständnis dafür gewonnen, wie sie das Leben, die Welt und Gott sehen.

Wenn wir nach Hause kommen, erleben wir erneut einen Kulturschock, nun aber umgekehrt, wie Auswanderer, die in ihr Heimatland zurückkehren. Aufgrund der Intensität der Pilgerfahrt kann sich bereits nach nur kurzem Aufenthalt in dieser anderen Welt unsere Wahrnehmung deutlich verändern.

Dies ist meines Schauspiels letzte Szene, hier bestimmen die Himmel meiner Pilgerfahrt letzte Meile.

JOHN DONNE (1572–1631), HEILIGE SONETTE 1

Beschreibungen mystischer Erfahrungen, Heiligenlegenden und Volkserzählungen über Feen sprechen alle davon, wie bei der Begegnung mit der „anderen Welt" die Zeit auch ganz anders abläuft. Am Hügel oberhalb der alten Abtei von Lleyre in Spanien befindet sich die Quelle des hl. Virilar. Die Überlieferung berichtet, dass der hl. Virilar, als er eine Nachtigall hörte, ihr den Hang hinauf zur Quelle folgte und dort wie verzaubert blieb, bis sie aufhörte zu singen.

Als er zur Abtei zurückkehrte, stellte er fest, dass sich die Gebäude verändert hatten und der Pförtner ein Fremder war. Es waren 300 Jahre vergangen. Das ist eine gute Darstellung dessen, was sich auf einer Wallfahrt ereignet. Wenn wir nach Hause zurückkehren, werden wir wie der hl. Virilar feststellen, dass eigentlich vertraute Umgebungen und Gesichter irgendwie fremd aussehen. Wir sehen sie mit neuen Augen, wir erfahren Offenbarungen über Dinge, die wir für selbstverständlich hielten. Das Erwachen kann wundervoll oder schmerzhaft sein: Es ist immer transformierend.

MENSCHLICHER WERDEN

Viele von uns sind an einen heiligen Ort gepilgert, um in der einen oder anderen Form Erlösung zu erlangen, wenn auch vielleicht nicht so ausdrücklich, wie ein Hindu nach Benares reist, um die Wiedergeburt zu vermeiden. Viele haben nach einer Lösung für ein weltliches Problem gesucht, besonders im Bereich von Ohnmacht, Armut und Schmerzen. Und dann sind wir anderen Pilgern begegnet, die auf ähnliche Weise gesucht haben.

Paradoxerweise bringen wir als einen Gewinn von einer Wallfahrt mehr Schmerzen mit. Wir kehren heim und sind noch sensibler für das Leiden der Menschheit, und unsere normalen Abwehrmechanismen gegen das Unglück anderer funktionieren nicht mehr. Wir haben die Suche nach individueller Erlösung in den Gesichtern einzelner Menschen gesehen, es in ihrer Stimme gehört. Uns ist vielleicht bewusst geworden, dass wir als Einzelne wenig oder gar nichts unmittelbar und aktiv dafür tun können.

Wir haben früher davon gehört, wie eine indische Pilgerin aus der Brahmanenkaste sich gefühlt hat, als sie bemerkte, dass in ihrem Leben zu Hause für eine Frau aus einer niedrigen Kaste, wie jener, mit der sie gereist war, wenig Platz sein würde. Im Anschluss an die Wallfahrt nach St. Martin-in-the-Fields für die Obdachlosen von London nach Canterbury fühlen sich Pilger, die ein Heim haben, in das sie zurückkehren können, manchmal irgendwie schuldig, dass sie die Obdachlosen wieder auf die Strasse gehen lassen.

Wenn wir einmal im Alltag zurück sind und die Vision für uns, für die Menschheit und für unseren Planeten so klar und strahlend bewahren wollen, wie sie während unserer Pilgerfahrt war, dann müssen wir der menschlichen Erinnerung an Leiden gestatten, in und durch uns zu wirken. Allmählich wird sich daraus eine Veränderung ergeben.

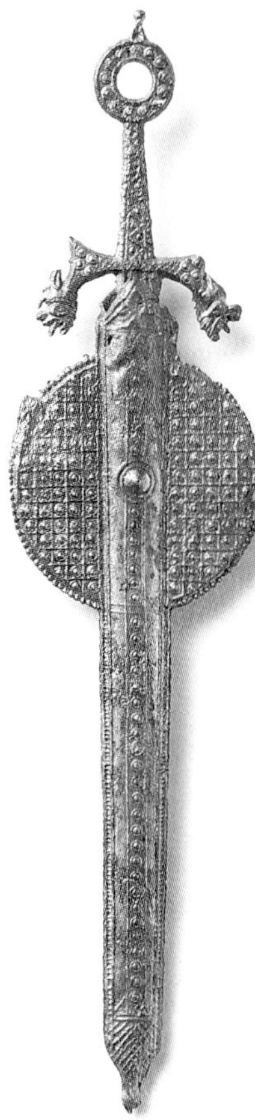

DIE HEROISCHE DIMENSION

Ob wir nach politischer Gleichheit streben oder nach genügend Mitteln, um die ganze Welt zu ernähren, ob wir Respekt vor allen Lebensformen oder die Heilung der Erde fördern möchten: Die Transformation der Welt um uns herum wird das Ergebnis persönlicher Transformation sein.

Einer der Begriffe des Korans für allgemeine Sündigkeit lautet *Dalal*, zielloses Umherwandern, im Gegensatz zur zielgerichteten Pilgerwanderung durch das Leben. So, wie wir eine Pilgerfahrt unternehmen können, die unbewusst den Rest unseres Lebens beeinflussen wird, können wir uns auch bewusst dafür entscheiden, unser ganzes Leben als eine heilige Reise zu betrachten.

Ich sprach vorher von König Alfred. Sein Vater, König Aethelwulf, hatte ein Gelübde abgelegt, zugunsten seines Volkes eine Wallfahrt nach Rom zu unternehmen. Als seinen Vertreter sandte er seinen jüngsten Sohn Alfred, der damals

DER BRUNNEN VON ST. WINIFRED

Eine Reise der Heilung und Erneuerung

Während der vergangenen 30 Jahre habe ich die Wallfahrt zum Brunnen der hl. Winifred viele Dutzend Male gemacht – ein Vorteil, wenn ein altes Heiligtum praktisch vor der Haustür liegt. Diese Vertrautheit hat zu einer sich vertiefenden Bewusstheit geführt, nicht nur über dessen eigene Schönheit, seine außergewöhnliche Geschichte und Nuancen seiner heiligen Vergangenheit, sondern für seine gegenwärtige Kraft der Erneuerung und Wiederherstellung körperlicher und seelischer Ganzheit. Dieser numinose Ort der Stille, wo man nur das Murmeln des Wassers hört, bebt vor Kraft.

Ein ständiger Fluss geflüsterter Gebete aktiviert, wie man spürt, das „Mandala" des sternförmigen Brunnens, und man fühlt, was dieser Ort für Tausende von Pilgern bedeutet hat, die im Verlauf von fest 500 Jahren ihre Namen auf die Mauern und Säulen geritzt haben. Jeder Name repräsentiert eine Heilung oder eine Gebetserhörung oder zumindest die fromme Hoffnung darauf.

Aber der Brunnen ist am lebendigsten und die Gegenwart seiner himmlischen Schutzpatronin am spürbarsten, wenn man allein hierher pilgert, weil dann die starke Gegenwart die kraftvolle Vergangenheit bestätigt.

Eine meiner Wallfahrten ist berichtenswert. 1982 hatte ich seit mehreren Jahren an Osteo-Arthritis gelitten und konnte ohne Stock nicht mehr gehen. In jenem Jahr ging ich am 3. November, einem spontanen Impuls folgend, zum Fest der hl. Winifred. Voller Schmerzen und sehr langsam ging ich die letzte Meile dahin. Ich erinnere mich nicht mehr, gebetet oder auch nur nachgedacht zu haben: alles in mir war nur darauf konzentriert, es bis zum Brunnen zu schaffen. Ich brauchte über anderthalb Stunden und es war die längste Strecke, die ich in den letzten Jahren gegangen war.

Es gibt ein durch die Zeiten bewährtes Ritual, im heiligen Brunnen zu baden. Der gegenwärtige Schrein, der unter königlichem Schutz um 1505 errichtet wurde, ist zweistöckig: eine große Kapelle

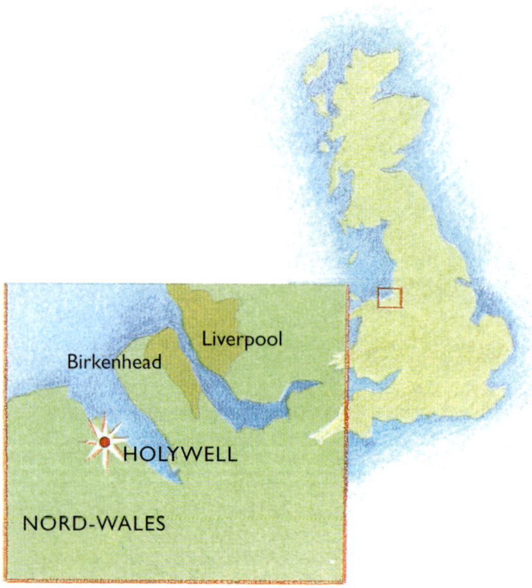

Die Pilgerstraße
Der Schrein der hl. Winifred befindet sich im Ort Holywell (auf gälisch „Treffynnon") in Nord-Wales. Der eindrucksvollste Zugang ist zu Fuß, durch den Wald von der Ruine der Basingwerk-Abtei eine Meile nördlich von Greenfield: dabei wandert man dann auf der letzten Strecke eines mittelalterlichen Pilgerwegs.

steht über einer Krypta. Elegante Pfeiler umstehen ein sternförmiges Becken im Zentrum der Krypta, wo die Quelle entspringt. Ihr stechend kaltes Wasser fließt in ein Bassin daneben, das einen guten Meter tief ist. Die Wallfahrer gehen drei Mal durch das Bassin und umkreisen drei Mal die Quelle, sprechen dabei eine Dekade vom Rosenkranz und beenden die Gebete, indem sie auf einem Stein niederknien, der bei einem größeren Wasserteich außerhalb der Kapelle liegt. An diesem Tag badete ich jedoch einfach nur, zündete eine Kerze an und ging nach Hause. Meine Wallfahrt war mehr ein Akt der Hingabe als eine spezielle Bitte um Heilung. Und doch wurde ich in den folgenden zwei Monaten geheilt, auf Dauer.

Meine Heilung war auch nicht nur körperlich: mein inneres spirituelles Leben wurde neu. Falls ich vor dem Heilbad nicht gebetet hatte, tat ich das nach der Heilung mit umso mehr Gewissheit. Der Brunnen der hl. Winifred entsprang am Ort ihres Martyriums, am selben Ort, an dem sie zum Leben wieder erweckt wurde. Das damalige Geschehen hat den Brunnen seit 13 Jahrhunderten zu einem Ort der Verehrung und Heilung gemacht. Winifred und ich hatten etwas gemeinsam. Meine Heilung gab mir einen Erkennungsschock: Winifred wurde für mich mehr als eine noch so wundermächtige tote Heilige, sie wurde für mich zu einer lebendigen Frau. Sie und ich sind Freunde, fühle ich.

Im Verlauf der Jahre habe ich viele Menschen zum Heiligtum ihres Brunnens gebracht. Einer dieser Pilger war vor zwölf Jahren mein Partner. Er begann, meine Liebe und meinen Respekt für den Schrein zu teilen, obgleich er erst am Ende volles Verstehen erlangte. Als er im letzten Jahr starb, begruben wir ihn am Hügel über dem Brunnen und gingen dann hinunter, um dort Kerzen anzuzünden und uns an ihn zu erinnern. Man sagt, Zuhause ist dort, wo das Herz ist; und nun, da auch ich mit der gleichen Krankheit sterbe, bin ich mir dessen sehr bewusst, dass ich ihm bald folgen und ihm wieder begegnen werde. Und auch diese letzte Pilgerfahrt wird auf bestimmte Weise ein Heimkommen sein.

Tristan Gray Hulse ist Redakteur von *Source* (Quelle, Brunnen) – der Zeitschrift für heilige Brunnen und Gewässer.

Die heilenden Wasser
Pilger füllen Wasser aus dem Teich vor der Kapelle ab, um es mit nach Hause zu nehmen. Nach Absprache mit den Hütern des Brunnens kann man auch darin baden.

Praktische Hinweise
Dieser katholische Schrein ist das ganze Jahr über offen und heißt Pilger aller Glaubensrichtungen willkommen. Zwischen Pfingsten und dem 30. September wird täglich ein Gottesdienst am Brunnen abgehalten (11.30 Uhr, sonntags 14.30 Uhr), der eine Verehrung der Reliquien der hl. Winifred einschließt. Das Pilgerhaus in Holywell hat ganzjährig geöffnet.
Die jährliche nationale Wallfahrt findet an dem Sonntag statt, der dem 22. Juni folgt. Dabei erfolgt eine Prozession durch die Stadt zur Messe am Brunnen. Es gibt auch eine pan-orthodoxe Wallfahrt am ersten Samstag im Oktober.

Durch die Mitte dringt der Heilige Geist und erleuchtet den Geist, befeuert das Herz, stärkt den Willen. Es ist die Mitte, in der Gottes Akte ihren Brennpunkt haben, das Heiligtum, in dem er wohnt.

C. R. Bryant SSJE, Die Psychologin des Gebets

erst vier Jahre alt war. Der Eindruck der Ewigen Stadt mit ihren Ziegel- und Steinhäusern und herrlichen Prozessionen auf ein eher hinterwäldlerisches Kind muss blendend und verwirrend gewesen sein. Es gibt wenig Zweifel daran, dass dieser Besuch in Rom und ein weiterer zwei Jahre später formative Erfahrungen darstellten, die Alfreds ganzes Leben färbten und ihm den Lebenszweck mit auf den Weg gaben, in England eine christliche Gesellschaft zu schaffen.

Alfred sah sich selbst als Pilger an. Er spricht von seinem Leben als einer Reise und hoffte, dass Gott „die Augen meines Geistes erleuchten möge, damit ich den direkten Weg in die ewige Heimat finden kann". Er bemühte sich auch, als Held zu leben, dessen Leistungen noch lange nach seinem Tode bewundert würden.

Es ist eine großartige Sache, vom Herzen her zu wissen, dass Gott in unserer Seele wohnt. Noch großartiger ist es zu wissen, dass unsere Seele in der Essenz Gottes wohnt, dass wir von ihm umhüllt sind – und er von uns.

Mutter Julian von Norwich,
Offenbarungen Göttlicher Liebe (ca. 1393)

Alle Pilger sind Helden: Die Wallfahrt an sich ist ein heroischer Akt. Die Entscheidung, nach dem geraden Weg durch das Leben zu suchen, ist eine edle Entscheidung.

WER SIND WIR?

Wenn unsere Familien und Freunde uns zu Hause wieder willkommen heißen, was sehen sie? In gewisser Hinsicht nichts Besonderes, nur einen unter Millionen, die sich jedes Jahr auf den Weg zu einer Pilgerreise begeben. Der japanische Dichter Basho, der sich 1688 auf eine Wallfahrt begab, erzählt in seinen „Berichten eines weitgereisten Schulranzens" davon, dass ihm seine Freunde ein schönes Abschiedsfest gaben und ihm mit einem Regenschutz und warmen Wintersocken ausstatteten. Er sagt voller Selbstironie: „Ich wurde fast ein Opfer der Illusion, dass sich ein wichtiger Mann auf die Abreise begab."

In anderer Hinsicht jedoch ist jeder Wallfahrer ein besonderer Mensch. Wir gehen ja nicht „zufällig" auf Pilgerreise. Der persische Sufi-Meister und Dichter Rumi (1207–1273) erzählt die Geschichte von einem Mann, der immer aufrichtig und fromm betete, bis tief in die Nacht hinein. Eines Nachts wurde er dabei müde. Der Satan brachte folgende Frage in seinen Geist: „Wo du doch schon so lange gerufen hast, ‚O Gott!', hast du jemals Gottes Antwort gehört, ‚Hier bin ich'?"

Der Mann gab zu, noch nicht einmal ein Flüstern Gottes je gehört zu haben. Dann sandte Gott einen Boten, der ihm überbrachte, dass die Gottesfurcht und Gottesliebe, die der Mann in seine Gebete gelegt hatte, bereits Geschenke Gottes an ihn waren. „Unter jedem Ausruf ‚O Herr' von dir liegen viele ‚Hier bin ich' von mir."

Anders gesagt: Niemand sucht Gott, den Gott nicht ruft! Pilger sind Menschen, die von jemandem oder von etwas aufgerufen worden sind, das Göttliche zu suchen.

DIE REISE ZUR MITTE

Nun sind wir zu Hause und können noch einmal nachschauen, wo wir gewesen sind. Die Definition von Pilgerschaft durch Anthropologen, dass es sich dabei um eine Reise handelt, die an einem vertrauten Ort beginnt und an einen fernen Ort führt, passt auf viele Pilgerorte, nicht zuletzt auf Mekka, das von den meisten islamischen Ländern ziemlich weit entfernt ist. Und doch betrachten Muslime Mekka als das Zentrum ihrer Welt.

Dass Jerusalem auf gleiche Weise in der Mitte der Welt stand, wurde vom angelsächsischen Geschichtsschreiber Beda (ca. 673–735) „wissenschaftlich bewiesen", da zur Sommersonnenwende eine bestimmte Säule in der Stadt keinen Schatten warf. Die Vorstellung eines heiligen Ortes in der Mitte der Erde und des Kosmos kommt in den babylonischen Zikkurats, den chinesischen Palästen, indischen Städten, den Dyak-Häusern auf Borneo, Navajo-Schreinen und buddhistischen Stupas zum Ausdruck.

Die Mitte ist der Ort der Verbindung. Sie verbindet die Erde mit dem Himmel (einer Ansicht zufolge lag der Himmel nur etwa 30 Kilometer über Jerusalem), und sie verbindet auch die Welt mit der Unterwelt. Noch heute gilt für Pueblo-Indianer, was auch die Römer des Altertums für richtig hielten: dass die Mitte der Erde eine Grube ist, die von einem Stein bedeckt wird, der bei besonderen Gelegenheiten entfernt wird, um den Geistern der Ahnen den Kontakt zu den Lebenden zu erlauben. Auch die griechische Antike kannte eine Erdmitte in Delphi, die Omphalos, das heißt Nabel, genannt wurde. Mittels des Bildes einer Grube oder eines Nabels verbindet uns die Mitte mit unserem Menschenerbe, mit unserem genetischen und kulturellen Code darüber, wer wir sind.

Durch das kosmische Zentrum verläuft die Axis Mundi, die polare Achse, um die sich der Kosmos dreht. Die Achilpas, einer der australischen Arandi-Stämme, tragen ihre Axis Mundi mit sich herum – symbolisiert durch einen heiligen Stab. Sie entscheiden sich, in welche Richtung voranzugehen sei, aufgrund der Richtung, in die sich der Stab neigt: Er zentriert und orientiert sie, so dass sie immer wissen, wo sie sind und wohin sie gehen. Ihre Überlieferung berichtet, dass der Stab einmal zerbrochen war und die Menschen eine Zeit lang herumgewandert sind, sich dann niederließen und schließlich vergingen. Der Verlust an Orientierung bedeutete das Ende ihrer Welt. Sowohl die archaische Mythologie wie jene der Stammestraditionen ist sich darin einig, dass wir die Mitte brauchen, um uns unseren Weg anzuzeigen, und dass wir ohne sie ziellos umherirren.

Lass deinen Geist nicht durch die Zeiten beunruhigen – denn der Heilige und Große Eine hat für alle Dinge eine Zeit gegeben. Er wird dem Rechtschaffenen gegenüber gnädig sein und ihm ewige Aufrichtigkeit verleihen, und dieser wird im ewigen Licht wandeln.

Das Buch Enoch *(1. Jhdt. v. Chr.)*
übersetzt von R. H. Charles

Die innere Reise

Wenn ägyptische Pilger von der Hadsch heimkehren, schmücken sie manchmal ihr Haus mit naiven Bildern von ihrer Reise. Ein wiederkehrendes Bild ist Buraq, ein Geschöpf mit menschlichem Antlitz und Flügeln.

Buraq war das Pferd, auf dem Mohammed in seinen nächtlichen Ausflügen nach Jerusalem ritt. Buraq wurde am Felsen von Jerusalem angebunden, während der Erzengel Gabriel den Propheten auf einer Leiter zum Thron Gottes führte. Andere meinen, es sei das Pferd Buraq gewesen, das ihn dort hinauf gebracht hätte. Sufis halten diese Reisen nicht für irdische Ereignisse, sondern für innere Erfahrungen und für ein Vorbild des spirituellen Pfades. Bayazid al-Bistami meinte, dass Einzelnen die Himmelfahrt (oder „Wachstum" bzw. Entwicklung) gewährt würde auf dem „Buraq der Selbst-Vergessenheit", womit er auf das kontemplative Ziel des Ich-Verlustes in der Absolutheit Gottes anspielte.

Kosmische Bilder, die Erfahrung der Sufis und anderer Mystiker scheinen uns alle dasselbe zu sagen: Es gibt eine Mitte, die uns Sinn vermittelt und Verbundenheit sowie Zweck und Ausrichtung. Dieses Zentrum ist der Gott, den der hl. Bonaventura (1221–1274) als einen „Kreis, dessen Mittelpunkt überall und dessen Umfang nirgendwo ist" beschrieben hat.

Die Wahrnehmung von Mystikern, dass sich Gott sowohl außen wie innen befindet, ist schwer zu verstehen. Die hl. Teresa von Ávila bestätigt: „Gott sucht die Seele auf eine Weise auf, die alle Zweifel verhindert, dass sie in Ihm wohnt und Er in ihr." Seit Jahrhunderten haben Menschen erhofft, diese Gewissheit an einem heiligen Ort in der Welt zu erlangen oder im heiligen Raum im eigenen Inneren: einen vergänglichen und doch ewigen Augenblick lang am Thron Gottes zu stehen, in Versenkung in die Schechina, den strahlenden Glanz göttlicher Gegenwart.

Teil II

Führer zu Orten der Kraft und heiligen Plätzen

Iona, Schottland

„Iona hat seinen Zauber über die Söhne der Menschen geworfen. In frühen Zeiten hörte es die süßen Lieder über Gott, der hl. Columba und seine Anhänger sangen. In späteren Zeiten haben größere Männer als wir hier gefunden, was sie suchten. Diese abgelegene Insel, diese Heimat vieler Träume, gibt immer noch ihr Geheimnis preis, aber nur solchen Menschen, die wirklich suchen, werden es finden."

Dieses Zitat eines unbekannten Verfassers schmückt den Gang eines der kleinen Hotels auf Iona. Es lässt etwas von der Faszination der Insel spüren, die Reisende im Verlaufe der Jahrhunderte erlebt haben.

Wenn man heutzutage nach Iona möchte, muss man den langen Weg nach Oban in den schottischen West Highlands nehmen und von dort die Fähre zur Isle of Mull; dort überquert man diese Insel und geht an Bord einer kleineren Fähre nach Iona. Die beeindruckende Abtei reckt sich dort immer noch den Meereswellen entgegen. Die Reise des hl. Columba war gefährlicher: Er verließ Derry in Nordirland auf einer „Wallfahrt für Christus" und kam 563 auf Iona an und gründete dort das erste Kloster der Insel.

In unseren Zeiten sind Pilger von Iona nicht nur wegen der vielen Orte angezogen worden, die mit dem Leben des Heiligen zu tun haben und mit der Klostertradition der Insel, sondern um innere Ruhe und spirituelle Erneuerung zu finden. Wenige Touristen trauen sich über den Umkreis der Abtei und die nahen Läden hinaus. Der Westteil der Insel jedoch blickt auf den Atlantik, er ist zerklüfteter und schwingt mit der lebendigen Energie geheimnisvoller natürlicher Orte der Kraft: die Spukhöhle, der heilende Teich und die Bucht hinter dem Meer.

Iona lebt auf gemächliche Weise: Es ist am besten, über Nacht zu bleiben, um den entspannten Rhythmus der Insel nutzen zu können. Die Unterkunft sollte man im Voraus buchen, da es wenige Hotels gibt. Autos und Camping sind auf Iona generell nicht gestattet, es gibt aber Parkplätze und einen Campingplatz bei Fionnphort auf Mull. Die Insel ist dem Wetter ausgesetzt, und man braucht auch im Sommer Regenschutz. Die Abtei beherbergt jetzt die Iona-Gemeinschaft, die am 15. Juni zu Ehren des hl. Columba eine christliche Messe feiert.

Loug Derg, Irland

Für katholische Wallfahrer auf der ganzen Welt ist die kleine Insel in der Mitte des Lough Derg, des „roten Sees", die von einer achteckigen Basilika gekrönt wird, ein Ort, an dem sie drei lange, herausfordernde Tage in Gebet, Tag- und Nachtwache und Buße zurückgezogen verbringen können. Der Überlieferung nach hatte der hl. Patrick auf Lough Derg eine Vision des Fegefeuers. Sein gälischer Schüler Davog brachte das Christentum in die Region und gründete auf der nahen „Heiligen-Insel" ein Kloster.

Die Insel wird sowohl Station Island wie St. Patricks Fegefeuer genannt. Sie war seit dem 12. Jahrhundert ein Wallfahrtsort und empfängt heute jährlich bis zu 30000 Pilger. Die meisten kommen im Juni, Juli und August. Sie finden ihren Weg erst zum Dorf Pettigo, dann zum Ufer des Sees und setzen schließlich mit einer Fähre zur Insel über. Sie haben seit Mitternacht gefastet und sind darauf vorbereitet, in den nächsten drei Tagen nichts zu essen außer einer Tagesmahlzeit aus schwarzem Tee oder Kaffee und trockenem Brot.

Nach dem ersten Fastentag müssen die Wallfahrer drei Stationen absolvieren, bei denen sie stille Gebete sprechen, während sie barfuß über Stock und Stein wandern. Dann halten sie eine 24-stündige Tag- und Nachtwache, wobei sie Gebete an den letzten vier Stationen in der Basilika sprechen. Die Pilger unterstützen sich gegenseitig, während sie sich symbolisch für die Ankunft Christi vorbereiten. Am Morgen des dritten Tages feiern sie die Eucharistie in einem Geist der Freude und Gemeinschaft nach den Härten ihrer spirituellen Übungen.

Die Wallfahrt wird vom Büro von St. Patricks Fegefeuer auf Lough Derg organisiert. Man muss älter als 15 Jahre sein, darf keine Beschwerden oder Behinderungen haben und muss fähig sein, ohne Hilfe zu gehen und zu knien.

Kameras, Radios und Musikinstrumente sind verboten. Wallfahrer bekommen ein Bett in der Pilgerherberge; sie sollten Kleidung für jedes Wetter mitbringen, das sowohl kalt wie heiß, windig oder feucht sein kann. Im Mai, August und September werden spezielle eintägige Retreats ohne Fasten und Barfußlaufen angeboten, zu denen man sich vorher anmelden muss.

Mont-Saint-Michel, Frankreich

Seit dem 8. Jahrhundert kommen Wallfahrer zum Mont-Saint-Michel, auf einer kleinen Insel vor der Normandie. 708 erschien der Erzengel dem hl. Aubert, dem Bischof von Avranches, und wies ihn an, auf dem Gipfel eine Kapelle zu bauen. Die Abteikirche wurde aus Granit gebaut, der mit dem Schiff von den nahen Chausey-Inseln und aus der Bretagne herangebracht und die steilen Hänge des Hügels mit Seilen gehievt wurde.

Das ursprüngliche Gebäude stand auf der Spitze eines stumpfen Hügelkegels. Um die Abtei im Verlauf der Jahrhunderte zu erweitern, musste ein riesiger Unterbau aus Stein und Schutt geschaffen werden. Die Leistungen architektonischen Einfallsreichtums finden im Namen für den nördlichen Gebäudeteil Ausdruck, der La Merveille, das Wunder, heißt. Die Abtei erhebt sich majestätisch aus einem Haufen von Häusern und wird von einem gotischen Spitzturm gekrönt, der rund 200 m über dem Meeresspiegel liegt. Der Schriftsteller Maupassant nannte es „die wundervollste gotische Wohnstatt, die Gott je auf Erden gebaut hat". Dem keltischen Mythos nach war diese kleine Insel einst ein Meeresgrab, wohin die Seelen der Toten in einem Nachen reisten.

Es ist für einen Wallfahrtsort ungewöhnlich, dass sich der Kult hier auf die Spiritualität des Ortes selbst richtet, nicht auf eine/n Heilige/n oder Reliquien. Bei Ebbe kann man zum Berg gehen, aber man sollte einen Führer haben, um gefährlichen Treibsand zu umgehen. Seit dem Bau der Zufahrtsstraße hat die folgende Verlandung dazu geführt, dass der Berg nur während der Frühlings- und Herbstflut ganz vom Festland abgeschnitten ist.

Jedes Jahr kommen zwei Millionen Pilger nach Mont-Saint-Michel, fahren über die Zufahrt durch die Porte de l´Avancée und gehen die Grande Rue hinauf zur Abtei. Im Sommer ist die Insel überfüllt, so dass die Tore zeitweise geschlossen werden und der Zugang nur im Rahmen von Führungen möglich ist. Die Abtei steht täglich offen, mit Ausnahme nationaler Feiertage.

Brocéliande, Frankreich

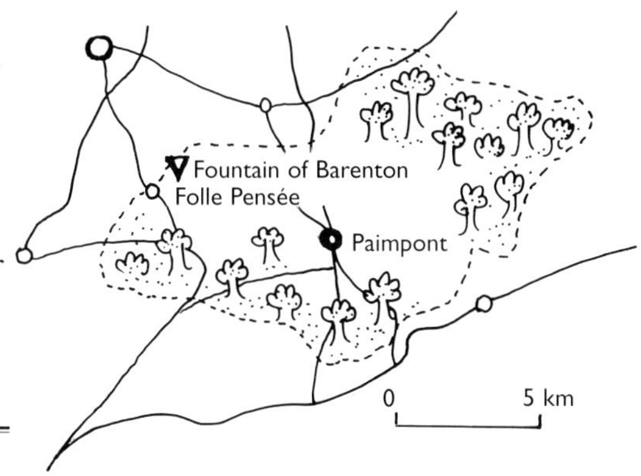

Die urtümlichen Waldgebiete stellten eine elementare Kraft dar, sowohl gefährlich wie wunderbar. Den frühen europäischen Gesellschaften war der Wald die Bedrohung durch die Wohnstatt des ungezähmten, wilden Gottes Pan, der Schrecken und „Pan-ik" verbreiten konnte. Waldgottheiten mussten durch Verehrung besänftigt werden, und frühe Kulte wählten dazu die natürlichen Tempel von Hainen und Lichtungen. In dem Maße, wie Menschen ihre Umwelt zu beherrschen begannen, Bäume fällten und verbrannten, veränderte sich auch die Einstellung. Der Wald stellte nun Freiheit von Herrschaft dar oder erhielt romantische Bedeutungen wie in der Artus-Legende.

Ein solcher Wald ist in der Bretagne, bei Paimpont. Dieser Wald erhielt als Brocéliande eine Bedeutung in der Sagenwelt, weil sich hier der Zauberer Merlin von der Nymphe (und seiner bevorzugten Schülerin) Viviane nahe dem wundersamen Brunnen von Barenton selbst verzaubern ließ. Der Brunnen liegt hoch zwischen Bäumen; man erreicht ihn über das Dorf Folle Pensée. Ein Waldweg führt zur antiken Quelle, die in Moos und Stein gefasst zwischen den Wurzeln eines mächtigen Baumes entspringt. Sie bietet ein wohlschmeckend reines Wasser. Der mittelalterliche Dichter Chrétien de Troyes schrieb: „Sein Wasser ist kälter als Marmor… sie wird beschattet vom schönsten Baum, den die Natur je geschaffen hat."

Nachdem der Pilger von der Quelle getrunken hat, kann er einer Tradition aus dem 5. Jahrhundert folgen: Jene, die Wasser aus der Quelle auf Merlins Stein spritzen, dem großen Felsblock, in der sein Geist auch heute noch eingefangen sein soll, können die Kraft des Felsens prüfen, indem sie Stürme und die Schau eines schwarz gekleideten Reiters herbeirufen.

Der Wald liegt gut 25 Kilometer westlich von Rennes und kann über eine Straße leicht erreicht werden. Obwohl 1990 ein Waldbrand einige Zerstörung anrichtete, blieb die Landschaft auf idyllische Weise ganz natürlich und ist immer noch voller Bezüge zu einem ritterlichen Zeitalter. Hier verbrachte der Legende nach Lanzelot vom See seine Kindheit.

Jeder Markstein ruft hier ein Echo aus der Vergangenheit hervor – von den Rocher des Faux Amants (etwa: Felsen der falschen Liebenden), wo die Fee Morgaine junge Männer in ihr Verderben führte in dem Tal, das sehr bezeichnend „Tal ohne Widerkehr" heißt, zum schönen Schloss bei Comper, dem Geburtsort der späteren Zauberin Viviane.

Lalibela, Äthiopien

Äthiopien folgt dem julianischen Kalender und hängt demnach sieben Jahre und acht Monate der christlichen Welt hinterher. Während der Feiern zu *Timkat* (Dreikönigsfest) scheint der Zeitunterschied noch größer. In Lalibela, einer Bergstadt, die mit elf antiken, aus dem Felsen herausgehauenen Kirchen protzt, wird Timkat so gefeiert wie in den letzten 800 Jahren.

Anders als in afrikanischen Ländern südlich der Sahara, wo europäische Missionare das Christentum einführten, besitzt Äthiopien ein eigenes Christentum. Die orthodoxe Kirche Äthiopiens wurde im 4. Jahrhundert gegründet und hat Elemente des Judentums übernommen. Im 12. Jahrhundert gab König Lalibela den Auftrag, die Stadt, die seinen Namen trägt, aus dem Felsen zu hauen. Er sah ein Neues Jerusalem vor sich.

Timkat, das wichtigste Jahresfest der Christen dort, findet am 19. Januar statt, zwölf Tage nach dem äthiopischen Weihnachten. Wallfahrer kommen zu allen wichtigen religiösen Orten. Die Pilger, die aus der näheren Umgebung nach Lalibela kommen, reiten auf dem Maulesel oder gehen zu Fuß, oft ohne Schuhe. Touristen landen mit dem Flugzeug auf einem holprigen Flugplatz.

Am Vorabend von Timkat werden die *Tabotat* (Repliken der Steintafeln mit den Zehn Geboten) vom Allerheiligsten in jeder Kirche herausgenommen und Prozessionen, in Damast eingeschlagen, zum Ufer des Jordans getragen, der durch Lailbela fließt. Die Wallfahrer und Priester halten bei den Tafeln Nachtwache, obwohl die Temperaturen bis nahe zum Gefrierpunkt fallen können. Bei Tagesanbruch segnen die Priester die Pilger mit heiligem Wasser, und die Prozessionen gehen wieder in ihre jeweilige Kirche zurück.

Dreikönigs-Prozessionen in Lalibela sind eine staubige, farbige und laute Angelegenheit. Die Menschen tanzen, singen und heulen, sie schlagen Trommeln und hupen. In den Menschenmassen spenden zeremonielle, goldbestickte Schirme den wenigen Glücklichen Schatten. Die Priester strahlen in ihren farbenfrohesten Soutanen und tragen Prozessionskreuze, während die Wallfahrer überwiegend die traditionellen weißen Decken und Turbane tragen.

Die Höhle von Armanath, Kaschmir

Die Ankunft bei einer Eissäule im Herzen einer gähnend-offenen Höhle ist der Höhepunkt einer alljährlichen Pilgerfahrt, die Tausende von Hindus aus allen Schichten anzieht. Hoch oben im Himalaya nördlich von Srinagar in Kaschmir ist diese Höhle der Ort, an dem Schiva und seine Gefährtin Parvati ihre Hochzeitsnacht verbracht haben sollen. Schiva zerschmolz und nahm dann in der Form der Eissäule wieder feste Gestalt an, die als riesiger Lingam für Parvati Objekt der Verehrung wurde. Die Eissäule wird von einsickerndem Quellwasser unter ungewöhnlichen Temperaturen gebildet und verändert ihre Größe, nimmt mit dem Mond ab und zu und kann bis zu drei Meter hoch werden.

Diese althergebrachte Pilgerreise, auch als *Yatra* bekannt, findet zum Vollmond im Juli/August statt, wenn die Wetterumstände den anstrengenden, aber lohnenden Trek durch eine Gletscherlandschaft schierer Steilhänge, herrlicher Seen und gefährlich abfallender Bergpfade erlauben. Trotz der Störungen durch politische Konflikte (Pilger sollten sich zuvor bei den Behörden unterrichten), ist das Yatra gut organisiert. Die Wallfahrer müssen sich am Anfangspunkt in Pahalgam eintragen und dann gemeinsam auf den viertägigen Marsch über 45 Kilometer begeben. Man sollte Zelt, Schlafsack, wasserabweisende Schuhe, warme Kleidung, eine Taschenlampe und einen Gehstock mitnehmen, um die Schnee- und Eisfelder überqueren zu können.

Wettergebeutelte, kalte und oft durchnässte Pilger kommen bei der Höhle von Armanath im Morgengrauen des Vollmondtages an. Hier waschen sie ihre Sünden im heiligen Fluss Amaravati ab, wo Schiva den anderen Hindugöttern (vermeintlich) Unsterblichkeit verlieh. Nachdem man die Schuhe auszieht, steigt man auf einen Steinabsatz und geht in die Höhle hinein. Wenn man einmal drinnen ist, an zwei Sadhus vorbei, von denen einer ein heiliges Buch hält und der andere Almosen sammelt – läutet man eine große Glocke. Hinter einem Eisengitter ist die Eissäule – milchig gelb, von Blütenblättern, Seidenschals und Lametta übersät. Pilger haben wenig Zeit, sich auf das Erlebnis einzulassen, bevor sie den roten Punkt auf der Stirn erhalten, der einen frommen Hindu kennzeichnet, und wieder aus der Höhle geleitet werden. Die Eissäule zu sehen heißt so viel wie den *Darshan*, den Anblick der Gottheit, erlangt zu haben. Hier Verehrung darzubieten befreit den Pilger von der Angst vor dem Tod.

Hemkund, Indien

„Und nun berichte ich meine eigene Geschichte, wie ich aus tiefer Meditation von Gott gerufen wurde, von den Höhen von Hemkund, wo sieben Bergspitzen den Himmel so großartig durchstechen – an dem Ort, wo der Pandava-König Yogariten ausführte." So weit der zehnte Sikh-Guru Gobind Singh, der seine Gottversenkung vor seiner Inkarnation beschreibt, als der Allmächtige ihn aufforderte: „Predige den Weg der Wahrheit und reinige sie von allen bösen Dingen."

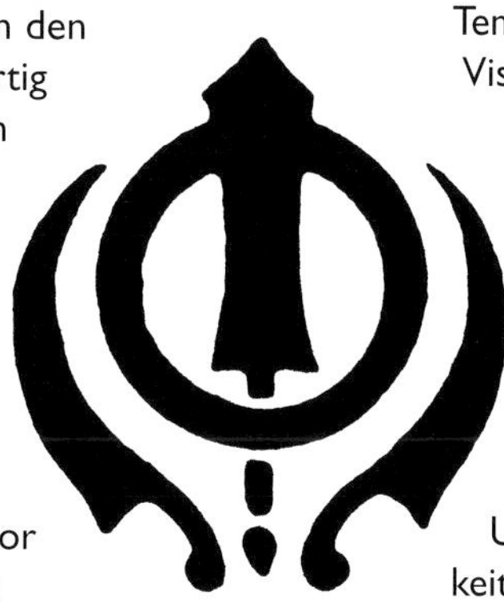

Hemkund wird von den Sikhs als ein sehr heiliger Ort angesehen, die im blaugrünen Wasser jenes Sees einzutauchen, der zwischen sieben Berggipfeln des Himalayas auf 4500 Meter Höhe liegt, um symbolisch in göttlichen Segen einzutauchen. Nahebei liegt das Tal der Blumen, wo mehr als 200 Blumenarten im Sommer erblühen, von denen es manche nur hier gibt.

In den 30er-Jahren entdeckte der Gelehrte Tara Singh Narottam diesen Ort, und 1936 wurde hier eine Gurdwara (Sikh-Tempel) gebaut. Ebenfalls in der Nähe ist ein Schrein, wo Lashmana meditierte, der Bruder des Avatars Rama. Hemkund liegt etwa 250 Kilometer nordöstlich von Rishikesh in der Region Uttarakhand.

Uttarakhand ist ein geheiligter Landstrich, in den viele Hindu-Pilgerreisen zu Orten führen, die mit bedeutenden Hindu-Gottheiten, Weisen und Helden zu tun haben. Die heiligen Flüsse Ganges und Jamuna entspringen hier. In diesem Landstrich gibt es auch sehr alte buddhistische Orte. Zwischen Mai und Oktober kommen viele tausend Pilger nach Char Dhams, zu den vier Tempeln an den Flüssen Gangotri, Kedarnath und Badrinath, die zum Ganges fließen, und Yumnotri, dem Zufluss des Jamuna. Die Tempel sind Wohnstatt der Götter Vischnu und Schiva. Die Wallfahrer reisen gewöhnlich mit dem Bus an und gehen die letzten knapp 20 Kilometer von Govind Ghat oder 6 Kilometer von Ghangaria. Ein Besuch an diese Orte muss innerhalb eines einzigen Tages abgeschlossen sein, weil es jenseits von Ghangaria keine Unterkunft und keine Campmöglichkeit mehr gibt. Man kann auch mit dem Touristentaxi, einem Mietwagen anreisen oder dorthin trecken. Man braucht eine Erlaubnis, um im Nationalpark zu campieren. Warme Kleidung und Regenschutz, sauberes Wasser und Insektenschutz sind auf jeden Fall ratsam.

Sri Pada, Sri Lanka

Im Hügelland südlich von Kandy gibt es einen heiligen Berg, den die Buddhisten Sri Pada nennen. „Pada" heißt Fußabdruck und „Sri" ist eine Ehrenbezeugung. Nach dem Gipfel befindet sich ein großer Felsen, der einen Fußabdruck trägt und als der erste Ort verehrt wird, an dem Buddha die Füße auf diese Erde setzte. Auf Touristenkarten heißt der Berg Adam's Peak. Sowohl nach christlicher wie nach islamischer Überlieferung ist der riesige Fußabdruck der Ort, an dem Adam seine Bußübungen gemacht hat, als er 100 Jahre auf einem Fuß stehen musste, nachdem er aus dem Garten Eden verbannt wurde.

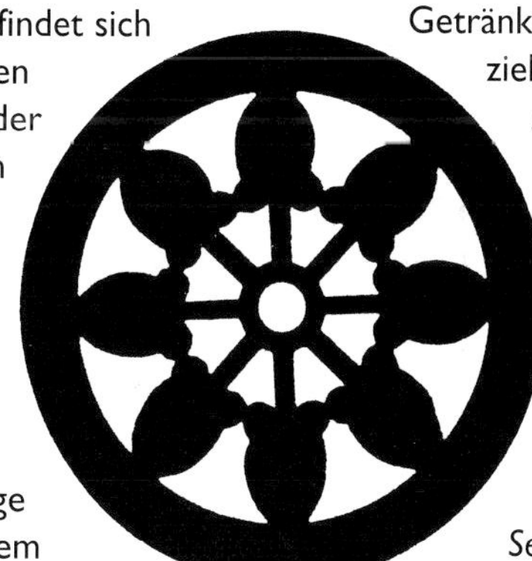

Nur wenige Touristen besteigen den Berg, aber Tausende der Ortsansässigen machen eine jährliche Wallfahrt und steigen in der Nacht hinauf, in Familiengruppen, zu denen auch Kinder und Großmütter gehören. Während des größten Teils des Weges sind Stufen in den Berg gehauen. Die Pilger wollen im Morgengrauen den Gipfel erreichen, wenn der dreieckige Schatten der Bergspitze auf die Nebel über der umliegenden Landschaft fällt. Bei einem bestimmten Wetter kann man seinen eigenen Schatten auf Nebelschwaden sehen, die durch einen Regenbogen umschlungen werden.

Die meisten Wallfahrer nehmen einen Bus oder ein Taxi von Rathnapura zu einem von zwei Startpunkten, von denen es entweder 6 oder 10 Kilometer weit bis zur Bergspitze ist. Man braucht eine kundige örtliche Führung. Man sollte die Reise zwischen Dezember und April unternehmen, bevor die sturzbachähnlichen Monsunregen die Wege gefährlich machen. Trainingsschuhe sind besser als Bergschuhe, aber man sollte reichlich warme Kleidung und Regenschutz mitnehmen sowie einen Beutel, um die Kleidung beim heißen Abstieg darin zu tragen.

Stände verkaufen Essen und heiße Getränke, aber viele Pilger ziehen es vor, vor und beim Aufstieg nichts zu essen, sondern bis zur Morgendämmerung – dem Symbol für Erleuchtung – zu warten, um erst dann das Fasten zu brechen. Ein antiker Name für Sri Lanka ist *Serendip*, woher das englische Wort „serendipity" stammt, das bedeutet, etwas Wichtiges zu finden, während man eigentlich nach etwas anderem sucht.

Fuji-san, Japan

An einem sehr klaren Tag kannst du den symmetrischen Kegel des Fuji-san sogar von Tokio aus sehen. Besonders im Winter, wenn die Bergspitze mit Schnee bedeckt ist, ist das ein ehrfurchtgebietender Anblick. Der Fuji verbirgt jedoch eine stille, vulkanische Kraft. 1707 fand die letzte Eruption statt; danach waren die Straßen im 100 Kilometer entfernten Tokio mit Asche bedeckt.

Traditionell durften Frauen nur an einem einzigen Tag alle 60 Jahre einmal den Berg erklimmen, denn die weibliche „Bergkraft" (*Kami*, im Shinto-Glauben eine ungeheure Kraft) war auf andere Frauen eifersüchtig. Heute gibt es solche Beschränkungen nicht mehr.

Die Pilgersaison ist Juli und August. Dann folgen große Menschenmengen jedes Alters, vom Kind bis zum Greis, dem klar markierten Pfad zum Gipfel. Besucher sollten den Fuji nicht außerhalb dieser Saison zu ersteigen versuchen, wenn sie nicht erfahrene Bergsteiger sind. Die Witterung kann plötzlich umschlagen und sogar im Hochsommer ist die Temperatur oben nahe dem Gefrierpunkt. Pilger sollten Bergstiefel tragen und mehrere Schichten warmer Kleidung anziehen und Hut, Handschuhe, Regenschutz und Sonnencreme mitnehmen sowie eine Taschenlampe für eine Nachtbesteigung. Mahlzeiten und heiße Getränke können bei den Berghütten entlang dem Weg gekauft werden.

Der Aufstieg gliedert sich in zehn Abschnitte, aber die meisten Besucher fahren bis zur fünften Station mit dem Bus. Du versuchst so aufzusteigen, dass du im Morgengrauen oben ankommst. Denn obwohl es dann auf dem Gipfel eisig und windig ist, ist die Chance am größten, dass du nicht von Wolken umhüllt wirst und du einen spektakulären Sonnenaufgang sehen kannst. Wenn die ersten Strahlen der Sonne auftauchen, werfen Tausende von Pilgern überall am Berg die Arme in die Höhe und rufen „Bonsai!", wie wenn alle zusammen „Hurra!" rufen.

Morgenfrost,
der Berg Fuji
in hellen Farben.

Haiku von TAN TAN (1674-1761)

Plaine du Nord, Haiti

Die Kirche des hl. Jakob beherrscht die Mitte von Plaine du Nord, einer fruchtbaren Landwirtschaftsebene, wo Sklavenaufstände die Revolution in Haiti 1791 begannen. An der Kirche läuft eine Lehmstraße vorbei, deren markante Schlaglöcher sich während der Sommerregenfälle zu kleinen Teichen füllen. Sollte der Regen ausbleiben, so kommen die Anwohner mit Wassereimern, um dort viel Schlamm zu erzeugen. Für sie sind dies nämlich keine Schlaglöcher, sondern Erdöffnungen, aus denen die Ogou-Iwa, eine Gottheit, die im Voodoo-Pantheon den Vorsitz führt, hervorkommt. Diese Schlammgruben sind auf Haiti die bedeutendsten Schreine.

Drei Tage vor dem kanonischen St.-Jakobs-Fest (25. Juli) kommen die Leute aus der Stadt mit blauen Anzügen und roten Schals oder mit der vielfarbigen Büßerkleidung. Sie kommen, um Gelübde zu erfüllen oder um Segnungen zu erbitten. Schwangere Frauen und tuberkulöse Kinder stellen sich für ein Schlammbad an oder um den Segen der herumwandernden Kräuterdoktoren zu erhalten. Knochige Bullen mit roten

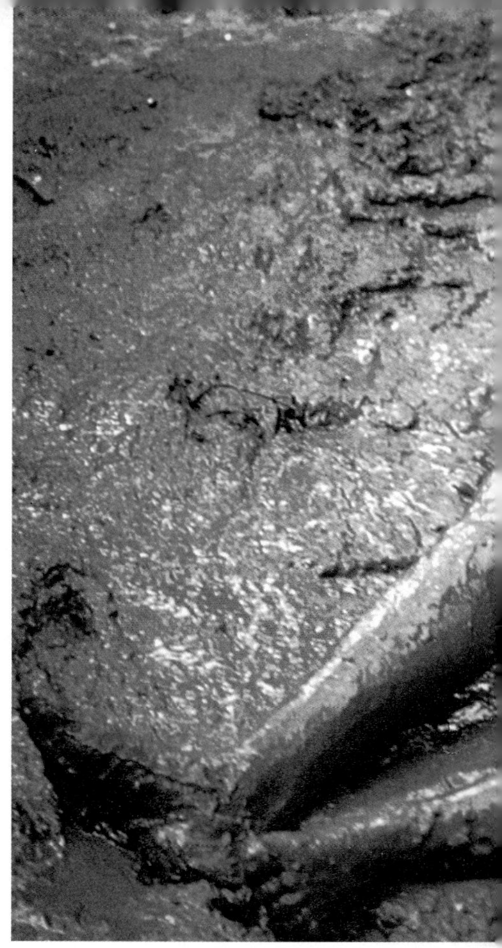

Schleifen um den Hals und Kerzen auf den Hörnern werden zu schwerfälligen Opfern für Ogou. Nach dem schlammigen Stieropfergemetzel wird das Blut der Bullen genommen, um die Pilger damit zu salben.

Andere Pilger fallen vornüber in den Schlamm, scheinbar ohne noch zu atmen. Wenn sie aufstehen, sehen sie wie Urgeschöpfe aus, die den schlammbedeckten Körper in Ekstase herumwerfen. Trommler spielen an wichtigen Kreuzungspunkten der Schlammgruben heilige Rhythmen. Die Musik hört bis zum 25. Juli nicht auf, wenn die meisten Pilger zu anderen Feiern in der Nähe bereits fortgegangen sind.

Während der gesamten Wallfahrt sammelt sich die Menge auf der Treppe vor der Kirche, die sie nicht betreten

Verehrung für Ogou
Pilger winden sich in den heiligen Schlammgruben zu den Trommelrhythmen.

dürfen. Eisenstangen versperren Tür und Fenster. Also schreien sie Gebete und werfen Kerzen oder Pfennige oder stecken Flaschen zwischen die Gitterstäbe. Sie zielen auf eine leere Nische, in der früher ein Bildnis des hl. Jakob stand. Der katholische Klerus hatte festgestellt, dass die Kirche missbraucht wird, um einer Voodoo-Gottheit zu huldigen. Denn in Haiti „weiß“ jeder, dass der hl. Jakob in Wahrheit Ogou ist, der älteste Bruder in einem Geschlecht göttlicher Krieger. Im Verlauf eines langen Prozesses der Aneignung haben Haitianer ein wichtiges katholisches Kirchenfest „umfunktioniert“, um ihre eigene afrikanische Gottheit zu verehren.

Señor de Qoyllor Rit'i, Peru

Inmitten der öden Riesenhaftigkeit der südlichen peruanischen Alpen reichen drei große Gletscherzungen in das wüste Sinakara-Tal. Eine Steinkapelle beherbergt die Figur eines gekreuzigten Jesus, den wundertätigen Señor de Qoyllor Rit'i, den Herrn des Schnees, auf einen Felsüberhang gemalt. Jedes Jahr zwischen Christi Himmelfahrt und Fronleichnam treffen sich 20000 Hochlandbewohner, die meisten sprechen Quechua, in einem Rausch von Heidenfarben, Lärm und rituellen Bewegungen.

1783, so heißt es, wurde der Schafhirtenbube Mariano in Sinakara Freund eines blassgesichtigen Fremden namens Manuel. Kirchenvertreter reisten die 100 Kilometer von Cuzco an, aber anstatt Manuel zu sehen, fanden sie den gekreuzigten Leib Christi in einem Tayanka-Busch. Der Leichnam verschwand auf mysteriöse Weise und hinterließ nur einen Baum in Kreuzform. Mariano war inzwischen gestorben und wurde unter einer nahen Klippe beerdigt.

Diese Felsklippe, die später mit einem Christus-Bild versehen wurde, stellt heute den zentralen Punkt der Verehrung dar. Die Wallfahrer identifizieren den Señor de Qoyllor Rit'i oder „Taytacha“, den „kleinen Vater“, wie selbstverständlich mit der mächtigsten Berggottheit, dem Sechstausender Ausankati, in dessen Schatten sich die Fiesta abspielt. Sie glauben, dass er als Wettergottheit die Macht besitzt, die Ernte zu zerstören oder Gesundheit und Fruchtbarkeit zu schenken.

Die Pilger kommen auf der Straße bis zum Dorf Mawallani und wandern dann die knapp zehn Kilometer bis Sinakara. Farbig gekleidete Tänzer beherrschen das Bild. In einer ritualisierten Choreografie huldigen Dorftanzgruppen dem „kleinen Vater“ im Namen ihrer Gemeinde. Zwischen ihnen bewegen sich „Bärenmänner“, die Wollmasken tragen und Peitschen benutzen, um Ordnung zu halten. Sie sprechen immer im Falsett und beschützen die Pilger, obwohl sie selbst aus der Rolle fallen.

Der wichtigste Tag ist der Trinitatis-Sonntag (Mai/Juni). Der Tanz hört den ganzen Tag über nicht auf, während ein Bild des „kleinen Vaters“ auf und ab durch das Tal getragen wird. Dann steigen in den frühen Morgenstunden langmähnige Bärenmänner die Gletscher empor, wo sie Kerzen aufstellen und ein Kreuz holen, das wenige Tage zuvor dorthin gebracht wurde, und kehren dann ins Tal zurück. Viele tragen Eisblöcke, die nach der Schmelze für das folgende Jahr heiliges Wasser bieten.

Tempel und Kirchen

Westminster Abbey, England

Der Zauber der Abtei ist untrennbar von ihrer Rolle als Krönungskirche der Könige und Königinnen von England. Zwei überragende Totem-Symbole, das Grab Edwards des Bekenners und der Krönungssitz, machen sie zum Herz, woraus das Blut der Königswürde entspringt. Hier begegnen sich die keltischen, angelsächsischen und normannischen Wurzeln Britanniens.

Als Edward der Bekenner im 11. Jahrhundert seine neue Kirche am Ort eines kleinen Klosters baute, hatte die Insel der Dornen, wie die Sachsen Westminster damals nannten, bereits königliche Beziehungen mit König Offa und König Canute. Nach dem Tode Edwards 1066 stieß der sächsische Bischof Wulfstan, von Enteignung bedroht, seinen Bischofsstab in das Grab des Königs. Wie König Artus′ Schwert Excalibur konnte der Stab durch keinen anderen als Wulfstan selbst herausgezogen werden. Andere Wunder folgten, und 1161 wurde Edward heiliggesprochen. Sein Schrein ist ein bedeutsamer Wallfahrtsort Britanniens geblieben. Besucher können in ihren Meditationen von den stündlichen Gebeten unterbrochen werden.

Wilhelm aus der Normandie beanspruchte, Edwards legitimer Erbe zu sein. Damit war Edward das Bindeglied zwischen der normannischen Nachfolge und der älteren angelsächsischen Tradition, in der die Lebenskraft eines Volkes vom Glück („Mana“) ihres Monarchen abhing. Neben dem Grab steht ein noch älterer Talisman, der Stein von Scone.

Von den Schotten 1296 durch Edward I. geraubt und im Krönungssitz untergebracht, war der Stein der Überlieferung nach Jakobs biblisches Kissen. Später hielt man ihn für den irischen Schicksals-Stein, den „Lia-Fail“, der das königliche Blut offenbarte. Der Begründer der schottischen Monarchie, Fergus Mor MacEirc, hatte ihn vielleicht im 5. Jahrhundert nach Argyll gebracht. Zumindest war der Stein spätestens seit 840, als Kenneth II. ihn nach Scone brachte, ein solch machtvolles Symbol schottischer Identität, dass 1000 Jahre später, als schottische Nationalisten den Stein „zurückraubten“, überall in Großbritannien Aufruhr herrschte. Einer Legende zufolge werden die Schotten immer dort, wo der Stein liegt, herrschen. Diese Prophezeiung wurde erfüllt, als Jakob VI. von Schottland als Jakob I. von England gekrönt wurde. Im Juli 1996 kündigte die englische Regierung an, den Stein an Schottland zurückzugeben, ihn zu Krönungsanlässen jedoch in die Abtei von Westminster zurückzuholen.

Stonehenge, England

Stonehenge ist wahrscheinlich das bekannteste prähistorische Wahrzeichen Englands, und es gilt als einer der stärksten Kraftorte Europas. Obwohl Menschenmengen und konkurrierende Interessen verschiedener Gruppierungen ein ständiges Problem für die Pilger darstellen, haben die großen Steine der Ebene von Salisbury, die so massiv und brütend wie ein Rat von Riesen aussehen, nichts von ihrer Magie verloren.

Stonehenge ist nicht in einem Zuge als Einheit errichtet worden. Eine Vielzahl an Erd-, Holz- und Steinarbeiten hat sich über eine Periode von mehr als 2000 Jahren erstreckt, ungefähr von 3200 bis 1100 v. Chr. Viele ursprüngliche Steine fehlen oder sind umgefallen. Die helleren Sandsteinblöcke stammen aus den Marlborough Downs etwa 30 Kilometer entfernt, während die bläulichen Sandsteine über 300 Kilometer weit von den Preseli-Bergen im südwestlichen Wales herangeschafft wurden.

Dieses Ehrfurcht gebietende Monument war vermutlich ein Tempel oder ein neolithisches Observatorium, um Sonnenwenden und Finsternisse voraussagen zu können. Jedoch hat sich die Erdachse seit den Zeiten seiner Erbauung verschoben, so dass sich die Ausrichtung der Steine in Stonehenge zur Sonne verändert hat.

Die Ebene von Salisbury ist mit Grabhügeln und neolithischen Siedlungsplätzen gesprenkelt. Erdlinien verbinden sie mit weiter entfernten Orten wie der Kathedrale von Salisbury, die vielleicht auf einem vorchristlichen Kraftort gebaut wurde, und den Gruben von Old Sarun aus der Eisenzeit.

In den vergangenen Jahren wurde Stonehenge umzäunt, um die Beschädigung der Steine zu verhindern. Selbst diese Eingrenzung und die großen Menschenmengen können die kraftvolle Atmosphäre dieses Platzes nicht zerstören. Wenn man näher an die Steine heran möchte, sollte man mit dem Büro von „English Heritage“ einen Besuch außerhalb der täglichen Öffnungszeiten vereinbaren.

Man kann von Salisbury auf einem Weg nach Stonehenge wandern, auf dem schon die Steinblöcke aus Wales herangeschafft worden sein sollen. Der Marsch von gut 15 Kilometern folgt dem Fluss Avon nordwestlich der Dörfer Middle und Under Woodford und dann durch den Wald bis zur Ecke der Ebene von Salisbury.

Kathedrale von Chartres, Fankreich

Das vollkommenste und herrlichste Vorbild gotischer Kunst und Architektur schwebt über der Stadt, die sie schützt, von einem Hügel aus, der seit über 2000 Jahren als heilig gilt. In alten Zeiten bedeckte ein roher Stein-Dolmen einen Punkt, von dem es hieß, dass dort belebende Energie aus der Erde floss, und daneben befand sich ein Brunnen.

Die Druiden hatten hier später eine Ausbildungsstätte. Sie schufen die Statue einer schwangeren Jungfrau, die sie in einer Vision gesehen hatten, und stellten sie neben dem Brunnen auf. Im 3. Jahrhundert beteten Christen diese Statue als „Schwarze Jungfrau" an oder als „Jungfrau, die gerade gebären wird". Sie bauten eine Kirche um sie herum, die Maria geweiht wurde. Diese Kirche und vier spätere brannten zwischen 743 und 1194 nieder.

Die heiligste Reliquie, der „heilige Umhang" der Jungfrau, entkam dem letzten zerstörerischen Feuer. Das galt als Zeichen, dass Unsere Liebe Frau eine noch schönere Kirche an dieser Stelle wünschte. Das Ergebnis, die heutige mächtige Kathedrale, ist eine außergewöhnliche Verbindung des Besten an Architektur, Skulptur und Kirchenglas.

Eine Legende berichtet davon, dass die Tempelritter mit den Kreuzzügen die Geheimnisse der göttlichen Zahlen, Gewichte und Maße vom Tempel Salomos zurückbrachten und dass diese benutzt wurden, um die Kathedrale zu erbauen. Ihre inneren Proportionen und ihre Symbolik sollen das Bewusstsein beeinflussen und das Rückgrat wieder richtig ausrichten.

Wallfahrer kommen zu Fuß, am besten barfuß. Die energetische Wirkung kann erspürt werden, wenn man durch die Westtür kommt. Der Innenraum wird von intensiv farbigem Licht durchflutet, das durch das große Rosetten- und andere Fenster einfällt, wie durch das Glasmosaikfenster „Notre Dame de la Belle Verrière", einem Meisterwerk frühgotischer Kunst. Eine Fußbodenplatte mit eigentümlichen Kanten hat einen „Sonnennagel", auf den zur Sommersonnenwende die Sonnenstrahlen fallen. Elf Kreise aus blauen und weißen Steinen um eine sechsblättrige Rosette (siehe Grafik) bilden den „Weg nach Jerusalem" mit einem Labyrinth in der Mitte der Nabe. Das symbolisiert den Pfad des Pilgers zur Erlösung. Esoterisch betrachtet sollen diese Linien, wenn man sie in der rechten Weise nachgeht, zu dem Punkt führen, wo die Strömungen der kosmischen Kraft die Gedanken sammeln können.

Chartres liegt rund 35 Kilometer südwestlich von Paris. Im hellen Licht des Frühlings oder des Sommers kann man die farbigen Kirchenfenster am besten bewundern. Als Wallfahrt ideal ist der Besuch zu einem Marienfest (25. Marz oder 15. August). Kosmisch gesehen, wäre ein Besuch zur Sommersonnenwende am besten.

Aachen, Deutschland

Lange bevor Karl der Große seine Kaiserpfalz in Aachen erbauen ließ, war dieser Ort den Kelten schon heilig, wegen der heißen Quellen, die dort entspringen. Die Kelten widmeten Granus, ihrem Gott der Heilung, die Wasser. Später bauten die Römer Badeanlagen und Schreine und nannten den Ort Aquis Grani.

Karl wählte den Ort wegen der heißen Quellen, die er aus Gesundheitsgründen genoss, aber er wusste auch um die spirituelle Bedeutung dieses Platzes. Sein Ziel war, heidnische Kraftorte zu christianisieren, und so baute er seine achteckige Königskapelle, das spirituelle Herz seiner Pfalz, direkt über den römischen Bädern.

Karl, der erste heilige römische Kaiser, seit der Titel wieder gebraucht wurde, wurde 800 in Rom als Beschützer des Glaubens gekrönt. Seine Nachfolger wurden in der achteckigen Kapelle in Aachen gekrönt. Im 14. Jahrhundert baute man einen Chor an die Kapelle, um so einen Aachener Dom zu schaffen. Das ist alles, was heute noch von der Kaiserpfalz zu sehen ist.

Der Dom birgt zahlreiche heilige Reliquien, die Karl im Verlauf seines Lebens gesammelt hat, wie die Windel des Jesuskindes und das Lendentuch, das Christus am Kreuz getragen hat. Karls sterbliche Überreste wurden bei seinem Tod 814 hier begraben und 400 Jahre später in einen goldenen Sarg am Ostende des Doms umgebettet. Sein Marmorthron in der Galerie oben blickt auf den Altar darunter. Während des ganzen Mittelalters haben der Thron, der Sarg und die Reliquien Aachen zu einem Schlüsselort europäischer Wallfahrt gemacht. Heute müssen Besucher, die den Sarg sehen wollen, sich einer Führung durch den Dom anschließen.

Aachen, nahe der holländischen und belgischen Grenze, wird wegen seiner achteckigen Kapelle im Französischen auch Aix-la-Chapelle genannt.

Nidaros-Dom, Norwegen

Die Kirche von Nidaros (auf norwegisch *Nidarosdomen*) steht am Ufer des Flusses Nidelven in Trondheim, der früheren Hauptstadt von Norwegen und Ort des nordischen Parlaments. Fast 1000 Jahre schon erweisen Pilger dem legendären König und Heiligen Olaf Haraldsson die Ehre.

Olaf wurde 1030 in der Schlacht bei Stikelsad durch König Canutes Heer getötet, und sein Leichnam wurde am Fluss begraben. Von seinem Grab begannen Quellen zu entspringen, mit Heilwirkung, wie es heißt, und es gab Berichte über erste Wunder. Ein Jahr nach seinem Tode wurde der Leichnam ausgegraben, und man stellte keine Anzeichen der Verwesung fest, ein Hinweis auf seine Heiligkeit. Dann wurde sein Leichnam in die einzige Kirche der Stadt umgebettet.

Norwegen erklärte Olaf zum Heiligen und Märtyrer, und 1070 gab sein Neffe Olaf Kyrre den Auftrag, eine weitläufige Steinkirche am Ort seines ersten Grabes zu errichten. Die ältesten Teile dieser Kirche, die es heute noch gibt, stammen aus dem 12. Jahrhundert und sind Teil der Nidaros-Kirche, die 1152 zum Dom erhoben wurde. Im Mittelalter machten sich Tausende von Wallfahrern zu Fuß auf den Weg nach Trondheim, von Schweden im Norden und von Oslo im Süden. Eine Kette von Pilgerherbergen markierte die südliche Route zum Heiligtum.

Die Reformation im Europa des 16. Jahrhunderts zerstörte neben anderen römisch-katholischen Formen der Gottesverehrung auch die Tradition der öffentlichen Wallfahrten. Der Nidaros-Dom ist jedoch weiterhin der traditionelle Begräbnisort der norwegischen Monarchen und Trondheims schönstes Gebäude. Besucher werden die gotische Baukunst bewundern, das herrliche Rosetten-Fenster und die norwegischen Kronjuwelen. 1906 wurden hier der erste norwegische König und die erste Königin der Moderne gekrönt, und 1992 wurde das gegenwärtige Königspaar Harald und Sonja gesegnet.

Die beste Besuchszeit ist der späte Nachmittag, wenn die Reisegruppen fort sind. Trondheim ist im Sommer am wärmsten, obwohl die Winter auch nicht extrem kalt werden. Am 29. Juli, dem offiziellen Jahrestag des Todes des hl. Olaf 1030, kehren in Autos moderne Pilger auf das Schlachtfeld von Stikelsad bei Trondheim zurück, um eine historische Aufführung von Olafs letztem Kampf um die Christianisierung von Norwegen mitzuerleben.

Petersdom, Italien

Der Petersdom ist das zentrale Heiligtum der katholischen Kirche, und die geschwungenen Kolonnaden um den Petersplatz symbolisieren die schützenden Arme der katholischen Kirche, die alle, die hierher kommen, einladen.

Seit dem Mittelalter war Rom ein Wallfahrtsort, hauptsächlich wegen der Gräber der vielen Märtyrer, die hier von römischer Hand starben. Der Obelisk, der an dem Fleck gestanden haben soll, wo der hl. Petrus in Neros Zirkus hingerichtet worden war, wurde 1586 zum Petersplatz gebracht. Konstantin ließ eine Basilika mit dem Grab des Heiligen als zentralem Punkt bauen, das in einem großen Marmorblock eingefasst ist. Der heutige Dom stammt aus dem 16. Jahrhundert und ist weit größer als die ursprüngliche Kirche. Er enthält Werke bedeutender Künstler der italienischen Renaissance.

Eine Bronzestatue des hl. Petrus aus dem 13. Jahrhundert hat einen silbernen Fuß, den die Pilger seit Generationen küssen. Am Fuße des Hauptaltars, der über dem Grab des Heiligen errichtet wurde, brennen Öllampen neben einer offenen Krypta, an der die Pilger beten.

Der Papst hält jeden Mittwoch in einem Saal neben dem Petersplatz öffentliche Audienzen. Sonntagmittags spricht der Papst das Angelus-Gebet und segnet vom Balkon der Vatikanbüros, die auf den Petersplatz hinausgehen, die wartende Menge.

Die Basilika ist täglich offen und zieht viele Menschen an, besonders zu den wichtigen christlichen Feiern. Rom ist im Hochsommer heiß und drückend; die beste Besuchszeit ist im Frühling oder im Herbst. Besucher sollten sich geziemend kleiden und die Oberarme bedecken. Wer in unpassender Bekleidung kommt, wird nicht eingelassen.

Hagia Sophia, Türkei

Die Herrlichkeit des Christentums erhob sich in Konstantinopel, der Stadt, die Konstantin zur Mitte des Oströmischen Reiches machte. Kaiser Justinian beauftragte zwei der letzten Mathematiker der Athener Akademie damit, eine Kirche zu entwerfen, welche das Rechteck öffentlicher römischer Plätze mit der emporschwebenden Spiritualität eines großen Doms verband. Sie waren so erfolgreich, dass Menschen damals dachten, die Kuppel würde mit einer goldenen Kette aus dem Himmel gehalten. Und Justinian soll bei seinem ersten Einzug in die Basilika 548 ausgerufen haben: „O Salomon, ich habe dich übertroffen.“ Die Hagia Sophia wurde ein Mittelpunkt christlicher Wallfahrten aus Asien und Russland und wurde berühmt wegen ihrer goldenen Mosaike, welche das Leben der heiligen Familie darstellen. Viele ihrer Schätze und Reliquien wurden während der Kreuzzüge geraubt. Als die Türken Konstantinopel 1453 einnahmen, wurde sie in eine Moschee umgewandelt und der Innenraum weiß gekalkt. So blieb sie bis 1933, als Kemal Atatürk die Hagia Sophia in ein Museum umwandeln ließ und man die Mosaike wieder herstellte. Das Museum ist täglich offen außer montags.

Wer Zeit hat, kann mit der Bahn anreisen statt zu fliegen, vielleicht sogar mit dem historischen Orient-Express, von Paris bis Venedig und dann mit dem Schiff über Piräus durch die Dardanellen nach Istanbul fahren. Das bietet einen ersten Blick auf die Stadt der Kuppeln und Minarette vom Marmara-Meer aus.

Die Türkei ist bei Ferienreisenden beliebt, und es ist am besten, die Sommermonate zu meiden, weil es dann voll und heiß ist. Von April bis Mitte Juni oder September und Oktober sind empfehlenswerte Monate. Die Kleidung sollte leicht, aber anständig sein, weil die Türkei ein islamisches Land ist.

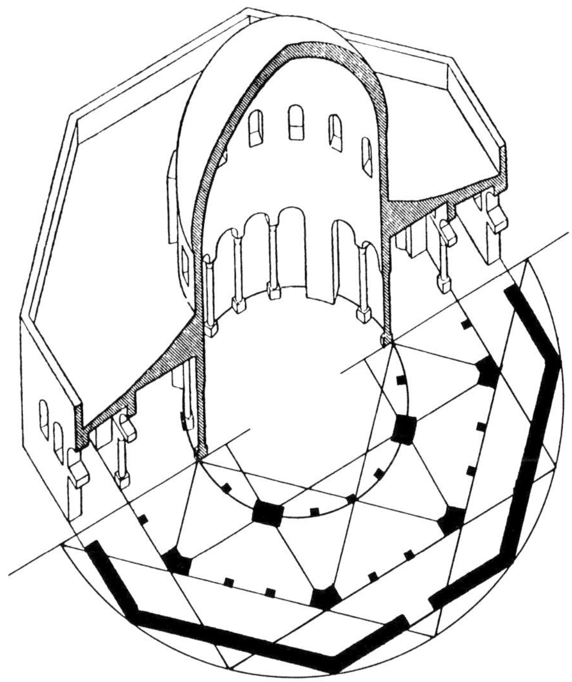

Der Felsendom
Der Entwurf dieser Moschee aus dem 7. Jahrhundert beruht auf komplexen mathematischen Details. Die vergoldete Aluminiumkuppel erhebt sich majestätisch aus der achteckigen Basis darunter.

Felsendom, Jerusalem

Die herrliche goldene Kuppel von Jerusalems islamischem Heiligtum beherrscht die ganze Altstadt und kündet sowohl von der Macht und Schönheit des Islams als auch vom Wunder und der Heiligkeit einer Höhle. Im Herzen des Doms, von schönen Holzgittern geschützt, steht der große Heilige Felsen, der auch Juden und Christen heilig ist. Muslime glauben, dass der Felsendom in der Mitte der Welt steht, denn es heißt, dass die Wasser des Paradieses darunter fließen.

Treppenstufen führen den Pilger nach unten in die Höhle, wo der Legende nach Abraham seinen Sohn Isaak Gott zum Opfer bot. Von hier aus begann der Prophet Mohammed nach islamischer Überlieferung seine wundersamen Nachtreisen in den Himmel auf seinem legendären Pferd Buraq. Nahe dem Eingang enthält ein Schrein Reliquien des Propheten, einschließlich eines seiner Kopfhaare.

Die Qubbat al-Sakhra, wie der Dom heißt, wurde unter dem fünften Kalifen der Omajjaden Abd-al-Malik gebaut, und in den Jahren 691 bis 692 fertiggestellt. Er steht auf einem gemauerten Fundament, welches ursprünglich das Fundament des Tempels des Herodes war, welcher wiederum an dem Ort errichtet wurde, an dem der Tempel Salomos stand. So erhebt sich das islamische Heiligtum über die Klagemauer, dem Heiligtum der Juden.

Der Felsendom ist der „drittheiligste" Ort des Islams nach der Kaaba in Mekka und der Moschee des Propheten in Medina, und als Wallfahrtsort steht er nur Mekka nach. Touristen und Pilger kommen jahrein, jahraus. Die beste Besuchszeit ist im April, wenn es keine zu großen Menschenmassen gibt und das Wetter angenehm warm ist. Jeder darf den Dom und die Höhle besuchen, solange er ordentlich gekleidet ist. Das Gebäude, zu Ehren des Propheten errichtet, ist keine Moschee, und deshalb gibt es hier auch keine förmliche Anbetung, Zeremonie oder Rituale. Er ist ein Ort der Wallfahrt und des privaten Gebets.

Heiligtum des Báb in Haifa
Bahais fühlen sich dem Schöpfer näher, wenn sie zu diesem Heiligengrab seines göttlichen Boten kommen.

Haifa und Acre, Israel

Bahais überall in der Welt versuchen, wenigstens einmal in ihrem Leben eine Pilgerreise zum Weltzentrum ihres Glaubens zu machen, zu den Heiligengräbern des Báb und von Baha'u'llah in den israelischen Städten Haifa und Acre.

Baha'u'llah (1817-1892), der Gründer des Bahai-Glaubens, erlitt vierzig Jahre der Einkerkerung und des Exils, weil er die Einheit der Menschheit und die Einheit der Religionen lehrte. Für etliche Millionen Gläubige ist seine Ruhestätte in Acre der heiligste Ort auf Erden. Der Báb (1817-1850) war ein göttlicher Bote, der hingerichtet wurde, weil er in seinem Heimatland Persien die Lehre Baha'u'llahs verbreitete. Der Schrein des Báb am Hang des Berges Karmel in Haifa wird volkstümlich „Königin von Karmel" genannt und bietet einen der einzigartigsten Anblicke im Heiligen Land.

Die Heiligtümer und die Gärten rundherum stehen Besuchern offen; jährlich kommen etwa eine Viertel Million Menschen. Es sind Orte der Reflexion, der Kontemplation und des Gebets. Der Bahai-Glauben kennt keine fixierten Rituale, und solange man keine anderen stört, kann man hier beten oder meditieren, wie man mag, oder sich einfach am Frieden und an der Schönheit der Gärten erfreuen. Besucher sollten sich so kleiden, wie es einem Heiligtum entspricht.

Haifa ist ein geschäftiger Hafen und die drittgrößte Stadt in Israel. Es gibt regelmäßigen Busverkehr zwischen Haifa und Acre, oder man kann auch günstig mit dem Taxi fahren. Der Schrein des Báb, den man deutlich sieht, wenn man sich Haifa nähert, ist jeden Morgen offen. Die Gärten sind tagsüber offen; am Abend wird das Heiligtum hell angestrahlt.

Der Schrein Baha'u'llahs ist morgens von Freitag bis Montag offen; seine Gärten sind ebenfalls tagsüber geöffnet. Beide Heiligtümer werden kurze Zeit im Juli und im September geschlossen, und an neun heiligen Tagen der Bahais ist der öffentliche Zugang beschränkt. Die Verkehrsämter in Israel können genauere Auskunft geben.

Mesched, Iran

Von Teheran aus kann man nach Mesched mit dem Flugzeug oder der Bahn reisen, aber es wird abenteuerlicher, wenn man die ganzen trüben 1000 Kilometer auf der „Goldstraße nach Samarkand" an der Wüste entlang reist. Mesched ist die heiligste Stadt im Iran, die von mehr als 14 Millionen Pilgern jährlich besucht wird. Sie hat eine große Anzahl religiöser Gebäude: ein Heiligengrab, mehrere Refugien, zwei Moscheen, fünf theologische Schulen, Bibliotheken und ein Museum.

Die Stadt entstand, wo 817 der achte Imam, Ali Reza, im Dorf Sanabad starb, nachdem er Weintrauben gegessen hatte. Rezas Vater hatte dessen Ermordung prophezeit, und die meisten Schiiten glauben, dass Reza von seinem Schwiegervater, dem Kalifen Ma'mun, vergiftet wurde. Ma'mun baute über Rezas Grab ein Mausoleum, nahe dem seines eigenen Vaters, dem berühmten Harun al-Rashid. Sanabad wuchs zu einem Wallfahrtsort heran, jedoch unter einem neuen Namen. Mesched bedeutet „Ort des Märtyrers". Eine Wallfahrt an das Grab des Imams Reza war so viel wert, hieß es, wie 70000 Pilgerreisen nach Mekka, und jetzt kommen islamische Wallfahrer aus allen Teil der Welt nach Mesched.

Die Mongolen plünderten die heilige Stadt 1230, und ihre heute ältesten Gebäude datieren aus dem 14. Jahrhundert. Das Kronjuwel Mesched war ein Geschenk einer bemerkenswerten Frau, Gowhar Shad, der Frau von Shah Rokh. Zwischen 1405 und 1408 schufen sie und ihr Architekt Qavam od-din aus Schiras die Moschee, die jetzt ihren Namen trägt und die manche Kunstgeschichtler das schönste islamische Gebäude nennen.

Eine goldene Kuppel erhebt sich über Rezas Heiligtum, und sein Sarkophag wird von einem silbernen Gitter geschützt. Eintritt in den Schrein ist für Nicht-Muslime nicht gestattet. An den heiligen Bezirk schließt sich, neben einem Garten auf der Seite der Gowhar-Shad-Moschee das Quds-i-Razi-Museum an, wo Besucher viele der Schätze bewundern können, die dem Schrein geschenkt wurden.

Überall im Iran müssen sich Frauen an die hier geltende Kleiderordnung halten. Das bedeutet, dass ein Schal Kopf und Hals bedeckt, man lange Ärmel trägt, langen Rock oder Hose und einen dunklen Mantel, der bis zu den Knöcheln reicht. Die Füße sollten ebenfalls bedeckt sein und Schmuck und Make-up höchstens minimal getragen werden.

Nicht-Muslime erhalten nur beschränkten Zutritt zum heiligen Bezirk in Mesched. Es ist am besten, die Hauptwallfahrten und Feiern zu meiden, besonders den 10. und 11. Muharram, den 20. und 28. Safar sowie den gesamten Ramadan. Man möge daran denken, dass das Wetter sehr wechselhaft und rauh und im Winter bitter kalt ist. Alle Reisende in den Iran brauchen ein Visum, und für die meisten Nationalitäten gibt es nur ein 5-Tages-Transitvisa. Am einfachsten besucht man Mesched im Rahmen einer Reisegruppe.

Amritsar, Indien

„Ich würde an einem Ort der Wallfahrt ein Bad nehmen, falls das Gott gefiele, aber ohne seinen Segen wird nichts erlangt", sagte Guru Nanak (1469–1539), der erste Guru der Sikhs. Einer seiner Nachfolger meinte, „falls heilige Bäder irgendetwas nutzen, dann erhalten die Frösche mit Sicherheit Erlösung!" Die Lehren von Nanak betonten die Bedeutung der „inneren Religion" und der spirituellen Initiation und Führung durch einen echten Guru und wandten sich gegen sinnlose Rituale. Die einzige Wallfahrt ist die des Herzens und der Seele. Da „der Eine jenseits von Zeit" überall ist, ist jeder Ort gleichermaßen heilig. Orthodoxe Sikhs glauben, dass die Gurukraft, die früher durch lebende Meister wirkte, nun im Adi Granth wohnt. Eine Ausgabe dieser Heiligen Schrift (in der Heilige sowohl aus dem Hinduismus als auch aus dem Islam und dem Sikhismus zu Wort kommen!) liegt in jeder Gurdwara (Sikh-Tempel) auf. (Andere Sikhs sind davon überzeugt, dass es auch heute noch lebende Meister in dieser Tradition gibt; s.a. Rajinder Singh: Die Weisheit der erwachten Seele, Urania Verlag Neuhausen am Rheinfall; A. d. Ü.)

Die berühmteste Gurdwara ist der Harmandir Sahib, der „Gottes-Tempel" in Amritsar. Diese Stadt im nördlichen Pundschab wurde 1577 gegründet. Der vierte Guru der Sikhs ließ einen See bauen, als Symbol für den „See der Unsterblichkeit" auf den inneren Ebenen. Viele Geschichten berichten von Wunderheilungen an diesem Ort. Der ursprüngliche Tempel wurde unter dem fünften Guru erbaut, das gegenwärtige Gebäude stammt jedoch aus dem 18. und 19. Jahrhundert und wurde unter der Aufsicht von Maharadscha Ranjit Singh gebaut, der von 1799 bis 1839 im Pundschab herrschte. Eine lange Brücke führt über den heiligen See zum Tempel mit Marmorintarsien an den Wänden und einer goldenen Kuppel. Feiern sind das Vaisakh-Fest Mitte April und Diwali im Oktober/November.

Wangdi Phodrang, Bhutan

Bhutan ist ein geheimnisvolles, verstecktes Königreich im östlichen Himalaya, ohne Fernsehen und weitgehend ohne Straßen. Und doch durchdringt eine eigenständige Form des tantrischen Buddhismus jedes entlegene Tal und jedes einzeln stehende Gehöft. Klöster und Wandermönche tragen die Botschaft quer durch das gesamte Bergland, und einmal im Jahr versammelt sich die Landbevölkerung bei ihrem Gebiets-*Dzong*, einer eindrucksvollen Kreuzung zwischen Burganlage und Kloster, um am Tshechu-Fest teilzunehmen. Ein solches *Dzong* steht auf dem kaktusbedeckten Felsvorsprung über dem Puna-Tsang-Fluss, zwei Stunden Autofahrt östlich von der Hauptstadt Thimpu.

Tshechus sind Guru Rinpoche gewidmet, der Bhutan im 8. Jahrhundert zum Buddhismus bekehrte; sie finden am 10. Tag des Monats statt. Die genaue Bestimmung des 10. Tages obliegt dem Abt des *Dzongs*, und manchmal beginnt die Feier ein oder zwei Tage später, als ursprünglich geplant. Sie dauert zwischen drei und fünf Tagen.

Nach dem Gesetz müssen Bhutanesen in der Öffentlichkeit immer die traditionelle Kleidung tragen. Am Oktobertag des Wangdi-Phodrang-Tshechu schmücken sich die Männer zusätzlich mit einem Beutel, dessen Farbe ihren gesellschaftlichen Rang anzeigt – vom Weiß für gewöhnliche Menschen bis zum Safrangelb für den König. Frauen tragen ein langes Kleid und ihre besten Broschen.

Auf dem Fußmarsch zum *Dzong*, der mehrere Tage dauern kann, passieren die Pilger zahlreiche wasserbetriebene Gebetsmühlen und Gebetsfahnen, die im Wind flattern. Nach der Anstrengung des Treks ist der Tshechu eine fröhliche und oft auch ungebärdige Angelegenheit, eine Mischung aus Gesellschaftlichem und Spirituellem. Tänze sind der geistige Mittelpunkt der Feiern, die von Mönchen und Laien in fein gearbeiteten Masken und Kostümen ausgeführt werden. Diese Tänze dauern jeweils oft über eine Stunde und haben auch athletische Elemente wie Sprünge und Drehungen. Zwischen den Tänzen unterhalten Clowns die Menge. Am Schlusstag kehrt mit der Enthüllung einer riesigen Thangka, die Guru Rinpoche zeigt, wieder geistige Ernsthaftigkeit ein, während die Pilger ihre Hinwendung zu ihrer Religion erneuern.

Bhutan begrenzt den Tourismus auf 2500 BesucherInnen pro Jahr. Die Regierung veröffentlicht jedes Jahr eine Übersicht der Feiern, und manche Reisegruppentermine sind so gelegt, dass man die Hauptfeiern in Paro, Thimpu und Wangdi Phodrang besuchen kann. Für Bhutan sind das jährliche Feiern, für einen Außenseiter ein ganz und gar einmaliges Erlebnis.

Shwe Dagon, Myanmar (Burma)

Wenn man mit dem Flugzeug aus den dunklen Monsunregenwolken auf die ausgedörrten Reisfelder zusteuert, die rund um Rangun liegen, gleißt der Shwe Dagon im Sonnenlicht. Diese hoch verehrte Pagode ist ein asiatisches Weltwunder und eine der größten ihrer Art.

Sie ist ein Wallfahrtsort für burmesische Buddhisten und schwingt erfüllt von deren freudiger Hingabe. Sie wurde vor etwa 2500 Jahren erbaut, um die acht Haar-Reliquien zu beherbergen, die der Buddha zwei burmesischen Schülern persönlich übergeben hatte. Die Bergung im hiesigen Schrein wird beim Vollmond-Erntefest im Februar gefeiert, das Htaname heißt. Die Pagode ist im Laufe der Jahrhunderte auf 100 Meter erhöht worden, und ihre Spitze wird von 5000 Diamanten und Halbedelsteinen geschmückt.

Am besten tritt man durch den Südeingang ein, wobei man zwischen freundlichen Händlern einige Treppenstufen hinaufsteigt. Ihre Waren sind kein Touristenramsch, sondern duftende Lotosblüten, Räucherwerk, Kerzen, Glocken und vielfarbige Blumengirlanden, wie sie von den Pilgern zur rituellen Verehrung dargebracht werden.

Feine Schnitzereien, Mosaike und symbolische Statuen schmücken die mehr als 82 Schreine auf den verschiedenen Ebenen. In der Mitte erhebt sich eine zentrale Stupa, in der die Reliquien Buddhas aufbewahrt werden. In manchen Schreinen sieht man riesige liegende Buddhas, während in anderen kleine „Geisterhäuser" sind, wo man seine Gaben und Gebete als persönliches Zeichen darbringen kann. Es gibt einen Gebetspavillon mit den 28 Inkarnationen von Buddha, wo man still sitzen und zuhören kann, wenn ein Mönch in Englisch über Gesundheit durch Meditation und einen Weg zu Frieden und Glück spricht.

Pilger sollten in Verhalten und Kleidung Zurückhaltung zeigen und Schuhe und Socken ausziehen, bevor sie den Gebetspavillon betreten. Burmesen kommen täglich zu Hunderten in ihrer Alltagskleidung, den farbig gewebten Sarongs. Kinder spielen, während ihre Eltern in Meditation sitzen; junge Paare knien nahe beieinander, drücken ihre Stirn auf den Marmorboden und erheben sich dann, um Dank abzustatten und Buddha zu preisen.

Menschen, die die politische Realität von Myanmar (Burma) seit den 90er-Jahren übersehen wollen (Militärdiktatur; A.d.Ü.) und die daraus entstandene Bitte der gewählten (aber entmachteten, A.d.Ü.) Führung, das Land zu boykottieren, sollten sich zunächst an ihre Außenamtsstellen wenden. Touristen sollten sich nicht abseits der freigegebenen Bereiche aufhalten.

Angkor Wat, Kambodscha

„Plötzlich und wie durch Zauber scheint der Reisende aus der Barbarei in die Zivilisation versetzt, aus der Dunkelheit ins Licht." Das schrieb Henri Mouhot 1860, ein französischer Naturforscher, der auf die herrlichen Ruinen von Angkor Wat gestoßen war – auf das größte und eines der spektakulärsten religiösen Bauwerke der Welt. Angkor war einst die Hauptstadt des mächtigen Khmer-Reiches, dessen Gott-König des 12. Jahrhunderts, Suryavarman, den Hindu-Gott Vischnu personifizierte, dem die Tempelanlage geweiht wurde.

Als Suryavarmans Grabstätte konzipiert, bildet Angkor eine architektonische Allegorie, welche die epischen Erzählungen der Hindumythologie in Stein gehauen abbildet. Damit wurde Angkor Wat zu einem kolossalen, terrassenartigen Bauwerk, das sich über einen Quadratkilometer erstreckt und von fünf Türmen bekrönt wird, die alle die Form einer riesigen Lotusknospe haben.

Frühe Pilger verehrten den Gott-König. Spätere Wallfahrer widmeten ihre Verehrung den 1000 Buddhastatuen.

Das Fortschreiten von Dunkelheit zu Licht, das Mouhot aussprach, ist ein Bild, das auf Angkor Wat in ganz besonderer Weise zutrifft. Es wurde inmitten eines Dschungels erbaut und entwickelte sich zum spirituellen und kulturellen Herzen des Königreichs, bis zur Invasion aus Thailand im Jahre 1431. Darauf wurde Angkor verlassen, wuchs zu und blieb 400 Jahre ungestört.

Diese Zeit der Dunkelheit, die durch Krieg und Verwüstung im letzten Jahrhundert noch schlimmer wurde, scheint nun beendet zu sein. Angkor Wat ist als Weltkulturerbe benannt worden, und damit sollte es wieder zu einem Ort der Inspiration werden können. Seit dem Waffenstillstand 1991 kommen die Besucher, bis zu 1000 an einem Tag.

Reisende gehen auf Angkor auf einer Straße zum Westtor, die von Schlangenfiguren gesäumt wird. Schlangen sind die Brücke zwischen Himmel und Erde. Dann überqueren sie den großen Graben. Im Inneren sieht man die Galerie mit den 1000 Buddhas, die von Steinlöwen bewacht werden.

Am besten reist man zwischen November und Januar, wenn der Monsun

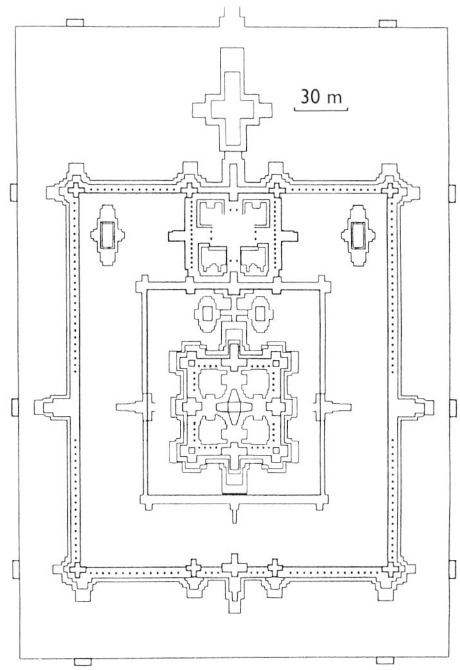

Plan von Angkor Wat
Die kreuzförmige Plattform führt zur Galerie der 1000 Buddhas; links und rechts befindet sich je eine Bibliothek. Das Allerheiligste befindet sich im Herzen des Gebäudekomplexes.

vorbei ist und die heiße Jahreszeit noch nicht begonnen hat. So heiß und feucht es sein mag, BesucherInnen sollten sich anständig kleiden.

Die Sicherheitslage in Kambodscha ist schwierig und der Verkehr wird kontrolliert. Öffentliche Transportmittel werden nicht empfohlen. Man braucht ein Visum, das man bei Ankunft im Land kauft. Dazu bedarf es mehrerer Passfotos. Pilger sollten in Phnom Penh Auto und Fahrer mieten oder nach Siem Reap fliegen und sich von dort aus einem Minibus oder einer Autoreisegruppe anschließen. Man sollte sich drei Tage Zeit nehmen, um Angkor richtig kennen zu lernen.

Wong-Tai-Sin-Tempel, Hongkong

Er lebte in den Nebeln auf einem Berg in China und suchte das ewige Leben. Nun, da er unsterblich geworden ist, schwebt er über diesem wundervollen taoistischen Tempel, der ihm 1500 Jahre später in Hongkong errichtet wurde, und hört die endlosen Bitten seiner Verehrer. Es ist der Große Unsterbliche Wong, „Wong Tai Sin". Während des 20. Jahrhunderts wurden seine Tempel in China zerstört, zwei Gläubige brachten 1915 sein Bildnis jedoch nach Hongkong, wo er Zuflucht fand. Seine Anhänger sind inzwischen zahllos und haben sich von Hongkong aus in die ganze Welt verbreitet. Viele frühere Bewohner kehren aus Übersee nach Hongkong zurück, um seinen Tempel zu besuchen, ihm Ehre zu erweisen und seine Hilfe zu erbitten.

Wong Tai Sins ursprüngliche Besonderheit in China war die Heilkunst. Eine Klinik neben dem Tempel in Hongkong bietet kostenlose Heilkräuter. Die Verschreibungen der Gottheit dafür erhält man durch Orakelbefragung. Aber die meisten Verehrer konsultieren ihn heutzutage mit Fragen zu Beruf, Ehe, Geschäft oder Auswanderung. Er sprach früher einmal über Geistschreiben: Ein Taoist schrieb in Trance seine Worte auf eine Tafel. Jetzt erhalten die meisten Anhänger seine Botschaften, indem sie einen Bambusbecher mit 100 nummerierten Stäbchen schütteln. Wenn einer herausfällt, weist die Zahl auf eines von 100 Glücksgedichten hin, in dem die Antwort enthalten ist. Wahrsager an Ständen neben dem Tempel deuten die Gedichte für jene, die die Botschaft der Gottheit noch nicht verstehen. Sein Rat und seine Voraussagen sind so gesucht, dass dieser Tempel die größte Zahl an Wahrsagern in ganz Asien angezogen haben soll.

Mit der U-Bahn kann man bis zur Wong-Tai-Sin-Station fahren. Der Tempel ist täglich von 7 Uhr früh bis 17 Uhr offen und am Sonntag am vollsten. Am chinesischen Neujahrstag (Januar oder Februar) sind die Menschenmassen besonders groß; auch an Wong Tai Sins Geburtstag am 23. Tag des 8. Mondmonats und während des gesamten 7. Mondmonats.

Was einst ein stiller religiöser Zufluchtsort inmitten leerer Felder war, wird nun von einer Metropolis umschlossen. Aber die Stadt verblasst, während der Besucher zwischen Speisegaben, Räucherwolken und Mengen von Verehrern geht, die Hilfe, Rat oder Seelenfrieden suchen. Spendeneinnahmen am Tor und innerhalb des Schreins gehen an Krankenhäuser, Schulen und Altersheime.

Borobudur, Java

Borobudur ist eines der schönsten Baudenkmäler der südlichen Hemisphäre. Es wurde um 800 n. Chr. während der Herrschaft der Cailendra-Dynastie errichtet. Es soll 10000 Menschen und 100 Jahre dazu gebraucht, die Bevölkerung von Zentraljava dezimiert und fünf Generationen ausgelaugt haben.

150 Jahre lang war Borobudur das spirituelle Zentrum des Mahayana-Buddhismus auf Java. Mit dem Fall des Königreiches von Mataram um 919 wurde es vernachlässigt und erlitt einen ziemlichen Verfall. Anfang des 18. Jahrhunderts wurde das Interesse daran wieder erweckt, und seither gibt es einen langsamen Prozess der Restaurierung.

Borobudur sitzt oben auf einem Hügel und ist als Stufenpyramide gebaut. Es besteht aus sechs rechteckigen Stockwerken, drei kreisförmigen Terrassen und einer Stupa in der Mitte, einer Kuppel, welche den Gipfelpunkt bildet. Diese Elemente erinnern zusammen an eine einzige Stupa, die das höchste Symbol des Buddhismus darstellt und das Universum spiegelt.

So magisch es wirkt, Borobudur zu besuchen und zu ersteigen, doch das muss sorgfältig geplant werden. Gehen Sie früh am Morgen los, um die Mittagshitze und große Menschenmengen zu meiden, und lassen Sie die Feiertage aus. Nehmen Sie Trinkwasser und Sonnenschutz mit. Rechnen Sie mit mindestens zwei Stunden, um das Baudenkmal zu ersteigen. Vom Boden bis zur Hauptstupa in der Mitte sind es zehn Terrassen, welche zehn Stadien der Vervollkommnung im Leben symbolisieren.

Der Aufstieg führt Sie neun Mal um den Tempel herum, vorbei an den vielen Bild- und Relieftafeln, die Geschichten aus Buddhas Leben erzählen und den gesamten buddhistischen Kosmos darstellen. Auf diese Weise sind die niedrigeren Terrassen für die Sinne reich geschmückt, während die höheren der Seele vorbehalten sind. Je höher Sie klettern, desto himmelsnäher werden die dargestellten Szenen. Die Terrassen nahe der Spitze stellen das Streben nach Erleuchtung dar, wenn jedes Verlangen ausgelöscht wird, obwohl der Gläubige sich weiterhin im Reich der Sinne befindet. Die Vollkommenheit wird schließlich ganz oben erlangt, wo alles Leiden endet.

Plan von Borobudur
Sechs rechteckige Galerien werden von drei kreisförmigen Terrassen kleiner Stupas überwölbt, die zur zentralen Stupa emporwachsen. Dies ist das größte buddhistische Monument der Erde.

Walsingham, England

Englands Nazareth ist ein anglikanischer, katholischer und orthodoxer Wallfahrtsort beim Dorf Walsingham, an der Küste von Norfolk. Der Überlieferung nach hatte Lady Richeldis, die Witwe des Landherrn, 1961 drei Visionen. Die Gottesmutter Maria nahm sie im Geiste in das Haus von Nazareth, in dem der Erzengel Gabriel ihr bei der Verkündigung erschienen war. Richeldis wurde aufgetragen, sich die Maße des Heiligen Hauses zu merken und eine Abbildung davon in Walsingham bauen zu lassen. Eines Nachts ließ ein heftiger Tau in einer Wiese zwei Bereiche recht trocken. Nach diesem Zeichen wählte sie den Bauplatz nahe einem Zwillingsbrunnen.

1169 wurde ein Augustiner-Priorat gebaut, um das Heiligtum zu hüten, und getrennt davon eine Frauen-Kapelle, um das Heilige Haus zu umschließen. Die englische Reformation zerstörte 1538 den Schrein und das Priorat, wenngleich die Brunnen weiterhin als „Wunsch-Brunnen" gebraucht wurden, an denen die Menschen erst Wasser tranken und dann ihren Wunsch aussandten.

1897 wurde Walsinghams Status als katholischer Wallfahrtsort von der Kirche wieder bestätigt. Heute gibt es für die drei genannten Konfessionen separate Schreine. Der anglikanische besteht aus einem kleinen fensterlosen Raum, der von Kerzen erleuchtet wird, im Innenraum der größeren Kirche. Er ist als der Raum der Heiligen Familie bekannt und bewahrt die größte Sammlung von Reliquien der Kirche von England, wozu auch Fragmente des wahren Kreuzes gehören. Eine Doppeltreppe führt vom Schrein zum Brunnen nach unten.

In den umliegenden Gärten dienen die 14 Kreuzstationen den Pilgern als Wegmarken einer symbolischen Reise der Kontemplation. Jeden Abend um 18 Uhr versammeln sich die Wallfahrer in ungebrochener Tradition zum Gebet. Der Rosenkranz wird gebetet und Menschen in Not bitten um die Fürbitte Marias. Jeden Nachmittag erfolgt eine Segnung mit Weihwasser, wobei man auch das Weihwasser von Walsingham berühren und trinken kann.

Während des ganzen Jahres finden besondere Ereignisse statt. Die anglikanische nationale Wallfahrt am letzten Wochenende im Mai ist besonders bekannt. Diese Feier endet mit einem Prozessionskreis um das Dorf. Andere Tage sind der Jugend und den Kranken gewidmet, und an einem Maitag suchen auch Mitglieder des Parlaments um Segen für ihre Regierungsarbeit.

Knock, Irland

1878 wurde die kleine Kirche im entlegenen und windzerzausten Dorf Knock im westlichen Irland von Böen eines großen Sturms durchpeitscht. Das Schieferdach und die Fenster wurden dabei beschädigt und einige Statuen zerschmettert. Im folgenden Jahr sah eine Gruppe von Frauen Figuren vor der Kirche stehen und nahm an, dass dies die neuen Statuen wären. Als die Frauen später wieder vorbeikamen, bemerkten sie, dass sich die Figuren bewegten, und sie liefen, um Familie und Freunde herbeizurufen, um das Wunder zu sehen. Vierzehn Menschen sagten aus, dass sie die Jungfrau Maria gesehen hätten, weiß gekleidet, mit einer goldenen Krone, in Begleitung des hl. Joseph und des hl. Johannes.

Die Nachricht der Erscheinung verbreitete sich rasch, und bald kamen Pilger von überall in Irland zu Fuß hierher. Kranke und Behinderte kamen oder wurden gebracht, und manche meinten, Wunderheilungen zu erleben. Zunächst zerstreute die Kirche solche Berichte und hielt sich bedeckt, wodurch die Pilger ihre eigenen Rituale schufen. Sie kehrten zu alten gälischen Formen der Anbetung zurück, gingen um den Kirchenbezirk im Kreis herum und sangen den Rosenkranz und die Liturgie laut vernehmlich.

Knock zieht jedes Jahr Tausende von Wallfahrern an, viele kommen in Reisegruppen. Die Mehrzahl fliegt und fährt die letzte Strecke zum Heiligtum mit dem Bus. Knock besitzt eine Basilika, die 12000 Menschen Platz bietet. Es gibt auch ein Museum, in dem Kleidung und Werkzeug aus der Zeit der Erscheinung zu sehen ist und in dem die wundersame Erscheinung und ihr zugeschriebene Heilungen dargestellt sind.

Es herrscht oft eine sehr andächtige Stimmung unter den Besuchern. Auch junge Familien folgen den früher hier entwickelten Formen der Verehrung und umkreisen die Kirche. Eine junge Frau meinte: „Dieser Ort hier ist sehr intensiv, er ist nicht so schön, aber man spürt die spirituelle Kraft ganz besonders."

Drei heilige Quellen entspringen in diesem Kirchhof, der in einem waldreichen Tal zwischen den Städtchen Noyal-Pontivy und Ste. Noyale liegt.

Noyal-Pontivy, Frankreich

Ein traditionelles Gebet aus der Bretagne lautet: „Hl. Noyale, beschütze uns, vor allem vor Sünde – damit kein Mensch aus Noyal das Paradies verpasst, o unsere Schutzpatronin." Die Legende berichtet, dass im 6. Jahrhundert eine Frau aus Irland auf einem Blatt in die Bretagne segelte und sich hier als Eremitin niederließ, etwas außerhalb einer Ansammlung von Höfen und einer Kirche, die Noyal-Pontivy heißt. Vom Ortstyrannen bedrängt, zog sie knapp 30 Kilometer weiter südlich nach Bezo, wo ihr Verfolger sie fand und ihr den Kopf abschlug. Davon unbeirrt, hob die Heilige ihren Kopf auf und ging zurück nach Noyal, wo sie begraben wurde.

Seither heißt dieser Platz Ste. Noyale, und sie wurde zur Schutzpatronin der Kirchengemeinde. Die sehr alte Gemeinde hält ihr zu Ehren zwei besondere Bußfeiern ein. Am Sonntag, der dem 24. Juni am nächsten ist (dem einzigen Tag, wenn die Kirche offen ist, weil sie ansonsten zum Schutz der Fresken, die das Leben der Heiligen darstellen, geschlossen gehalten wird), fahren nach dem Hochamt Autos und Trecker in einer Prozession langsam an der Kirche vorbei. Die Hauptvergebung findet zwei Wochen später statt. Nach den Morgenmessen in der großen mittelalterlichen Gemeindekirche in Noyal-Pontivy, in der die Fenster des Kirchenchores die Geschichte der Heiligen darstellen, tragen die Dorfbewohner ein Bild der Heiligen, das zeigt, wie sie ihren eigenen Kopf trägt, und sie folgen einem Teil der merkwürdigen letzten Strecke, die sie zurückgelegt hatte. Sie gehen durch die Felder nach Les Trois Fontaines, einem geheimnisvollen Kraftort in einem Tal, wo drei Quellen in einem eingesunkenen Kirchhof entspringen. Ein kleines Marterl steht in den Bäumen oberhalb der Quellen. In der Nähe befinden sich zwei große Steine, das „Bett" der Heiligen und ihr „Gebetsschemel", der ihre Knieabdrücke trägt. Das Wasser aus den Quellen fließt in einen großen, flachen Teich und ist so rein, dass Frauen aus dem Ort immer noch hierher kommen, um ihre Wäsche zu spülen. Bei einem Bach 50 Meter weiter erhebt sich ein großer Felsblock, der „Stuhl" der hl. Noyale.

Der Überlieferung nach war hier der letzte Halt, den sie machte, bevor sie Ste. Noyale erreichte. Während die Heilige auf ihrem Stuhl ausruhte, fielen drei Blutstropfen aus ihrem abgetrennten Kopf, die drei Quellen entspringen ließen. Die, die reinen Herzens sind, sollen die drei Blutstropfen immer noch auf dem Grund der Quellen sehen können.

Am Nachmittag nach der Vergebung kommen die Menschen, um Gesicht und Hände im heiligen Wasser zu waschen, um es zu trinken, in Flaschen einzufüllen und es mit nach Hause zu nehmen. Nach der Vesper um 15 Uhr kehrt die Prozession in die Stadt zurück, um ein Freudenfeuer zu entzünden. Sie tanzen dann rings herum.

Rocamadour, Frankreich

Die Berge ragen spektakulär in den Himmel hinein; eine alte Burg und Kirchen klammern sich gefährlich an eine Klippe über dem Fluss Alzou. In der Nähe findet man in einer Höhle 20000 Jahre alte Wandmalereien. Eine schwarze Madonna, nur 60 Zentimeter hoch und fast 900 Jahre alt, wird in einer Prozession durch die Stadt getragen. Wallfahrer rutschen auf Knien die in den Fels gehauenen Steintreppen hinauf. Ein blinder Bettler fragt: „Ist sie schon vorbeigekommen?" Dichte menschliche und spirituelle Energien verschmelzen im religiösen Höhepunkt in Rocamadour.

Es liegt nahe Souillac, östlich von Bordeaux, in der Dordogne. Der Name stammt aus der Langue d´Oc (der alten „westlichen Sprache") und bedeutet *roc amator*, „der den Fels liebt", und vom hl. Amadour, der der Diener der Mutter Gottes war. Der Legende zufolge fand man seinen Leichnam vollkommen erhalten unter der Schwelle der Marienkapelle; später wurde er verbrannt und in Stücke zerschlagen. Katharer, die sich bekanntlich gegen die etablierte Kirche stellten, wurden aus der Provence hergebracht, um ihrer „Häresie" hier vor dieser Statue abzuschwören.

Heute leben nur 800 Menschen in Rocamadour, aber am 8. September, Mariä Geburt, quellen Tausende in die enge Straße und lassen kaum Platz, damit die schwarze Madonna passieren kann. Ein Meer von Herzen leuchtet, die nacheinander angezündet werden, während die Madonna näher kommt. Gebete und Gespräche verstummen. Sie geht vorbei. Eine immer länger werdende Reihe von Wallfahrern folgt ihr. Die 223 Stufen sind sehr roh und steil. Die Pilger steigen himmelwärts, manche auf den Knien, manche alt, verkrüppelt und voller Schmerzen. Sie drängen sich in die Kirche und die Marienkapelle, nachdem sie den Wallfahrtsweg, den Pfad der Vergebung, durchmessen haben.

Die jährliche Wallfahrt findet in der Woche des 8. Septembers statt. Im Juli und August, der französischen Ferienzeit, ist das Städtchen besonders stark besucht.

Taizé, Frankreich

„Ah, Taizé, dieser kleine Frühling!" Papst Johannes XXIII. hat diese Worte 1960 gesprochen, um die Hoffnung und die Leichtigkeit auszudrücken, die sich aus der Schlichtheit der Erfahrungen von Taizé ergaben. Seit 1957 sind immer mehr junge Leute aus aller Welt dorthin gezogen worden. Sie kamen, um die Quellen des christlichen Glaubens zu erleben oder zu erneuern.

Die Taizé-Gemeinschaft von etwa 90 Mönchen liegt auf einem Hügel inmitten farbenfroher Felder und Hänge in der Landschaft des Burgunds. Das tägliche Streben richtet sich darauf, durch Gebet, Kontemplation und Aufgeschlossenheit für Nachrichten aus aller Welt junge Menschen zu befähigen, Botschafter von Vertrauen und Versöhnung zu sein.

Die Pilgerfahrt nach Taizé findet das ganze Jahr hindurch statt, und an Ostern sowie im Sommer kommen bis zu 8000 BesucherInnen. Sie haben Anteil an den täglichen Gebeten und den multinationalen Treffen mit den Mönchen. Jeden Sonntagnachmittag werden die Unterkünfte verteilt. Familien übernachten in Olinda, das einen Fußweg von einer Viertelstunde entfernt liegt, und jene, die über 30 sind, wohnen am Rande des Hauptortes. Es ist ratsam, Zelt, Schlafsack und warme Kleidung mitzubringen und sich vorher anzumelden, besonders für eine Familienunterkunft.

Wenn du ankommt, wirst du mit etwas konfrontiert, was wie ein ausufernder Campingplatz aussieht. Der leicht irritierende erste Eindruck ist der von ankommenden oder abfahrenden Bussen, Feldern voller Zelten und ein paar unauffälligen Gebäuden. Es gibt nur wenige Anzeichen dafür, dass hier ein Ort religiöser Bedeutung sein soll. Allgegenwärtige Rucksäcke und ein ruhiges Gefühl jugendlicher Erwartung beherrschen die Szene.

Taizé zu besuchen bedeutet, „Kommunion" in vielerlei Hinsicht zu erfahren: Platz, Zeit, Gedanken und Arbeit mit anderen in kleinen Gruppen teilen. Dreimal am Tag geht hier jeder still in einer großen Reihe in die Kirche der Versöhnung. Die Stille, wenn die Menge sitzt und wartet, eingehüllt von weichem Kerzenlicht, ist erstaunlich. Dann beginnt der Gesang, das Merkmal von Taizé. Einfache Psalmen, die wieder und wieder gesungen werden und alle in einer kraftvollen Flutwelle der Anbetung eintauchen. Die Lieder von Taizé sind weltweit bekannt geworden; sie sind ein besonderes Geschenk, eine Hilfe für das Gebet, um Heilung und Versöhnung zu schaffen, um die innere Reise zu nähren.

Lourdes, Frankreich

Lourdes, Maria und Wallfahrt – das sind Synonyme auch für jene, die dem katholischen Glauben nicht nahe stehen. Lourdes war vor 150 Jahren nicht mehr als ein verschlafenes Dorf in den Ausläufern der Pyrenäen, das noch nicht einmal eine Eisenbahnverbindung rechtfertigte. Im Februar 1858 wurde Lourdes mit einem Ruck aus der Obskurität in eine permanente Berühmtheit gerissen, weil dort Maria, die Mutter Gottes, auf wunderbare Weise Bernadette Soubirous erschien, einem asthmatischen Kind, das weder lesen noch schreiben konnte.

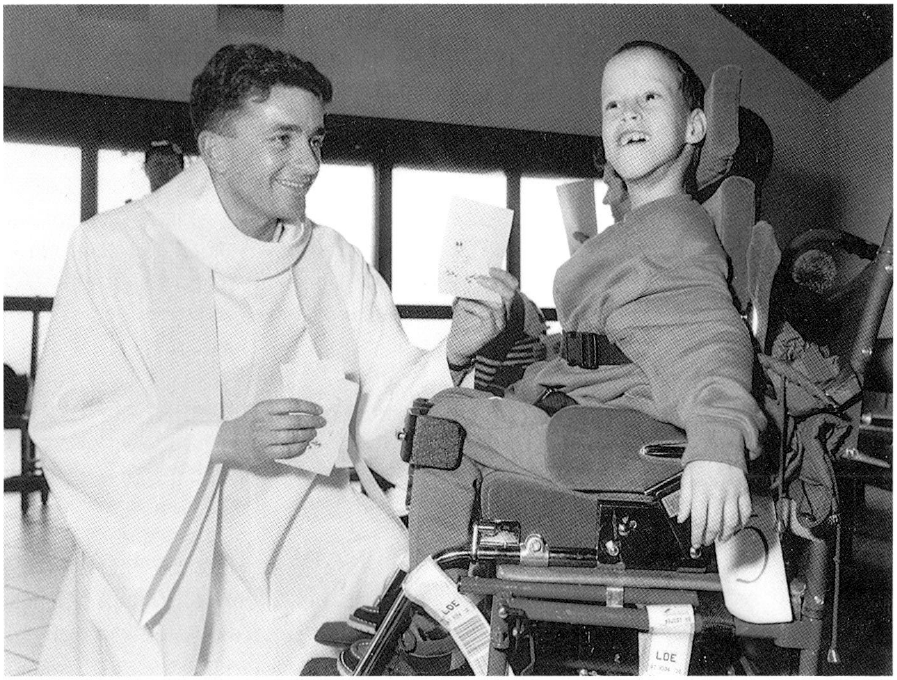

Heilung für die Völker der ganzen Welt Pilger von überallher machen sich auf zur Wallfahrt nach Lourdes.

Getreu ihres sehr individuellen „Stils“ erschien Maria Bernadette in der Grotte von Massabielle am Ufer der Gave, die damals nur ein öffentlicher Abwassergraben war. Mit für das bürgerliche Frankreich atemberaubender Sicherheit erschien die Himmelskönigin über der Müllhalde und verkündete sich als Unbefleckte Empfängnis – und zeigte dadurch, dass für ihr Mitgefühl nichts zu niedrig war.

Strahlend inmitten des Abfalls und schon Wunderheilungen wirkend, während sie ging, wies Maria das verwunderte, aber vertrauensvolle Kind auf eine bis dahin unbekannte Quelle hin. Die Quelle fließt seither zur Heilung der Völker. Maria erbat auch Prozessionen und forderte Wallfahrer auf, sie an diesem ungewöhnlichen Ort aufzusuchen.

In Lourdes wird Mariens Sieg bestätigt – und damit der Sieg des Mitgefühls und des menschlichen Geistes.

Bernadette wurde Nonne, und ihre zurückgezogene Lebensführung machte aus ihr eine große Heilige, obwohl sie nie mehr zur Grotte zurückkehrte. An ihrer Statt sind jedoch Millionen aus aller Welt dorthin gegangen, und noch mehr kommen weiter, um in den Wassern zu baden und die heiligen Orte am Ufer der Gave zu sehen.

Die nächtliche Kerzenprozession um den heiligen Bezirk ist ein unvergessliches Erlebnis. Aber noch eindrucksvoller ist das Flackern der Kerzenflammen in der dunklen Grotte, die seit 1858 immer zum Gebet offen ist.

Über 6 Millionen Wallfahrer besuchen Lourdes jedes Jahr, vor allem zwischen Ostern und Mitte Oktober. Die meisten Pilgerreisen werden von Ortsgruppen, Kirchen oder Vereinen für die Betreuung von Kranken organisiert, aber auch Individualreisende sind immer willkommen.

Guadalupe, Spanien

Die kleine Stadt an den Hängen des Guadalupe-Berge im westlichen Spanien ist schon seit langem ein Herzstück christlicher Wallfahrt und das Ziel von Pilgern vor allem aus der spanischsprachigen Welt. Sowohl die karibische Insel und das Heiligtum in Mexico verdanken ihren Namen dieser Stadt in der Estremadura, deren Ruhm weit größer als ihre Bevölkerungszahl ist.

Ihr Ruhm beruht auf einer Reliquie der Jungfrau von Guadalupe, der Schutzpatronin dieser Region. Die kleine schwarze Statue, die jetzt in der Kathedrale der Stadt steht, soll vom hl. Lukas geschnitzt worden sein. Papst Gregor der Große übergab sie Bischof Leander von Sevilla 580. Als die Mauren 711 in das südliche Spanien eindrangen, flohen die Christen nach Norden und nahmen die Statue mit. Sie vergruben sie in einer Höhle am Guadalupe-Fluss, wo sie in den folgenden kämpferischen Zeiten bis zum 14. Jahrhundert vergessen wurde. Dann erschien sie einem Hirtenjungen und beauftragte ihn, die Leute aus dem Ort und die Kirchenvertreter zuholen und zu graben, bis sie ihre Statue gefunden haben würden.

Das Kleinod wurde geborgen, und der König von Spanien ordnete an, dass dort eine Kapelle erbaut würde, die bald zu einem Heiligtum und Wallfahrtsort wurde. Berichte von Wunderheilungen folgten, und reiche Aristokraten spendeten der Statue Kleidung und Juwelen für den Kopfschmuck. Ferdinand und Isabella, die ersten Monarchen des modernen Spaniens, trafen 1490 hier Christoph Kolumbus vor seiner ersten Fahrt nach Amerika. Kolumbus Ankunft in Amerika wird noch heute gefeiert, wenn überall auf dem Kloster am 12. Oktober spanisch-amerikanische Fähnchen wehen.

Mehr als 500 Jahre haben hier Hieronymiten-Mönche gelebt, die eine berühmte Medizinfakultät gründeten und Operationen durchführten. Nun wird das Kloster von Franziskanern bewohnt, und moderne Pilger müssen an einer Führung teilnehmen. Obwohl es nicht zur Führung gehört, lohnt es sich, nach dem gotischen Kreuzgang zu fragen. Architektur und acht Gemälde des Künstlers Zurbarán sind gleichfalls sehenswert.

Unterkunft ist leicht zu finden, mit Ausnahme der Osterwoche, des Festes Mariä Geburt am 8. September und der Feier am 20. Oktober. Zu anderen Zeiten bleibt Guadalupe eine gewöhnliche Stadt mit weißen Mauern, in denen das Geläute der Klosterglocken zu hören ist.

Fátima, Portugal

Die Sonne drehte sich, tanzte im Himmel, blitzte in jeder Farbe des Spektrums auf und senkte sich dann zur Erde und auf die erschrockene Menge zu, bevor sie wieder in die Himmel zurückwirbelte. Am 13. Oktober 1917 erlebten etwa 70000 Menschen dieses Sonnenwunder von Fátima mit in einem kleinen Dorf in den bewaldeten Hügeln in der Mitte Portugals. Die Heilige Mutter Gottes hatte Lucia, Francisco und Jacinta, drei Bauernkindern, der sie seit dem 13. Mai jenes Jahr einmal im Monat erschienen war, dieses Sonnenwunder versprochen.

Während der sechs Erscheinungen offenbarte die Maria drei Geheimnisse. Das erste war eine Höllenvision, das zweite, dass die Irrtümer Russlands sich in der ganzen Welt verbreiten und zum Krieg führen würden, wenn Russland nicht konvertiert würde. Das wurde als eine Voraussage über die Verbreitung des Kommunismus und des II. Weltkrieges gedeutet. Das dritte Geheimnis sollte, meinten manche, das Ende der Welt voraussagen. (Aber Papst Johannes Paul II. hat inzwischen mitteilen lassen, dass es das Attentat auf ihn betraf; A.d.Ü.)

Jedes Jahr finden zwei wichtige Feiern in Fátima statt, am 12.-13.Mai und am 12.-13.Oktober. An die 100000 Wallfahrer lassen sich rings um das Dorf nieder. Eine Kerzenprozession führt zum großen Platz vor der Basilika, wo am 12. Mai um 17 Uhr die Messe gehalten wird. Gesänge dauern die Nacht hindurch bis zu einer zweiten Messe am Morgen des 13. Mai. Die Feierlichkeiten enden um 12 Uhr Mittag, wenn alle Frauen in der Menge weiße Taschentücher schwenken.

Besucher kleiden sich züchtig und bedecken Beine und Schultern. Manche Wallfahrer bewegen sich auf Knien entlang dem Weg zur Kapelle der Erscheinung bei Cova da Iria und folgen dann den Kreuzwegstationen auf dem heiligen Pfad aus weißem Marmor, die zur Loca do Cabeço führt. Hier sahen die Kinder im Jahr vor dem Sonnenwunder einen Friedensengel. In der Basilika befinden sich die Gräber von Francisco und Jacinta, die 1919 bzw. 1920 starben und damit das Versprechen der Mutter Gottes erfüllten, dass sie bald in den Himmel kämen. Die Portugiesen sprechen davon, dass „Fátima nichts birgt, was reine Neugierde befriedigen könnte. Hier kommt es nur auf das Herz an."

Hostyn, Tschechien

Von Tesák schlängelt sich der Weg durch einen Wald, am Machova Studánka-Brunnen mit seiner Madonnenstatue vorbei, um am Berg Hostyn, dem beliebtesten Wallfahrtsort Mährens, herauszukommen. Hier stehen eine große barocke Kathedrale und eine Reihe von Pilgerherbergen, und hier ist eine Heilquelle zu finden. Während der Belagerung durch die Tataren hat Maria einen fürchterlichen Sturm gesandt, um die fest besiegten Mähren zu erretten.

Ihr Bildnis zeigt sie als Beschützerin Mährens, wie sie die Christen mit ihrem Mantel beschützt, während das Jesuskind aus dem Schutz ihrer Arme heraus Blitze auf die Zelte der Mongolen schickt. Seit dem plötzlichen Abzug der Tataren aus Mähren im 13. Jahrhundert hat Hostyn Wallfahrer angezogen, hier an den Waldhängen die Mutter Gottes anzubeten.

In noch früheren Zeiten, um 2000 v. Chr., war auf dem Berg Hostyn eine Festung des Volkes der Lusatier, und später lag es nahe der Bernsteinstraße von der Ostsee zum Mittelmeer. Die slawischen Heiligen Cyrill und Methodius brachten das Christentum nach Mähren und überzeugten die Menschen zur Abkehr von ihrem heidnischen Gott Radost mit einem Gemälde der heiligen Mutter Gottes als Ersatz.

Durch die Jahrhunderte haben die Mähren den Glauben an Maria als ihre Mutter und als ihre Beschützerin bewahrt, trotz Bedrängnis durch manche Obrigkeit. Die Siedlung auf dem Hügel ist gewachsen, und heute gehört ein Kloster dazu, eine „Wasser-Kapelle", die vom berühmten slowakischen Künstler Jurkovic geschaffenen Kreuzwegstationen, ein kleiner Friedhof und ein Aussichtsturm, der einen Panoramablick über die Landschaft bietet.

Besucher von Hostyn können im Frühling und im Sommer auf den Waldwegen dorthin wandern und am Hang von Tesák und Rusava. Im Winter ist es besser, auf der Straße herzukommen; man kann das Auto in der Stadt Bystrice pod Hostynem lassen. Pilgerherbergen gibt es überall. Am Samstag, der dem 15. August, Mariä Himmelfahrt, folgt, kommen Wallfahrer aus ganz Mähren nach Hostyn.

Tschentschochau, Polen

Diese Industriestadt im Südwesten von Polen zieht mehr als 100000 Wallfahrer im Jahr an. Sie kommen, um am Heiligtum der Ikone der schwarzen Madonna zu beten (Matka Bozka Czestochowa), Unserer Lieben Frau von Tschentschochau. Der genaue Ursprung dieser berühmtesten Madonna Polens ist unbekannt, aber wahrscheinlich datiert sie vom 5. Jahrhundert und kommt aus dem Mittleren Osten. 1655 hing sie außen am Rathaus, und die Bürger glaubten, dass sie ihnen geholfen habe, die lange Belagerung durch die Schweden zu überstehen. Die Ikone wurde zum Symbol einer erfolgreichen Anstrengung, die Invasoren zu vertreiben.

Wallfahrten nach Tschentschochau begannen kurz danach. Die größte und älteste beginnt im Morgengrauen am 6. August in Warschau. Die Pilger kommen 300 Kilometer und 9 Tage spater am Ziel an, am Vorabend von Mariä Himmelfahrt. Diese Wallfahrt findet ohne Unterbrechung mehr als 200 Jahre lang statt, während der „Teilung" (Besetzung durch Russland, Preußen und Österreich), während der Naziherrschaft und der kommunistischen Diktatur.

Wallfahrer melden sich in der Krypta der Paulinenkirche in Warschau an, wo sie einer von 15 Gruppen von etwa 1000 Menschen zugeteilt werden, die in einer langen Kolonne marschieren. Akademiker wandern an der Seite von Bergarbeitern, Lehrer neben Bauern, Kinder werden von ihren Müttern getragen, ältere Frauen humpeln in Turnschuhen daher. Die meisten sind Polen und aktive Katholiken. Sie singen und beten den Rosenkranz, wobei der Rhythmus ihrer Gebete mit der Geschwindigkeit ihres Marsches im Einklang steht. In der Nacht schlafen die Wallfahrer in Gruppen von 100 auf Stroh in Scheunen. Neben der Route stehen Menschen aus den umliegenden Orten und bieten Kuchen, Brot, Wasser, Obst und Blumen als Geschenke an. Jede Stadt und jedes Dorf auf dem Weg ist mit Blumen besonders geschmückt.

Die Wallfahrt endet mit einem Antihöhepunkt am befestigten mittelalterlichen Kloster auf dem „strahlenden Berg" in der Ortsmitte von Tschentschochau. Die Pilger treten in die Kapelle der schwarzen Madonna ein und gehen, wenn sie einmal drinnen sind, raschen Schrittes an der Ikone vorbei, bevor sie sich dann alle wieder zerstreuen. Obwohl sie aus Verehrung für die Ikone das vermutlich abstreiten würden, entspricht ihr Verhalten auf dieser Wallfahrt doch dem alten Spruch, „der Pfad ist das Ziel".

Medjugorje, Bosnien

Der Hollywood-Schauspieler Michael York fühlte sich „spirituell bewegt" von der Friedlichkeit von Medjugorje, als er das Heiligtum 1994 besuchte. Er war durch die Arbeiten zu *Gospa*, einem Film über die Ereignisse dort, „total energetisch aufgeladen".

Der Schauspieler ist nur einer von Millionen von Pilgern, die dieses kleine Dorf in Bosnien besucht haben, wo sechs junge Leute seit dem 24. Juni 1981 immer wieder Erscheinungen der Gospa, der Maria, gesehen haben wollen. Die *Gospa* hat ihnen Botschaften für die Menschheit gegeben und zu einem friedfertigeren Leben im Dorf beigetragen. Von der Hektik ihres Alltags ermüdet, haben viele Pilger aus ganzem Herzen den Ruf der Gospa gehört, sich Bußübungen, Gebeten und Fasten zu widmen.

In den letzten Jahren ist Medjugorje zu einer Friedensoase für Menschen aus allen Religionen und Nationen geworden, aus dem kriegszerrissenen früheren Jugoslawien und aus anderen Ländern. (Raketen und Bomben, die auf die Kirche abgefeuert wurden, explodierten merkwürdigerweise nicht.) Die meisten Menschen reisen während der Sommermonate dorthin; dann braucht man guten Sonnenschutz, Insektenmittel und eine Kopfbedeckung.

Viele beginnen die Wallfahrt mit einer Besteigung des Podbrdo, den man heute als den Hügel der Erscheinungen bezeichnet, wo die Gospa den Jugendlichen das erste Mal erschienen ist. Die meisten Pilger wagen sich auch an den steilen Berg Krizevac, auf dem ein riesiges Betonkreuz steht, das 1933 errichtet wurde. Dort haben viele Menschen die Sonne „tanzen" gesehen und mysteriöse Lichteffekte wahrgenommen. Manche machen die Wallfahrt barfuß in der Mittagshitze als Bußübung und um über die Kreuzigung zu reflektieren.

Das wichtigste Erlebnis in Medjugorje konzentriert sich jedoch auf die Gemeindekirche St. Jakob, wo Priester und Visionäre dazu einladen, dass man an der Messe teilnimmt und sich am gemeinsamen Rosenkranz beteiligt. Wallfahrer berichten auch von Wundern am Heiligtum und vom „Medjugorje-Effekt", einem Zustand der Euphorie, die einer anfänglichen Skepsis gegenüber den wundersamen Ereignissen folgt.

Kataragama, Sri Lanka

Hindus, Buddhisten, Muslime und Christen pilgern gleichermaßen nach Kataragama, dem heiligsten Ort auf Sri Lanka. Er wird mit der Kriegsgottheit Skanda (Murugan in Südindien) der Hindus in Verbindung gebracht. Buddhisten kommen, um einen Hügel zu besuchen, wo Buddha meditiert hat. Muslime kommen, um in der örtlichen Moschee zu beten. Und doch zieht es alle zum Kataragama Devala, dem bedeutendsten Heiligtum hier. Früher war die Wallfahrt eine gefährliche Sache, weil es den Dschungel zu durchqueren galt; heute reisen viele mit öffentlichen Verkehrsmitteln an.

Die meisten Menschen kommen Juli/August, um ein Fest zu begehen, das die Vereinigung von Skanda mit seiner Gefährtin Valli Amma feiert. Das findet kurz nach der Perahera statt, der enormen Prozession zum „Zahn-Tempel" in Kandy, wo ein Zahn des Buddhas aufbewahrt wird. Besucher kommen durch das Menik Ganga, das Juwelen-Tor. Sie baden im Fluss und bringen Gaben dar wie Lotos- und andere Blumen. Der Hauptschrein ist ein weißes Steingebäude. Es soll Skandas Lanze bewahren, aber nur Priester dürfen sie sehen.

Menschen, gleich welcher Religion, die Probleme haben, jemand oder etwas verloren haben, legen oft Gelübde ab. Diese Gelübde werden während der Feiern eingelöst, die zwei Wochen andauern. Manche Pilger durchstechen ihre Zunge, ihre Wangen und andere Körperteile. Einige wenige sind an Haken aufgehängt, die ihren Körper durchstechen. Glaubenszuversicht wird auch durch Feuerlauf demonstriert, wenn Alte und Junge, Männer und Frauen ohne sichtbare Probleme über Feuerglut laufen. Die Menschenmenge begleitet das Spektakel durch das Blasen von Muschelhörnern und Trommelschlag.

Zu anderen Jahreszeiten kommen die meisten Pilger einfach zur Anbetung hierher, geben Almosen und umrunden Buddhas Meditationshügel. Die Feiern enden mit einer Prozession und einer Zeremonie, bei der Wasser „geschnitten" wird. Mit einem heiligen Schwert wird ein kreisförmiger Schnitt im Wasser ausgeführt, und Tontöpfe werden mit dem Wasser aus der Mitte gefüllt, um einen Jahresvorrat davon für die kommende Zeit zu haben.

Chimayó, USA

Der Name stammt von einem Wort der Tewa-Indianer, *Tsi Mayah*, das Obsidian-Häuptling bedeutet. Chimayó liegt in einem Tal 50 Kilometer nördlich Tal von Santa Fé in Neu-Mexiko, das von kleinen Flüssen und Quellen bewässert wird. Vorkolumbianische Indianer lebten in solchen Tälern aufgrund ihres fruchtbaren Schwemmlandes, der Bäume und der Wasservorräte. Der Überlieferung nach gab es in einem früheren Tewa-Dorf an dieser Stelle einen Teich, dessen Schlamm Heilwirkung zeigte. Der Teich trocknete fast völlig aus, als ein Obsidian-Häuptling (wie man riesige Vulkane nannte!) zerstört wurde. Den Hügel daneben betrachteten die Indianer als Zugang zur Unterwelt.

Wunderheilungen
Kleine Bildnisse von Körperteilen hängen in der Kapelle. Sie heißen Milagros (Wunder); jedes symbolisiert ein Gebet um Heilung des betreffenden Körperteils.

Die Indianer verließen um 1400 dieses Tal, und spanische Siedler kamen 1692. Sie bauten einige Kapellen im Tal, eine davon über dem Ort der vertrocknenden Heilerde. Diese Lehmkirche mit ihren alten Heiligenfiguren aus bemaltem Holz und Altarschnitzwerk wird El Santuario de Chimayó genannt. Sie ist für Menschen mit spanischen und indianischen Wurzeln während der Osterwoche ein bedeutender Wallfahrtsort.

Die Pilger wandern mehr als 150 Kilometer über Hochwüste und Steppe, teilweise von Albuquerque, obwohl man auch mit dem Auto fahren kann. Manche tragen hohe Kreuze, manche Fotos von kranken Angehörigen, manche nichts außer Wasser. Am Karfreitag versammeln sich hier rund 200 Wallfahrer. Die Penitentes, die „Büßer", eine Bruderschaft Jesu Christi ähnlich jener in Sevilla in Spanien, sieht man selten; sie unterziehen sich ihren Bußübungen in privaten Zirkeln. Vor einem Jahrhundert mussten Novizen der Büßer die heilige Erde von Chimayó als Teil ihrer Initiation küssen.

Vom Eingang zur Unterwelt über den Vulkan zur Heilerde: Die Geschichte hier berichtet von den Kräften der Erde und der Wiedergeburt. Heute kann man an dieser Kraft durch ein Loch in der Seitenkapelle teilhaben. In dem niedrigen Raum dort ist ein kleiner „Lehm-Brunnen". Pilger nehmen sich daraus Erde in Behältern mit oder reiben sie sich direkt auf den Körper. Der Priester füllt die Erde immer wieder auf, und die vielen Krücken, Votivgaben und Fotos, Blumen, Kerzen und Geschichten an den Wänden erzählen von vielen Wundern. Auch außerhalb der Karwoche kommen an jedem Tag des Jahres Besucher an diesen bedeutendsten katholischen Wallfahrtsort im Südwesten der USA.

Einsiedeln: Der bedeutendste Kraftort der Schweiz

Ein Quelle mit dem „Wasser des Lebens" an einem Ort der Kraft – darin liegt die ursprüngliche Anziehungskraft von Einsiedeln mindestens seit römischen Zeiten, vor 2000 Jahren. Eher zufällig ist Einsiedeln in den Ruf eines Wallfahrtsorts mit einer schwarzen Madonna gekommen. Das Gnadenbild aus der Zeit um 1450 war ursprünglich fleischfarben, die Schwärze soll von den Kerzen nachträglich erzeugt worden sein. 1798 kam die Madonna zur Sicherung vor den durchziehenden fremden Armeen in die Propstei Sankt Gerold im österreichischen Walsertal. Dort wurde sie mit schwarzer Farbe übermalt. In Les Saintes-Maries-de-la-Mer in Südfrankreich wird die dunkle Seite der Erdgottheit auf Maria Magda lena übertragen. Die ältesten schwarzen Jungfrauen der westlichen Kultur sind Belisama, die Schwester des gallischen Gottes Bellen, und Europa, derentwegen Zeus sich in einen schwimmtüchtigen Stier verwandelte. Europa heißt soviel wie „die Dunkle".

Einsiedeln blieb als Pilgerstätte während Jahrhunderten der bedeutendste Kraftort in der Schweiz, ein Magnet für die Pilgermassen und Stätte bedeutender Kulturleistungen. Für die Wallfahrer überwog jedoch, dass in Einsiedeln, wie bei den Marienkirchen Frankreichs aus dem 12. und 13. Jahrhundert, unter der Gnadenkapelle eine Quelle entspringt, deren Wasser man aus den 14 Röhren des Gnadenbrunnens trinken kann.

Altötting: Wallfahrtskirche und Kultstätte

Die Wallfahrtsstätte des bayerischen Nationalheiligtums Altötting, auf etwa halbem Weg zwischen Rosenheim und Passau nahe am Inn gelegen, ist eine der ältesten Kirchen Deutschlands. Der Missionsbischof Rupert von Salzburg soll hier Anfang des 8. Jahrhunderts einen Tempel, der den sieben Planetengöttern geweiht war, in eine christliche Kirche umgewandelt haben. Um 750 hatten die Herzöge aus dem Hause der Agilolfinger hier eine Pfalz. Mit ihrem Sturz durch Karl den Großen fiel Altötting samt Herzogtum an die Karolinger. König Karlmann, der hier beigesetzt ist, stiftete 877 ein Kloster und übergab ihm einen Reliquienschatz. Der kleine Zentralbau der Gnadenkapelle aus dem achten Jahrhundert auf der „Grünen Matte" des weiträumigen Kapellenplatzes gehörte zur Pfalz – entweder als Taufkapelle oder als Nachbildung des Heiligen Grabes in Jerusalem. Diese kleine Kapelle ist täglich magnetischer Anziehungspunkt Hunderter von Wallfahrern. Der Umgang der Kapelle ist mit Votivtafeln, die zahllose „Wunder" bestätigen, geradezu gepflastert. Ununterbrochen bringen Pilger Holzkreuze und Kerzenopfer dar, und das Kirchlein ist fast immer voll besetzt. Die kultische Verehrung der hier stehenden Schwarzen Madonna erzeugt eine nie abreißende andachtsvolle Atmosphäre, in der man regelrecht erhoben und „geschoben" wird.

Die Wallfahrtskirche in Altötting ist von Jörg Purner systematisch auf Erdstrahlungsphänomene untersucht worden, es ergab sich eine signifikante Strahlenkonzentration im kleinen Rundbau. Auch unsere Vorfahren scheinen das gewusst zu haben, denn Grabfunde aus der Urnenfelderzeit im Norden der Stadt und bajuwarische Reihengräber im Süden begrenzen einen Platz, der als Kultort prädestiniert ist. Die fast quadratische Form des alten Kapellenplatzes mit seiner hölzernen Umfriedung und der in der Mitte stehenden Linde verweist entweder auf einen altgermanischen Thingplatz oder auf eine Keltenschanze.

Päpste und Kardinäle, Bischöfe, Pröpste und Äbte kamen ebenso nach Altötting wie Kaiser, Könige und Kurfürsten. Zehn bayerische Regenten, elf fürstliche Frauen und fünf Bischofe ließen ihre Herzen hier beisetzen. Der Glaube an die so reichlich bezeugte Wundertätigkeit der Muttergottes zog sie alle in das Energiefeld dieser berühmten Wallfahrstätte. Letzter Höhepunkt war die Anwesenheit von Johannes Paul II. im November 1980 mit 60 000 Pilgern. Man bedenke, dass stehend höchstens 50 Menschen in der kleinen Kapelle Platz haben.

An keinem anderen Wallfahrtsort in Deutschland ist mir eine so gläubige Andacht begegnet wie in dieser kleinen Kirche. Hier wird selbst jeder Tourist still und ehrfürchtig, und auch ich konnte mich dem energetischen Schauer dieses Ortes nicht entziehen. Die stärkste Energiekonzentration befindet sich übrigens zwei bis drei Meter vor der Schwarzen Madonna!

Grossgmain am Untersberg, Österreich: Ein verborgenes Juwel

In der Mitte Europas liegt ein besonderer Ort, an dem sich natürliche Kräfte der Erde wie Erdlinien, extrem hohe Boviswerte und Heilwasser verbinden mit einer heiligen Schwingung, die im Verlauf von Jahrtausenden durch Wallfahrten hierher gewachsen ist, zunächst in vorchristlicher Verehrung keltischer Gottheiten (im nahen Keltenmuseum in Hallein finden sich anschauliche Belege), später der römischen Diana, und schließlich der Stella maris, des Meeressterns Maria, die uns grüßt, Heil und Segen sendet und uns zu sich ruft. Bisweilen wird Grossgmain das „Herzchakra" Europas genannt.

Grossgmain, das ist der mythische Untersberg mit seinen „Zeitlöchern", seinen Feen, Gnomen und Geistern, die in den rauhen Tagen zwischen Weihnachten und Drei Könige ausziehen, um in Grossgmain mitternächtliche Mette zu halten ... Das ist auch der sagenumwobene Untersberg mit dem tief im Inneren wohnenden Kaiser Karl, Symbol europäischer Einheit, der dort darauf wartet, ein neues goldenes Zeitalter auszurufen, und mit einem Kaiser Barbarossa, der ebenfalls wartet, allerdings darauf, erlöst zu werden ... Grossgmain, das ist der doppelgestaltige und doppelgesichtige Diana-Maria-Brunnen, eine Schöpfung aus dem Barock, die bezeichnet, dass an gleicher Stelle in antiker Zeit die Muttergöttin Diana verehrt wurde, bevor Grossgmain zum Gnadenort der Gottesmutter wurde ... Da ist die Marienwallfahrtskirche mit der Schönen Madonna (um 1400) und den großartigen spätgotischen Gemälden eines unbekannten „Meisters von Grossgmain" (1499), mit den Mirakeltafeln, die Wunderheilungen und die allgemeine Wundertätigkeit dieses Pilgerortes im Herzen Europas bezeugen ... Messen mit Predigten, die die Seele berühren, und traditionsreiche Hochämter, Kirchenmusik ungewöhnlicher Künstler und Heilgottesdienste, auch für Tiere, geben eine besondere Atmosphäre. Da ist der Friedhof mit den Gräbern des Schauspielers Josef Meinrad und des Komponisten César Bresgen, die ebenfalls Verehrer anziehen, das Brauchtum der Weihnachtsschützen, des Bauernherbstes, des Krippenvereins ...

Seit kurzem wurde in Grossgmain ein Marienheilgarten neu geschaffen, nach Inspiration durch den spirituell-einfühlsamen und aktiv für die Natur engagierten Pfarrer Herbert Josef Schmatzberger (der auch astrologisch bewandert ist). Darin finden Marienverehrung und kosmische Lebensprinzipien, Wallfahrt und Naturverbundenheit in einer sophianischen Einheit von Gott, Natur und Mensch Gestalt. Seine heilsame Wirkung wird auch unmittelbar spürbar.

Grossgmain – das ist die wiederbelebte Marienbruderschaft, die alle Pilgern und Pilgerinnen (!), unabhängig vom religiösen Bekenntnis , einlädt, sich für die Verehrung des „Ewig Weiblichen" (Maria-Sophia) und die Bewahrung der Natur, für tätige Nächstenliebe und persönliche spirituelle Entfaltung einzusetzen. Abendandachten der Marienbruderschaft finden werktäglich statt (19 Uhr Sommerzeit, 18 Uhr Winterzeit); an jedem 3. Freitag im Monat mit anschließender Meditation und Austausch im Pfarrsaal.

Grossgmain ist Ausgangs- und Zielpunkt der ganztägigen Untersbergwallfahrt (Mitte August) rund um den mythischen Berg. Es ist auch eine wichtige Station des Pilgerweges von Passau an der Donau nach Aquileia an der Adria, dem alten Patriarchensitz mit Ausstrahlung über die Alpen bis zur Donau und zum Inselheiligtum Barbana mit seiner alten Wallfahrtskirche aus dem 6. Jahrhundert in der Lagune von Grado. Dieser Pilgerweg wird vom Grossgmainer Pfarrer mit anderen in diesen Monaten neu begründet.

Ein ungewöhnlicher Aspekt des Kraft- und Gnadenortes Grossgmain ist also, dass er zwar aufgrund alter Mythologie und volkstümlicher Religion lebendig wurde, aber durch zeitgemäße Impulse auch immer wieder dynamisch weiterentwickelt wird. Grossgmain ist ein Ort der geistigen Besinnung und der seelischen Heilung. Ein Pilgerlied, das in Grossgmain entstanden ist, bringt manches davon zum Ausdruck, wie es auch das Thema dieses Buches vertieft:

O suche mein Herz nach der Quelle des Lebens,
O heile den Schmerz meines irdischen Strebens. Ave Maria, Ave Maria (Ref)
O lausche mein Herz auf die heiligen Klänge
Und blick himmelwärts, Geist führt aus der Enge. (Ref)
Erschaue mein Herz die Verheißung des Lichts,
Und blick himmelwärts, ohn´ Gott ist alles nichts. (Ref)
O liebe mein Herz und öffne die Türen:
Geheilt ist der Schmerz, wenn Liebe wir spüren. (Ref)
O lebe mein Herz im Dienste am andern
Und blick himmelwärts: Erfüllung wird Wandern. (Ref)
Entdecke mein Herz den Christus der Seelen,
Und blick himmelwärts: Lass ihn dich erwählen. (Ref)
Ich wandre mit Schmerz zur ewigen Quelle
Und finde dort Heilung: o danke mein Herz.

Quellen

Allgemeine Bibliografie

Abram, D et al *The Rough Guide to India* Rough Guides Ltd, London 1994

Adair, J *The Pilgrims' Way, Saints and Shrines in Britain and Ireland* BCA, London 1978

The Apocrypha from The Bible, New Revised Standard Version, OUP, Oxford 1995

Attar, Farid ud-din (trans Darbandi and Davis) *The Conference of the Birds* Penguin, London 1984

Barber, R *Pilgrimages* The Boydell Press, Suffolk 1991
— *The Penguin Guide to Mediaeval Europe* Penguin, London 1984

Baring-Gould, S and Fisher, J *The Lives of the British Saints* Honourable Society of Cymmrodorion, London 1913

Basho, Matsuo (trans Nobuyuki Yuasa) *The Narrow Road to the Deep North* Penguin, London 1966

Bhardwaj, S and Rinschede, G (eds) *Pilgrimage in World Religions* Dietrich Reimer Verlag, Berlin 1988

Blake, William (ed Stevenson W H) *Complete Poems* Longman, Harlow 1989

Brandenburger, C (ed) *The Traveller's Handbook* Wexas, London 1994

Brooke, R and P *Popular Religion in the Middle Ages* Thames & Hudson, London 1984

Buckley, J (ed) *Europe The Rough Guide* Rough Guides Ltd, London 1994

Bunyan, John *The Pilgrim's Progress* Penguin, London 1965

Carmichael, A (coll) *Carmina Gadelica* Vols 2 and 3, Floris Books, Edinburgh 1992

Chaucer, Geoffrey (trans Coghill, N) *The Canterbury Tales* Penguin, London 1977 (revised)

Cole, W O *Six Religions in the Twentieth Century* Stanley Thornes, Cheltenham 1984

Coleman, S and Elsner, J *Pilgrimage Past and Present* British Museum, London 1995

Collinson, C and Miller, C *Pilgrimages: Journeys from a Multi-Faith Community* Hodder & Stoughton, London 1990

Crumrine, N R and Morinis, A *Pilgrimage in Latin America* Greenwood Press, Westport, Connecticut and London 1991

Delaney, J J *A Woman Clothed with the Sun* Image Books, New York 1961

Donaldson, B A *The Wild Rue* Luzac & Co, London 1938

Durham, M S *Miracles of Mary* HarperCollins, London 1995

Eade, J and Sallnow, M (eds) *Contesting the Sacred* Routledge, London 1991

Fabri, Felix *The Book of the Wanderings of Felix Fabri* (2 vols) AMS, New York 1971

Farmer, D *The Oxford Dictionary of Saints* OUP, Oxford 1978

Fiennes, J *On Pilgrimage* Sinclair-Stevenson, London 1991

Finucane, R C *Miracles and Pilgrims* Dent, London 1977

Gardner, H (ed) *The Metaphysical Poets* Penguin, London 1976

Gascoigne, Bamber *The Christians* BCA, London 1977

Gurdjieff, G I *All and Everything 1st series: Beelzebub's Tales to his Grandson* Viking, London 1992

Harpur, James *The Atlas of Sacred Places* Marshall Editions, London 1994

Hearn, Lafcadio "Glimpses of Unfamiliar Japan" from *Writings from Japan* ed Francis King, Penguin, London 1984

Hilton, Walter (trans Sherley-Price, Leo) *The Ladder of Perfection* Penguin, London 1957

Housden, Roger *Retreat* Labyrinth, 1995
— *Travels through Sacred India* Thorsons, London 1996

Kumar, Satish *No Destination* Green Books, Bideford 1992

Moseley, C W R D (trans) *The Travels of Sir John Mandeville* Penguin, London 1983

Mother Julian of Norwich (trans Wolters, C) *Revelations of Divine Love* Penguin, London 1966

Karve, Irawati "On the Road: A Maharashtrian Pilgrimage" *Asian Studies* 1962, 30:1

Marsden, John *Sea-Road of the Saints: Celtic Holy Men in the Hebrides* Floris Books, Edinburgh 1995

Melrod, G (ed) *Destination: Israel* APA Publications, Hong Kong 1990

Palmer, Martin *Travels through Sacred China* Thorsons, London 1996

Punja, S *Great Monuments of India, Bhutan, Nepal, Pakistan and Sri Lanka* The Guidebook Company, Hong Kong 1994

Purcell, William *Pilgrim's England* Longman, Harlow 1981

St Vincent, David *Iran: a Travel Survival Kit* Lonely Planet, London & Sydney 1992

Seward, Desmond *The Dancing Sun* Fount/HarperCollins, London 1994

Shakespeare, W (ed Alexander, P) *The Complete Works of William Shakespeare* HarperCollins, New York and London 1994

Smart, Ninian *The World's Religions* CUP, Cambridge 1989

Sumption, Jonathan *Pilgrimage: an Image of Mediaeval Religion* Faber & Faber, London 1975

Teresa of Avila, *The Interior Castle* Fount Paperbacks, London 1995

Toibin, C *The Sign of the Cross* Jonathan Cape, London 1994

Toulson, S *The Celtic Year* Element, Shaftesbury 1993

Triggs, Tony D (trans) *The Book of Margery Kempe* Burns & Oates, Tunbridge Wells 1995

Walsh, A (ed) *Nothing Ventured: Disabled People Travel the World* Harrap Columbus, London 1991

Warner, Marina *Alone of all her Sex* Weidenfeld and Nicolson, London 1976

Watts, A *Myth and Ritual in Christianity* Thames & Hudson, London 1983

Westwood, Jennifer (ed) *The Atlas of Mysterious Places* Marshall Editions, London 1987

Wolters, Clifton (trans) *The Cloud of Unknowing* Penguin, London 1961

Nützliche Adressen

DEUTSCHSPRACHIGER RAUM

Aachen
Touristenbüro
Atrium Elisenbrunnen
Friedrich-Wilhelm-Platz, Aachen
Deutschland
Tel: +49-2 41-1 80 29 60

Externsteine
Haus der Begegnung
Mühlenstraße 2
31812 Bad Pyrmont
Deutschland
Tel: +49-52 81-32 40
Fax: +49-52 81-60 74 99

Mutter Meera
Kontakt über: Adilakshmi
Oberdorf 4a
65599 Dornburg-Thalheim
Deutschland
Tel: +49-64 36-9 10 50
Information über Anreise, Terminbuchungen etc. über das Sekretariat

Grossgmain am Untersberg
Pfarramt Grossgmain,
Pfarrer GR Herbert Josef Schmatzberger
A-5084 Grossgmain (zwischen Salzburg und Bad Reichenhall)
Tel. +43-62 47-82 45, Fax 82 45-4; www.marienheilzentrum.org
Diana-Maria-Brunnen, Der Meister von Grossgmain, Marienheilgarten, Pilgerwege rund um den Untersberg, Gnadenort und Wallfahrtskirche, Veranstaltungen Grenzenloses Grossgmain. Besondere Termine Mariä Himmelfahrt 15. August, Tiergottesdienst 4.Oktober (Namenstag Hl. Franziskus, Welttierschutztag) und Rosenkranzfest 7. Oktober (jeweils am nächsten Samstag oder Sonntag); Heilungsgottesdienste jeweils am Vorabend zum 13. Mai und 13. Oktober (Fátima-Bezug); 3. Freitage des Monats

ENGLAND/ SCHOTTLAND

Canterbury Tourist Information
34 St Margaret's Street
Canterbury, Kent CT1 2TG
England
Tel: +44-12 27-76 65 67

Cathedral House, Director of Visits
11 The Precinct
Canterbury, Kent CT1 2EH
England
Tel: +44-12 27-76 28 62
Fax: +44-12 27-76 28 97
Gruppen-Pilgerbesuche bitte zuvor absprechen.

Glastonbury
West of England Pilgrimage Association
37 Devonshire Buildings, Bath
North Somerset BA2 4SU
England
Tel: +44-12 25-44 66 70
Sommer-Retreat vor der Pilgersaison;
christliche Pilgerreisen;
orthodoxer Gottesdienst in der Gladstone Abbey

Isle of Avalon Foundation
The Courtyard
4-6 High St, Glastonbury
Somerset BA6 9DU
Tel: +44-14 58-83 39 33
Fax: +44-14 58-83 13 24
Begrüßungs-Service für Pilger aller Glaubensrichtungen

Westminster Abbey
Chapter Office
Westminster Abbey
20 Deans Yard
London SW1P 3PA
England
Tel: +44-1 71-2 22 51 52

Stonehenge English Heritage
Stonehenge, Nr Amesbury
Wilts SP4 7DE
England
Tel: +44-19 80-62 53 68

Croagh Patrick
Bord Fáilte
The Mall, Westport
Country Mayo, Irland
Tel: +3 53-9 82 57 11
Fax: +3 53-9 82 67 09
Touristeninformation

St. Winifred's Well
The Custodian
New Rd, Holywell
Flintshire, Wales CH8 7PN
England
Tel: +44-13 52-7 130 54
Dort werden Eintauch-Rituale im Brunnen organisiert

Iona, Scotland
West Highlands and Islands of Argyll Tourist Board Ltd.
Albany St, Oban
Argyll PA34 4AR
England
Tel: +44-16 31-6 31 22
Fax: +44-16 31-6 42 73
Touristeninformation

Iona-Gemeinschaft
The Abbey, Isle of Iona
Argyll PA 76 6SN
Tel: +44-61 81-7 00 404
Fax: +44-61 81-7 00 460

Lough Derg
The Prior
St Patrick's Purgatory
Lough Derg, Pettigo
County Donegal, Irland
Tel: +3 53-7 26 15 18
Organisiert kurze Retreats und Pilgerreisen

FRANKREICH

Les Saintes-Maries-de-la-Mer Camargue Office de Tourisme
BP 34-13732
Provence, Frankreich
Tel: +33-4 90 97 82 55
Fax: +33-4 90 97 71 15

Mont-Saint-Michel
Office de Tourisme du Mont-St-Michel
BP4, 50116 Le Mont-St-Michel
Frankreich
Tel: +33-2 33 60 14 30
Fax: +33-2 33 60 06 75

Brocéliande
Syndicat d'Initiative à Paimpont
Abbaye de Paimpont
35380 Paimpont, Frankreich
Tel: +33-2 99 07 84 23

Chartres Cathedrale
Office de Tourisme
Place de la Cathédrale
28000 Chartres, Frankreich
Tel: +33-2 37 21 50 00
Fax: +33-2 37 21 51 91

NORDAMERIKA

Hopi Cultural Center
PO Box 67
Second Mesa
AZ 86043, USA
Tel: +1-5 20-7 34 24 01

Chaco Canyon
New Mexico Dept of Tourism
491 Old Santa Fe Trail
Santa Fe, NM 87503, USA
Tel: +1-800-545 2070
Fax: +1-505-827 7402

Kateri Tekawitha
Shrine of North American Martyrs
Auriesville
NY 12016, USA

Fonda National Shrine of Blessed Kateri Tekakwitha
Box 627, Fonda
NY 12068, USA

St Francio Xavier Mission
PO Box 70, Kahnawake
Quebec JOL IBO, Canada
Tel: +1-5 14-6 32 60 30
Fax: +1-5 14-6 32 51 16

SAINTE-ANNE-DE-BEAUPRÉ
The Secretariat of the Basilica
Quebec,
Canada GOA 3CO
Tel: +1-4 18-8 27 37 81
Fax: +1-4 18-8 27 82 27

ATOMIC MIRROR
Pamela Meidell (Director)
The Atomic Mirror
PO Box 220, Port Hueneme
CA 93044, USA

ANDERE LÄNDER

ASSISI
Basilica San Francesco
Piazza San Francesco
06081 Assisi, Umbria, Italien
Tel: +39-075-81 9001

BASILICA DE NUESTRA SEÑORA DE GUADALUPE
Plaza Hidalgo No 1
Colonia Gustavo Madero
Delegatión Gustavo Madero
07050 México DF
Republica de Mexico
Tel: +52-5-5 77 60 22

SODO
Office National de Tourisme
34 Avenue Marie-Jeanne
Port-au-Prince, Haiti
Tel: +5 09-23 07 23

PLAINE DU NORD, HAITI
Office National de Tourisme
34 Avenue Marie-Jeanne
Port-au-Prince
Tel: +5 09-23 07 23

SHIKOKU REIJJÔKAI
Anraku-ji, Hikino 26
Kamiita-chô
Tokushima-ken, Japan 771
Gemeinschaft der Pilger-Tempel

NIDAROSDOMEN
Tourist Information, Trondheim
Norwegen
Tel: +47-7 39-2 94 00

MASHAD, IRAN
2nd Floor, Mashad Ministry of Culture and Islamic Guidance
Eslâmi Rd, Khiâbân-e-Bahâr,
Mashad
Iran

JOURNEYS TO SACRED SHRINES
KNOCK – OUR LADY'S SHRINE
County Mayo
Irland
Tel: +3 53-9 48 81 00

NOYAL-PONTIVY, FRANCE
Office de Tourisme
61 Rue Général de Gaulle
56306 Pontivy, Morbihan
Frankreich
Tel: +33-2 97 25 04 10
Fax: +33-2 97 27 87 09

ROCAMADOUR
Office de Tourisme de Rocamadour
46500 Rocamadour
Frankreich
Tel: +33-5 65 33 62 59
Fax: +33-33 5 65 33 74 14

TAIZÉ GEMEINSCHAFT
71250 Taizé, Cluny
Frankreich
Tel: +33-3 85 50 30 00
Fax: +33-33 3 85 50 30 16

GUADALUPE
Turismo
Plaza Mayor s/n 10140
Cáceres
Spanien
Tel: +34-27-15 41 28

CZĘSTOCHOWA (TSCHENTSCHOCHAU)
Center Częstochowa
al. NMP 65
Częstochowa
Polen
Tel: +48-34-24 13 60
Fax: +48-34-24 34 12

Veranstalter von besonderen Pilgerreisen

ICOREC
Manchester Metropolitan University
799 Wilmslow Rd
Manchester M20 2RR
England
Tel: +44-1 61-4 34 08 28
Fax: +44-1 61-4 34 83 74

Living Stones
c/o Dr Michael Prior, CM
St Mary's College
Strawberry Hill
Middlesex TW1 4SX
England
Tel: +44-1 81-2 40 40 00
Fax: +44-1 81-2 40 42 55

Oikoten Community
175 Lipsestraat
3150 Tildonk
Belgien
Tel: +32-16-20 21 93
Fax: +32-16-20 19 57

Pilgrim Adventure
120 Bromley Heath Rd
Downend, Bristol BS16 6JJ
England
Tel: +44-1 17-9 58 65 25

Vision Quest
The Sacred Trust
PO Box 603, Bath BA1 2ZU
England
Tel: +44-12 25-85 26 15
Fax: +44-12 25-85 89 61

Westminster Interfaith
82 The Avenue, Ealing
London W13 8LB
England
Tel: +44-1 81-9 97 28 58

World Wide Fund for Nature (WWF) UK
Panda House, Weyside Park
Godalming, Surrey GU7 1XR
England
Tel: +44-14 83-42 64 44
Fax: +44-14 83-4 26 44 09

Englische Zeitschriften zum Thema

Caerdroia
The Journal of Mazes and Labyrinths
53 Thundersley Grove
Thunderslex, Essex SS7 3EB
England
Tel: +44-12 86-75 19 15

Pilgrim's Herald
The Rosses, Henbrook Lane
Brailes, Banbury
Oxon OX15 5BA
England
Tel: +44-16 08-6 85 6 25

Planet Talk
Lonely Planet Publications
The Barley Mow Centre
10 Barley Mow Passage
London W4 4PH
England
Tel: +44-1 81-7 42 31 61
Fax: +44-1 81-7 42 27 72

Resurgence
Ford House, Hartland
Bideford, Devon EX39 6EE
England
Tel: +44-12 37-44 12 93
Fax: +44 12 73 41 12 03

Source – the Holy Wells Journal
Pen-y-Bont
Bont Newydd, St Asaph
Denbighshire LL17 0HH
Wales
England
Tel: +44-17 45-5 84 8 14

Lourdes Magazin
1 Avenue Monseigneur Theas
65100 Lourdes
Frankreich
Tel: +33-5 62 42 79 41

Nachweis der Fotos

S. 2 Trip, A. Tovy; S. 9 Associated Press, Pavel Rahman; S. 11 Trip, J. Wakelin; S. 12 Lincoln Potter; S. 13 Magnum, S. Franklin; S. 15 Colorific, Wang Zhipang; S. 16 Images of India, Jan Knapik; S. 23 Magnum, Abbas; S. 27 Woodmansterne; S. 31 Dan Burn-Forti; S. 35 Robert Harding, Ross Greetham; S. 39 Christine Osborne; S. 42–3 Janet & Colin Bord/ Fortean Picture Library; S. 45 Colorific, Raghubir Singh; S. 46 Derek Davies; S. 55 Dr James Preston; S. 59 Ann Parker; S. 63 Ancient Art & Architecture, Chris Hellier; S. 67 Tibet Image Bank, Robert Beer; S. 70 (oben) Walter Lombaert (unten) Magnum, Bruno Barbey; S. 74 Link Picture Library/India Images, Chandra Kishore Prasad; S. 78 Tibet Image Bank, Robert Beer; S. 82 Lincoln Potter; S. 90–1 James Harpur; S. 93 Lincoln Potter; S. 95 Fitzwilliam Museum, Cambridge, UK; S. 99 Pamela Meidell; S. 107 Ann Parker; S. 110 Mother Meera; S. 117 Magnum, Josef Kondelka; S. 119 (links) Robert Harding (rechts) Charles Fletcher; S. 122–3 Ancient Art & Architecture, Ronald Sheridan; S. 127 Trip, F. Good; S. 130–1 Hutchison, J. Henderson; S. 134–5 Hutchison, Libba Taylor; S. 139 Trip, A. Bloomfield; S. 151 Magnum, H. Kubota; S. 154–5 Images; S. 157 Robert Harding; S. 159 Magnum, Abbas; S. 162 (oben) Roger Housden (unten) Ancient Art & Architecture; S. 167 Camera Press, Ken Lambert; S. 175 Imperial War Museum, London, UK; S. 178–9 Roger Housden; S. 183 Ann Parker; S. 184–5 Topham Picture Point; S. 186–7 Janet & Colin Bord/ Fortean Picture Library; S. 190 Trip, H. Rogers; S. 196–7 John Martin; S. 209 Tristan Gray Hulse; S. 211 Simon Archer.

Alle künstlerischen Arbeiten von Ann Savage außer auf den Seiten 146–7 von Mike Nicholson und Fotocollagen auf den Seiten 18–19, 50–1, 86–7, 102–3, 114–15 und S. 170–1 von James Mealing.

Register

kursiv gestellt: Abbildungen; St. oder Hl. wird im Index vor den Namen nicht mit aufgeführt

Andere Bücher im Urania Verlag

Liz Simpson
Heilende Energie der Erde
Hardcover, 160 Seiten,
zahleiche Farbabbildungen
ISBN 3-908652-12-X
CHF 37.–/€ 21.50

Roni Jay
Heilige Gärten
Hardcover, 144 Seiten,
zahleiche Farbabbildungen
ISBN 3-908653-05-3
CHF 32.–/€ 17.50

Osho
Mein geliebtes Indien
Hardcover, 198 Seiten,
zahleiche Farbabbildungen
ISBN 3-908653-18-5
CHF 42.80.–/€ 23.–

www.uraniaverlag.ch

Altes spirituelles Wissen für heute

Druidenweisheit
Altes spirituelles Wissen für heute
ISBN 3-908653-27-4
Die Geheimlehren der Druiden wieder entdecken. Wie man die Kunst der Dichtung und des Weissagens nutzt.

Wicca
Lebenskunst und Magie weiser Frauen
ISBN 3-908653-25-8
Den Kreislauf der Jahreszeiten erfahren.
Wie man Kontakt zu den Naturkräften aufnimmt.

Astrologie
Die Weisheit der Sterne und Planeten
ISBN 3-908653-33-9
Geschichte der Astrologie und die Gesamtschau des Horoskops.
Was ist Astrologie und wie kann man sie nutzen.

Numerologie
Die Magie der Zahlen
ISBN 3-908653-31-0
Die magische Botschaft der Zahlen erforschen.
Wie Sie ihr Numeroskop erstellen und interpretieren.

Durchgehend vierfarbige Hardcover-Bände
mit 90 Seiten Umfang zum Preis von €10.-

Urania

www.uraniaverlag.ch

Spirituelles Wissen

Pilgerorte der Welt